A CINEMATIC INTRODUCTION TO PUBLIC ADMINISTRATION

공공을 보는 눈

영화로 시작하는 행정학

사회과학 콘텐츠 랩 연곳(硏庨)

이철주 · 한승주 · 김공록

박영사

책을 펴내며

"장면은 지나가도, 질문은 남는다 - 영화로 만나는 행정학의 세계"

행정학은 일상 속에 있지만, 눈에 잘 띄지 않습니다. 정책이 어떻게 만들어지고, 정부는 어떻게 작동하며, 공공조직은 무엇을 기준으로 움직이는지에 대해 우리는 종종 관심이 없거나, 막연한 이미지에 기대곤 합니다. 그러나 이러한 질문들은 단지 시험을 위한 것이 아니라, 우리가 살아가는 공동체의 질과 방향을 결정하는 핵심 주제들입니다. 이 책은 그러한 질문들에 좀 더 흥미롭고, 직관적으로 접근하기 위한 시도입니다.

많은 사람이 행정학을 처음 접할 때, 추상적인 개념과 복잡한 이론의 숲에서 길을 잃기 쉽습니다. "관료제", "책임성", "공공성과 효율성의 긴장" 등은 중요한 개념이지만, 때로는 그것이 우리 삶과 어떻게 맞닿아 있는지 실감하기 어렵습니다. 꽤 오래전부터 '행정학은 이토록 현실적인 학문인데, 정작 학생들에게는 왜 멀게만 느껴질까?', '수업에서는 정책결정의 합리성을 배우고 외우는데, 뉴스 속 정책은 왜 이렇게 비합리적으로 보일까?' 같은 질문이죠.

이에 대한 답을 찾는 과정에서 우리는 '영화'라는 창을 열었습니다.

사실 행정학은 우리 삶 구석구석에 스며 있습니다. 출근길 지하철 요금, 아이들의 학교 급식, 전기요금 고지서, 재난 문자 하나에도 행정학은 존재감을 드러냅니다. 그런데도 우리는 그걸 잘 느끼지 못하죠. 영화가 재미있는 이유는, 그런 익숙하지만 낯선 세계를 스크린에 펼쳐 보여주기 때문입니다. 이 책은 거기에서 시작됐습니다. 행정학을 '설명'하려 하지 않고, 영화 속 장면들을 따라가며 '느끼게' 해보자는 마음에서요. 일방적인 설명보다는 함께 질문을 던지고, 답을 찾아가는 여정을 담았습니다. 물론, 이 책은 모든 걸 설명하지 않습니다. 대신 영화처럼 여지를 남기고, 생각할 거리를 건넵니다. 영화는 끝났지만, 이야기는 끝나지 않듯이 말이죠.

『머니볼』의 빌리 빈 단장은 데이터를 들고 고집스레 체제를 흔듭니다. 개혁이란 이름의 낯선 괴물과 씨름하는 그의 모습은, 어쩌면 공무원 조직에서 "이건 왜 이렇게 하나요?"라고 물어봤다가 정적이 흐르게 했던 어느 신입 사무관의 심정과 닮았습니다. 『감기』와 『컨테이젼』에서는 언론과 권력, 공공조직의 책무가 충돌하는 순간을, 『기억전달자』와 『미래소년 코난』에서는 통치구조와 권력의 불평등이 어떻게 시스템을 만들고 유지하는지 엿볼 수 있죠. 『설리: 허드슨강의 기적』과 『알고리즘의 편견』을 통해서는 인공지능(AI) 기반 사회에서 윤리적 딜레마와 책임 있는 의사결정의 문제를, 『어 퓨 굿맨』이나 『체포왕』을 통해서는 법치주의와 성과주의, 조직문화의 병폐를 조명해볼 수 있습니다.

이 책은 무거운 교과서를 내려놓고, 영화관에 앉아 팝콘을 먹듯 행정학을 경험해보자는 제안입니다. 어렵지 않습니다. 각 장에서 한 편의 영화를 중심으로 이야기하고, 그 영화가 던지는 질문을 따라가다 보면 어느새 복잡해 보였던 행정학 개념들이 슬며시 친숙한 얼굴로 고개를 내밀 겁니다. 뉴스에서, 동네 주민센터에서 혹은 우리 일상에서. 그렇게 영화 속 장면이 현실과 닿는 순간, 행정학은 더 이상 시험 과목이 아니라 '우리 사회를 이해하는 언어'가 될 수 있을 겁니다.

행정학을 처음 접하는 분들에게는 친근한 입문서가 되기를, 이미 관심 있는 분들에게는 새로운 관점의 사고 도구가 되기를 희망합니다. 영화라는 매개를 통해 행정학의 세계를 더 생생하게 체험하고, 이론을 넘어 현실의 질문과 책임을 고민하는 계기가 되었으면 합니다.

장면은 스쳐 지나가지만, 질문은 남습니다. 그리고 그 질문이 바로, 이 책의 출발점입니다. 스크린은 꺼져도, 생각은 계속됩니다. 이 책이 여러분에게, '아, 행정학이 이런 거였구나' 하는 작은 깨달음을 안겨줄 수 있다면, 그걸로 충분합니다.

2025년 여름

이철주 · 한승주 · 김공록 드림

차례

01

붉은 여왕은 무엇을 말하고 싶었을까?

01

붉은 여왕은 무엇을 말하고 싶었을까?

국가 권력의 탄생: 영화 <붉은 여왕>

"사랑받는 것보다는 두려움의 존재가 되는 게 나아!....
그 예쁜 눈으로 엄마 아빠를 속인 것처럼 날 또 속이려 드느냐!"
(영화 '이상한 나라의 엘리스'에서 붉은 여왕의 대사)

영화 '이상한 나라의 엘리스Alice In Wonderland'[1)]에서 붉은 여왕은 머리가 커서 사람들로부터 외면당합니다. 어렸을 때부터 늘 혼자였기 때문에 어차피 사랑을 받지 못할 것이라면 다른 방법으로 사람들을 곁에 두자고 생각하고, 두려움의 존재가 되어 공포정치를 시작하게 되죠.

예를 들어 잘못한 사람은 무조건 목을 베어버리고 잘생긴 사람이나 예쁜 사람은 그냥 내버려 두지 않는 방식으로 말입니다. 여기서 우리가 주목해 볼 만한 것은 '두려움의 존재'가 되어 공포정치를 펼치는 여왕입니다. '왕은 사랑받는 군주보다는 두려움의 대상이 되어야 한다는 것'. 이건 어디서 많이 들어 본 말인데..? 그렇습니다. 마키아벨리의 『군주론The Prince』[2)]에 나온 핵심명제 중 하나죠. 마키아벨리가 군주론을 작성했던 16세기 이탈리아 시대는 도시 군소국가로 나뉘어져 있었습니다. 또한 약소국들에 대한 외부의 침략과 이로 인한 전쟁으로 말미암아 사람들의 삶은 피폐해져 있었기 때문에 정상적이고 평화롭다고 말하기 어렵습니다. 이러한 비정상적이고 위기 상황에서 통치자의 자세는 사랑보다는 공포의 모습을 지녀야 한다는 것이 그의 생각이었던 것 같습니다.

그런데 여기서 생각해 볼 점이 있습니다. 마키아벨리가 살았던 시대의 국가 존재와 성격에 관한 것인데요. 마키아벨리 이전 시대인 그리스·로마 시대의 공화정과 황제권력, 중세의 왕과 봉건영주, 교황권력에서는 '국가'의 존재와 성격에 대해 절대 권력자의 소유물로서 규범적인 도덕성을 강조하는 데 그쳤기 때문에 '인격적인 국가개념'이었다고 할 수 있으며, 마키아벨리 시대에 이르러서야 누구의 소유물이 아닌 탈인격적인 법인체로서 단일의 주체성을 부여받는 국가개념이 등장했다는 지적이 그것입니다.[3] 그렇다면 현재 우리가 경험하는 국가의 존재와 성격은 어떤 역사적 과정을 거쳐 형성된 것일까요?

국가 형성의 역사적 배경: 서구의 시간과 공간

"이게 스파르타식이야!!!"
(영화 '300'에서 스파르타의 레오디나스 왕)

현재 우리가 경험하는 국가의 존재와 성격에 대한 역사적 배경을 파악하기 위해서는 서구의 그리스, 로마, 중세, 근대라는 시간과 공간을 알아볼 필요가 있습니다.[4] 먼저 그리스의 경우 다양한 도시국가로 구성된 연합체라고 할 수 있는데, 국가마다 공화정(아테네[5]), 군주제, 전체주의(스파르타) 등 국가권력의 구성은 조금씩 달랐다는 특징이 있죠.[6] 하지만 그리스도 우리가 오늘날 경험하고 있는 국가로서의 성격을 띠지 못했습니다. 스파르타처럼 왕을 정점으로 하고 귀족과 일반 평민들로 구성되는 피라미드형 집합체이거나, 아테네처럼 남성, 돈 많은, 귀족들이 시민으로 불리는 사람들로 구성된 집합체였기 때문이죠. 로마의 경우 로물루스의 건국 이후 244년 동안 7명의 왕이 통치한 로마 왕정체제를 이루었으며, 기원전 509년에 마지막 왕이 폐위되고 이후 450여 년간 로마 공화정체제로 운영되었습니다. 하지만 여러 전쟁과 권력투쟁[7]이 지속되면서 공화정체제는 유명무실화되었으며 옥타비아누스, 안토니우스와 레피두스에 의한 제2차 삼두정치(기원전 43-33)가 뒤따랐지만, 기원전 31년 악티움 해전을 통해 옥타비아누스는 로마 유일의 권력자, 즉 황제가 됩니다. 원로원이라는 견제장치가 존재했지만, 실질적으로 로마는 황제가 지배하는 형태로 운영되기 시작하죠.[8] 이후 콘스탄티누스 황제는 330년 기독교를 공인하고, '황제'라는 자리에 그리스도교의 보호자라는 권한을 내려 정통성을 부여합니다. 이제 황제는 '힘 있는 자' 이상으로 자리매김합니다.

이제 중세시대로 가 볼까요? 시간이 지나 로마 황제 테오도시우스 1세가 395년 제국을 동로마와 서로마로 나누어 아들들에게 통치를 맡겼는데, 서로마제국의 경우 476년 이민족의 침입으로 세력이 약화되던 중 게르만족 용병대장 오도아케르에 의해 멸망합니다. 서로마제국이 붕괴한 뒤에 생긴 유럽의 황제는 2가지 요건이 필요했습니다. 로마 황제(혹은 그 후계자)라는 타이틀과 그리스도교의 보호자로서 로마 총대주교인 교황으로부터 인정받는 것이었죠.[9] 중세[10] 초기에는 동쪽 지역에 존재하고 있던 동로마 제국이 그리스도교 세계의 유일한 황제 국가였습니다. 그러던 중 800년에 프랑크 왕국의 국왕 카롤루스가 로마 총대주교인 교황으로부터 망한 지 300년도 넘은 서로마 제국의 제위를 넘겨받으면서 황제 권력과 교황 권력 간 밀고 당기기가 본격적으로 시작되었습니다. 이로써 교황의 권위는 수직상승하여 서유럽 국가들의 구심점 역할을 하게 되었죠.[11]

이와 같이 중세 유럽시대는 기독교라는 유일신 종교에 의해서 지배되었습니다. 종교와 상관없이 우리가 살아가는 현실에 대해 행사하는 권력인 세속권력은 황제와 왕에게 속해 있었지만, 유일신인 하느님에 의해서 정당성이 부여된 보편권력은 교황에게 속해 있었습니다. 보편권력과 세속권력은 지속적으로 경쟁하면서 각자 세력의 정당성을 주장하였고 교황세력이 세속권력과 얽혀 가면서 교회조직 내에 부패가 만연하고 초기 그리스도교의 초심을 잃어버리는 등 부정적인 모습들이 나타나기 시작합니다.[12] 중세시대 교황의 위용은 십자군 전쟁[13]과 르네상스 Renaissance[14] 등 다양한 정치·사회 과정을 거치면서 조금씩 그 세력이 약화되기 시작합니다. 역사상 마지막으로 교황이 제관을 씌워 준 황제는 신성 로마 제국의 황제 카를 5세였는데요. 카를 5세의 재위 중 종교개혁[15]이 벌어지면서 교황의 영향력은 급격히 실추되고 말죠.[16] 십자군 전쟁, 종교개혁, 그리고 르네상스 시대를 거치면서 세속권력인 왕과 제후들은 서로 경쟁하게 되고 보편권력인 교황으로부터 벗어날 기회를 잡게 되는데, 이때부터 비로소 우리가 생각하는 국가의 모습이 나타나기 시작합니다.

국가의 특성과 구성요소

"민중의 노래가 들리는가? 분노한 사람들이 부르는 노래를.
다시는 노예처럼 살 수 없다는 소리를"
(영화 '레미제라블', 민중들이 함께 모여 시위를 시작하며)

중세시대를 거치면서 황제 및 왕 권력과 교황권력은 갈등, 봉합, 재갈등의 과정을 겪습니다. 하지만 십자군전쟁, 르네상스, 종교개혁 등 일련의 사건들 속에서 교황권력은 서서히 몰락하게 되죠. 특히, 신에 대한 믿음이 중요했던 중세시대와는 달리 사람의 이성reason을 중요하게 여기는 동시에 이러한 이성을 통하여 세상과 자연을 파악하고, 심지어 지배할 수 있다는 분위기가 형성되었습니다. 이러한 이성이 중심되는 세상과 그 분위기는 그동안 교황과 교회가 강조해 오던 신 중심의 교리로부터 인간의 정신과 사상을 자유롭게 하는 결과를 가져옵니다. 십자군 전쟁 이후 이탈리아 지역에서 이러한 분위기가 먼저 시작되었고 16세기에는 프랑스와 영국 등 유럽지역으로 확산되었습니다. 더욱이 유럽의 왕들은 교황의 영향력에서 벗어나 자기들만의 왕국을 세우고 싶어 했는데, 영국처럼 아예 성공회라는 국교를 만들어 멀리 있는 교황이 영국에까지 영향을 미치는 것을 막아버리기도 했습니다.[17)]

주목할 점은 유럽의 왕들과 도시국가들이 교황과 교회의 간섭에서 벗어나 자기들만의 영토와 왕국을 건설하기 위해 경쟁을 펼쳤다는 점입니다. 이러한 경쟁 과정에서 나타나는 것은 필연적으로 폭력과 전쟁이었죠. 전쟁을 통하여 다른 왕들에게 본인들의 힘과 세력을 과시하고 영토를 확장해 나갔습니다. 전쟁을 수행하기 위해서는 힘을 가져야 하므로 권력을 집중시키게 되면서 우리가 현재 생각하는 '국가'의 형태가 비로소 시작된다고 할 수 있습니다. 이를 근대국가[18)]라고 하며, 지금까지도 대다수의 나라에서 그 형태를 유지하고 있다고 할 수 있죠. 근대국가의 형태는 크게 왕 중심의 중앙집권과 의회와 행정부 중심의 중앙집권 형태로 발전되어 갔습니다. 왕권신수설을 기반으로 왕이 절대권력을 행사하는 것은 절대왕정[19)]이라고 불리는데, 대표적으로 프랑스를 들 수 있죠. 한편으로는 사회계약설[20)]을 기반으로 왕 또는 책임자들이 권력을 분산하여 가지는 것은 입헌주의[21)]라고 불리며 대표적으로 대헌장[22)] 등의 과정을 통한 영국, 프랑스 대혁명[23)] 등의 과정을 통한 프랑스, 독립전쟁[24)] 등의 과정을 통해 탄생한 미국을 들 수 있습니다.

근대국가들은 전쟁을 통해 서로 경쟁하고 그 과정에서 영토를 확보하여 부를 축적해 나갔기 때문에 전쟁을 수행하기 위한 수단들을 갖추어야만 했습니다. 예를 들어 전투에서 싸울 사람들과 무기, 식량 등 군수물자를 지원하기 위한 돈과 자원, 그리고 그 모든 것들을 관리할 사람들이 필요하게 되었죠. 또한, 외부적으로 전쟁을 수행하기 위해서는 내부적으로 많은 사람에게 전쟁을 수행하는 정당성과 지지를 받아야만 했기 때문에 필연적으로 사회안정을 추구하는 조치들이 필요했습니다. 군대를 편성하기 위해서는 군인이 되기를 희망하는 사람들을 모으거나 강제로 모집해야 했었죠(군대). 군인들이 싸우기 위한 무기와 군인들을 지원하기 위한 물적 자원과 부대시설 등을 유지하기 위해서는 돈이 필요하므로 조세제도를 통하여 적절한 세금을 거둬들여야만 했습니다(조세). 아울러 이러한 과정을 통제하는 관리자들이 필요하므로 권력자들의 친인척이거나 믿을만한 사람들을 통하여 운영해 나가야만 했습니다(관료제).

국가는 '국민 · 영토 · 주권'을 3요소로 하여 공동의 문제를 해결하는 정치공동체라고들 하는데 이를 근대국가의 형성 배경과 연계해서 생각해 볼 수 있습니다. 국가라는 테두리 안에 사람들이 먼저 있어야 하고 국가 방어와 유지를 위한 군대와 관료제를 구성하기 위해 돈과 자원이 필요하며 돈과 자원은 국가의 조세제도를 통해 획득된 세금으로 충당될 수 있습니다. 세금을 거둬들일 수 있는 영토가 넓을수록 국가의 부는 증가할 수 있다는 점에서 영토는 국가의 중요한 요소라고 할 수 있겠죠. 전쟁 등을 통하여 획득한 영토를 대외적으로 본인들의 영역이라고 선언하기 위해서는 자국의 영향력과 권한이 어디까지 미치는지에 대하여 국가 간 존중이 필요하므로 이러한 논의가 주권sovereignty으로 강조되었을 것입니다.

붉은 여왕이 말하고자 하는 것은? : 주권과 주권행사

"이봐요. 지금은 1967년이라구요."
(영화 '디트로이트', 백인 여성 줄리의 대사)

근대국가 시대에서는 여러 국가가 경쟁하면서 권위와 권리, 공존을 위한 규칙 혹은 규범이 만들어질 필요가 있었고 일반적으로 국가 의사결정의 최고 권력으로 주권을 정의하는 계기가 됩니다. 대내적으로는 국가의 최상급 권위이면서, 대외적으로는 외부의 간섭을 받지 않고 그 권위를 정당하게 행사할 수 있는 권리로서의 주권은 근대국가의 가장 중요한 원칙이라고 할 수 있죠. 주권에 대한 논의는 학자들마다 다양하게 정의하고 있는데, 특히 장 보댕[25]과 사회계약설의 정의가 주목할 만합니다. 장 보댕은 주권에 대하여 "국가의 절대적이며 영구적인 권력"이라고 하였으며, 사회계약설에서 주권은 "인민의 양도에 의해 구성된 것"으로 표현됩니다.

그렇다면 한 국가의 의사를 결정할 수 있는 이러한 주권은 누가 행사해 왔을까요? 결국 통치자의 모습이었다고 할 수 있습니다. 다시 영화 이상한 나라의 엘리스로 돌아와 본다면 주권을 행사한 주체는 붉은 여왕이었다고 할 것입니다. 이러한 모습은 그리스, 로마, 중세, 근대와 현재에 이르기까지 황제, 귀족, 교황, 군주, 왕, 의회, 대통령, 국민 등의 모습이었죠. 주체만 달라졌을 뿐 본질은 바뀌지 않았습니다. 그렇다면 현재 다양한 국가에서 국민의 주권은 제대로 행사되고 있는 것일까요?[26] 또한 우리나라는 어떨까요? 한국전쟁, 군사독재, 산업화와 민주화, 그리고 경제위기 등의 근·현대사를 겪으면서 발생한 가슴 아픈 사건들과 근래 국정농단 사건[27]에 이르기까지 돌아본다면 국민의 주권행사가 제대로 되고 있는지에 대한 의문은 여전히 남습니다. 공화정체제에서 통치를 위임한 자와 통치를 위임받은 자의 약속인 헌법에서 명문화하고 있는 대로 주권자로서의 국민이 온전하게 그 권리를 행사하기 위해서는 무엇을 해야 할지 많은 논의가 필요해 보입니다.

참고한 내용 및 더 읽어 볼 것들

1) '이상한 나라의 엘리스'는 영국 수학자, 소설가, 사진가인 찰스 루트위지 도지슨Charles Lutwidge Dodgson이 루이스 캐럴Lewis Carroll이라는 필명으로 작성한 소설(1865년)로서, 앨리스가 우연히 토끼굴에 떨어지고, 떨어진 곳에 있던 이상한 나라에서 겪는 다양한 모험이 주요 내용입니다. 특히, 이 소설에 나오는 수학과 물리학과 관련한 내용이 이후 철학자, 수학자, 물리학자, 심리학자의 연구에 많은 영감을 주었다고 평가되고 있습니다. 소설이 발표된 이후 영화와 연극, 애니메이션, 뮤지컬 등 다양한 분야에서 제작되었는데, 본문에서 인용한 영화 '이상한 나라의 앨리스'는 팀 버튼Tim Burton 감독의 2010년 영화입니다. 이상한 나라의 엘리스는 다음 자료를 참고하였습니다. 루이스 캐럴. (2019). 이상한 나라의 엘리스. 손영미 옮김. 시공주니어.

2) 『군주론』은 르네상스 시대 피렌체 공화국의 외교관이자 정치학자인 니콜로 마키아벨리Niccolò Machiavelli가 집필한 책(1532)으로서 정치와 도덕을 분리하여 논의(예: 자신의 역량과 힘으로 정치문제를 해결해야 하는데, 이럴 경우 필요하다면 비도덕적 정치 행동도 할 수 있어야 한다고 주장)하는 등 정치 현실을 기반으로 하는 정치철학을 발전시키는 계기가 되었다고 평가받습니다. 군주론에 대하여 다음 자료를 참고하였습니다. 니콜로 마키아벨리. (2015). 강정인 · 김경희 옮김. 까치; EBSi. 독재자들의 정치 교본이자 전 세계 필독서가 된 '군주론'. 2023.7.15. 방송 https://www.youtube.com/watch?v=CLX83oiYJPQ 2023.10.27. 검색; 중앙선거관리위원회. 현명한 군주의 능력! 사랑받는 존재인가? 두려움의 존재인가? 2018.11.14. 방송 https://www.youtube.com/watch?v=QqaQG0PGsIw 2023.10.27. 검색.

3) 근대국가와 관련해서는 다음 자료를 참고하였습니다. 김경희. (2018). 근대국가 개념의 탄생. 까치; 김준석. (2011). 근대국가. 책세상; 중앙선거관리

위원회. 리바이어던_사회계약론을 통해 본 국가와 개인의 관계. 2020.11.6. 방송 https://www.youtube.com/watch?v=5zbq49_2iYc 2023.10.27. 검색.

4) 동양권의 우리나라, 중국, 일본 등의 시간과 공간에서도 국가의 형성배경을 파악해 볼 수 있을 것입니다. 다만, 본문에서 이야기하고자 하는 국가의 의미는 서구의 발달과정에서 탄생한 근대국가와 관련한 내용이므로 서구의 시간과 공간에 대하여 간략하게 살펴보려고 합니다.

5) 고대 아테네는 강력한 도시국가로서 예술·학문·철학의 고등교육기관인 플라톤의 아카데미아Academeia와 아리스토텔레스의 뤼케이온Lykeion이 있었다고 합니다. 고대 그리스 및 아테네와 관련해서는 다음 자료를 참고하였습니다. 전진성. (2015). 상상의 아테네, 베를린, 도쿄, 서울. 천년의 상상; 도강대진. (2021). 그랜드투어 그리스. 도도네; EBS 컬렉션-사이언스. 국토의 75%, 산악 국가인 그리스는 어떻게 문명을 꽃피웠을까? 2023.3.9. 방송 https://www.youtube.com/watch?v=78OBqjALCC8 2023.10.27. 검색.

6) '배트맨Batman'과 '씬 씨티Sin City'로 유명한 미국 작가 프랭크 밀러 Frank Miller의 만화 '300(그래픽 노블)'을 원작으로 하고 있는 영화 '300'(잭 스나이더 감독, 2007)은 기원전 480년 '페르시아'를 통치하던 '크세르크세스'가 그리스를 공격하는 제3차 페르시아 전쟁 중 '테르모필레 전투'가 배경입니다. 역사적으로 스파르타의 300명이 페르시아군과 싸우며 벌어 준 시간 동안 그리스 연합군이 마라톤 평원에서 페르시아의 육군을 격퇴하고 전쟁은 끝나게 되죠. 이후 살라미스 해전에서 페르시아 해군을 격퇴하고 '델로스 동맹'이 맺어지지만 '펠로폰네소스' 전쟁으로 델로스 동맹은 깨지게 되며 결국 아테네는 스파르타에게 멸망하게 됩니다. 이에 대해 다음 자료를 참고하였습니다. 국방 TV. 펠로폰네소스 전쟁 2016.10.13. 방송 https://www.youtube.com/watch?v=g4RIvwHpf40 2023.10.27. 검색.

7) 세 차례에 걸친 포에니 전쟁(기원전 264년-기원전 146년)과 마케도니아 전쟁(기원전 212년-기원전 168년) 이후 권력투쟁이 두드러지면서 가이우스 마리우스와 술라사이에 내전(기원전 88년-기원전 80년), 스파르

타쿠스의 반란(기원전 73-기원전 71), 카이사르와 폼페이우스, 크라수스의 제1차 삼두정치(기원전 59-기원전 54) 등을 들 수 있습니다. 이에 대해서는 다음 자료를 참고하였습니다. JTBC 차이나는 클라스. 대제국의 역사로 보는 국가 운영 비책. 2019.7.31. 방송 https://www.youtube.com/watch?v=3CK0IxTHKjc 2023.10.27. 검색.

8) 이와 같은 내용을 짐작하게 해주는 영화로 '글래디에이터Gladiator'(2001, 리들리 스콧 감독)를 들 수 있습니다. 로마제국의 황금기라고 할 수 있는 오현제 시대(96년-169년)의 마지막 시기를 배경으로 하고 있는데, 게르마니아에 주둔한 북부군 군단장 막시무스 데시무스 메리디우스에게 마르쿠스 아우렐리우스 황제가 자신의 권력을 전부 물려받아 로마의 체제를 다시 공화정으로 되돌려주기를 부탁하지만 왕위를 계승하려고 하는 아들은 이를 반대하면서 원로원과 황제세력의 정치적 편가르기를 시도하는 내용이 전개됩니다. 이와 관련해서는 다음 자료를 참고하였습니다. 김덕수. (2021). 그들은 로마를 만들었고, 로마는 역사가 되었다. 21세기북스.

9) 서로마 제국과 달리 동로마 제국은 1453년 멸망할 때까지 황제가 존재하여 통치하고 있었으며, 로마제국의 뿌리를 두고 있는 제국 그 자체였을 뿐만 아니라 교회의 권위에서 버금가는 콘스탄티노폴리스 총대주교를 수중에 넣고 있었으므로 로마 교황의 인정은 필요하지 않았습니다. 중세를 지배한 기독교적 세계관에 의하면 원칙적으로 전 그리스도교 세계에는 단 1명의 황제가 존재해야 했는데, 새로운 정통성의 황제가 나타나는 것은 교리상 용납이 불가하므로 본인을 황제로 칭하고 싶은 자는 로마제국과의 연관성을 입증해야만 했습니다. 동로마와 관련해서는 다음 자료를 참고하였습니다. 존 줄리어스 노리치 (2000). 종횡무진 동로마사. 남경태 · 이동진 옮김. 그린비.

10) 중세는 유럽 역사에서 서로마 제국이 멸망(476년)하고 게르만 민족의 대이동(4세기-6세기)이 있었던 5세기부터 르네상스(14세기-16세기)까지의 시기라고 할 수 있습니다. 중세 시기와 관련해서는 다음 자료를 참고하였습니다. 매슈 게이브리얼 · 데이비드 페리. (2023). 빛의 시대, 중세. 박수철 옮김. 까치; EBS 다큐. 고대부터 중세까지 역사와 예술이 가득한 이탈리아 문명 기행. 2023.6.10. 방송 https://www.youtube.com/

watch?v=Qa4KI91B_ac 2023.10.27. 검색.

11) 이 사건을 동로마 제국 측에서는 무시했으나, 이후 카롤루스 대제가 불가리아와의 전쟁으로 힘겨워하는 동로마 황제 미카일 1세로부터 811년 황제 자리를 승인받으면서 유럽의 황제 자리는 공식적으로 둘이 되었다고 합니다. 카롤루스 대제 이후 서유럽 황제의 대관식은 교황이 집전하는 것으로 굳어지게 됩니다.

12) 영화 '장미의 이름The Name of the Rose'(장 자크 아노 감독, 1986)은 이러한 모습을 잘 표현하고 있습니다. 이 영화의 원작은 움베르토 에코Umberto Eco의 동명 소설입니다. 황제에게 특수한 임무를 부여받아 수도원에 도착한 윌리엄 신부와 그의 조수였던 아드소가 수도사들에게 일어난 의문의 살인을 조사해 나가는 과정에서 벌어지는 사건을 통하여 중세시대의 여러 단면을 보여 주고 있죠. 다음의 대사들에서 중세시대의 영광과 과오, 그리고 아쉬움과 반성이 느껴집니다. "나는, 세계가 피와 광기의 폭풍 속으로 깊이 깊이 가라앉는데도 나 자신에게 질문을 던지지 않았다."(영화 장미의 이름에서 아드소의 독백), "지난날의 장미는 이제 그 이름뿐, 우리에게 남은 것은 그 덧없는 이름뿐"(영화 '장미의 이름'의 마지막 장면). 이와 관련해서 다음 자료를 참고하였습니다. 움베르토 에코. (2009). 장미의 이름. 이윤기 옮김. 열린책들.

13) 좁은 의미의 십자군 전쟁이라고 하면 성지를 이슬람 세력으로부터 탈환하기 위해 지중해 동해안 지역에서 진행된 전쟁들을 가리킵니다. 넓은 의미에서는 중세의 기독교회에서 주동한 다른 전쟁들을 십자군 전쟁으로 보는 관점 또한 존재합니다. 이교도나 이단의 토벌, 가톨릭 집단 내부의 분쟁, 정치적 이득 등 전쟁의 동기는 매우 다양했다고 합니다. 십자군 전쟁과 관련해서는 다음 자료를 참고하였습니다. 김태권. 십자군 이야기 1~5. 비아북; 국방 TV. 십자군 원정 1~4. 2017.2.20. 방송 https://www.youtube.com/watch?v=WxwyKk3xL4A/ 2017.2.27. 방송 https://www.youtube.com/watch?v=vLgdHr3QxO8/ 2017.3.20. 방송 https://www.youtube.com/watch?v=q87foFLmrcw/ 2017.3.30. 방송 https://www.youtube.com/watch?v=_m3Iva3zXqU 2023.10.27. 검색.

14) 유럽 문명사에서 14세기부터 16세기 사이 일어난 문예 부흥 또는 문화 혁신 운동을 말하는데, 문화, 예술 전반에 걸친 고대 그리스와 로마 문명의 재인식과 재수용을 의미한다고 할 수 있습니다. 과학 혁명의 토대가 만들어져 중세를 근세와 이어 주는 시기로서 옛 그리스와 로마의 문학·사상·예술을 본받아 인간 중심의 정신을 되살리려 했죠. 이 점에서 르네상스는 일종의 시대적 정신운동이라고 말할 수 있을 겁니다. 영화 '장미의 이름'에서 아리스토텔레스의 시학을 금기시했던 이유는 무엇일까요? 혹시 그리스도교적인 사고에서 벗어나 '나'를 중심으로 펼쳐지는 다양한 사고와 표현, 그리고 논리성을 두려워한 것은 아니었을까요? 르네상스와 관련해서는 다음 자료를 참고하였습니다. 야코프 부르크하르트. (2003). 이탈리아 르네상스의 문화. 이기숙 옮김. 한길사; EBSCulture (EBS 교양). 인문의 시대 르네상스. 2018.4.17. 방송 https://www.youtube.com/watch?v=xeGsn8XEXmo 2023.10.27. 검색.

15) 이후 1517년 루터의 종교개혁은 100년이 넘는 동안 서양의 역사를 뒤흔드는 세계사적 사건이라고 할 수 있습니다. 현재 북유럽의 많은 나라 또한 신교도들이 세운 나라로 베스트팔렌 조약 이후 독립하게 되었으니 루터의 종교개혁 결과라고 할 수 있을 거예요. 구교에서 신교로의 이행은 교황이 지배하던 유럽이 왕이 지배하는 유럽으로 바뀌는 역사적 대변환을 의미한다고 할 수 있습니다. 종교개혁과 관련해서는 다음 책을 참고하였습니다. 스티븐 니콜스. (2009). (세상을 바꾼) 종교개혁 이야기. 이용중 옮김. 부흥과개혁사; tvN 극심해진 개신교 VS 로마 가톨릭 갈등 2022.7.14. 방송 https://www.youtube.com/watch?v=q7LKGkVEY8k 2023.10.27. 검색.

16) 영화 '루터Luther'(에릭 틸 감독, 2003)에서처럼 16세기 유럽의 교회는 그들의 이익을 위해 면죄부를 판매하고 있었습니다. 루터는 물질화되어 타락한 교회의 민낯을 마주하고, 하나님의 구원을 절실히 원했던 자신과 가난 속에서도 면죄부를 사는 것에 매달리는 사람들을 보며 신앙의 길을 바로잡기 위해 '95개조 반박문'을 게시합니다. 하지만 교회에 혼란을 가져온다는 이유로 로마 교황과 독일 정부로부터 반박문을 철회할 것을 강요받고, 결국

종교 심판까지 오르게 된 루터는 "나의 양심을 철회할 수 없다"라고 외치며 목숨까지 위협에 처하게 됩니다. 다음의 대사에서 루터의 비장함을 느낄 수 있습니다. "성경의 증거와 분명한 이성에 의한 확신에 제 양심은 하나님의 말씀에 사로잡혀 있습니다. 양심을 거스르는 일은 비겁한 것이고, 옳지도 않습니다. 전 아무것도 할 수 없으며, 또 철회하지도 않을 것입니다."(영화 '루터', 보름스 제국회의 재판에서 루터의 대사). 이와 관련해서 다음 자료를 참고하였습니다. 권진호. (2018). 루터의 "로마서 서문" 에 나타난 그리스도인의 삶. 장신논단 50(3): 121-147.

17) 이후 영화 '엘리자베스Elizabeth'(세카르 카푸르 감독, 1998)에서처럼 엘리자베스 1세 여왕이 등장하여 16세기 잉글랜드의 전성기를 개막하고 대영제국이라는 근대국가의 기반을 마련하게 됩니다. 이와 관련하여 다음 자료를 참고하였습니다. 사피엔스 스튜디오. 엘리자베스 1세. 2021.10.25. 방송 https://www.youtube.com/watch?v=QsYQPnWGXgo 2023.10.27. 검토.

18) 근대국가는 상비군, 관료제, 조세제도 등의 수단을 통해 일정한 지역 내에서 중앙 집중화된 권력을 행사함으로써 대내적으로는 사회 질서를 안정적으로 유지하고, 대외적으로는 다른 국가들과 경쟁하면서 이들로부터 배타적인 독립성을 주장하는 정치 조직 또는 제도라고 할 수 있습니다. 이와 관련해서는 다음 자료를 참고하였습니다. 김경희. (2018). 근대국가 개념의 탄생. 까치; 김준석. (2011). 근대국가. 책세상.

19) 왕권신수설의 핵심 내용은 '왕이 하늘로부터 권력을 부여받은 존재'라는 것입니다. 절대왕정의 근거가 되어 주었죠. 절대왕정은 왕과 도시 공동체간의 세력균형 체제라고 할 수 있습니다. 사회 질서에 기반해서 강력한 권력을 행사하는 절대왕정의 군주는 권력의 기반을 군주 스스로에게 두고 있는 전제군주와는 성격을 달리한다고 할 수 있습니다. 절대왕정과 관련해서는 다음 자료를 참고하였습니다. 임승휘. (2004). 절대왕정의 탄생. 살림.

20) 사회계약설the Social Contract은 각 구성원의 동의 없이는 사회 체제가 구성되지 않으며, 나아가 구성원 사이에 체결된 합리적인 계약으로 사회의

모습을 바꾸면 빈부격차 등 다양한 사회 문제의 해결이 가능하다고 주장합니다. 사회계약설과 관련해서는 다음의 책을 참고하였습니다. 조긍호·강정인. (2012). 사회계약론 연구: 홉스·로크·루소를 중심으로. 서강대학교 출판부; 장 자크 루소. (2013). 사회계약론. 이재형 옮김. 문예출판사; 중앙선거관리위원회. 존 로크, 통치론. 2019.1.24. 방송 https://www.youtube.com/watch?v=T3PcDIHSEDU 2023.10.27. 검색.

21) 입헌주의Constitutionalism는 국민의 기본적 인권을 보장하기 위하여 통치 및 공동체의 모든 생활이 헌법에 따라서 영위되어야 한다는 정치원리라고 할 수 있습니다. 입헌주의와 관련해서는 다음 자료를 참고하였습니다. 김종철. (2001). 영국 입헌주의의 본질과 특색. 공법연구 30(1): 97-114; 로버트 달. (2016). 미국 헌법과 민주주의 3판. 박상훈·박수형 옮김. 후마니타스; 강명석. (2017). 프랑스 혁명정신과 미완의 기획으로서 근대 입헌주의. 연세 공공거버넌스와 법 8(2): 97-138.

22) 대헌장the Great Charter of Freedoms(라틴어: 마그나 카르타Magna Carta Libertatum)은 1215년 6월 15일에 영국의 존 왕이 귀족들의 강요에 의하여 서명한 문서로, 국왕의 권리를 문서로 명시한 것입니다. 국왕이 할 수 있는 일과 할 수 없는 일을 문서화 하기 시작하면서 전제군주의 절대권력에 제동을 걸기 시작했다는 점에서 의미가 있죠. 대헌장과 관련해서는 다음 논문을 참고하였습니다. 황한식. (2019). 마그나 카르타. 법조 68(1): 7-41.

23) 프랑스 대혁명French Revolution은 프랑스에서 일어난 시민 혁명으로서 절대왕정이 지배하던 시기에 발생한 심각한 경제불황으로 인해 많은 평민의 불만이 높아졌으며, 1789년 심각한 흉작을 계기로 본격적으로 봉기하였습니다. 프랑스 혁명을 통하여 절대왕정이 사라진 이후에 공화정, 제정, 군주정으로 국가 체제를 겪으면서 불안한 정치 상황이 이어졌으나 시민 계급이 절대왕정에 저항하여 새로운 사회를 형성할 수 있는 계기를 마련했다고 평가받습니다. 프랑스 대혁명과 관련해서는 다음 자료를 참고하였습니다. 장 마생. (2005). 로베스피에르, 혁명의 탄생. 양희영 옮김. 교양인; 노명식. (2011). 프랑스 혁명에서 파리 코뮌까지, 1789-1871. 책과함

께; 알렉시 드 토크빌. (2013). 앙시앵 레짐과 프랑스혁명. 이용재 옮김. 지식을 만드는 지식; 알베르 소불. (2016). 프랑스 대혁명. 양영란 옮김. 두레; 캐내네 스피치. 프랑스 혁명의 모든 것. https://www.youtube.com/watch?v=00zg2PmJb4g 2023.10.14. 검색.

24) 미국 독립전쟁American Revolutionary War은 미국 동부 해안 13개 주가 영국의 조세정책 등에 반발하여 식민지 독립을 위해 일으킨 전쟁으로서 세계 최초의 근대적 민주 국가를 설립하게 된 사건이라고 할 수 있습니다. 독립전쟁과 관련해서는 다음 자료를 참고하였습니다. 강준만(2010). 미국사 산책 1: 신대륙 이주와 독립전쟁. 인물과 사상사; 사피엔스 스튜디오. https://www.youtube.com/watch?v=OuNx4RMDqN8 '보스턴 차 사건'부터 '독립선언서 발표'까지. 2023.10.14. 검색.

25) 장 보댕Jean Bodin은 프랑스 절대왕정의 이론적 기초에 결정적 기여를 한 정치학자입니다. 그는 국가성의 핵심을 주권으로 규정함으로써 이후 근대 국가 형성에서 주권이라는 최고의 독립적이고 단일한 정치권력의 존재를 확실하게 하였습니다. 이와 관련해서는 다음 자료를 참고하였습니다. 장 보댕. (2013). 국가에 관한 6권의 책 1: 국가, 권리, 주권론. 나정원 옮김. 아카넷; 오향미. (2013). 장 보댕의 주권론. 국제정치논총 53(3): 9-38.

26) 영화 '디트로이트Detroit'(캐서린 비글로우 감독, 2017)는 1967년 7월 미국 디트로이트에서 일어났던 폭동사건을 바탕으로 합니다. 5일 동안 지속된 이 폭동은 43명의 사망자와 1,189명의 부상자, 2천 채가 넘는 건물의 파손이라는 엄청난 피해와 씻을 수 없는 상처를 미국 사회에 남깁니다. 미국 디트로이트 알제 모텔에서 발생한 장난감 권총 총격이 빌미가 되어 경찰과 군은 모텔을 습격해 무차별 총격을 가한 뒤 장시간의 심문과 가혹 행위를 자행하죠. 만행에 앞장선 것은 경찰과 군대였는데, 현대 국가의 주인이라고 할 수 있는 국민을 주권자라고 생각할 수 있는 대목은 별로 없었습니다.

27) 국정농단사건은 2016년 당시 대통령의 의사결정, 인사문제 등에 민간인 신분의 사인이 광범위하게 개입하였을 뿐만 아니라 본인의 사익을 추구하는 등 국정 혼란을 가져온 정치적 사건으로서 대통령은 헌법재판

소의 판결을 통해 파면을 당하였습니다. 이와 관련하여 다음 자료를 참고하였습니다. 문우진. (2021). 누가 누구를 대표할 것인가: 국민주권 실현을 위한 정치제도 설계. 후마니타스; 연합뉴스TV. 탄핵선고 풀영상. 2017.3.10. 방송 https://www.youtube.com/watch?v=ZuAH-lF9Xxc 2023.10.27. 검색.

02

로사 박사는 왜 바다 한가운데 섬을 만들었을까?

▼ 이번 장과 관련한 영상은
다음에서 확인할 수 있습니다.

▼사회과학 콘텐츠 랩 연곳 YEONGOT

연곳硏庈
YEONGOT LAB
Social Science Contents Project

02

로사 박사는 왜 바다 한가운데 섬을 만들었을까?

국가의 조건: 영화 <로즈 아일랜드 공화국>

"당신만의 세상에만 산다고 다 당신 것이 아니야!
당신 차처럼 당신이 만든 게 아니니까. 그냥 당신만의 세상에서 살아!"
(영화 '로즈 아일랜드 공화국'에서 가브리엘라의 대사)

1967년에 괴짜 엔지니어가 친구와 함께 이탈리아 영해를 갓 벗어난 바다 위 철재로 플랫폼을 만듭니다. 한강의 세빛둥둥섬 같은 것을 만든 것이죠. 주인공 로사 조르주가 바다 한가운데 인공 플랫폼을 지어놓고 국가라고 외치는 돈키호테 같은 행동을 하게 된 배경은, 엔지니어인 자신이 발명하는 자동차 같은 발명품을 일일이 국가에 등록하고 허가받아야만 하는 것을 이해하지 못하고 반발하기 때문입니다.

전 애인이지만 여전히 좋아하는 여자 친구를 자신이 발명한 자동차에 태우고 자랑하던 중, 번호판도 없이 달리는 자동차는 경찰 단속에 걸리고 결국 로사는 유치장 신세를 지게 됩니다. 그리고 여자 친구로부터 자신의 세계에만 빠져 산다고 비난받게 되죠. 그게 계기가 되어 로사는 진짜 자신만의 세계를 만들겠다고 결심합니다. 결국 사회성, 사회적 상식이 부족한 이 남자는 스케일 큰 사고를 칩니다. 나만의 나라를 만들어서 국가 규제 없이 살겠다는 것이죠. 이 장에서는 영화 '로즈 아일랜드 공화국Rose Island'[1)]을 통해서 국가의 조건은 무엇이냐, 정부의 규제는 언제 정당해지느냐를 생각해 보려 합니다.

국가의 조건은 무엇일까요?

"할 수 있으니까 한 거예요."
"그러니까, 그게 무슨 말이죠?"
"할 수 있으니까 한 거라구요."
"네? 이해하지 못하겠어요."
(영화 '로즈 아일랜드 공화국'에서 로사와 뉴먼의 대화)

이 괴짜의 국가 선언을 보면서 드는 첫 번째 질문은 이게 국가인가? 저게 정부인가? 일 것입니다. 우리가 한 나라를 나라라고 여기고, 우리가 정부를 정부로 여기게 하는 것은 무엇인가? 무엇이 있어야 정상국가인가? 이런 질문에 봉착하게 됩니다. 로사는 배 타고 20분 거리의 해상에, 누구의 땅도 아닌 그곳에 철골 기둥을 세워 플랫폼을 만들었고 지하수를 시추하는 데 성공했습니다. 땅 있고 마실 물이 있으니 이곳은 사람이 거주 가능한 공간이 되었고, 곧 해변 비치클럽의 홍보 담당자가 참여하게 되면서 로즈 아일랜드는 자유롭게 춤추고 술 마시는 해상 클럽을 유명해지게 됩니다.

여러 우여곡절 끝에 다섯 명의 사람들이 이곳의 시민 혹은 직원이 됩니다. 하지만 로사는 전 여자 친구에게 '그래봤자 그곳은 디스코 클럽일 뿐'이라는 말을 듣고, 정식 국가로 인정을 받아야겠다는 작심을 하게 됩니다. 자신을 대통령으로 그리고 다른 네 명의 친구들을 국가안보부 장관, 경제부 장관, 감시·국방 담당, 외무부 장관으로 임명하여 정부를 만들고 국제연합United Nations[2]에 정식 국가 인정을 신청합니다. 그럼 로즈 아일랜드는 국가가 된 곳일까요? 황당한 신청을 받게 된 UN은 이 사실을 이탈리아 정부에게 알리게 됩니다. 그제서야 이탈리아 앞바다를 미묘하게 벗어난 바다에 한 이탈리아인이 독립국가를 선언했다는 것을 이탈리아 정부가 알게 됩니다. 이탈리아 정부에게 이곳은 그저 탈세와 불법을 위한 해상 디스코 클럽일 뿐이니 이곳을 정부로 인정하지 않았고 로즈 아일랜드를 폐쇄, 철거하기 위해 갖은 협박과 회유를 시작합니다. 이에 로사는 이것을 국가 간 분쟁이라 정의하고 이번에는 국가 간 분쟁을 조정하는 유럽평의회Council of Europe[3]에 분쟁 조정을 신청합니다.

국가의 구성요소는 국민, 영토, 주권이고 여기에 정부가 추가될 수 있습니다. 이 기준으로 보자면 로즈 아일랜드는 독립 영토도 있고 국민도 있으며 자신들의 국가를 지키기 위해 일어서는 국민의 주권의식도 있습니다. 다섯 명이지만 정부도 구성되어 있고요. 독립국가로 인정하지 않는 이탈리아 정부에 대항하여 독립국가임을 주장하는 로즈 아일랜드 공화국. 과연 이곳을 독립된 국가라고 인정할 수 있을까요? 사회적 자본 연구로 유명한 프랜시스 후쿠야마는 『정치질서의 기원The origins of political order』이라는 책에서 오늘날 국가가 왜, 어떻게 만들어졌는지 다양한 학설을 소개하고 있습니다.[4]

국가의 기원을 명확히 알 수는 없지만 오늘날 근대국가는 일정한 형식적이고 내용적인 공통점을 가지고 있습니다. 국가의 형식적, 제도적 조건으로는 관료, 세금, 군대와 같은 중앙집권이 이루어져 있고 사법체계와 법치주의, 의회정치의 실시, (일부 국가는 아니지만 대체로) 정치와 종교의 분리, 정치와 경제의 분리 등이 이뤄져 있어야 한다는 것이 형식적 조건으로 꼽힙니다.[5] 국가의 내용적 조건은 국민에게 일정한 기능을 수행해야 하는 것인데 국방과 치안, 재산권의 보호, 거시경제관리, 공중보건, 공평성 증대, 빈곤층 보호와 같은 최소기능부터, 교육, 환경, 사회보험 등의 중간기능, 산업정책과 부의 재분배 같은 적극적인 기능까지 수행하는 것이 오늘날의 국가입니다.[6] 다시 말해 국가가 되려면 지속가능한 거주 공동체로서 존재하면서 정부가 공공문제 해결을 위해 구체적인 역할과 기능을 수행해야 한다는 것이죠. 물론 국가마다 그러한 역할과 기능의 정도에는 차이가 있겠지만요.

그렇다면 이런 의미에서 로즈 아일랜드 공화국은 국가성을 인정할 수 있을까요? 국가의 형식적 조건을 고려한다면, 이곳이 이탈리아라는 국가의 영향력이 미치지 않는 공간에서 집단공동체로서 유지할 수 있었겠지만, 내용적으로 국가의 기능을 수행하는가를 따진다면 정식 국가로서 인정되기는 어려웠을 것으로 짐작됩니다. 영화 속에서 이탈리아 정부 역시 자국민의 안전을 위해서라며 이곳을 해군을 동원해 폭파해버립니다. 실제로도 같은 결말이었으니(실화를 바탕으로 한 영화입니다), 영화와 현실 모두에서 국가성을 인정받지 못한 것입니다.

정부 규제의 정당성은 무엇인가?: 혁신과 규제

"우리의 플랫폼에서 열정과 자유를 누리세요."
(영화 '로즈 아일랜드 공화국'에서 오토바이 경주 문구)

"왜 모든 걸 등록해야 한다고 난리야?"
(영화 '로즈 아일랜드 공화국'에서 로사의 대사)

다시, 로사가 독립국가 만들기를 결심하게 된 상황으로 돌아가 보면, 로사는 사회적 감각은 크게 떨어지더라도 천재적 혁신가, 발명가로 그려집니다. 이런 천재가 자신의 창의력을 자유롭게 펼치기에 정부는 지나치게 제약적으로 보입니다. 로사의 관점으로 정부를 본다면, 귀찮고 억압적일 뿐만 아니라 무능하고 소통되지 않으니 받아들이기 힘든 존재일 겁니다. 발명한 자동차의 주행은 금지당했고, 사실 그전에도 발명한 무동력 비행기는 허가 없이 몰아서 단속되었던 전과도 있었지요. 물론, 오늘날 현실에서 등록된 자동차 주행은 운전자와 보행자의 안전과 사고예방 등 공동체의 안전을 위한 필수적인 사회적 규제입니다.[7)]

하지만 규제의 필요성 못지않게 새로운 혁신과 발명을 위하여 규제 없는 자유 공간, 혁신 공간도 필요할 겁니다. 새로운 발명 노력도 똑같은 규제를 한다면 혁신이 시도되기 어렵기 때문이지요. 정부의 규제가 정당하려면 시장실패를 치유하거나, 비합리적 개인의 심리나 인지를 조정하기 위해, 국민의 안전과 보호를 위해, 국제적인 규제 균형을 맞추기 위해, 위기를 관리하기 위해, 실험을 목적으로, 특정한 이익을 목적으로 혹은 협조를 목적으로 할 때 등과 같은 합리적 근거가 필요합니다.[8)] 시민의 자유와 권리를 제한하는 규제는 명확한 근거와 합리적 명분이 필요하겠지요. 목표를 이루기 위해 적합하고, 투명하고, 과잉되지 않으며 책임 있는 규제가 되어야 한다는 것입니다.[9)]

영화 속에서 이탈리아 정부는 매우 무능하고 권위주의적으로 그려집니다. 인공섬 건설을 파악한 해경은 자신의 관할인 전파 송출 여부만 확인하고 돌아갔고 지방정부는 영해 밖이니 관할권 밖이라 무시하였으며, 정부에서 파견된 조사관이나 관료들은 상황을 축소보고하기에 급급하다가 회유와 협박으로 덮으려 하지요. 무능하고 억압적인 국가권력의 한심한 규제 행태가 그려지고 있습니다. 우리는 여기서 잠시 오늘날 국가에서 매우 중요한 쟁점이 되어있는 혁신과 규제의 관계에 대해서 언급할 필요가 있습니다. 최근에는 나라마다 너나 할 것 없이 4차 산업혁명으로 불리는 급격한 과학기술의 혁신이 펼쳐지면서 혁신의 발목을 잡는 규제를 철폐, 완화해야 한다는 목소리가 높아지고 있습니다. 우리나라도 마찬가지죠. 이런 혁신을 위한 규제완화로서 네거티브 규제negative regulation를 도입하자는 논의를 뉴스에서 들어 본 적 있으실 겁니다.[10)]

네거티브 규제와 포지티브 규제positive regulation는 법률에서 시민의 자유와 권리를 제한하는 규정의 두 방식입니다. 법률 규정상 할 수 없는 것을 열거하는 경우, 예를 들어 '누구누구는 다음의 사항을 할 수 없다, 일, 이, 삼 등등'처럼 할 수 없는 것을 규정하는 방식과 '누구누구는 다음의 사항을 할 수 있다, 일, 이, 삼 등등'처럼 할 수 있는 것을 규정하는 방식이 있습니다. 할 수 없는 것을 구체적으로 밝히는 전자의 방식이 네거티브 규제, 할 수 있는 것을 구체적으로 열거하는 후자의 방식이 포지티브 규제입니다. 여러분이 생각하시기에 어떤 방식이 혁신을 제약하고 시민의 자유를 더 제한하는 방식이라고 생각하시나요? 네거티브 방식에서는 할 수 없다고 나열한 것을 제외한 모든 것이 가능하다고 해석되며 포지티브 방식은 할 수 있다고 나열한 것만을 할 수 있다고 해석됩니다. 그렇다면 네거티브 방식이 훨씬 더 자유를 보장하는 방식이라고 할 수 있겠지요.[11)] 오늘날 정부는 혁신적 시도를 고무하기 위해서 네거티브 규제와 같이 '원칙적으로 허용하되 열거하는 항목에 대해 예외적으로 금지하는 방식'을 도입하려 하고 있습니다. 로사와 같이 사회적 규제에 둔감하고 이해하지 못하는 혁신가들도 규제 샌드박스sand box에서는 제한 없이 자유롭게 발명품을 만들 수 있겠지요.[12)]

어떤 조건을 갖추어야 국가가 될 수 있을까?

"완벽한 자유가 겁나는 거잖아요.
내가 한 일 때문이 아니라 내가 할 일 때문에 내가 싫은 거죠."
(영화 '로즈 아일랜드 공화국'에서 로사의 대사)

이 영화는 앞서 말씀드린 것처럼 실화를 바탕으로 하였습니다.[13] 왜 이런 일이 발생하였을까요? 1968년은 전 세계적으로 국가주의와 자유주가 격돌했던 해입니다. 유럽을 중심으로 세계적으로 군부독재, 권위주의 정부, 사회적 차별, 베트남 전쟁 등에 맞서는 사회운동, 민권운동, 반문화운동이 거세게 발생하였지요. '금지하는 것을 금지하라It's forbidden to forbid!'라는 표어로 잘 알려진 프랑스 5월 혁명[14], 프라하의 봄[15] 등이 바로 이 시기의 역사적 사건입니다.[16] 국가와 권위를 중시하는 전쟁 전 구세대와 개인의 자유를 중시하는 전후 세대가 대학생이 되던 그즈음에 필연적으로 발생할 수밖에 없었던 가치 충돌로 평가되고 있습니다. 전전(前戰) 세대가 믿고 있는 국가주의 가치는 국가를 해당 사회 전체를 지배하는 최고조직으로 간주하고 개인은 국가의 지배를 수용하며 국가 공동체에 봉사하는 것이 최고의 덕이라 여깁니다. 하지만 전후 세대가 믿는 개인주의는 국가를 개인의 자유와 권리 보호를 위한 조직체에 불과한 것으로 인식하며 권력화된 종교 질서와 권위주의 정부로부터의 해방을 꿈꾸었으니 갈등하지 않기는 어려웠던 것입니다. 1960년 후반은 이런 몸살을 앓으면서 국가와 국민의 관계가 서서히 변화해 가던 시기였던 것입니다.

여러분이 로즈 아일랜드 공화국을 국가로 인정할 것인지를 판정하는 유엔이나 유럽연합의 담당자라고 한다면, 어떤 결정을 내리실 건가요? 정식 국가로 인정하시겠습니까? 그 판결문에는 어떤 내용을 적으실 건가요? 그것이 바로 본인이 생각하는 국가의 조건일 것입니다. 만약 동해 방향으로 우리 영해를 갓 벗어난 그곳에 누군가 섬 하나 점거하거나 만들어서 독립 국가를 선언한다면, 우리 정부는 어떻게 해야 할까요? 그리고 우리는 그곳을 국가라고 인정할 수 있을까요?

참고한 내용 및 더 읽어 볼 것들

1) '로즈 아일랜드 공화국'(시드니 시빌리아 감독, 2020)은 실화를 바탕으로 만들어졌습니다. 영화 자체는 코믹하게 현실을 풍자하는 해학적 내용인데, 바로 독립국가의 이름이 로즈 아일랜드 공화국이죠. 이 나라는 이름도, 국기도, 우편번호도 있고 여권도 발급합니다. 점점 많은 사람들의 시민권 신청이 계속 들어오게 되고 이탈리아의 어떤 법률 규제도 받지 않는 이 섬의 매력이 알려지면서 레스토랑과 바에는 사람들이 몰리게 되어 유명세를 타게 됩니다. 하지만 이탈리아 정부는 이 섬을 관광객으로부터 받은 돈을 탈세하려는 곳으로 간주하고 결국 인공섬을 파괴합니다. 로즈 아일랜드 공화국에 대해서 다음 자료를 참고하였습니다. 아틀라스. 실화를 바탕으로 한 영화 '로즈 아일랜드 공화국'. 2021.5.1.일자. http://www.atlasnews.co.kr/news/articleView.html?idxno=3651 2023.10.30. 검색.

2) 국제연합은 국제 평화와 안전을 보장하고, 국제 협력 증진, 인권 개선 등의 활동을 통해 세계의 번영을 추구하는 국제기구입니다. 1945년 2차 세계대전 종전 이후에 출범했으며 미국 뉴욕에 있는 본부에서 매년 총회를 열어 전 세계 190여 개국과 관련되는 주요 안건을 상정·논의합니다. UN에 대해서 다음 자료를 참고하였습니다. 장 지글러. (2018). 유엔을 말하다. 이현웅 옮김. 갈라파고스; VOA 한국어. 유엔의 역사와 주요 기구. 2021.9.14.일자. https://www.youtube.com/watch?v=zOttv1L-UA8 2023.10.30. 검색; KBS 뉴스. '식물기구' 유엔 안보리, 개혁으로 오명 벗을까. 2023.9.24. 방송 https://www.youtube.com/watch?v=D0VvXWSqhRU 2023.10.30. 검색; EBS 교양, 클래스e-국제기구, 환상과 민낯. 2022.7.28. 방송 https://www.youtube.com/watch?v=O1cZEPZezrw 2023.10.30. 검색.

3) 유럽평의회는 1949년 범유럽 정부 간의 협력을 위하여 설립되었으며, 인권과 민주주의의 수호, 법의 지배의 실현 등을 목적으로 합니다. 2022년 현재 46개 회원국이 가입되어 있으며, 회원국 외무장관으로 구성된 각료 위원회

와 자문 위원회, 회원국 의원으로 구성된 의원 회의, 유럽 인권 위원회, 유럽 인권 재판소, 사무국 등의 기구를 두고 있습니다. 유럽평의회에서 채택된 유럽인권협약은 유럽 인권보호 기준이 되고 있다고 합니다. 한편, 이름이 비슷한 유럽 연합European Union은 유럽에 위치한 27개의 회원국 간의 정치 및 경제 통합체를 말합니다. 유럽 연합의 정책은 사람, 상품, 자본, 그리고 서비스가 국내 시장에서 자유롭게 이동하는 것을 목적으로 하고 있으며 농업, 어업 그리고 지역 개발에서 공동 정책을 채택하고 있습니다. 이와 관련하여 다음 자료를 참고하였습니다. 장홍. (1998). 유럽연합의 새로운 이해. 고원; 박정원. (2010). 유럽연합과 유럽평의회의 관계. 한양법학 31: 233-255; 얀 지엘론카. (2015). 유럽연합의 종말. 신해경 옮김. 아마존의 나비; YTN. 오늘날 유럽연합, 어떻게 탄생했나? 2016.7.2. 방송 https://www.youtube.com/watch?v=Od4-flxRFGo 2023.10.30. 검색; EBS Learning. 유럽과 유럽연합. 2012.3.6. 방송 https://www.youtube.com/watch?v=lOIVFdPV33E 2023.10.30. 검색.

4) 국가란 과거에 얽매인 존재는 아니지만 오래전 일어난 역사적 사건이 정치의 성격에 중대한 영향을 미치고 있으므로 오늘날의 정치제도가 어떻게 운영되는지를 이해하려면 그 기원을 살펴봐야 한다는 것입니다. 예를 들어, 안전과 질서를 위해 개인들이 자발적인 계약으로 탄생했다는 사회계약설, 농업국가의 관개시설 건설을 위한 계획과 인력 동원 과정에서 만들어졌다는 주장, 인구증가로 인하여 조밀화된 공동체가 국가가 되었다는 주장, 폭력과 강압의 산물이라는 주장, 지리 환경적 요인이라는 주장, 카리스마적 권위의 산물이라는 주장 등 다양한 기원이 제기되고 있습니다. 관련 내용은 다음 자료를 참고하였습니다. 프랜시스 후쿠야마. (2012). 정치 질서의 기원. 함규진 옮김. 웅진지식하우스.

5) 관련 내용은 다음 자료를 참고하였습니다. 문지영. (2005). 한국의 근대국가 형성과 자유주의. 한국정치학회보 39(1): 185-211; 김종호. (2017). 독일의 법치국가 사상의 형성과정에서 시민적 자유와 국가 개입의 한계. 유럽헌법연구 23: 247-299; 김정부. (2021). 근대국가 통치성(governmentality)의 형성과 재정 · 예산제도의 발전. 한국행정논집

33(2): 401-436.

6) 또한 정부가 해야 할 핵심기능에 대하여 재화와 용역에 대한 생산활동으로서 공교육·상수도 제공·사회보장·산림공원 운영 등 공공재에 대한 생산활동, 합법적인 물리력 행사가 필요한 경찰·국방·교도소 운영·형사처벌·세금징수 등 경찰기능, 정부가 다른 부문들이 기능을 잘 발휘할 수 있도록 법정제도·통화운영·경제정책 등 촉진기능으로 구분하는 경우도 있습니다. 국가의 기능과 관련한 내용은 다음 자료를 참고하였습니다. Salamon, L. ed. (2002). The Tools of Government. The Oxford University Press; Fukuyama, F. (2004). State Building. Cornell University Press; 문명재·주기완. (2007). 정부의 규모(Size), 기능(Scope), 역량(Strength) 에 관한 탐색적 연구: 문민정부, 국민의 정부, 참여정부를 중심으로. 행정논총 45(3): 51-80.

7) 규제는 '국가 및 행정기관이 특정한 행정목적을 실현하기 위하여 국민의 권리를 제한하거나 의무를 부과하는 것'으로서 크게 경제적 규제economic regulation와 사회적 규제social regulation로 구분할 수 있습니다. 경제적 규제는 기업설립과 개시, 제품 혹은 서비스의 가격과 이윤, 거래 상대방과 거래방법 및 조건 등에 대한 의사결정 및 행위와 관련하여 시장에서 활동하는 기업 및 개인에 대한 것이며, 사회적 규제는 환경오염, 산업재해, 소비자 안전문제, 근로자에 대한 차별 등과 같이 기업 및 개인의 사회적 역할이나 책임에 대한 것이라고 할 수 있습니다. 이와 관련한 내용은 다음 자료를 참고하였습니다. 행정규제기본법(2023.07.11. 법률 제19530호); 김권식. (2014). 경제성장 잠재력 확충을 위한 규제개혁의 양대 축: 경제적 규제완화와 사회적 규제강화. 한국행정연구원 Issue Paper 2014-6.

8) 경제적 규제의 경우 독과점 및 불공정거래 등에 대하여 국가의 개입이 필요하지만, 공익목적에서 합리화되지 않는다면 관련된 규제를 완화·폐지할 필요성이 있다고 지적됩니다. 예를 들어 프리드리히 하이에크Friedrich Hayek는 자유경쟁적 시장질서를 자생적 질서로 규정하고 정부의 책무는 개인의 자유를 최대한 보호하는 등 경제활동의 규율을 최소화해야 한다고 주장하죠. 사회적 규제의 경우 현대사회가 기술, 사회적 위험과 밀접하게 연관되어 있

어 안전 및 재난과 관련한 산업활동에 대하여 정부가 적극적으로 개입해야 한다고 지적됩니다. 예를 들어 울리히 벡Ulrich Beck은 산업문명이 자연과 인간의 생명을 불안하게 하는 불확실성과 위협을 높였으며, 현대사회는 모든 사람들이 똑같이 위협받는 위험사회이므로 이에 대한 제도적 대응을 해야 한다고 주장하죠. 이와 관련한 내용은 다음 자료를 참고하였습니다. 울리히 벡. (2006). 위험사회. 홍성태 옮김. 새물결; 프리드리히 하이에크. (2024). 노예의 길The Road to Serfdom. 김이석 옮김. 자유기업원; 최병선. (2023). 규제 vs 시장-시장을 알아야 규제가 보인다. 가갸날; EBS · KDI 경제정보센터 경제시장이냐 정부냐. 2016.9.26.일자 https://www.youtube.com/watch?v=PFVJhYE8I4M; SBS 빅퀘스천 25회 2부 하이에크 '노예의 길' 2023.3.16. 방송 https://www.youtube.com/watch?v=I7-7YsLL0CE; 오마이 TV. 울리히 벡의 '위험사회' 2011.6.10. 방송 https://www.youtube.com/watch?v=OZ2yHuisSUI 2023.11.1. 검색.

9) 이러한 특성을 논의하는 내용으로 규제정치regulatory politics를 들 수 있습니다. 국가와 정부가 시장과 기업부문의 행위를 통제 또는 완화하는 과정에서 발생하는 이해관계에 대하여 정치 · 경제학적 접근을 통하여 분석하고 설명하려는 시도입니다. 대표적으로 조지 스티글러George Stigler는 경제학적 접근을 통해 기업이 로비를 통해 자신을 보호하는 관세 장벽 같은 규제를 획득하는 등 국가와 정부의 규제자가 시장원리가 제대로 작동하지 않거나 고도의 전문성을 띤 산업분야에서 기업과 시장의 피규제자들이 주장하는 논리에 사로잡혀 이들의 이익을 보호하고 개선하기 위해 규제를 만들어낸다는 규제의 '포획이론'capture theory을 주장하였습니다. 또한 제임스 큐 윌슨James Q. Wilson은 정치학적 접근을 통해 정책을 그 비용과 혜택이 소수의 집단에게 집중되는지, 아니면 다수의 일반국민에게 분산되는지에 따라 정치적 상호작용의 형태가 달라진다고 주장하면서 규제정치의 유형을 아래의 표와 같이 제시하였죠.

<윌슨의 규제정치 유형>

구분		인식된 편익	
		소수에 집중	다수에 분산
인식된 비용	소수에 집중	이익집단 정치 (interest-group politics) • 편익을 얻는 집단과 비용을 부담하는 집단 사이의 갈등, 제로 섬 게임으로 간주 • 입법사례: 노사규제, 최저임금제 등	기업가 정치 (entrepreneurial politics) • 공익을 추구하는 집단과 지도자들이 공익을 위하여 정책결정자를 설득하지만 비용을 부담하는 집단의 강한 반대에 부딪힘 • 입법사례: 환경오염 규제, 자동차안전 규제 등
	다수에 분산	고객 지향 정치 (client politics) • 정책결정자, 규제자, 피규제자가 긴밀한 '고객' 관계형성 • 입법사례: 수입규제 등	대중 정치 (majoritarian politics) • 비교적 느슨한 집단 또는 그들을 위해 일하는 지도자가 실질적 혹은 상징적으로 정책을 추진함. 때때로 약한, 모호한 정책을 채택하도록 함 • 입법사례: 독과점 규제, 사회적 차별규제 등

이와 관련하여 다음 자료를 참고하였습니다. Stigler, G. (1971). The Theory of Economic Regulation. *Bell Journal of Economics* 2(1): 3-21; Wilson. J. Q. ed. (1980). *The Politics of Regulation*. Ch.10. NY: Basic Books.

10) 최근 정부는 시장실패 교정이라는 규제의 순기능을 저해하지 않으면서도 민간주도 혁신성장을 뒷받침하여 혁신기술 보유기업에 융합 신제품·서비스 출시의 활로를 제공하기 위하여 '산업융합 규제샌드박스' 발전방안을 발표한 바 있습니다. 이는 인공지능, 빅데이터 등 혁신기술을 활용한 신제품·신기술의 신속한 시장 출시 등을 '우선 허용'하고, 필요시 '사후 규제'하는 방식의 유연한 규제체계와 연계되어 있다고 할 수 있죠. 이와 관련하여 다음 자료를 참고하였습니다. 관계부처 합동. (2017). 신산업 네거티브 규제 발굴 가이드라인. 2017.10; 국무조정실·기획재정부. (2019). 포괄적 네

거티브 규제 전환 가이드라인: 공공기관 내규 · 지침 대상. 2019.10; 관계부처 합동. (2022). 산업융합 규제샌드박스 발전방안. 2022.12.

11) 현재 우리나라는 공급자 위주의 규제, 중앙정부의 획일적 · 경직적 규제로 인해 4차 산업혁명 시대 산업의 융 · 복합적 특성과 빠른 변화 등에 대응하기 어렵다고 비판받고 있습니다. 기업의 인식은 새로운 규제설계 등 제도개선 도입 필요성과 동시에 기존 규제에 대해 불만이나 체감도 역시 높은 것으로 나타나고 있기도 하죠. 실시된 네거티브 규제의 성과를 확인해 보니 유의미한 성과가 나타나기도 했지만 그 성과를 유지하기 위해서는 지속적으로 신기술 및 신산업 분야의 혁신을 위한 규제완화 노력이 병행될 필요가 있다고 지적되었습니다. 이와 관련하여 다음 자료를 참고하였습니다. 정우성 외. (2018). 4차 산업혁명 시대의 지역발전을 위한 스마트규제 추진전략. 국토연구원; 한승희. (2020). 신산업분야 규제완화 정책이 기업의 혁신성과에 미치는 영향. 한국정책학회보 29(4): 119-143; 한국법제연구원 제11차 규제혁신법제포럼 (한국법제연구원-한국행정연구원-한국개발연구원 공동세미나). 네거티브 규제전환의 경제적 성과분석 2022.5.25. https://www.youtube.com/watch?v=BEMQTeIzX9o; 네거티브 규제전환을 위한 제도운영: 규제샌드박스 https://www.youtube.com/watch?v=xz8flJMJR6U 2023.11.3. 검색.

12) 예를 들어 신산업, 신기술 분야 혁신과 일자리 창출을 위해 민간의 부담을 완화하되, 생명 · 안전 보호가 가능하다는 전제하에 정부 주도의 규제혁신을 도모하는 포괄적 네거티브 규제 전환을 통하여 '선허용-후규제' 원칙을 적극적으로 적용하려는 시도가 활발해졌습니다. 규제 샌드박스도 이러한 조치의 하나입니다. 일정한 프로그램이나 일정 지역에서 규제를 완화하여 시행한 후 규제 완화의 효과, 부작용을 실험적으로 살펴보는 것입니다. 어린이들이 모래상자에서 무엇이든 모래로 만들어 볼 수 있게 하는 상황을 비유하여 만든 표현이죠. 다만 생명 · 환경 · 소비자 보호 등 안전과 관련된 사항에 대해서는 관련 기준과 규제를 완화하는 것이 좋은 것만은 아니며, 오히려 관련 규제의 적절성이 요구되며 규제 샌드박스 내 혁신기술 기업의 신제품 · 서비스에 대한 안전성 실증과정에서 검증관련 체계구축을 강화할 필

요가 있다고 지적되기도 합니다. 이와 관련하여 다음 자료를 참고하였습니다. 국무조정실. (2018). 식품안전 종합대책. 2008.7.11.; 관계부처 합동. (2019). 현장밀착형 규제혁신 방안(Ⅵ). 2019.10.14.; 박나라 외. (2022). 한국 정부 규제의 정당화 논리는 어떻게 변화해 왔는가?: 보건·복지 정책 분야 신설·강화 규제(1998~2019) 분석. 한국정치학회보 56(1): 89-121; 박균성. (2022). 정책, 규제와 입법. 박영사; 최해옥·이광호. (2022). 지역혁신형 규제샌드박스 제도의 실효성 제고 방안. STEPI Insight 제286호.

13) 1967년 이탈리아 리미니 근처 아드리아 해상에 조르주 로사라는 이탈리라인이 400m²의 영화 같은 인공섬을 건설하고 1968년 6월 24일 독립국가를 선언하였지만 1969년 2월 13일 영화와 같이 이탈리아 해군에 의해 섬이 폭파됩니다. 폭파 이후 로사는 망명정부를 선언하였지만 그도 2017년 사망하였습니다. 유엔은 로즈 아일랜드 공화국 사건 이후 공해의 경계를 6해리에서 12해리로 확장하였다고 합니다. 또 다른 현실 사례도 있습니다. 역시 1967년 영국 앞바다에 2차 세계대전 당시 건설해 사용했지만 그 후 버려졌던 해상 기지를 퇴역한 해군 소령이 점거하고 시랜드 공국이라 선언하기도 했습니다. 시랜드 공국은 아직까지 존재하며 전 세계 사람들을 대상으로 백작 등 작위를 판매한다고 합니다. 이와 관련하여 다음 자료를 참고하였습니다. 위키백과. 로즈 아일랜드 https://ko.wikipedia.org/wiki/%EB%A1%9C%EC%A6%88%EC%84%AC_%EA%B3%B5%ED%99%94%EA%B5%AD; 시랜드 공국 홈페이지 https://sealandgov.org/ko-as 2023.11.3. 검색.

14) 프랑스의 5월 혁명은 프랑스 샤를 드골Charles de Gaulle 정부의 실정과 사회모순에 불만을 느낀 대학생들이 저항하고 노동자들이 파업하며 기성세대를 거부하고 권위주의를 타파하는 등 기존의 사회질서와 가치에 대하여 문제를 제기한 운동입니다. 이와 관련하여 다음 자료를 참고하였습니다. 잉그리트 길혀-홀타이Gilcher-Holtey, Ingrid. (2006). 68운동: 독일 서유럽 미국. 정대성 옮김. 들녘; 이재원. (2018). 68 운동을 기념할 것인가?: 50년 후의 유산과 전망. 프랑스사 연구 39: 123-150; 한겨레. '1968' 50년을 말한다https://www.hani.co.kr/arti/international/international_

general/839573.html 2018.4.7.일자(토요판). 20대 여성이 남성 총리의 뺨을? '1968년 정신'의 실재. 2023.11.10. 검색.

15) 프라하의 봄은 2차 세계대전 이후 소비에크 연방에 의해 내정간섭 당하던 체코슬로바키아에서 일어난 민주화 운동입니다. 체코슬로바키아 개혁파 알렉산데르 둡체크Alexander Dubček가 집권하면서 시작되었지만 개혁정책에 불만을 느끼고 있던 소비에트 연방 등이 체코슬로바키아를 침공하면서 개혁은 중단되었으며 1989년 벨벳혁명이 일어나기 전까지 점령 상태가 됩니다. 이와 관련하여 다음 자료를 참고하였습니다. 김신규. (2020). 체코슬로바키아 공산정권의 등장과 몰락 요인 분석. 세계역사와 문화연구 57: 113-141; 지식한잔 한 번쯤 들어봤을 프라하의 봄! 과연 무슨 사건이었을까? https://www.youtube.com/watch?v=u35L4o4lj50 2023.11.10. 검색.

16) 68운동(68혁명)은 실존주의와 구조주의 등의 사상적 배경을 가지고 당시 대학생이었던 세대가 2차 세계대전 이후의 사회부조리, 보수주의 · 베트남 전쟁 · 인종주의 · 성차별에 대한 반대를 주장하면서 프랑스, 미국을 비롯한 서구의 많은 국가들과 체코슬로바키아 등 동구권의 일부 국가들에서 전개된 운동입니다. 이와 관련하여 다음 자료를 참고하였습니다. 오성균. (2004). 68 학생운동과 반권위주의 의식혁명. 독일언어문학 24: 197-214; 이성재. (2009). 68운동. 책세상; 함께하는 세계사. 프랑스 68운동/금지하는 것을 금지한다! 68운동 이야기 https://www.youtube.com/watch?v=CUWSci-sxQU 2023.11.10. 검색; JTBC 차이나는 클라스 https://www.youtube.com/watch?v=d1H2kFL0jXs 2019.10.30. 방송. 68혁명 일어난 계기. 2023.11.10. 검색; 알베르 카뮈Camus, Albert. (2018). 이방인Étranger. 이정서 옮김. 새움; 민음사 TV. 알베르 카뮈 대표작 '페스트' '이방인' 해설 https://www.youtube.com/watch?v=V_N5mvqKDY 2023.11.3. 검색.

03

이도와 정기준이 치열하게 논쟁한 이유는?

03

이도와 정기준이 치열하게 논쟁한 이유는?

국가권력의 형태: 드라마 <뿌리깊은 나무>

"정기준. 너희 사대부들은 결국 부패하게 될 것이다. 사대부는 그들의 능력만큼 욕망을 갖게 될 것이고 또한 기득권을 갖게 될 것이다. 그렇다면 사대부가 그렇게 되지 않도록 그 욕망을 누가 견제할 수 있겠느냐. 임금은 늘 견제당해야 되는 존재이기에 한계가 있다. 하여 나는 백성으로 하여금 그 역할을 하게 하려 한다. 백성이 힘을 가지고 권력을 나누게 되는 새로운 균형, 새로운 질서 새로운 조화. 해서 나의 글자가 그런 새로운 세상에 시작이 될 것이다".

(드라마 '뿌리깊은 나무'에서 이도의 대사)

"이도! 동서고금에 그런 무책임한 제도가 어찌 있을 수 있단 말이냐! 정치는 책임이다. 유사 이래 정치의 본질은 한 번도 바뀐 적이 없어. 헌데 그들이 그들의 지도자를 뽑는다? 허면 그 지도자가 실정을 한다면 누가 책임져야 하는 건가. 그 지도자를 뽑은 백성을 모두 죽여야 하나?"

(드라마 '뿌리깊은 나무'에서 정기준의 대사)

드라마 '뿌리깊은 나무A Tree With Deep Roots'[1)]에서 세종(이도)은 한글을 백성들에게 널리 알려야 하는 정당성과 새로운 세상을 주장하지만 사대부 세력(정기준)은 백성들이 글을 알게 됨으로써 발생하는 부작용에 대하여 지적하고 이를 극렬히 반대합니다. 조선은 왕과 귀족 중심의 고려와는 달리 왕과 과거제도를 통해 자신의 능력을 입증해야 관직에 나설 수 있는 신진사대부들[2]이 주축이 되어 국가권력을 형성하고 운영해 나갔습니다. 조선의 초기 국가권력 형태를 설계한 정도전은 훌륭한 재상을 선택하여 그 재상에게 정치의 실권을 부여하고 위로는 임금을 받들며, 아래로는 신하들을 총괄하여 백성들을 다스려야 한다며 당시로서는 파격적인 정치사상을 주장하기에 이르죠.[3]

이는 마치 임금은 단지 상징적인 존재로만 머물고 나라의 모든 일은 신하들이 회의를 거쳐 결정하는 입헌군주제와 유사한 것입니다. 더욱이 그는 오늘날의 시민권력까지는 아니더라도 통치자가 민심을 잃었을 때는 물리적인 힘에 의해서 왕이 교체될 수 있다는 점도 주장했습니다. 고려 말기 백성들의 피폐한 생활과 통치불능을 목격하면서 왕을 폐위해야 할 정당성과 역성혁명易姓革命[4]을 통한 조선의 건국을 꿈꾸게 되었을 겁니다. 이러한 맥락에서 세종 이도와 사대부 세력 정기준이 치열하게 논쟁한 이유는 '국가권력의 통치 형태를 어떻게 할 것인가?'에 관한 대립이라고 할 수 있습니다. 그렇다면 국가권력이 행사되는 형태는 어떤 것들이 가능하며 역사적으로 어떤 형태가 나타났을까요?

국가권력은 어떤 형태로 구성될 수 있는가?

"이렇게 자유가 죽는군요. 우레와 같은 박수와 함께"
(영화 '스타워즈 에피소드 3: 시스의 복수'에서 아미달라의 대사)

"최고의 시절이자 최악의 시절, 지혜의 시대이자 어리석음의 시대였다. 믿음의 세기이자 의심의 세기였으며, 빛의 계절이자 어둠의 계절이었다. 희망의 봄이면서 곧 절망의 겨울이었다. 우리 앞에는 모든 것이 있었지만 한편으로 아무것도 없었다. 우리는 모두 천국으로 향해 가고자 했지만 우리는 엉뚱한 방향으로 걸어갔다".
(소설 '두 도시 이야기'의 첫 문장)

국가권력의 형태는 국가권력을 행사하는 통치 주체에 따라 달라질 수 있습니다. 국가권력이 나오는 주체가 1인(또는 소수)이라면 군주제 monarchy라고 할 수 있으며, 그 주체가 다수라면 공화제republic라고 할 수 있겠죠.[5] 예를 들어 영화 '스타워즈Star Wars'[6]의 배경이 되는 은하 '제국'과 은하 '공화국'을 보면 조금 더 쉽게 이해할 수 있을 것입니다. 영화 스타워즈는 흥미롭게 해석될 다양한 내용이 있지만[7] 공화국 체제(은하 공화국)가 제국(은하 제국)이라는 상반된 통치 형태로 변화한다는 점에서 주목할 만합니다. 영화는 시민들의 자유, 평화, 안전을 내세우면서 민주적으로 운영되던 공화정을 부정하고 영원한 권력 추구를 위해 무력을 앞세우는 제국으로 변모하는 장면들을 보여 줍니다. 많은 구성원의 다양한 의사를 반영하여 국가권력을 결정하는 공화제가 공화국 구성원들의 무의미한 불협화음과 무능력으로 인해 1인이 국가권력을 결정하는 제국과 황제의 군주제로 변하는 영화 속 이야기는 로마 공화정, 프랑스 혁명 등 현실 역사와 오늘날의 정치를 떠올리게 합니다.[8]

그렇다면 역사에 출현했던 다양한 통치 형태를 담고 있는 영화나 드라마를 몇몇 살펴볼까요? 조선의 통치 형태를 두고 다투던 드라마 '뿌리 깊은 나무'에는 재상 중심 통치와 군주 중심의 통치 형태에 관한 갈등뿐 아니라, 태종 이방원이 주장하는 병권 중심의 강력한 왕권통치('내가 세운 나의 조선이다')와 세종 이도가 주장하는 덕치 중심의 애민 군주제('나의 조선은 다릅니다')의 갈등도 나타납니다. 영조와 아들 사도세자 간 갈등을 담고 있는 영화 '사도思悼, The Throne'[9]에서도 조선의 전제군주제에서 왕의 역할에 관한 다른 관점의 충돌이 담겨 있습니다. 신료 회의에서 국정에 관한 결정을 직접 하려는 세자와 국가 존엄으로서의 상징과 무결을 강조하는 영조("왕은 결정하는 자리가 아니다. 신하들의 결정을 윤허하고 책임을 묻는 자리다") 사이의 통치관 차이가 부딪히고 있지요.

유럽 역사에서 등장한 통치 형태를 배경으로 한 작품을 찾아본다면, 유럽 중세 봉건시대의 종언을 가져온 백년전쟁[10]을 모티브로 한 영화 '잔다르크The Messenger: The Story of Joan of Arc, Jeanne d'Arc'가 있습니다. 여기서는 세속권력인 전제군주제로서 황제, 왕 그리고 보편권력인 교황이라는 이중의 통치 권력 구조를 볼 수 있습니다.

이후 현실 역사는 르네상스, 종교개혁, 유럽의 30년 전쟁 등을 거치면서 전제군주제를 유지하는 근대국가의 초기로 전개되었습니다. 영화 '킹스 스피치The King's Speech'[11]는 명예혁명Glorious Revolution[12] 이후 현재까지 이어지는 입헌군주제와 의원내각제parliamentary system[13]라는 영국의 통치 형태를 보여 줍니다. 근현대 역사에서 급격한 통치 형태의 변화와 갈등이 전개되었던 프랑스는 시민혁명 이후 공화정 등장, 공화정에서 왕정으로 복귀, 다시 대통령제의 공화정으로 전환되었고[14] 이러한 역사는 뮤지컬 '두 도시 이야기A Tale of Two Cities'[15]의 배경이 되고 있습니다. 비슷한 시기 미국도 국가권력의 통치 형태가 나름의 형태로 구축되고 있었는데 영화 '링컨Lincoln'[16]은 미국 독립전쟁 이후 입법, 사법, 행정의 주체 간 견제와 균형을 강조하는 공화제로서 의회와 대통령제presidential system라는 미국의 통치구조를 보여 줍니다.

또한 20세기 초 전 세계적 혼란 속에서 독일, 일본, 이탈리아의 제국주의imperialism,[17] 군국주의militarism,[18] 전체주의totalitarianism[19]는 국가폭력의 통치구조로 작동하였습니다. 영화 '나는 부정한다Denial'[20]는 당시 독일의 상황을 배경으로 하고 있지요. 오래된 고전 영화 '닥터 지바고Doctor Zhivago'[21]에서는 러시아 혁명[22]을 통해서 사회주의가 국가권력의 통치구조로 구축되던 당시의 러시아 상황을 잘 보여 줍니다.

현대 민주국가에서 국가권력의 행사주체는 누구일까?

"우린 결코 굴복하지 않습니다"
(영화 '다키스트 아워'에서 윈스터 처칠)

"위기를 알리는 것이 재난대책의 시작 아닌가요? 국민은 정부의 상태를 보고받을 수 있는 권리가 있는 거예요" (영화 '국가부도의 날', 통화정책팀장 한시현의 대사)

공화제, 사회계약, 국민주권 등을 수용하는 현대 민주국가에서 국가를 '특정 영토 내에서 사회문제 해결을 위해 독점적으로 정책을 결정하는 조직으로서 모든 공공기관의 총칭'이라고 한다면 모든 공공기관은 크게 입법부, 사법부, 행정부로 구분될 수 있으며 이 기관들은 견제와 균형을 통하여 3권 분립을 유지하고 있습니다. 사법부를 제외하고 현실적으로 국민주권인 투표부터 탄생한 권력은 선출된 의원으로 구성되는 입법부(의회)의 정치권력과 선출된 대통령을 수반으로 하는 행정부의 행정권력입니다. 그리고 지난 한 세기 동안 경제성장과 전쟁 등을 겪어 온 현대 국가에서 국가권력 행사의 중요한 주체로 성장한 기관은 행정부입니다. 영화 '다키스트 아워Darkest Hour'[23]에 나오는 것처럼 윈스턴 처칠Sir Winston Leonard Spencer-Churchill은 2차 세계대전을 승리로 이끈 전설적인 정치가로서 승리가 없으면 생존도 없다는 신념을 가지고 있었습니다. 특히 고립되어 있던 영국군 수송작전인 덩케르크 작전에서 여러 종류의 어선, 유람선, 화물선, 구명정 등 민간선박들을 긴급히 정발하여 병사들을 해안과 바다에서 대기 중인 대형 선박으로 운반했습니다. 여기서 주목할 점은 행정부가 민간 자원을 긴급히 징발할 수 있는 강력한 권한을 행사했다는 점입니다.

서구의 경우, 1920~30년대 시장실패, 경제위기[24] 그리고 전쟁[25]의 과정에서 의회 중심의 정치권력보다는 행정부 중심의 행정권력이 점차 중요해지기 시작했죠(당시의 상황은 영화 '원스 어폰 어 타임 인 아메리카Once Upon a Time in America'[26]의 배경을 통해서 잘 나타나고 있습니다). 우리나라의 경우는 1960~1970년대 경제발전과 국가안보를 위하여 행정부 중심의 행정권력이 강해지기 시작했다고 할 수 있습니다. 공공문제가 날로 복잡하고 심각해지는 국면에서 정부를 향한 국민의 기대가 커지면서 세계적으로 나타난 현상이지요. 이러한 행정권력을 기반으로 행정부 중심의 국가운영을 행정국가administrative state라고 부릅니다. 국가가 행정기구를 통해 개인들에게 직접적으로 작용하며 행정기구의 영향력과 크기가 큽니다. 행정기관을 통하여 공공서비스를 생산·공급·관리하는데 초점이 맞추어져 있습니다. 어떤 이들에게는 행정국가는 수많은 자원을 집어먹고, 자유를 위협하는 괴물일 수도 있지만, 어떤 이들은 행정국가를 통해서 더 전문적이고 풍부한 공공서비스와 재화가 제공되기를 기대하고 있습니다.[27]

문제는 행정국가에서 어떻게 행정권력을 통제하고 활용하면서 민주주의의 가치를 이룰 수 있느냐입니다. 행정을 통해서 민주주의를 강화할 수 있을지, 어떻게 할 수 있는지는 여전히 어려운 문제입니다. 예를 들어 영화 '국가부도의 날Default'[28]은 우리나라에서 발생한 1997년 외환 위기[29]를 배경으로 하는데요, 행정부 주도의 산업 및 금융정책의 한계와 이를 적극적으로 이용한 기업의 도덕적 해이 등이 복합적으로 작용하여 외환위기가 발생한 과정을 보여 줍니다. 이를 통해서 우리는 행정국가의 한계와 이를 극복하려는 방법에 대하여 생각해 보게 됩니다.[30]

어떤 국가권력의 형태가 책임성을 더 많이 확보할 수 있는가?

"어느 누가 죽더라도 내 삶이 줄어드는 것과 같음은 나도 인류의 한 부분이기 때문이다. 성당에 종이 울리더라도 누가 죽었는지 알아보려 하지 마라. 그 종은 당신을 위해서 울리는 것이다"
(소설 「누구를 위하여 종을 울리나」 서문에서 인용된 존 던의 시 일부)

영화 '누구를 위하여 종은 울리나For Whom the Bell'[31]는 1937년 파시스트와 공화정부파로 갈라져 싸우던 스페인 내전을 배경으로 하고 있습니다. 스페인 내전은 공화제 구성에 관한 심각한 갈등의 한 역사적 사례입니다. 이처럼 역사 속에서 민주주의 국가의 공화제는 끊임없는 도전에 직면해 왔습니다. 공화제는 다양한 의견이 표출되고 상충하는 구조이기에 때로는 혼동과 갈등이 증폭되고 매우 비효율적 문제해결 구조로 여겨질 수도 있기 때문입니다. 국가의 안정과 발전을 위한 공화제 구조의 설계와 구축은 결코 쉽지 않습니다. 현재 우리나라 사회에는 '공공성이 붕괴되고 다양한 의견이 제안되기보다는 극단적인 의견으로 인해 분열이 높다'는 지적도 많습니다. 특정 세력의 자의적 지배가 일어나지 않도록 노력하고 다수결을 통해 민주주의와 소수자 보호로서 공화제가 결합하는 제도적 토대를 이루는 것이 중요할 것입니다.[32]

국민주권의 공화제 구조를 어떻게 구축해야 국가권력의 국민을 향한 책임성이 가장 잘 확보될 수 있을까요? 국가 현실에 따라서 그 답은 달라질 것이지만, 오늘날 국민을 대표하는 입법권력과 행정권력 사이 견제와 균형, 상호 보완을 위한 구체적인 제도로 의원내각제, 대통령제 등이 있습니다. 의원내각제는 입법부의 다수당이 행정부 내각 구성의 권한을 가지는 제도로서 강한 입법권력이 행정권력을 통제하면서 국정운영의 문제와 실패 책임을 의회 다수당이 지게 됩니다. 대통령제는 국민이 선출한 대통령이 행정권력을 구성하고 통제하는 행정수반이 되며 대통령과 집권당의 국정운영 과정은 주로 의회를 통해서 감시됩니다.[33] 물론 국가마다 구체적인 구성과 운영 형태는 차이가 있습니다. 어떤 형태의 제도가 국민주권의 실현에 보다 적합한지, 국민에 대한 책임을 효과적으로 확보할 수 있을지에 관한 판단이 시대와 국가에 따라 다르기 때문일 것입니다.

오늘날 많은 국가는 민주주의와 공화제를 지향한다고 표방합니다만 현실에 구현된 형태는 상당한 차이가 있지요. 물론 더 우월한 하나의 제도는 없을 것입니다. 국가권력 기구 간의 효과적인 견제와 균형, 국민을 향한 강한 책임성을 확보할 수 있는 제도가 무엇인지를 찾는 과정이 중요할 것입니다. 각 국가의 현실에서 국민의 권리와 존엄성을 보호하기 위한 장치, 국민의 참정권을 보장할 수 있는 제도, 민주주의와 공화제를 기반으로 정치권력과 행정권력을 조화시켜 책임성을 확보하는 국가권력 형태를 만들기 위해 노력해야 할 것입니다.[34] 한국 사회 갈등과 반목이 나날이 높아지는 요즘, 이러한 제도 탐색과 재설계가 더욱 필요한 것은 아닌지 생각해 보게 됩니다.

참고한 내용 및 더 읽어 볼 것들

1) '뿌리깊은 나무'(장태유 · 신경수 PD, 2011, SBS)는 이정명의 소설 '뿌리깊은 나무'를 원작으로 하여 세종 이도의 한글 창제와 이에 반대하는 밀본 간의 이야기를 다루는 드라마입니다. 이도와 정기준의 대사는 다음 자료를 참고하였습니다. 스브스 옛날 드라마. [뿌리깊은나무] 세종의 앞에 나서서 새로운 글자를 비판하는 정기준. https://www.youtube.com/watch?v=HkSBWedxsaA SBS 2023. 9.25. 검색.

2) 신진사대부新進士大夫란 고려 후기의 집권세력이자 조선의 건국세력입니다. 사대부란 교양인士와 관료大夫의 합성어이며, 학문적 교양과 정치적 실무 능력을 갖춘 '학자적 관료'를 일컫는다고 합니다. 대부분 신분적으로는 향리, 경제적으로는 중소지주나 자작농 등 중간 계층에 해당했죠. 신진사대부가 등장하였을 당시 고려에서는 원나라(몽고제국, 元)의 힘이나 국왕의 총애에 기대어 국정을 장악한 권문權門과 대대로 명망 높은 귀족가문이었던 세족世族이 긴밀하게 얽혀 공고한 기득권층을 형성하고 있어서 구습을 고집하며 사사로운 이익을 추구해 왔는데, 신진사대부는 기존의 신진세력들과는 달리 이들과 영합하는 길을 택하지 않았습니다. 그들은 고려의 전통적 질서를 부정하고 새로운 사회를 창조하고자 성리학을 이정표로 삼아 새로운 왕조 '조선'을 탄생시켰다고 평가받습니다. 신진사대부와 관련해서는 다음 인터넷 자료를 참고하였습니다. 국사편찬위원회 우리역사넷 http://contents.history.go.kr/mobile/kc/view.do?levelId=kc_o300600&code=kc_age_30 2023.9.25. 검색; KBS 역사저널 그날, 영상한국사 126회 권문세족과 신진사대부들이 신돈을 배척하다 https://www.youtube.com/watch?v=V3thT6spyY8 2023.9.25. 검색.

3) 정도전은 왕권王權을 견제하는 신권臣權 중심 정치질서를 구상해 조선 민본정치의 기틀을 닦았다는 게 대체적 평가입니다. 정도전은 재상이 지금의 내각을 통솔하며, 임금의 행동을 감시하고, 재상은 지금의 감사원에 해당하

는 사간원으로부터 감시를 받는다 등의 이야기를 펼쳤죠. 왕의 폭정을 제어할 수 없는 경우 민본을 바탕으로 하여 왕을 갈아치울 수 있다는 논리하에 하늘의 씨를 받았다는 왕이 아니라 재상이라는 신하에게 권력을 집중시켰기 때문입니다. 정도전은 이러한 주장을 하는 과정에서 중앙집권적 왕권 강화를 강조하는 태조 이성계의 아들인 이방원(훗날 태종)과 대립각을 세우다가 죽음을 맞이하게 됩니다. 정도전과 관련해서는 다음 자료를 참고하였습니다. 박홍규. (2006). 삼봉 정도전 생애와 사상. 도서출판 선비; 송재혁. (2016). 정도전의 군주론: 경제문감별집을 중심으로. 정치사상연구 22(2): 75-98; KBS 역사저널 그날. 왕자의 난: 이방원과 정도전. 1995.4.22. 방송 https://www.youtube.com/watch?v=mjjnI05c1g4. 2023.9.25. 검색; KBS 역사저널 그날 151회, 2017.7.2. 방송 http://vod.kbs.co.kr/index.html?source=episode&sname=vod&stype=vod&program_code=T2013-0571&program_id=PS-2017104913-01-000&section_code=05&broadcast_complete_yn=N&local_station_code=00 2023.9.25. 검색.

4) 몹시 부도덕한 왕조나 국왕의 합당한 자격을 갖추고 있지 못한 자는 천명天命에 의거하여 축출되고 합당한 자격을 갖춘 자에 의해 새로운 왕조가 개창된다는 개념입니다. 고대 중국에서는 왕조란 천명에 의해 일어나는 것이라 하였는데, 천명命이 바뀌는革 것이 곧 혁명이고, 많은 경우 지도자의 가문이 바뀌기 때문에 새 왕조는 전 왕조와 다른 성易姓을 갖게 되어 역성혁명이라는 단어가 만들어졌다고 합니다. 역성혁명과 관련해서는 다음 자료를 참고했습니다. 국사편찬위원회, 우리역사넷 http://contents.history.go.kr/front/tg/view.do?treeId=0201&levelId=tg_003_1300&ganada=&pageUnit=10 2023.9.25. 검색.

5) 군주제는 역사가 오래된 국가형태로서 군주 1인의 의사에 따라 국가통치가 이루어지는 정치체제를 말합니다. 군주제는 크게 전제군주제와 입헌군주제가 있는데, 전제군주제는 군주가 무제한의 권한을 가지고 국가를 통치하는 정치체제라고 할 수 있으며, 입헌군주제는 군주의 통치권한이 헌법에 의해 제한되는 통치체제라고 할 수 있죠. 한편, 공화제는 국가통치가 한 사람

이 아닌 사회구성원 공동의 의사에 따라 운영되는 정치체제를 말합니다. 공화제는 정치·사회적 배경에 따라 대통령제와 의원내각제의 형태를 가지며, 군주제의 경우 대체로 혈연에 따라 세습된 개인이 군주가 되지만 공화제의 경우 국민이 선거를 통해 선출한 개인이 대표자가 되죠. 제도상으로 더 많은 사람이 권력을 나눠가지게 되었다고 할 수 있겠죠. 군주제 및 공화제와 관련해서는 다음 자료를 참고했습니다. 주명철. (2017). 헌법의 완성. 여문책; 마우리지오 비롤리. (2006). 공화주의. 김경희·김동규 옮김. 인간사랑; 김경희. (2009). 공화주의. 책세상; 중앙선거관리위원회 https://www.nec.go.kr/site/nec/ex/bbs/View.do?cbIdx=1147&bcIdx=188004 2023.10.13. 검색.

6) '스타워즈'는 미국의 스페이스 오페라 장르의 영화로서, 시리즈 중 '새로운 희망New Hope'(조지 루카스 감독, 1977)만을 이야기하는 것이었으나, '제국의 역습The Empire Strikes Back'(어빈 커슈너 감독, 1980) 등의 후속작이 만들어지면서 스타워즈 시리즈로 굳어지게 되었습니다. 영화 스타워즈의 기본 줄거리는 주인공 루크 스카이워커가 사건에 휘말려 전 우주를 지배하고 있는 은하제국에 대항하여 반란 연합군에 가담하게 되고, 구 은하공화국의 기사 제다이가 되는 과정을 그린 은하 내전에 관한 내용입니다. 은하 공화국의 경우 수 많은 행성들에 있는 국가들의 연합체로서 의회가 최고의사결정기구이며, 의장이 공화국을 대표하죠. 은하 공화국은 오랜 시간 성공적으로 운영되지만, 오래 지속되는 과정에서 부패와 관료주의에 빠지게 되고 시민들의 지지를 상실해 갑니다. 이때 무역·상인·금융 조합과 같은 이익 집단들과 기업들이 공화국으로부터 독립을 시도하는 분리주의 연합을 만들어 로봇 군대를 통해 공화국을 공격하면서 전쟁이 시작됩니다. 전쟁이라는 특수한 상황 속에서 공화국 의장은 '자유', '정의', '안보'를 실현하기 위해서는 더욱 강력한 권력집중이 필요하다고 설득하여 결국 의회의 지지를 받으며, 제국을 선포하고 초대 황제에 오르게 됩니다.

7) 예를 들어 선스타인Cass R. Sunstein은 정신분석학과 기독교, 정치와 페미니즘 등을 통해 '스타워즈' 작품을 보는 열세 가지 방법을 제시하고 있습니다. 이와 관련해서 다음 자료를 참고했습니다. 캐스 선스타인. (2017). 스타워즈로

본 세상The World According To Star Wars. 장호연 옮김. 열린책들.

8) 예를 들어 '스타워즈 시스의 복수Revenge of the Sith'를 두고 부시 정부를 비판하는 단체들은 영화 속 팰퍼틴 공화국 의장이 권력 강화를 위해 전쟁에 대한 공포를 악용해 공화국을 제국으로 변모시키는 행위에 대해 9·11 테러를 이유로 '애국법'을 도입하면서 시민들의 자유를 제한한 부시 대통령과 유사하다고 주장했습니다. '스타워즈 놓고 美서 정치논쟁'. 매일경제 2005.5.22.일자. https://www.mk.co.kr/news/all/3605628 2023.10.13. 검색.

9) 영화 '사도'(이준익 감독, 2015)의 배경은 1762년(영조 38년, 임오년) 아버지 영조가 아들 사도세자를 죽게 만든 사건으로, 임오화변壬午禍變이라고 불립니다. 재위기간 내내 왕위계승 정통성 논란에 시달린 영조는 학문과 예법에 있어 완벽한 왕이 되기 위해 끊임없는 노력을 기울입니다. 뒤늦게 얻은 아들 세자만은 모두에게 인정받는 왕이 되길 바랐지만 기대와 달리 어긋나는 세자에게 실망하게 되고, 당시 권력을 둘러싼 정치적 세력 간 갈등까지 겹치면서 일어난 비극적인 사건입니다. 임오화변에 대해서는 다음 자료를 참고했습니다. 김영민. (2008). 사도세자의 생애와 임오화변의 정치적 의의. 역사문화논총 4: 195-229; 한국민족문화대백과사전 https://encykorea.aks.ac.kr/Article/E0076535 2023.10.13. 검색.

10) 영화 '잔다르크'(뤽 배송 감독, 1999)는 잉글랜드 왕국과 프랑스 왕국 사이에서 116년(1337~1453) 동안 벌어진 '백년전쟁'을 배경으로 합니다. 십자군 전쟁에 이어 백년전쟁을 통해 잉글랜드와 프랑스의 분리, 유럽의 각종 영토분쟁, 그리고 이탈리아 도시들이 양 국가를 지원하면서 얻은 엄청난 황금으로 일으키는 르네상스라는 거대한 발전의 시대로 이어지고, 독일이 부상하는 계기가 되는 등 중세의 역사를 바꾸었다고 평가받는 전쟁이라고 할 수 있죠. 100년 전쟁에 대해서는 다음 자료를 참고하였습니다. 데즈먼드 수어드. (2018). 백년전쟁The Hundred Years War: The English in France. 최파일 옮김. 미지북스; 사피엔스 스튜디오. 잉글랜드와 프랑스의 지독한 악연 https://www.youtube.com/watch?v=rf7wlSicbZc 2023.10.13. 검색.

11) 영화 '킹스 스피치'(톰 후퍼 감독, 2011)는 형이자 왕인 에드워드 8세가 결혼을 위해 왕의 자리를 포기하여 반강제로 형 대신 왕의 자리에 올랐던 내성적인 영국 국왕 조지 6세가 제2차 세계대전 시기에 말을 더듬는 버릇을 이겨내고 군중들에게 연설하는 과정을 배경으로 합니다.

12) 명예혁명은 영국에서 1688~1689년에 일어난 혁명으로 왕권신수설에 대항하는 의회 세력과 네덜란드의 오렌지공 빌럼이 연합하여 로마 가톨릭을 신봉하고 의회와 갈등을 빚는 제임스 2세를 퇴위시키는 등 영국의 의회 민주주의의 출발점이 된 사건으로 평가받습니다. 이를 계기로 1689년 권리장전Bill of Rights이 의회 법령으로 공포되었는데, 영국의 왕조가 의회를 무시하는 무소불위의 권력을 행사할 수 없게 되죠. 국민이 누릴 수 있는 권리와 자유를 법률로 규정함으로써 아무리 국왕이라고 하더라도 국민의 제반 권리를 부정할 수 없도록 하였습니다. 명예혁명에 대해서는 다음 자료를 참고하였습니다. 문지영. (2011). 자유주의와 근대민주주의 국가: 명예혁명의 정치사상. 한국정치학회보 45(1): 35-60; KBS 역사저널 그날, 엘리자베스 2세, 여왕이 되다, 2022.8.21. 방송 https://www.youtube.com/watch?v=FC2XpxBbhtg 2023.10.13. 검색.

13) 의원내각제는 의회에서 과반의 지지를 받은 당의 대표가 총리(또는 수상)가 되어 내각(행정부)의 책임자가 되는 정부형태입니다. 의원내각제에서는 의원이 직접 내각에 참여하며, 의회 신임에 따라 총리와 내각이 구성 또는 해산될 수 있습니다. 의회와 행정부 간 협력으로 효율적인 국정운영이 될 수 있지만 의회 다수당이 의회와 행정부 모두 독점하는 경우 견제와 균형이 제대로 작동하지 않을 수 있죠. 의원내각제에 대해서는 다음 자료를 참고하였습니다. 강원택. (2022). 국가는 어떻게 통치되는가 - 대통령제, 내각제, 이원정부제. 인간사랑; 중앙선거관리위원회 https://www.nec.go.kr/site/nec/ex/bbs/View.do?cbIdx=1147&bcIdx=188594 2023.10.13. 검색; NATV 국회방송. 세계사 산책 민주주의 이야기: 의회가 정치권력의 중심으로 https://www.youtube.com/watch?v=ANL8LPCqBC4 2023.10.13. 검색.

14) 대통령제는 대통령이 행정부의 최고 책임자로서 독립적으로 행정권을 행사하는 정부형태를 말합니다. 대통령제에서는 의회와 행정부가 권력을 나누어 갖

는 등 견제와 균형의 권력분립을 통해 국가를 통치하게 됩니다. 대통령이 국민의 투표를 통해 선출되고 보장된 임기 동안 국정을 운영할 수 있지만 대통령과 의회 간 의견충돌에 대한 적절한 정치적 과정을 거치지 않을 경우 효율적인 국정운영이 되지 않을 수 있죠. 대통령제에 대해서는 다음 자료를 참고하였습니다. 강원택. (2022). 국가는 어떻게 통치되는가 - 대통령제, 내각제, 이원정부제. 인간사랑; 중앙선거관리위원회 https://www.nec.go.kr/site/nec/ex/bbs/View.do?cbIdx=1147&bcIdx=188594 2023.10.13. 검색; NATV 국회방송. 세계사 산책 민주주의 이야기: 견제와 균형의 정치학 https://www.youtube.com/watch?v=Qd_W-JxJPdU#action=share 2023.10.13. 검색.

15) 뮤지컬 '두 도시 이야기'는 소설 『두 도시 이야기』(찰스 디킨즈Charles John Huffam Dickens, 1859년)가 원작으로서 18세기 파리와 런던 두 도시를 배경으로 프랑스 대혁명이 존재하며 귀족과 평민 사이에서 벌어지는 사랑과 희생을 주요 내용으로 합니다. 프랑스 혁명이 일어나게 된 배경에는 귀족들에 의해 학대받은 많은 선량한 시민들의 고통스러운 모습이 있었다는 점을 지적하기도 하지만, 이야기 과정에서 은연중에 프랑스 혁명의 잔혹함 등으로 아름답지 못한 부문이 많으며, 공화제보다 영국식 입헌군주제가 더 낫다는 주장을 한 것으로 평가받기도 하죠.

16) 영화 '링컨'(스티븐 스필버그 감독, 2012)의 원작은 도리스 키언스 굿윈Doris Kearns Goodwin이 작성한 『권력의 조건Team of Rivals: The Political Genius of Abraham Lincoln』(이수연 옮김. 2013. 21세기북스)입니다. 미국 대통령 링컨은 1861년에 미국의 제16대 대통령에 취임하여 1863년에 남부동맹 내의 모든 노예들을 영구히 해방시키는 '노예해방선언'을 발표했던 인물입니다. 남북전쟁을 통하여 본격적으로 미국을 통합해 현대적 의미의 미국을 만들었으며, 연방주의를 미국에 정착시켰다는 평가를 받고 있습니다. 링컨에 대해서는 다음 자료를 참고하였습니다. 김형곤. (2007). 링컨 대통령의 리더십의 실체. 미국사연구 25: 61-99; 양재열. (2010). 에이 브러햄 링컨 대통령과 공화당 급진파 연방의원과의 갈등. 미국사연구 32: 79-111.

17) 제국주의는 특정국가가 강한 경제력과 군사력을 기반으로 다른 나라와 지

역 등을 정치·경제적으로 지배하는 체제나 경향을 의미합니다. 산업혁명 이후 서구 열강들(예: 프랑스, 영국 등)의 세력이 확장되면서 시작되었다고 보는 경우도 있고, 길게는 신항로 개척 시대(예: 스페인, 포르투칼 등)를 전후한 식민주의의 유행까지 포함하는 경우도 있습니다. 제국주의에 대해서는 다음 자료를 참고하였습니다. 박지향. (2015). 제국주의: 신화와 현실. 서울대학교 출판부; SBS Biz 날리지, 우리는 '제국주의'를 어떻게 평가해야 할까? knowledge https://www.youtube.com/watch?v=sXuip2HhTcg 2023.10.20. 검색; YTN 사이언스, 사회 진화론 - 유럽 식민지 지배의 이데올로기 https://www.youtube.com/watch?v=fKvK44OXu-A 2023.10.20. 검색.

18) 군국주의는 군사력을 국가의 최우선 순위로 둡니다. 전쟁과 관련된 행위를 국가의 근간이자 목표로 삼으며, 정부와 국민생활의 최우선 순위를 국방과 전쟁에 두죠. 과거 여러 제국주의 국가들이 그랬으며, 현대에도 여러 독재 및 정치적 다양성이 줄어든 국가에서 나타나고 있습니다. 군국주의에 대해서는 다음 자료를 참고하였습니다. 박충석. (2000). 일본군국주의의 형성: 그 정치·사회적 기원을 중심으로. 사회과학연구논총 4: 103-125; 정창석. (2007). 일본 군국주의 파시즘. 일본문화학보 34: 653-674; tvN 벌거벗은 세계사, 피로 세운 전쟁 국가의 탄생! 일본 군국주의 2022.3.4. 방송 https://www.youtube.com/watch?v=ibWes9ZRkVg 2023.10.20. 검색; 국사편찬위원회, 군국주의와 지배의 논리 https://db.history.go.kr/item/level.do?levelId=hdsr_006_0010_0010_0030 2023.10.20. 검색.

19) 전체주의는 민족·국가 등을 개인의 모든 활동보다 우위에 두고 개인의 자유를 억압하며, 개인은 전체의 발전을 위해서만 의미가 있다고 봅니다. 이탈리아 무솔리니 정권의 파시즘과 독일 히틀러의 나치즘이 대표적이라고 할 수 있죠. 전체주의에 대해서는 다음 자료를 참고하였습니다. 한나 아렌트. (2006). 전체주의의 기원 1, 2. 박미애·이진우 옮김. 한길사; EBS 다큐. 2011.12.22. 방송 https://www.youtube.com/watch?v=L78AwJCuDaU 히틀러와 전체주의. 2023.10.20. 검색.

20) 영화 '나는 부정한다'(믹 잭슨 감독, 2016)는 홀로코스트(나치 독일 정권이

동맹국들과 협력자들과 함께 600만 유럽계 유대인들을 제도적으로 탄압하고 조직적으로 학살한 사건) 부정론자와 역사학자 사이의 명예훼손 재판을 통해 역사적 사실을 증명하는 방법을 보여 줍니다. 일본군 '위안부'이야기와 관련하여 우리의 현재에 대해 생각해 볼 여지가 많은 영화입니다. '나는 부정한다'에 대해 다음 자료를 참고하였습니다. 결: 일본군 '위안부' 문제 연구소 웹진, 지구는 평평하지 않습니다 https://kyeol.kr/ko/node/441 2023.10.20. 검색.

21) 영화 '닥터 지바고'(데이비드 린 감독, 1965)는 보리스 파스테르나크Boris Leonidovich Pasternak 작가(1958)가 쓴 소설이 원작으로서 개인적인 자유의 세계로 성실하게 살아가려는 지식인, 시대의 편승자와 낙오자로 구분되는 수많은 인물의 운명을 통해 러시아 혁명과 사회주의의 현실에 대한 환멸, 종교적인 동경을 표현하고 있습니다. 닥터 지바고에 대해서는 다음 자료를 참고하였습니다. 임혜영. (2018). 파스테르나크의 작품 세계와 닥터 지바고. 고려대학교 출판문화원.

22) 러시아 혁명은 1905년 피의 일요일(전쟁 중지와 각종 권리 보장을 청원하는 노동자와 군인들을 로마노프 왕조의 무자비한 탄압) 등의 사건을 거치면서 1917년 2월 노동자와 군인이 중심이 되어 전제군주국이었던 제정 러시아를 타도하고, 10월에 이를 계기로 세워졌던 임시정부도 무너뜨리면서 세계 최초의 사회주의 국가인 소련 정권을 수립한 혁명입니다. 러시아 혁명에 대해서는 다음 자료를 참고하였습니다. 실라 피츠패트릭. (2017). 러시아혁명 1917-1938. 고광열 옮김. 사계절; tvN 벌거벗은 세계사, 세계 최초의 사회주의 정부가 수립된 '러시아 혁명 https://www.youtube.com/watch?v=8z4OLnq600c 2023.10.20. 검색.; 우리 역사넷. 러시아 혁명: 사회주의 국가의 수립 http://contents.history.go.kr/mobile/kc/view.do?levelId=kc_i401660&code=kc_age_40 2023.10.20. 검색.

23) 영화 '다키스트 아워'(조 라이트 감독, 2017)는 제2차 세계대전 시기에 영국 총리 네빌 체임벌린의 사임부터 덩케르크 철수 작전, 히틀러와 전쟁, 무솔리니의 중재 등과 관련하여 영국 내 고위정치인들 간의 찬성과 반대를 둘러싼 윈스턴 처칠의 이야기를 다루고 있습니다.

24) 대공황Great Depression은 1920년대 후반부터 1930년대까지 미국을 중심으로 발생한 세계적인 경제 침체 현상으로서 금융 시장의 혼란과 대규모 실직 사태가 발생하여 사회적 갈등이 심화되었으며, 시장에 대한 정부의 적극적인 개입이 떠오르는 계기가 되었죠. 대공황에 대해서는 다음 자료를 참고하였습니다. 고영건. (2014). 미국의 번영과 히스테리적 소비, 마침내 거품과 대공황을 낳다. DBR 157호 https://dbr.donga.com/article/view/1101/article_no/6536 2023.10.20. 검색; 밀턴 프리드먼Friedman, Milton & 안나 제이콥슨 슈워츠Schwartz, Anna Jacobson. (2010). 대공황 1929~1933년A Monetary History of the United States, 1867-1960. 양동휴, 나원준 옮김. 미지북스; tvN 벌거벗은 세계사, 미국 월스트리트 대폭락 사태, 황금만능주의 속에서 경제 대공황을 맞이한 이유 https://www.youtube.com/watch?v=U1D7EMKMIz8 2023.10.20. 검색.

25) 제1차 세계대전은 산업혁명과 과학기술의 발전을 통해 생산된 상품을 판매할 식민지가 필요하게 됨으로써 유럽 열강들의 제국주의적 팽창 정책과 이를 쫓아가는 독일 제국으로 대표되는 신흥 제국들의 불만, 유럽 내 민족주의적 갈등 등으로 인해 1914년부터 1918년까지 전개된 전쟁입니다. 제2차 세계대전은 대공황에 따른 경제 위기로 등장한 파시즘, 1차 세계대전 전쟁 결과 패전국인 독일에게 부여된 배상금 등에 대한 독일 바이마르 공화국의 반발, 독일의 혼란을 수습하는 과정에서 나타난 나치즘, 군사력을 증가시키면서 세계패권을 노리고 있던 일본과 이탈리아 왕국의 의지 등으로 인해 1939년부터 1945년까지 이어진 전쟁입니다. 1, 2차 세계대전에 대하여 다음 자료를 참고하였습니다. 데일러 A.J.P. Taylor Alan John Percivale. (2022). 기차 시간표 전쟁: 제1차 세계대전의 기원War by time-table: how the First World War began. 유영수 옮김. 페이퍼로드; 데일러 A.J.P. Taylor Alan John Percivale. (2020). 준비되지 않은 전쟁: 제2차 세계대전의 기원The origins of the Second World War. 유영수 옮김. 페이퍼로드; 사피엔스 스튜디오, 제1차 세계대전의 시작은 두 발의 총성이었다? 수많은 국가의 이해관계가 얽힌 제1, 2차 세계대전 https://www.youtube.com/watch?v=dV7mEyHLNmU 2023.10.20. 검색.

26) 영화 '원스 어폰 어 타임 인 아메리카'(세르조 레오네 감독, 1984)는 20세기 초부터 중순(1920-1960)까지 미국의 유대인 이민자 사회와 갱들의 모습을 통하여 당시 미국의 정치, 경제, 사회적 배경에 대하여 이야기하고 있습니다.

27) 행정국가에서 정책은 소수의 주체 간 상호작용을 통해서 만들어지는 경우가 많은데, 이 상호작용의 과정이 3가지 수준에서 다양한 이해를 충분히 반영할 때 민주적이라 할 수 있습니다. 3가지 수준은 1) 프로그램화된 결정에 기반한 법규, 규정을 지키는 것과 관련된 '미시정치'micro-politics, 2) 행정관청 · 의회기관 · 이해집단 · 언론 · 로비스트 등이 참가(예: 국회 관련 위원회-정부 관련부처-이해관계자의 삼각모형, 서브 거버먼트sub-government 등)와 관련된 '하위시스템정치'subsystem politics, 3) 정책 이슈에 대하여 정부의 리더들과 사회공동체 전체가 함께 논의하는 '거시정치'macro-politics를 의미합니다. 관련 내용은 다음 자료를 참고하였습니다. Redford, E. S. (1969). *Democracy in the administrative state.* New York: Oxford University Press.

28) 영화 '국가부도의 날'(최국희 감독, 2018)에서는 외환 관련 정부관계자 간의 불협화음이 중요한 배경으로 그려집니다. 사실 외환위기에 대한 감사원 조사결과, 한국은행은 김영삼 대통령이 외환위기를 인지했다고 밝힌 1997년 11월 중순 전까지 모두 23차례나 청와대, 총리실, 재정경제원에 심각한 외환사정을 보고하고 대책을 건의한 것으로 드러났습니다. 이에 대해서는 다음 자료를 참고하였습니다. 동아일보. 외환위기 23차례나 경고. 1998.1.26.일자. http://www.donga.com/news/article/all/19980126/7317782/1 2023.10.27. 검색.

29) 1997년 한국 경제는 이미 수출액 감소, 대외채무 폭증 등 이상 증상이 나타나고 있는 상황이었지만 정부와 기업들은 구조개선에 대한 노력에 관심을 두지 않았습니다. 기업들의 과잉투자, 무분별한 차입으로 의존하던 국내기업, 아시아 경제에 불안을 느낀 외국 자본의 급격한 유출과 외국 자본의 단기부채 연장 거부 및 상환독촉 등으로 인하여 발생한 외환위기로 인해 기업이 연쇄적으로 도산하고 실업률이 급격하게 증가하게 됩니다. 급

기야 1997년 12월 3일 국가부도 위기에 처한 우리나라는 국제통화기금(International Monetary Fund, IMF)으로부터 긴급 구제금융을 지원받는 양해각서를 체결하게 되고, 지금까지도 직간접적으로 영향이 있다고 평가되는 전방위적이고 대규모의 구조조정이 실행되었습니다. 1997년 외환위기에 대해서는 다음 자료를 참고하였습니다. 고영선 외. (2007). 경제위기 10년: 평가와 과제. 한국개발연구원 연구보고서; 육성으로 듣는 경제기적 편찬위원회. (2016). 코리안 미러클 4: 외환위기의 파고를 넘어. 나남출판; KBS 스페셜. IMF 10년 기획: 2만 달러 국가와 88만원 세대. 2007.11.18. 방송 https://www.youtube.com/watch?v=6A37XlJnq-k 2023.10.27. 검색.

30) 여러 가지가 있을 수 있겠지만 먼저 국민적 합의의 집행으로서 공유된 생각과 이해관계에 기초한 합의를 집행하는 것을 들 수 있습니다. 다만 정치적으로 '말없는 다수'가 존재할 수 있기 때문에 갈등을 빚을 수도 있습니다. 다음은 다수결입니다. 다만, 다양한 이해를 정책에 반영하는 것이 민주적 이상의 구현에 반드시 필요한 과정이긴 하지만 긍정적 혹은 부정적으로 영향받는 사람들의 수에 기초하여 정책이 결정되는 상황도 발생할 수 있다는 점에서 다수결의 윤리적 문제가 나타날 수 있죠. 결국, 합의와 다수결이 효과적으로 운영되지 못한 상황에서 민주적 도덕성의 구현은 합의와 다수결의 방식을 뛰어넘어 여러 이해의 협의와 조정, 선택을 통해 구현될 수 있을 겁니다. 이러한 과정을 거칠 때, 사회의 긴장이 줄어들고, 정책의 안정성이 유지될 수 있기 때문이죠. 이런 맥락에서 다양한 요구의 평화적인 절충, 정치행정체제의 안정성과 지속성 유지를 위해 정치 권력이 긴장과 갈등 조정 능력(질서 유지 능력)을 보유할 수 있느냐는 매우 중요한 역량이 됩니다. 민주주의적 이상과 행정국가에서의 정책결정 및 집행방식 간의 갈등을 조화롭게 풀어나가는 것은 매우 중요한 문제라고 할 수 있습니다.

31) 영화 '누구를 위하여 종은 울리나'(샘 우드 감독, 1943)는 어니스트 헤밍웨이 작가가 스페인 내전 취재 특파원으로 참전해 겪을 일을 바탕으로 집필한 소설을 원작으로 합니다. 실제 전투에 참전한 조지 오웰George, Orwell의 작품『카탈로니아 찬가Homage to Catalonia』와 비교되기도 하죠. 헤밍웨이의『누구를 위하여 종은 울리나』는 전쟁의 파괴와 무의미함을 강조하기

는 했다면 조지 오웰의 『카탈로니아 찬가』는 정치적 문제, 전쟁의 비참함을 사실 위주로 제시했다는 평가를 받기도 합니다. 이에 대해서는 다음 자료를 참고하였습니다. 안임수. (2004). 헤밍웨이와 스페인 내전. 영어영문학연구 30(3): 91-108; 배진희. (2016). 오웰과 스타인벡의 상생의 미학 『카탈로니아 찬가』와 『의심스러운 싸움』을 중심으로. 인문과학연구 49: 35-55.

32) 민주주의와 공화제 간 관계에 대한 논의는 다음 자료를 참조하였습니다. 김경희. (2009). 공화주의. 책세상; 윤평중. (2019). 지난 백년, 다음 백년: 공화정에 대한 성찰. 철학과 현실 120: 115-129; 경향신문. 윤평중 · 김호기 교수의 '공화주의' 이야기. 2019.2.18.일자. http://news.khan.co.kr/kh_news/khan_art_view.html?art_id=201902180600025#csidx2f9df3fbd3664d4807a51b18d86269c; 한국일보. 김호기. '다수 지배' 민주주의로는 부족… 자유 · 공공선 접점 찾는 공화주의 상상력 필요. 2020.5.26.일자. https://m.hankookilbo.com/News/Read/202005241208795148 2023.11.16. 검색.

33) 의원내각제와 대통령제에 관한 설명은 각주 13, 14 참고.

34) 이와 관련하여 다음 자료를 참고하였습니다. Svara, J. H. (2001). The Myth of the Dichotomy: Complementarity of Politics and Administration in the Past and Future of Public Administration. Public Administration Review 61(2): 176-183; 한승주 · 최홍석 · 이철주. (2021). 대통령의 관료통제와 정책공간. 한국행정학보 55(3): 25-58; 권혁주. (2020). 민주 · 공화주의 관점에서 정치 · 행정의 통제와 견제. 행정논총 58(3): 31-54; 권혁주. (2022). 갈등사회의 공공정책: 자유와 책임의 관점에서. 서울대학교 출판문화원.

04

작은 바닷가마을의 콜라는 왜 집을 빼앗겼을까?

04

작은 바닷가마을의 콜랴는 왜 집을 빼앗겼을까?

국가권력의 행사: 영화 <리바이어던>

"너희들은 버러지야. 내가 이거 다 가져 갈 거야….
넌 이제껏 그 어떤 권리도 가진 적 없었고, 앞으로도 결코 없을 거야!"
(영화 '리바이어던'에서 시장의 대사)

영화 '리바이어던Leviathan'[1)]에서 자동차 정비공 콜랴는 러시아 북부 해안가 외딴집에서 아내 릴랴, 아들 로마와 함께 살고 있습니다. 어느 날 갑자기 그들은 살던 집에서 쫓겨날 위기에 처하게 됩니다. 시 정부가 통신센터를 짓기 위해 일방적으로 철거를 통보한 것입니다. 사실은 부패한 시장 바딤의 호화 별장을 짓기 위한 것이었죠. 콜랴는 가족의 생존을 위협하고 재산을 강탈하려는 시장에 맞서 싸우지만 유치장에 갇히며 참담한 신세가 됩니다. 자기 손으로 직접 지은 집을 합의 없이 철거한 부패한 행정에 의해서 말입니다. 국민주권의 공화제 국가라는 곳에서 부패한 시장은 콜랴에게 외칩니다. 내가 주인이라고. 너는 어떤 권력도 가진 적도 없고 앞으로도 결코 없을 거라고. 영화를 보고 나면 묻지 않을 수 없을 겁니다. '국가권력의 주인은 누구인가?'라고요. 한 나라의 의사를 최종 결정하는 권력은 누구에게 있을까요? 그 나라의 주권이 누구에게 있는가를 묻는 질문입니다. 일정한 영토에서 행사되는 최고의 권력이라는 주권. 대내적으로는 통치권으로 불리고, 대외적으로는 주권이라 불립니다.

오늘날 대부분 국가는 자유로운 개인 다수에 의한 민주주의를 추구하므로 주권은 '국민'에게 있다고 표방합니다. 하지만 역사적으로 다수의 인민이 주권자의 지위를 얻게 된 것은 그리 오래되지 않습니다. 오늘날도 여전히 국민이 주권을 진짜 행사하는 지위에 있는지 많은 의심이 있습니다. 주권자인 국민은 국가통치에서 실제로 어떤 지위에 있을까요? 국민에 의한 국가통치가 공정하게 이뤄지려면 어떻게 해야 할까요?

국가권력과 국민의 관계에 관한 세 관점: 국가주의, 자유주의, 마르크스주의

"내가 판단하는 것이 아니라 국가가 판단합니다."
"국가? 증인이 말하는 국가가 도대체 뭡니까?"
"변호사라는 사람이 국가가 뭔지 몰라?"
"압니다. 너무 잘 압니다. 대한민국 헌법 제1조 2항 대한민국 주권은 국민에게 있고 모든 권력은 국민으로부터 나온다, 국가란 국민입니다!"
(영화 '변호인'에서 송우석 변호사와 차동영 경감)

먼저 국가주의를 알아볼까요? 국가라는 전체 사회공동체를 구성원 개인보다 우위에 두는 것을 '국가주의'라고 합니다. 국가주의의 고전은 1651년 토마스 홉스Thomas Hobbes의 책 『리바이어던Leviathan』[2)]으로 잘 알려져 있죠. 방금 소개한 영화의 제목이 바로 이 책의 제목에서 따온 것입니다. 비슷한 욕망을 가진 개인들로 이뤄진 사회는 서로 경쟁하며 다툰 끝에 전쟁과 내란을 향해 갈 수밖에 없기에, '만인 간의 투쟁'을 끝내기 위해서는 감히 누구도 소요를 일으킬 엄두를 낼 수 없는, 크고 두려운 거인 같은 힘을 가진 국가 질서가 필요하다는 것입니다. 그러므로 국가는 평화, 질서, 안전을 위해서 국민 개인에게 때로는 적지 않은 희생을 요구하고 국민은 이를 받아들이면서 공동체의 안전이 보장됩니다. 국가를 위한 국민의 헌신과 희생은 자신과 국가 모두를 위한 아름다운 가치이자 의무가 됩니다.

근현대 한국 사회의 국가주의는 해방과 독립, 국가안보와 경제성장을 국민의 의무로 부여하였습니다. 일본 제국주의, 북한 공산주의, 지긋한 가난 등으로 항상 위태로웠던 국가를 구해야 할 소명이 국민에게 있었고 기꺼이 자신을 희생해 국가를 지켜야 할 윤리가 있었습니다. 평화롭고 부강한 국가 공동체를 건설하기 위하여 충정 어린 노력을 다하는 국민이야말로 국가주의적 국민-국가 관계의 전형이라고 할 수 있지요.[3] 그러나 국가주의가 본질적으로 국가 아래 개인을 두고 있는 한, 국가주의 국가는 국민을 지배하고 억압하는 절대 권력으로 변질될 가능성이 큽니다. 국민에게 통제되지 않은 국가권력은 개인의 자유를 압제하는 괴물이 되기 쉽기 때문이죠. 제2차 세계대전 시기의 독일과 이탈리아, 일본의 파시즘과 군국주의가 국가주의의 왜곡을 보여 주는 대표적인 역사입니다. 우리도 그러한 역사가 없다고 할 수 없죠.[4] 국가 공동체를 위한다는 '큰' 명분으로 개인의 '작은' 희생을 요구하고 칭송한다면, 그 모습이 감동적인 순국 영웅의 모습이건 기이한 공권력의 모습이건 우리가 품고 있는 것은 국가주의일 것입니다.[5]

다음으로 자유주의에 대해서 알아보겠습니다. 국가는 국민을 간섭하고 사회에 개입하는 것이 아니라 개인의 자유를 최대한 보호하는 역할을 해야 한다는 것이 '자유주의' 관점입니다.[6] 자유주의는 개인의 선택 자유, 이성, 관용의 가치를 지지하고 고무하죠. 앞서 토마스 홉스가 리바이던에서 '만인이 투쟁하는 자연 상태'가 가져올 무질서가 두려워 강한 국가를 주장했다면, 프리드리히 니체Friedrich Wilhelm Nietzsche는 만인이 투쟁하는 자연 상태는 오히려 무한한 경쟁을 통해 서로의 능력을 고양시킬 수 있는 정글이라고 보고 있습니다.[7] 국가는 개인의 건강한 자연 상태를 억압하는 존재이며 폭력의 주체가 되고 있다고 비판합니다. 또한 초기 자유주의 관점이 잘 표현된 1884년 허버트 스펜서Herbert Spencer의 책『개인 대 국가The Man versus the State』에서 스펜서는 국가가 해야 할 일은 '개인의 자유를 보호하고 시장개입을 축소하는 것'이라고 주장합니다. 사회는 각자의 이익을 추구하는 개인 간 경쟁으로 진화되기에 정부의 간섭은 환경에 적응하는 사회를 교란시킬 뿐이라고 비판합니다. '모든 인간은 다른 사람의 동등한 자유를 침해하지 않는다면 원하는 모든 것을 할 자유가 있는 존재'이며, 정부가 해야 할 일은 상업을 규제하거나 국민을 교육하는 것이 아니라, 시장 정의를 관리하는 것에 그쳐야 한다고 말이죠.[8]

자유주의 관점의 확산은 교회, 군주, 국가권력으로부터 독립된 사적인 영역을 요구하면서 개인의 자유와 평등을 양도할 수 없는 자연적 권리로 격상시켰습니다. 자유주의 관점은 이후 오늘날까지 사회공동체가 지향하고 작동하는 중심 가치가 되고 있죠. 민주주의, 자본주의의 확장과 더불어 가장 영향력 있는 정치 이데올로기가 된 것입니다.[9] 자유주의 관점에서 국민은 국가에 의해 자유를 뺏기고 침묵을 강요당해서는 안 되며 주권자로서 개인의 자유가 확장된 사회를 만들어야 하는 지위에 있는 것입니다. 하지만 자본주의와 만난 자유주의는 경제적 불평등, 구조적 부정의를 개선하기 위한 정부 정책을 부정하는 자유지상주의로 전도될 수 있습니다. 자유로운 개인은 경제적 불평등까지도 자유의 이름으로 감수해야 한다는 것이지요. 이에 대한 비판은 뒤이어 나오는 마르크스주의 관점의 등장으로 이어집니다.

마지막으로 마르크스주의는 러시아, 중국 등 공산국가 혁명의 이론적 기초로 알려져 있습니다. 정부가 기업(자본가)의 이익을 위해서 기꺼이 공권력을 남용하고 국민(노동자)의 생명과 안전을 무참히 희생시킨다는 주장은 '마르크스주의'적 국가관의 전형이라고 할 수 있죠. 마르크스주의는 국가가 사회문제와 갈등을 해결하는 정치적 대표기구가 아니라 자본가 계급(부르주아)이 노동자 계급(프롤레타리아)을 억압하기 위한 기관일 뿐이라고 바라봅니다. 여기서 정부의 활동은 단지 계급 간 갈등을 조정함으로써 억압을 영속시키는 기능을 수행하게 됩니다. 자본가 계급의 이익만을 위하는 정부를 비판하고 부정하는 마르크스주의 관점에서 국민은 기업가를 두둔하는 국가를 부정하고 전복해야 할 주체가 됩니다.[10)]

마르크스주의가 철 지난 혁명 이데올로기가 아니라 여전히 국가와 국민 관계를 설명할 수 있는 관점일까요? 독일통일, 소련 붕괴 이후 한동안 잊혀졌던 마르크스주의는 최근 자본가 계급이 좌우하는 정부에 대한 비판으로 여전히 날카로운 시각을 제시하고 있습니다. 최소화된 정부와 지나치게 커지고 만능화된 시장에서 기업의 힘이 법과 정책을 왜곡하고 불공정한 사회를 만들고 있다면, 우리는 이 현실을 설명하는 관점으로 마르크스주의가 여전히 유효하다고 말할 수 있을 것입니다.[11)] 한때 역사적으로 폐기된 것으로 보였던 마르크스주의가 최근 우리 사회를 설명하는 관점으로 일부 유효성을 회복한 것은 씁쓸한 일입니다.

국가권력의 행사권자, 국민의 참여

"이유는 간단해요. 두려웠던 거죠. 누군들 아니겠습니까? 전쟁, 테러, 질병, 수많은 문제가 연쇄작용을 일으켜 여러분의 이성과 상식을 마비시켰죠.

공포에 사로잡힌 여러분은 서둘러 의장한테 구원을 요청했고
그는 질서와 평화를 약속하며 침묵과 절대복종을 요구했지요."
(영화 '브이 포 벤데타'에서 어나니머스의 대사)

그렇다면 현재 대한민국의 국민은 어떠한 지위가 있을까요? 위대한 국가를 위해 희생하는 작은 구성원에 그칠 수도 있고(국가주의), 국민 개인의 자유가 공동체의 그 어떤 이유보다 앞서 있을 수도 있으며(자유주의), 돈 많은 자본가가 아니라면 국가로부터 보호받기 어려운 불안정한 약자의 처지일 수도(마르크스주의) 있습니다. 역사적으로 국가권력의 행사에서 우리 국민은 지위는 변화해 왔고 변화하고 있습니다. 과거 국민교육헌장의 표현처럼 '조국과 민족의 무궁한 영광을 위하여 몸과 마음을 바칠 것을 충성을 다해 맹세'해야 했던 국가주의로부터 점차 실질적인 국민주권, 자유주의로의 변화가 있었고 우리는 이 과정은 민주화라고 부르고 있지요. 민주화를 위해 국가권력에 저항하며 자유를 쟁취하기 투쟁했던 평범한 시민들의 모습과 2016년과 2024년 촛불을 들고 거리에서 질서정연하게, 대통령을 탄핵하였던 시민의 행렬을 마주할 때는 주권자로서 국민의 지위가 행사되는 것을 체감하기도 합니다.

하지만 오늘날도 여전히 국민을 존중하지 않으며 비밀스럽고 일방적인 정부 행정을 접할 때 우리는 국가주의를 다시 경험합니다.[12] 또한 심각해지는 경제적 불평등으로 개인은 허덕이는데 정부는 대기업의 불법승계를 물밑에서 도왔다는 기사를 볼 때는 자본을 가진 국민집단만이 주권자로서 권력을 누리고 행사할 뿐이라는 마르크스주의적 관점이 상당히 설득력이 있기도 합니다. 특히 금융자본에 의해 발생하는 불공정과 부당이득은 쉽게 보이지 않아 사회적 무지와 정부의 방임 속에서 경제적 불평등을 심화시키고 있다고 크게 우려되고 있습니다. 이러한 현실의 중첩을 볼 때, 우리의 현재는 국가주의에서 마르크스주의를 거쳐 자유주의

에 도달했다는 식의 단선적 교체로는 설명이 적절하지 않을 것 같습니다. 한 국가 속 국민의 지위는 사회가 바라는 국가관에 따라서, 국민 스스로가 획득하려는 지위에 따라서 형성 중이며 변화해 갈 것입니다. 어쩌면 왜곡된 국가권력의 왜곡된 행사는 악한 정부로 인해 나타나기보다는 오히려 이를 묵인하거나 때로는 이를 필요로 하는 국민에 의하여 키워지는 것일지도 모릅니다.[13)]

현실과 미래: 국가권력이 공정하게 행사되기 위해서는?

"정치는 '중립적'이거나 '편파적이지 않다'는
도덕성을 가지지 못할 가능성이 높다"
(샹탈 무페, 「정치적인 것의 귀환」)

그렇다면 앞으로 국가권력이 국민에 의해 공정하게 행사되려면 어떻게 해야 할까요? 정치는 공동체 문제해결을 위해 공동체의 자원을 배분하는 과정에서 발생할 수 있는 갈등과 불협화음[14)]을 조정하여 구성원들이 누릴 삶의 질을 높이는 행위와 활동이어야 합니다. 공동문제를 해결하는 민주주의 체계에서 우리는 선거와 같은 정치적 참여를 통해서 정치권력을 형성하거나 견제하고 있습니다. 공동의 문제를 해결하며 국가를 운영하는 과정에 국민 다수의 관점에 근거하면서 공정한 정치를 행사할 수 있을까요? 그렇게 하기 위해서는 무엇을 해야 할까요?

공화주의 가치와 태도를 존중하며 소비자나 고객이 아닌 시민으로서 감독, 감시, 참여와 같은 주권 행사 활동을 하려는 적극성이 필요할 것입니다. 일차적으로는 형식적이고 절차적인 참여를 넘어서야 할 것입니다. 다만, 그러한 정치적 적극성이 반드시 윤리, 규범을 위한 활동을 해야 한다는 것은 아닙니다. 정치는 현실적으로 양면을 가지고 있습니다. 공동체의 문제해결이라는 공적 활동이지만 다른 한편으로는 자원의 배분 과정에서 이익 다툼과 취득이므로 사적인 활동이기도 합니다. 각자의 다양한 이해관계와 가치 관계가 투사되어 작동하는 복잡한 과정이므로 이러한 복잡계를 이해하기 위해서는 특정한 이데올로기, 특정한 계급적 이해관계 및 정체성이 근거한 근시안적인 다툼과 비난에서는 벗어나야 할 것입니다.

근래 한국뿐 아니라 세계적으로 정치적 균열이 커지고 집단 갈등이 심화한다는 우려 속에서 민주주의와 헌법적 가치가 흔들린다고 우려되고 있습니다. 다양한 입장과 가치가 복잡하게 맞물려 갈 앞으로의 사회에서 통합과 번영을 가져와야 할 책임은 결국 주권자 국민에게 있을 것입니다. 과연 비난과 반복, 갈등의 정치사회적 상황에서 주권자인 국민은 무엇을 해야 할까요? 이 어렵고 막연한 질문에 답을 찾기 쉽지 않겠지만 스스로 그리고 사회와 함께 토론해 보아야 할 것입니다. 여러분은 이 질문에 어떤 의견을 말씀하시게 될까요?

참고한 내용 및 더 읽어 볼 것들

1) 영화 '리바이어던'(안드레이 즈비아진세프 감독, 2015)은 평범한 아버지가 자신의 땅을 노리는 거대 권력자에게 맞서 싸우는 내용으로서 자신만의 정의와 믿음을 어떻게 가지고 사는지에 대하여 이야기하는 영화입니다.

2) 『리바이어던』은 1651년에 토마스 홉스가 작성한 책입니다. 리바이어던은 구약성서 욥기의 마지막 장면에 나오는 바다 괴물로서 하나님이 신의 막강한 힘을 인간에게 보여 주려 창조되었다고 합니다. 홉스는 리바이어던과 같은 막강한 힘을 국가에게 부여해야 한다는 의미로 이 표현을 사용하였습니다. 국가가 개인의 생명과 재산을 보호하고 평화라는 공동선을 달성하는 존재라고 생각했기 때문이죠. 책 『리바이어던』 발간 당시 표지에는 작은 인간들로 구성된 거인이 그려져 있었습니다. 이 거인은 주권자인 국민으로부터 주권을 넘겨받은 절대적 권위의 통치자, 국가를 의미합니다. 국민은 평화와 안전을 보장받기 위해 자신의 주권을 '거인'(국가)에게 넘기고 복종을 약속한 것으로 봅니다. 이와 관련하여 다음 자료를 참고하였습니다. 토마스 홉스. (2008). 리바이어던Leviathan, or The Matter, Forme and Power of a Common-Wealth Ecclesiastical and Civil. 진석용 옮김. 나남출판; 소병철. (2009). 홉스의 [리바이어던]에 나타난 힘의 문제: 자연적 힘과 정치적 힘의 관계를 중심으로. 철학탐구 26: 87-111; 중앙선거관리위원회. 사회계약론을 통해 본 국가와 개인의 관계 https://www.youtube.com/watch?v=5zbq49_2iYc. 2023.11.16. 검색.

3) 개인의 희생과 노력으로 번영한 국가 공동체라는 감격은 영화 '군함도The Battleship Island'(류승완 감독, 2017), '국제시장Ode to My Father'(윤제균 감독, 2014), '실미도Silmido'(강우석 감독, 2003), '연평해전Northern Limit Line'(김학순 감독, 2015) 등에서 국가를 구하는 이름 없는 '작은 영웅'들을 향한 후대의 감사와 눈물로 재차 확인할 수 있습니다.

4) 예를 들어 1987년 경찰의 고문에 의해 사망한 박종철군 사건을 다룬 영화 '1987When the day comes'(장준환 감독, 2017)은 이 모습을 잘 보여 줍니다. 영화 속 경찰간부 박처원 치안감은 박종철 군의 사망을 보고하는 부하들에게 '그깟 보따리 하나 터진 것 갖고 웬 난리냐'라고 무심하게 내뱉습니다. 국익을 위해 개인이 희생될 수 있다는 왜곡된 국가주의는 결국 고문 끝에 사망한 무고한 대학생의 죽음을 '터진 보따리' 취급하는 기이한 모습에 이른 것입니다. 이와 관련하여 다음 자료를 참고하였습니다. 유승하. (2020). 1987 그날: 6.10민주항쟁. 창비; KBS 스페셜. 6·10 민주항쟁 20년 기획 1부. 2007.6.9. 방송 https://www.youtube.com/watch?v=vyWASQ5Os4g; KBS 스페셜. 6·10 민주항쟁 20년 기획 2부, 2007.6.9. 방송 https://www.youtube.com/watch?v=E7CL5nR95DM 2023.11.16. 검색.

5) 영화 '소수의견Minority Opinion'(김성제 감독, 2013)은 2009년 용산 재개발 보상대책에 반발하는 철거민과 경찰이 대치 중에 발생한 화재로 6명이 사망하고 24명이 부상당한 사건을 모티브로 합니다. 영화는 재개발 철거지역에서 경찰과 철거용역이 강제퇴거를 집행하던 중 젊은 경찰과 철거민의 어린 아들이 숨지는 것으로 시작됩니다. 그리고 이들의 죽음에 대해 과연 누가 법적 책임을 져야 하는가를 따져 나갑니다. 그 과정에서 검사 홍재덕은 범인 조작을 통해 국가의 책임을 은폐하며 다음과 같은 말을 던집니다. "국가라는 건 말이다, 누군가는 희생을 하고, 누군가는 봉사를 하고, 그 기반 위에서 유지되는 거야." 이와 관련하여 다음 자료를 참고하였습니다. MBC. 용산참사, 그들은 왜 망루에 올랐을까? 2009.2.3. 방송 https://www.youtube.com/watch?v=Wy36YCSngIQ 2023.11.16. 검색.

6) 예를 들어 영화 '변호인The Attorney'(양우석 감독, 2013)은 1981년 신군부의 공안 통치 상황, 부산에서 사회과학독서모임을 하던 학생과 교사 22명을 이적 표현물을 학습했다는 이유로 불법 감금, 고문해 기소했던 사건을 다룬 영화입니다. 영화 속 변호사 송우석은 고문경찰 차동영에게 대학생들의 책 모임을 빨갱이 모임이라고 판단하는 근거가 뭐냐고 묻죠. 그러나 고문경찰 차동영이 별다른 기준도 없이 그저 '국가가 판단하는 것'이라 대답

합니다. 이에 변호사 송우석은 그를 향해 '국가란 국민'이라고 일갈합니다. 왜곡된 국가주의자를 향하여 이 나라의 주권자는 자유로운 국민임을 각성시키는 이 장면은 개봉 직후 사회에 회자되며 매우 유명한 장면이 되었습니다. 이 장면이 바로 국가와 국민의 관계를 보는 자유주의적 관점이라고 할 수 있습니다.

7) 니체와 관련된 자료는 다음을 참고하였습니다. 고병권. (2008). 니체의 위험한 책, 차라투스트라는 이렇게 말했다. 그린비; 김용찬. (2003). 프리드리히 니체, 그는 포스트모더니스트인가? 계간 사상 59: 230-264; 프리드리히 니체. (2000). 차라투스트라는 이렇게 말했다. 정동호 옮김. 책세상; SBS Biz 날리지knowledge. '니체 차라투스트라는 이렇게 말했다' 2021.3.19. 방송 https://www.youtube.com/watch?v=YxFK7VKr3Ko 2023.11.16. 검색.

8) 『개인 대 국가』는 허버트 스펜서가 집필한 책으로 1884년에 발표된 4편의 논문을 바탕으로 작성되었습니다. 찰스 다윈Charles R. Darwin이 동물사회의 공생 관계를 토대로 진화론적 생각을 주장했다면 허버트 스펜서는 이러한 진화론적 시각을 인간사회에 비유하여 사회진화론적 주장을 하면서 약육강식과 적자생존을 주장하였습니다. 당시 영국을 비롯한 여러 나라들이 제국주의를 추진하는 사상적 배경에 허버트 스펜서의 주장이 많이 인용되면서 제국주의의 아버지라는 오명을 쓰기도 하죠. 물론 이에 대한 재평가를 시도해야 한다는 주장도 있습니다. '국가가 해야 할 일은 무엇인가?'라는 질문을 통해 국가가 개인에서 불필요한 강제력을 행사하여 사회질서를 유지하려는 것에 대하여 비판하고 있습니다. 이와 관련하여 다음 자료를 참고하였습니다. 허버트 스펜서. (2014). 개인 대 국가: 국가가 해야 할 일은 무엇인가? 이책; 조영훈. (2014). 허버트 스펜서의 복지국가론. 사회와 이론 25: 217-243.

9) 현대의 대표적인 자유주의 철학자 로버트 노직Robert Nozick은 1974년에 출판된 『무정부, 국가 그리고 유토피아Anarchy, State, and Utopia』에서 "국가란 무정부 상태보다는 조금 나은 대안"일 뿐이라고 말하고 있습니다. 바람직한 국가는 소유권과 개인의 독립성을 철저히 보장하는 최소국가이며 '국가로부터의 위협을 최소화'하는 것이 중요하다는 것이죠. 이러한 상태

야말로 자기 책임의 원칙이 존중되는 사회이며 진정한 의미의 정의라고 봅니다. 과잉된 국가를 경계하고 최소국가를 지향하는 자유주의는 여러 영화에서 정부를 비판하고 대항하는 시민의 궐기로 표현됐습니다. 이와 관련하여 다음 자료를 참고하였습니다. 장동익. (2017). 로버트 노직, 무정부 · 국가 · 유토피아. 커뮤니케이션북스; EBSi. 노직의 소유권에 대한 정의론. 2021.3.8. 방송 https://www.youtube.com/watch?v=fV8LjsffMOE 2023.11.16. 검색.

10) 마르크스Karl H. Marx는 『공산당 선언Manifesto of the Communist Party』에서 '근대 국가의 집행부는 단지 전체 부르주아의 공동문제를 관리하는 위원회에 불과하다'고 규정한 바 있습니다. 『공산당 선언』은 칼 마르크스와 프리드리히 엥겔스Friedrich Engels가 집필한 책으로 1848년에 출판되었습니다. 생산방식이 사회 제도의 성격을 규정할 수 있으며, 정치와 사회사상의 기초로 작동할 수 있다는 유물사관이 정리되어 있습니다. 나아가 자본주의 사회의 모순과 멸망, 사회주의 승리의 필연성을 주장하고 있죠. 마르크스는 노동자 계급(프롤레타리아) 혁명 과정에서 국가는 궁극적으로 소멸할 것이며 사회주의 자치정부인 코뮌으로 대체될 것이라고 예언했습니다. 이와 관련하여 다음 자료를 참고하였습니다. 카를 마르크스 · 프리드리히 엥겔스. (2018). 공산당선언. 이진우 옮김. 책세상; 최치원. (2018). 맑스 · 엥겔스의 공산당선언(1848) 탄생사 연구. 한독사회과학논총 28(3): 85-136; EBS 다큐. 역사를 바꾼 사상가 칼 마르크스가 꿈꾸었던 세상. 2021.5.3. 방송 https://www.youtube.com/watch?v=1ugANq0ZULg 2023.11.16. 검색.

11) 다큐멘터리 '인사이드 잡Inside Job'(찰스 퍼거슨 감독, 2010)이나 '자본주의: 러브스토리Capitalism: A Love Story'(마이클 무어 감독, 2009)는 2008년 미국 금융위기의 발생 과정에서도 기업가의 이익을 위해 활동한 정부의 행태를 비판합니다. 미국 금융시장이 정부 감독과 규제 없이 폭주한 결과, 2008년 리먼 브라더스(Lehman Brothers Holdings Inc)의 파산 신청으로 시작된 월 스트리트 쇼크는 전 세계에 영향을 미치며 서민들의 집값과 자산을 대폭락시켰고 대량 해고로 이어지면서 이들을 극빈층으로 떨

어뜨렸습니다. 영화 인사이드 잡은 여러 관계자의 인터뷰를 통하여 '리먼이나 연방정부 어느 누구도 파산에 대비한 계획을 가지고 있지 않았다'고 밝혀냅니다. 2008년 금융위기는 단지 정부가 무능해서가 아닌, 금융자본의 이익을 극대화하기 위한 정부의 의도적인 방관과 협력이라고 주장합니다. 당시 이러한 사태에 분노한 미국 국민들은 탐욕스러운 금융가를 비난하며 '월가를 점령하라(Occupy Wall Street)'는 대규모 시위로 맞섰던 것입니다. 다음의 대사는 이러한 내용을 알리고 있습니다. "재무부는 월가의 하수인이나 마찬가집니다. 골드만삭스 출신이 요직을 전부 차지했죠. 골드만 정부(government Goldman)라고 부릅니다. 한 때 골드만 간부였던 수많은 인물들이 부시 행정부 당시 재무부에 있었습니다. 클린턴 집권기에 그랬듯이요. 그들은 내부에서 로비스트 역할을 톡톡히 했습니다. 금융규제를 없애는 일이었죠. 국민이 주는 돈을 받으면서요."(다큐멘터리 '자본주의: 러브스토리')

12) 예를 들어 2009년 용산4구역 철거현장 남일당건물에서 발생한 화재 사건을 들 수 있습니다. 철거민과 전국철거민연합 회원들이 재개발 보상문제와 관련하여 해당 건물에서 농성 중이었는데, 경찰의 진압에 철거민들이 화염병 등 각종 무기로 저항하는 과정에서 화재가 발생해 7명(현장: 철거민 5명, 경찰 1명/병원: 철거민 1명)이 사망하고, 24명이 부상을 입는 대참사가 벌어졌죠. 용산참사를 다룬 다큐멘터리 '공동정범The Remnants'(김일란·이혁상 감독, 2018)은 용산참사에서 동료와 경찰관을 죽였다는 죄명으로 범죄자가 되어 수감되었던 철거민들과 원인 모를 화재 속에서 살아남은 철거민들을 보여 주면서 개인의 삶에 파고든 국가폭력의 흔적을 느끼게 만듭니다. 또한 2012년에는 탈북한 화교 출신의 서울시 공무원 유우성씨가 국정원에 의해 간첩으로 조작되었던 사건이 있었습니다. 다큐멘터리 '자백 Spy Nation'(최승호 감독, 2016)은 이 과정을 다루면서 국가기관에 의한 간첩조작 사례가 과거 권위주의 시대에서 오늘날까지 이어지고 있음을 보여 줍니다. 이와 관련하여 다음 자료를 참고하였습니다. 박광국. (2010). 사회적 위기 극복을 위한 패러다임 모색: 용산참사를 중심으로. 행정논총 48(1): 25-49; YTN. "여기 사람 있다" 용산 참사, 멈춰진 9년. 2018.1.26. 방송 https://www.youtube.com/watch?v=bWC25rG_5jc; 홍순권 외. (2019). 한국 현대사와 국가폭력. 푸른역사; KBS 사사건건. '간첩 조

작' 피해자 유우성의 출연 2019.2.14. 방송 https://www.youtube.com/watch?v=aDIWZGOayZk 2023.11.16. 검색.

13) 영화 '브이 포 벤데타V for Vendetta'(제임스 맥테이그 감독, 2006)는 국민이 국가권력의 실질적인 주인이 되려면 무엇을 해야 하는가라는 물음에 '생존의 두려움에 마비되어 눈 감고 침묵하지 말 것'이라고 답하고 있습니다. 이 영화는 2040년 제3차 세계대전 이후 미래 영국을 전쟁과 테러가 없는 안전 사회를 만들기 위하여 정부가 국민을 도청하고 통행을 금지하는 디스토피아로 상상하며, 정부의 억압적 통치에 대항하는 저항조직 어나니머스의 투쟁을 담고 있습니다. 영화에서 어나니머스는 해적 방송을 통해서 다음과 같이 말합니다. "이 나라는 잘못됐습니다. 한때는 자유로운 비판과 사고, 의사표현이 가능했지만, 이제는 감시 속에서 침묵을 강요당하죠. 어쩌다 이렇게 됐죠? 누구의 잘못이죠? 가장 큰 책임은 정부에 있고 반드시 그 대가를 치르게 될 것입니다. 하지만 이 지경이 되도록 만든 장본인은 바로 방관한 여러분입니다." 새삼 새겨볼 말이라고 생각합니다.

14) 샹탈 무페Chantal Mouffe는 『정치적인 것의 귀환The Return of the Political』에서 정치적인 것은 그 자체로 갈등을 내포하고 있으며, 그러한 갈등이 부딪혀 불협화음이 나는 것은 당연한 귀결이라고 지적합니다. 그러므로 정치는 이러한 정치적인 것에 대한 인정과 서로 간의 협의를 통하여 갈등을 최소하는 것이라고 제시하고 있죠. 이와 관련해서는 다음 자료를 참고하였습니다. 샹탈 무페. (2007). 정치적인 것의 귀환. 이보경 옮김. 후마니타스; Geneva Graduate Institute. Chantal Mouffe: The Affects of Democracy. 2018.2.20. 방송 https://www.youtube.com/watch?v=VuPC10SZ8nU 2023.11.17. 검색.

05

공무원 카자코시는 왜 자동차 개발을 주도했을까?

05

공무원 카자코시는 왜 자동차 개발을 주도했을까?

정부 역할의 변화: 드라마 <관료들의 여름>

"나도 우리나라를 일류국가로 만들고 싶어서 필사적으로 해 왔어.
너랑 같은 산을 올라왔다고. 다만 길이 달랐을 뿐이야. 뒤를 부탁한다."
(드라마 '관료들의 여름'에서 통상산업성 관료의 대사)

일본 드라마 '관료들의 여름官僚たちの夏'[1)] 속 주인공은 공무원입니다. 정부 통상산업성의 자동차과 과장 '카자코시 신고'는 국가발전을 위해 무엇보다 자동차산업의 육성이 필요하다고 생각하고 이를 위해 저렴한 국민차의 개발과 판매를 직접 기획하고 민간 자동차회사의 투자 개발을 설득합니다. 공무원 카자코시의 눈물 나는 노력 끝에 시속 100km를 달릴 수 있는 국민차가 3년 만에 개발되고 저렴한 가격으로 전국 보급에 성공한다는 내용입니다. 드라마 속에서 일본 경제를 견인하기 위해 국민차를 개발, 보급하는 전 과정의 주인공은 공무원입니다. 실제로 제2차 세계대전에서 패한 일본이 패전 10년 후인 1955년경부터 고도성장에 들어갈 수 있었던 힘은 '국가 경제 발전을 위해 움직였던 정부 통상산업성 관료들의 노력이었다'는 주장을 드라마화한 것이지요.

모든 국가는 해결해야 할 사회문제를 안고 있습니다. 당대 사회가 풀어야 할 절박한 문제의 해결을 위해 존재하는 것이 정부일 것입니다. 하지만 정부가 어떤 문제를 어떻게 풀 것인지 그 역할은 시대마다 국가마다 달랐고 앞으로도 달라질 것입니다. 여기에서는 지난 19세기 이후 정부의 역할이 달라졌던 역사를 여러 편의 영화를 통해 확인하고, 오늘날 우리가 기대하는 정부의 역할은 무엇이어야 할지 생각해 보려 합니다.

정부 역할의 변화사: 야경과 방임 시대, 개입 시대, 거리두기 시대

"오후는 어디론가 흘러가고 있는데, 허망한 꿈만이 홀로 남아 싸우고 있었다."
(영화 '위대한 개츠비')

"날 보라고, 누가 뚱보춤을 보려 하겠어."
"나요. 내가 보고 싶어요, 데이브."
(영화 '풀 몬티'에서 데이브와 아내의 대사)

유럽과 미국의 18, 19세기는 생산력이 급격히 향상하며 물질적 풍요가 이뤄졌던 시기였습니다. 하지만 동시에 경제의 양극화와 빈곤이 심각한 문제로 등장하였던 시기이기도 하죠. 사회의 빈곤과 차별, 갈등과 불안에도 불구하고, 그 해결을 위한 정부의 활동은 매우 소극적이었다고 평가됩니다. 이 시대 정부는 개인의 사유재산권 보호, 국방과 치안 유지에 초점을 두었기에, 빈곤과 차별을 해결하기 위한 정부의 적극적인 구제와 복지라는 역할을 최소화하였던 것입니다. 야경과 방임의 시대였죠. 정부는 빵 하나 훔친 자를 감옥에 보낼 만큼 엄격하고 비정한 치안 권력을 행사했지만, 빈곤층의 생존을 위한 구호와 복지 제공은 정부의 역할이 아니었습니다.[2] 비슷한 시기, 19세기 미국은 석유, 철도 등 주요 산업에서 소수의 대자본가가 등장하여 시장독점과 담합을 통해 거대 이익을 창출하였습니다. 1920년대 대공황이 시작되기 전까지 물질만능주의의 시장과 사회의 탐욕과 부조리, 정신적 빈곤과 향락 문화가 펼쳐졌으며 독과점 피해가 극심해졌지만, 정부는 시장 자유를 위한다며 별다른 규제를 하지 않은 채 방임합니다.[3] 20세기 들어서야 일부 독과점 규제 방안이 마련되기 시작하죠. 이 시대의 정부는 야간 경비원 역할을 하며 시장의 불공정을 방임하였으니 정치 부패와 착취 경제는 결국 민중의 분노로 이어지게 되었습니다.

20세기 들어서 대공황과 세계대전을 거치면서 정부의 역할은 점차 커지고 극적으로 넓어집니다. 이러한 모습은 1960년대 전후로 두드러지는데, 정부가 각국의 사회문제 해결의 주인공으로 전면에 등장하게 되죠. 영국의 경우 1942년 베버리지 보고서(Beveridge Report)[4]가 제출된 이후, 실업과 질병, 노령 등으로 인한 사회 궁핍 해결을 위해서는 정부에 의한 사회보장을 결정하고 '요람에서 무덤까지'라는 정부 중심의 사회보장체계를 확립한 것이 대표적입니다. 북유럽 국가에서도 사회민주주의 지향 아래 정부는 최저생활수준을 보장하는 사회보장의 역할을 맡게 됩니다. 동아시아에서는 일본, 싱가포르, 대만, 한국의 정부가 국가 빈곤을 벗어나기 위해 장기적이며 범국가적 경제개발을 추진하는 성장 엔진의 역할을 맡아서 전국적 경제발전을 이뤄 냅니다. 1960년대 전후 소련과 중국과 같은 사회주의 국가에서는 강력한 중앙 계획경제를 추진했으니 국가마다 목표와 이유는 달랐겠지만, 강한 정부를 주인공으로 한다는 것은 동일할 것입니다.

그렇다면 경제발전은 정부가 주도해야만 성공하는 것일까요? 국가 주도의 경제발전을 경험한 우리는 그것이 정답이라고 여기기 쉽지만, 1980년대에 접어들면서 사회문제 해결의 주체와 방식이 그보다 상당히 다양하게 등장하는 것을 또한 목격하였습니다. 1980년대 전후로 사회문제 해결에서 정부의 입지가 흔들리고 민간기업과 시장이 문제해결의 주인공으로 전면에 등장하게 된 것이죠. 이 시대의 정부를 앞선 시대의 정부와 구분하면서 '작은 정부'로 표현하고 있습니다. 1970년대 1·2차 석유 파동(oil crisis)[5]으로 시작된 경제 불황 속에서 정부의 무능력과 실패는 지탄받고 정부 역할의 축소와 새로운 통치와 관리 질서가 요구되기 시작합니다. 이러한 요구 속에서 시장과 기업이 사회경제적 문제를 해결하는 주도적 역할을 맡게 된 것이죠. 시장의 자율을 믿는 철학인 신자유주의에 근거하여 정부의 운영도 시장에서의 경쟁, 민간기업의 경영 방식으로 하자는 사조를 신공공관리(New Public Management)라고 부릅니다.[6] 여기에서 '신(new)', 새롭다는 의미는 정부가 아닌 기업이라는 새로운 주체의 등장과 기업 경영을 뜻합니다. 민간위탁, 민영화, 성과경쟁, 성과급, 책임운영기관 등 지난 20여 년간 한국 정부 개혁의 방향 역시 이와 같았죠.[7)8)9]

정부와 국가발전: 발전국가, 복지국가, 신자유주의 국가

"슬로베니아는 교육을 공공재로 보고 있어요. 만약 외국인에게 학비를 징수하게 한다면 자연스럽게 모두에게 그렇게 할 수 있다는 사실에 눈뜨게 되겠죠. 그리고 누군가 학비를 내게 되는 순간, '만인을 위한 무료 대학교육'은 위협을 받게 되겠죠. 그건 교육이 공공재란 생각을 뒤집어 버릴 겁니다."

(다큐멘터리 '다음 침공은 어디?'에서 어느 학생의 대사)

그렇다면 21세기에 이른 오늘날, 정부는 어떤 역할을 우선하여 수행해야 할까요? 오늘날 정부는 국가발전을 위해 성장의 엔진으로서 경제기획을 주도해야 할까요? 아니면 정부는 시장의 경쟁에서 어려움을 겪는 이들을 위해 복지를 제공하는 것을 최우선 역할로 설정해야 할까요? 아니면 정부는 자유로운 시장 경쟁을 해치지 않도록 노력하면서 개입 영역을 줄여나가야 할까요? 일본 드라마 '관료들의 여름'이 그렸으며 한국이 경험하였던, 그리고 여전히 강렬하게 열망하는 정부의 최우선 역할은 경제발전입니다. 정부가 국가의 경제성장을 직접 기획하고 구체적으로 집행하면서 민간기업과 사회의 자원을 동원하는 역할을 수행하는 국가를 발전국가라고 합니다.[10] 동아시아 국가의 급격한 경제성장이 대체로 정부가 기획한 경제성장, 특정 산업·기업·지역에의 집중투자 전략을 따랐기에, 이 모델은 오늘날도 여전히 후진국가와 개발도상국가에게 매력적인 국가발전 모델로 여겨집니다. 발전국가에서 중시하는 행정 가치는 목표의 달성 정도를 의미하는 효과성(effectiveness)입니다. 국가발전을 위해 정부가 세운 목표의 신속한 달성이 최우선의 가치가 되는 것입니다.[11] 그 국가 목표의 설정과 달성 과정은 공무원이 주도하게 되지요. 발전국가 모델에서 공무원은 상당한 재량과 전문성을 가지고 국가발전을 추진합니다. 하지만 사회를 기획하는 국가는 상당한 권위주의적 통치방식을 행사할 수 있습니다. 박정희 정권 시절의 한국 경제발전의 성과와 함께 권위주의적 통치로 인하여 인권과 기본권이 제약되었던 역사를 돌아본다면 바로 이해할 수 있을 것입니다.[12]

그렇다면 오늘날 정부가 가장 우선하여 해결해야 할 문제는 복지일까요? 심각해지는 경제적 불평등은 오늘날 정부가 해결할 최우선 문제로 떠올랐고, 시장 경쟁에서 배제되는 경제적 약자와 서민층을 위한 복지제도 구축이 강하게 요구되고 있습니다. 근래 한국 정부의 사회복지예산도 지속 증가하며 국가지출에서 가장 큰 비중을 차지하게 되었습니다. 경제성장에 대한 바람 그 이상으로 사회복지를 구축해야 할 임무를 맡게 된 한국 정부는 유럽의 국가 제도를 돌아보고 있습니다. 특히 북유럽 국가들에서 나타나는 높은 사회신뢰를 바탕으로 한 고비용·고복지의 체제, 많은 세금을 내고 충분한 복지를 받는 시스템이 우리의 대안이 될 수 있는지 탐색하는 중이지요.[13] 또한 미국과 동시대에, 유럽의 어떤 국가들은 정부가 시민의 복지를 책임지는 제도를 구축하고 있지만, 미국 등 일부 국가에서는 이것은 개인의 책임으로 돌아가고 있습니다.[14] 복지국가는 개인의 삶을 돌보며 안정을 제공합니다. 하지만 또 다른 한편으로 공공서비스의 질, 도덕적 해이, 고비용 구조로 인해 기업과 개인의 이윤추구 동기가 상실된다고 비판받기도 합니다. 높은 세금 때문에 다른 국가로 국적과 회사를 옮긴다는 이야기, 복지서비스만 누리며 근로의 동기를 잃고 살아간다는 이야기는 많이 들어 보셨을 겁니다. 이러한 우려와 비판의 목소리는 신자유주의 시각에서 더욱 높아질 수 있습니다.

우리가 정부에게 기대하는 또 다른 역할은 신자유주의(neo-liberalism)[15]와 신공공관리로 불리는 가치관, 국가관을 반영하고 있습니다. 미국 클린턴 행정부의 정부개혁 기조가 되고 그에 앞서 미국의 레이건 행정부, 영국의 대처 정부도 내걸었던 국가발전의 추진 주체는 시장의 자유로운 기업과 개인이었습니다. 이런 개혁의 기조는 지난 40여 년간 영미를 넘어서 남미, 아시아 국가, 일부 유럽국가로 확산되었지요. 작은 정부, 탈규제로 대표되는 개혁의 흐름은 무능하고 부패한 정부에 의존하는 국정이 아니라, 자유롭고 창의적인 시장경제에 대한 강한 기대였습니다. 전통적으로 정부가 하던 업무를 기업에게 넘기고 정부 스스로도 기업처럼 관리할 것을 요구하는 것입니다. 기업처럼 국가를 경영하고 중앙의 권력을 아래로, 지역으로, 공동체로 넘겨야 하며, 민간과 경쟁하는 정부, 결과 중심의 정부, 시장 중심의 정부를 운영하라는 것이지요.[16]

그렇다면 정부실패로 인해 사회문제 해결자로 시장이 전면 등장한

1980년대 이후 그 기대는 실현되었을까요? 덩치 큰 깡패로 몰린 정부는 과감히 개혁할 수밖에 없었고 이를 통해서 정부는 비효율성의 개선과 성과지향 관리로의 각성이 일부 이뤄졌다고 평가됩니다.[17] 기업과 사회를 괴롭히던 불필요한 규제가 줄어들고 경쟁시스템을 통해서 더 효율적인 공공서비스가 제공될 수 있었다는 긍정적인 평가입니다. 하지만 동시에 우리는 이것이 과연 오늘날 정부 운영에 적실한 노선인가에 강한 회의를 하고 있습니다. 국민의 삶에 필수적인 공공서비스에 관한 결정을 민간기업에게 위탁하는 것은 주권을 기업에 넘기는 것이며 기대와 달리 그다지 효율적이지도, 효과적이지도 않았다는 비판입니다. 오히려 공공자원(물, 가스, 교통 등)이 민간기업에게 넘어가면서 권력과의 유착이 발생하고 궁극적인 피해는 국민이 보는 결과가 발생했습니다.[18] 1980년대 국가재정 적자를 이유로 영국의 대대적인 민영화[19] 정책, 미국의 규제완화, 남미의 각종 공공재 민영화는 일부 기업만이 혜택을 보았을 뿐, 서민 대부분과 저소득층은 요금 인상과 공공서비스 공급 중단으로 고통을 받았으며, 신자유주의의 폐해가 곳곳에서 보고된다는 것이죠.[20] 또한 국경을 넘어 이동하게 된 신자유주의 세계에서는 해고와 고용이 자유로운 세계이며 이 시스템에서는 연대, 단결과 같은 구세대 노동계급의 미덕이 존재할 여지는 없으며 정부의 역할은 매우 제한적일 뿐이지요.[21]

현실과 미래: 앞으로 정부는 무엇을 해야 할까?

"아버지는 30년 동안 같은 일만 했죠?
난 30번도 넘게 일을 갈아치웠다고요"
(영화 '자유로운 세계'에서 앤지의 대사)

한국은 유교문화에 근거한 중앙집권적 전통, 발전국가의 전통이 강하다고 평가됩니다. 그리고 박정희 개발독재에 따른 경제 국가주의와 권위주의 정치 전통이 강화되기도 하였습니다.[22] 그러나 1987년 민주화 운동 등 정치사회 민주화, 정치참여의 지평이 끊임없이 확장되어가고 있습니다. 한편으로는 1990년대 후반부터 신자유주의의 작은 정부 흐름이 병존하고 있죠. 최근에는 정부를 향하여 복지국가로의 요구가 급증하고 있습니다. 이렇게 복잡하고 다양한 압력이 동시에 나타나는 현재, 한국 사회는 정부에게 무엇을 바라고 있을까요? 한국 정부는 무엇을 해야 하고, 무엇을 잘 할 수 있을까요?

현재 한국이 직면한 상황은 만만치 않으며 국내외적으로 '각자도생'의 압력을 받고 있습니다. 국내로는 경제적 양극화, 지나친 세속화와 물질주의, 사회적 갈등과 차별, 4차 산업혁명(산업구조조정과 노동 일자리), 인권, 안전에 관련된 문제 등 다양합니다. 국외로는 세계경제 속 무한 경쟁에 노출되어 있으며, 국제관계 속 외교, 국방 역시 바로 앞을 보기 어려울 정도입니다. 확실한 것은 세상이 불확실하다는 것뿐인 듯합니다. 이 크고 어려운 문제를 해결하려면 정부는 무엇을, 어떻게 해야 할까요? 이렇게 당면한 눈앞의 현실 문제를 인정하고, 사회구성원의 풍요로운 삶과 개인의 인권이 존중될 수 있는 국가의 방향을 설정하려면 어떤 국가모형을 그려야 할까요? 우리가 그려야 할 새로운 국가에서 정부는 어떤 역할을 가장 우선하여 수행해야 할까요? 이 어려운 질문 앞에 여러분의 상상력이 그린 세계는 어떤 모습인가요?

참고한 내용 및 더 읽어 볼 것들

1) 일본 TBS 일요극장(2009년 7~9월)에서 방영되었던 드라마로서 시로야마 사부로의 동명소설을 원작으로 하고 있습니다. 우리에게 많이 알려지지 않았지만 일본에서는 크게 흥행하였다고 합니다. 정부의 과장급 공무원이 10년 후 국가의 미래를 내다보고 미래 동력 산업을 직접 선정하여 기업뿐만 아니라 각계각층을 설득한 끝에 마침내 자동차산업의 성장과 경제발전에 성공했다는 내용의 드라마인데요. 이 드라마의 경우 실제 일본의 전후 복구 경험을 모티브로 한 것으로 알려져 있는데, 우리나라의 경제발전, 관료주의 등 발전국가적 시각을 통하여 비교를 해본다면 매우 흥미롭게 지켜볼 수 있을 것 같습니다. 관련 영상은 컨텐츠 제공서비스(OTT, over-the-top)를 통해 확인했으며, 관련 내용은 다음 자료를 참고하였습니다. 한겨레. 2009.9.14.일자. [도쿄에서] 2009년 일본 관료들의 여름 https://www.hani.co.kr/arti/opinion/column/368106.html; 신동아. 2003.8.25.일자. 한국 관료제의 원조, 일본 관료조직 대해부 https://shindonga.donga.com/politics/article/all/13/102763/1 2023.11.24. 검색.

2) 예를 들어 영화 '레미제라블Les Misérables'(톰 후퍼 감독, 2012)에 나오는 가난으로 떠돌 수밖에 없는 19세기 프랑스 민중의 처참한 삶처럼 말이죠. 영화 '레미제라블'은 뮤지컬 버전을 영화화한 작품으로 프랑스 소설가 빅토르 위고Victor-Marie Hugo가 쓴 동명 소설(1862년)을 원작으로 하고 있습니다. 잘 알려진 대로 프랑스 민중들의 비참한 삶과 1832년에 있었던 프랑스 6월 봉기가 배경입니다. 1851년 12월 루이 나폴레옹(나폴레옹 3세)이 쿠데타를 일으켜 공화정 체제를 붕괴시키고 황제에 즉위하려 하자 위고는 벨기에로 망명하여 19년에 걸친 망명 생활을 하게 되는데, 망명 기간 중 쓴 작품 중 하나가 바로 소설 『레미제라블』입니다. 관련 내용은 다음 자료를 참고하였습니다. 빅토르 위고. (2012). 레미제라블 1~5. 정기수 옮김. 민음사; 이계수. (2023). 빅토르 위고의 <레미제라블> 읽기 - <민주법학>의 시선. 민주법학 81: 397-468; tvN 책 읽어주는 나의 서재. 레미제라블 속

혁명이 일어날 수밖에 없었던 프랑스 사회 2022.8.2. 방송 https://www.youtube.com/watch?v=jmCo9eWIksY 2023.11.24. 검색.

3) 이와 같은 모습은 영화 '위대한 게츠비The great Gatsby'(배즈 루어먼 감독, 2013)에 잘 묘사되어 있습니다. 이 영화는 F. 스콧 피츠제럴드Francis Scott Key Fitzgerald의 동명 소설(1925년)을 원작으로 하고 있는데요. 금주법이 시행되고 재즈가 유행하던 1920년대 미국 뉴욕을 배경으로 하는 소설로 제1차 세계대전의 승리 이후 물질적으로는 엄청난 풍요를 누리게 되었지만 도덕적, 윤리적으로는 타락한 미국 사회의 치부를 드러내며 소위 아메리칸 드림의 타락과 절망을 담은 소설이죠. 상류층의 향락과 서민층의 빈곤이 극심하게 대비되던 시절, 화려한 저택에서는 매일 밤, 입이 떡 벌어지는 파티가 열리지만 당시 정부는 물질적 성장과 치안에만 경도되었던 모습을 비판적으로 그리고 있습니다. 관련 내용은 다음 자료를 참고하였습니다. F. 스콧 피츠제럴드. (2003). 위대한 개츠비. 김욱동 옮김. 민음사; 박용준. 2015. 위대한 개츠비와 호밀밭의 파수꾼에 드러난 아메리칸 드림의 좌절과 방황. 영어영문학연구 41(1): 45-66; 조승연의 탐구생활. [위대한 개츠비]는 미국인들에게 어떤 의미일까? https://www.youtube.com/watch?v=xatt7AQPnMc 2023.11.24. 검색.

4) 20세기 초까지 서구권에서는 자유방임주의를 절대적인 원칙으로 간주하였고, 국가는 최소한의 치안과 국방만을 제공하는 야경국가로만 그치도록 요구받았습니다. 하지만 정부의 시장 자유방임은 큰 빈부격차를 유발하였으며, 제1차 세계대전과 대공황을 겪으면서 정부는 시장경제에 적극적으로 개입하기 시작했죠. 이런 과정에서 제2차 세계대전이 발발하게 되는데요. 당시 유럽에서 독일의 유일한 적수라고 할 수 있는 영국에서는 승리를 위해 보수당과 노동당이 힘을 합쳐 거국 내각을 구성하게 되는데, 처칠과 보수당은 전쟁으로 지친 국민들에게 나름의 선물을 줄 필요성을 느끼고 경제학자 겸 노동부 차관 윌리엄 H. 베버리지William Henry Beveridge를 위원장으로 하는 '사회 보험과 관련 서비스에 관한 위원회'를 수립하여 1942년 건강보험, 실업보험, 연금 등 모든 국민을 대상으로 하는 제도를 정비하도록 하는 보고서를 제안하게 됩니다. 전쟁이 끝난 뒤인 1945년 7월에 실시된

선거에서 처칠이 이끄는 보수당에 노동당이 대승을 거둬 1946년에는 국민보험법, 국민보건서비스법, 국민부조법 등이 추가적으로 제정되었으며, 소위 '요람에서 무덤까지'로 일컬어지는 복지국가로의 길을 걷기 시작합니다. 관련 내용은 다음 자료를 참고하였습니다. 윌리엄 베버리지. (2022). 베버리지 보고서. 김윤태 엮음. 이혜경·장우혁 옮김. 이정우, 윤홍식 보론. 사회평론아카데미; 양재진. (2023). 복지의 원리. 한겨레출판; EBS 다큐. 행복의 조건, 복지국가를 가다(노동, 의료, 주거, 보육, 교육, 노후). 2013.1.14. 방송 https://www.youtube.com/watch?v=GeAHXiDi_1o&list=PLvNzObWMMx6v6fVApLiN1MKzO_Lw_6_FT 2023.11.24. 검색.

5) 1차 석유 파동은 1973년 이스라엘을 상대로 한 제4차 중동전쟁(10월 6일~26일)이 아랍권의 패배로 끝난 후, 산유국의 모임인 OPEC(Organization of the Petroleum Exporting Countries)의 리비아, 이라크, 이란 제국, 이집트, 시리아, 튀니지가 손잡고 석유 수출을 줄이는 동시에 원유 가격을 인상한 것을 말합니다. 산유국들 입장에서는 국가재정이 좋아지는 계기가 되었으며 제3세계에서 자원민족주의 열풍이 몰아쳤고, 석유뿐 아니라 다른 자원들의 가격도 상승하기 시작했죠. 석유 의존도가 높은 중화학공업을 추진하여 중산층 확대를 누리던 국가들은 상당한 타격을 받게 됩니다. 2차 석유 파동은 1979년 이란 혁명으로 팔레비 왕조를 무너뜨리고 이슬람주의에 입각한 공화국 신정부를 수립한 이란이 석유 생산량을 급격하게 축소하면서 석유 가격이 치솟게 되는데요. 이듬해 이라크의 이란 침공으로 발발한 이란-이라크 전쟁 때문에 유가는 더 높아졌으며, 사우디아라비아가 공개적으로 석유의 무기화를 천명한 뒤 더욱 높아지게 됩니다. 이에 따라 전 세계적으로 물가는 상승하면서 실업 문제는 오히려 심각해지는 스태그플레이션(stagflation)이 나타났으며, 산업화를 진행하고 있던 신흥개발국들의 경제는 크게 휘청거리게 되죠. 관련 내용은 다음 자료를 참고하였습니다. 국가기록원. '석유는 돈이고, 무기이다' http://theme.archives.go.kr/next/koreaOfRecord/gasoline.do; tvN 벌거벗은 세계사. 갈등의 불씨, 석유를 지배하는 자, 세계를 지배한다! https://www.youtube.com/watch?v=eJ3L91ojpFs; 신한은행. [스태그플레이션] 경제 절대 어렵지 않아요. https://www.youtube.com/watch?v=PYqe3k2V9c0 2024.11.24. 검색.

6) 공공부문에 도입된 신공공관리의 특징은 크게 3가지로 볼 수 있습니다. 먼저 시장주의화(Marketisation)입니다. 공공서비스 생산에 시장의 경쟁 원리를 도입하는 것인데요. 예를 들어 구매자, 규제자, 공급자의 역할을 분리하고 행정조직, 민간회사, NPO 등 간에 일종의 경쟁시장을 형성하여 경쟁 원리를 거의 의무화하는 것이라고 할 수 있습니다. 둘째, 분리화(Disaggregation)입니다. 정책기능과 집행기능을 분리하는 것인데요. 정책의 형성 및 자원의 배분체계에 중앙국가의 권력을 강화하는 한편, 단위집행업무의 책임은 분권화된 주체에 부여하는 분권화를 동시에 진행합니다. 또한 과정을 평가하는 데에서 나아가 결과를 평가하는 체제로 변화시키는 것과 관련됩니다. 셋째, 유인체계부여(Incentivization)입니다. 기업가적 행위자를 장려하고 비용 절감 및 조직 효율성을 높이기 위해 성과가 높은 부분에 인센티브를 부여하는 것이죠. 예를 들어 개인 수준에서는 개인의 월급에 차등을 두는 동시에 조직단위에도 차이를 두는 방법입니다. 성과와 효율성에 있어서 계량적 방법을 사용하여 측정하고 인적자원관리 전략 사용, 공공 부분 종사자들(행정가들)의 특수성과 특권을 부정하는 것과 관련됩니다. 관련 내용은 다음 자료를 참고하였습니다. Dunleavy, P., Margetts, H., Bastow, S., & Tinkler, J. (2006). New public management is dead-long live digital-era governance. *Journal of public administration research and theory* 16(3): 467-494; 임도빈. (2007). 관료제, 민주주의, 그리고 시장주의: 정부개혁의 반성과 과제. 한국행정학보 41(3): 41-65; 임도빈. (2010). 관료제 개혁에 적용한 신공공관리론, 무엇이 문제인가. 한국사회와 행정연구 21(1): 1-27.

7) 이 시대를 보여 주는 영화 중 하나가 '풀 몬티Full Monty'(피터 캐터니오 감독, 1997)입니다. 풀 몬티는 영국 속담으로 '홀딱 벗는다'는 뜻이죠. 영화 '풀 몬티'의 배경이 바로 1970년대 영국입니다. 1970년대 실질성장률 마이너스를 기록하고 실업률과 인플레이션이 상승하던 경제침체 상황에서 영국 보수당의 마거릿 대처Margaret Hilda Thatcher 총리가 추진한 '영국병' 치유를 위한 전면적 개혁(긴축재정, 민영화/사유화, 노조 와해, 복지부문 공공지출 삭감 등)은 저소득층 노동자의 소득과 복지를 흔드는 충격을 낳았습니다. 영국 북부 공업 중심지였던 요크셔의 철강도시 셰필드에서도

많은 공장이 문을 닫고 노동자들은 실직한 채 궁핍한 생활을 해야 했지요. 그러던 중 실직한 남성 주인공들이 생계를 위한 기발한 기획을 도모하는데 남성 누드쇼에 열광하는 여성들을 대상으로 스트립쇼를 하자는 것이었습니다. 영화는 삶에 지쳐 있던 주인공들이 수치심을 벗고 무대 위에서 자존감을 회복해 가는 과정을 코믹하게 그리지만, 그 배경은 국가가 사회복지로부터 거리를 두자 개인이 경쟁 사회에 '알몸'으로 내던져진 가혹한 시대를 풍자하고 있는 것입니다. 관련 내용은 다음 자료를 참고하였습니다. 인촌기념회. (1992). 인촌기념강좌 6회 마거릿 대처: 대처리즘 그 이데올로기와 실재/아시아 경제 정치 전망 http://www.inchonmemorial.co.kr/html/lecture/m_list06.html 2023.11.26. 검색.

8) 영국은 2차 대전 이후 베버리지 보고서를 바탕으로 하여 정권의 성격과 상관없이 안정적이고 괜찮은 복지정책을 추진하였습니다. 하지만 1960년대~1970년대에 비효율적인 산업을 구조조정 없이 그대로 유지하면서 '고복지, 고비용, 비효율'적인 현상이 나타납니다. 근로자들의 생산성이 낮아지고, 1인당 GDP도 하락하게 되는데 이 현상을 '영국병'이라고 부르기 시작하죠. 결국 1970년대 후반기 영국은 지속적인 임금상승 그리고 생산성의 저하로 경제가 전반적으로 침체하여 1976년에 IMF로부터 금융지원을 받는 상황에 몰리게 됩니다. 관련 내용은 다음 자료를 참고하였습니다. 안병영. (1992). 신보수주의와 복지국가-1980년대 대처와 레이건의 정책비교. 사회과학논집 23: 83-119.

9) '철의 여인'으로 불린 마거릿 대처 총리는 1979년 집권하자마자 저비용·고효율로의 경제구조의 전환을 통하여 영국병을 치유하기 위해 경제 전부문에 걸쳐 시장경제 원리를 반영하는 유연화 정책을 착수합니다. 특히, 공공부문 개혁정책에 집중하였는데, 정책의 주요 내용은 재정지출 삭감, 공기업 민영화, 규제 완화와 경쟁 촉진 등이라고 할 수 있죠. 물론 대처 총리의 정책이 단기적으로 많은 성과를 가져오기도 했지만 장기적으로는 지나친 민영화와 노조 약화, 복지 후퇴, 고용불안으로 인해 영국의 전통적인 사회관을 흔들어 놓았으며, 계급의 양극화를 촉진시켰다고 평가됩니다. 최근 영국의 유럽연합 탈퇴(브렉시트: Britain+Exit: Brexit)는 이러한 정책에서 파

생된 부정적 결과의 연장선에 있다고도 볼 수 있을 것 같습니다. 관련 내용은 다음 자료를 참고하였습니다. 홍석민. (2016). 대처주의 (Thatcherism) 정책과 유산. 영미연구 37: 311-341; KBS 다큐. 영국은 돌아갈래 브렉시트 이전으로...! [이슈픽특강]. 2022.12.11. 방송 https://www.youtube.com/watch?v=sDFdHdzHdXE 2023.11.24. 검색.

10) 발전국가에서 정부는 개발을 지배 이데올로기이자 국가가 달성해야 할 최우선의 목표로 정하고, 사유재산과 시장경제를 원칙으로 하지만 시장에 대한 적극적 개입을 정당화하기도 합니다. 국가의 모든 자원을 동원해 개발과 발전에 대해 집중 지원하죠. 관련 내용은 다음 자료를 참고하였습니다. 김일영. (2000). 1960년대 한국 발전국가의 형성과정. 한국정치학회보, 33(4): 121-143; 양재진. (2005). 발전 이후 발전주의론: 한국 발전국가의 성장, 위기, 그리고 미래. 한국행정학보, 39(1): 1-19; 장훈 · 이승주. (2018). 한국형 발전국가의 정치경제사. 인간사랑; KBS 역사저널 그날. 경제 성장의 해법, 수출에 미쳐라. 2000.12.1. 방송 https://www.youtube.com/watch?v=PIIUGNrnOgg; KBS 다큐. 세계 석학이 본 대한민국 경제 100년 제1편 "운명을 바꾼 선택": '수출주도 산업화' 전략은 신의 선택이었다! 2015.8.18. 방송 https://www.youtube.com/watch?v=KKFyn1drSr0; JTBC 차이나는 클라스, 대한민국 발전을 통해 보는 '국가의 역사' 2023.4.11. 방송 https://www.youtube.com/watch?v=Rrpc17y_xEg 2023.11.26. 검색.

11) 박정희 시대 관료제의 운영을 좌우하는 가장 대표적인 방법은 동원과 경쟁이라고 할 수 있는데요. 이러한 방법은 주로 '운동'이라는 이름으로 추진되었습니다. 1960년도 쥐잡기 운동이 있을 정도로 그 특징은 정책집행 과정에서 신속한 목표달성을 위해 정부와 민간부문의 인력과 물자를 활용할 수 있는 수직적이며, 수평적인 동원체제를 구축했다는 점입니다. 특히, 구축된 동원체제가 효과적으로 작동될 수 있도록 박정희 시대의 관료제는 목표를 분명히 하고, 그러한 목표달성을 위해 상벌체계를 구축하여 운동에 참여한 행위자들 간의 경쟁을 공개적 혹은 비공개적으로 부추겼습니다. 관련 내용은 다음을 참고하였습니다. 김근배. (2010). 생태적 약자에 드리운 인

간권력의 자취 -박정희시대의 쥐잡기운동. 사회와 역사 87: 121-161; 윤견수. (2012). 박정희 시대의 관료제: 계몽과 동원. 한국행정학회 동계학술발표논문집 2012 519-552; 윤견수·박진우. (2016). 개발연대 국가관료제의 정책집행에 관한 연구: 관료적 거버넌스를 중심으로. 한국행정학보 50(4): 211-242; KBS 다큐. 새마을 운동의 시초? 박정희 대통령이 한 마을에서 우연히 발견한 '이것' 2013.8.17. 방송 https://www.youtube.com/watch?v=qzMaMHVBOu4; 한겨레. 인체 무해하다던 쥐약은 극약이었다. 2014.11.8.일자. https://www.hani.co.kr/arti/society/environment/663473.html 2023.11.26. 검색.

12) 예를 들어 정치권력의 핵심인 중앙정보부장에 의해 암살된 박정희 대통령의 실화를 다루고 있는 영화 '남산의 부장들The Man Standing Next'(우민호 감독, 2020)은 바로 이 시대의 통치가 얼마나 억압적이고 권위주의적이었는지를 잘 보여 주고 있습니다. 국가발전이라는 명분 속에서 벌어진 한국 역사의 정치 암투를 보여 주면서 당시의 취약한 민주주의 현실을 함께 알려 주고 있습니다. 관련 내용은 다음 자료를 참고하였습니다. 오창헌. (2001). 10·26사건의 원인분석. 정치정보연구 4(1): 143-170; 김충식. (2012). 남산의 부장들. 폴리티쿠스; SBS 그것이 알고싶다. 10.26 박정희 전 대통령 암살 사건: 그알로 보는 '남산의 부장들' 1993.10.17. 방송 https://www.youtube.com/watch?v=pVXlIbGDMIY 2023.11.26. 검색.

13) 예를 들어 문재인 정부는 '모두가 누리는 포용적 복지국가'를 주요 국정전략으로 내세웠고, 2018년 9월 '포용국가전략회의'에서 '모두를 위한 나라, 다 함께 잘 사는 포용국가'를 사회 정책 분야의 국가 비전으로 제시한 데 이어 11월 대통령 시정연설에서 '2019 예산안은 함께 잘 사는 포용국가를 위한 예산안'임을 강조하고 11월 19일 APEC 정상회담 발언에서도 향후 '다 함께 잘사는 혁신적 포용국가'를 대한민국 정부의 새로운 국정 비전으로 적극적으로 추진할 의지를 밝힌 바 있습니다. 구체적인 분야는 일자리, 사회안전망과 가계소득 증대 관련, 국민안전과 삶의 질, 아이돌봄, 건강보험, 근로장려금, 아동수당, 장애인 생애주기별 지원, 한부모 가정 지원, 공공의료 강화 등이죠. 하지만 진행되는 과정은 순탄치 않습니다. 정치적 이해관계

에 따라 정부에서 추진하는 복지정책은 퍼주기식 포퓰리즘이라는 반발뿐만 아니라 정책을 추진하는 정부 역시 여러 정치적 이유에 의하여 스스로 복지정책의 범위와 속도를 낮추고 있죠. 이러한 과정에서 참고해 볼 것은 북유럽 국가들이 복지정책의 기본 틀을 유지하되, 세계화와 고령화, 실업문제 등 국내외 도전에 대응하며 지속적으로 복지개혁을 추진하였고 동시에 안정된 정치 구조(예를 들어 스웨덴의 경우 사민당을 필두로 한 좌파 진영은 필요하면 자유주의적인 개혁 조치들도 도입하고, 양보와 타협으로 중산층까지 포섭)를 위한 합의제 민주주의 구현하고 비례대표제를 통해 국지적 이해관계를 전국적 이해관계로 확대하고 있다는 점입니다. 관련 내용을 다음 자료를 참고하였습니다. 대외경제정책연구원. (2013). 유럽의 사례를 통해 본 복지와 성장의 조화방안 연구; 안상훈 외. (2015). 복지 정치의 두 얼굴. 21세기 북스; 김기태 외. (2022). 문재인 정부와 복지국가. 한국보건사회연구원; KTV 국민방송. 2018 포용국가 전략회의: 3대 비전 및 9대 전략 제시. https://www.youtube.com/watch?v=PBpbld7xrhs 2018.9.7.일자; 한겨레 21. 포용국가 대신 한국판 뉴딜이. 2021.3.26.일자. https://h21.hani.co.kr/arti/society/society_general/50129.html 2023.11.26. 검색.

14) 예를 들어 다큐멘터리 '다음 침공은 어디Where to Invade Next'(마이클무어 감독, 2009)에서 유쾌한 블랙유머를 구사하는 감독 마이클무어는 미국과 달리, 서민과 약자를 위한 국가복지망을 구축한 유럽의 여러 나라를 돌아보며 세계에서 가장 부유한 국가인 미국이 유럽의 일부 중소국가보다도 못한 복지 수준을 보이는 현실을 비판합니다. 대학교육이 무료인 슬로베니아, 1년에 8주 유급휴가가 법적으로 보장되는 이탈리아, 공립학교에서 전채요리부터 메인, 디저트까지 코스요리로 점심을 제공하는 프랑스가 미국과 비교되고 있죠.

15) 밀턴 프리드먼Milton Friedman과 프리드리히 하이에크Friedrich August von Hayek같은 시카고학파 경제학자들의 사상을 일컫는 용어로서 '경제적 자유가 정치적 자유와 개인의 자유로 이어진다'라는 기본적 신념을 가지고 있습니다. 1929년 대공황 이후 '시장경제가 불균형에 있을 수 있으며 이 불균형을 정부가 고칠 수 있다'고 주장하여 시장에 대한 정부의 적극적인 개

입을 강조하는 케인스주의와 상반됩니다. 케인스주의가 1970년대 들어서 석유 파동, 저생산성, 경기침체, 혁신 저하 등의 과정에서 한계가 나타나자, 그 경제적 대안으로 급부상하였죠. 1980년대 들어서 미국의 레이건Ronald Wilson Reagan과 영국의 대처 정부가 들어서면서 전 세계적으로 급격히 확산되었습니다. 우리나라의 경우 1997년 외환위기의 극복 수단으로서 본격적으로 신자유주의적 경제정책이 도입되었습니다. 관련 내용은 다음 자료를 참고하였습니다. 장석준. (2011). 신자유주의의의 탄생. 책세상; 데이비드 하비. (2014). 신자유주의: 간략한 역사. 최병두 옮김. 한울; 지주형. (2017). 한국 신자유주의의 기원과 형성. 책세상; JTBC 차이나는 클라스. 민영화, 복지금 삭감을 정당화하는 논리, 신자유주의. 2021.10.31. 방송 https://www.youtube.com/watch?v=1DIvHcEsbVU 2023.11.27. 검색.

16) 오스본David Osborne과 개블러Ted Gaebler는 촉매적 정부(노젓기: '서비스 직접제공'보다는 방향잡기: '정책방향 잡기'에 집중해야 한다), 지역사회 소유 정부(중앙정부 권한 위임), 경쟁적 정부(서비스 제공에 경쟁 도입), 임무위주 정부(임무를 중심으로 업무추진), 결과지향적 정부(예산 분배 시 성과 중시), 고객위주 정부(고객요구 충족), 기업가적 정부(규제완화, 수익창출), 예견적 정부(사전예방 중시), 분권적 정부(팀워크), 시장지향적 정부(시장중심) 등 기업가적 정부 운영의 10대 원리를 제시하였습니다. 다만, 서구사회와 다른 우리 사회에 이러한 방향이 똑같이 적용될 수 있을 것인지, 또한 정부조직에 적용될 수 있는 부문은 무엇인지 등에 대한 지적은 계속하여 이어지고 있습니다. 관련 내용은 다음 자료를 참고하였습니다. Osborne, D. & T. Gaebler. (1992). Government: How the Entrepreneurial Spirit is Transforming the Public Sector. NY: Addison-Wesley; 데이빗 오스본과 테드 게블러. (1994). 정부 혁신의 길: 기업가 정신이 정부를 변화시킨다. 삼성경제연구소 옮김. 삼성경제연구소; 김병섭. (1996). 기업가적 정부혁신의 길: 그 의미와 한계. 한국정책학회보 5(2): 11-30; 차성덕 · 최호진. (2003). 한국에 있어서 기업가적 정부혁신모형 도입의 적실성에 관한 연구: 그 한계와 과제를 중심으로. 한국정책과학학회보 7(2): 159-187; 한승주 · 이철주 · 최흥석. (2020). 정부 관료제의 예견에 대한 책무성 고찰. 행정논총 58(2): 35-72.

17) 신자유주의적 · 신공공관리적 개혁을 통하여 정부 부문에서 무엇이 좋아졌을까요? 예를 들어 국민의 정부 시 민영화가 이루어진 7개 공기업의 민영화 성과를 생각해 보자면 소비자후생 측면에서 7개 기업(포스코, 두산중공업, 대한송유관공사, KT, KT&G, 대한교과서 KTB network)의 민영화 이후 통신요금이 다소 하락한 KT를 제외하고는 민영화로 인해 소비자 후생은 크게 변화하지 않았다고 평가됩니다. 포스코, 두산중공업, 대한송유관공사는 최종소비자가 아닌 (중간제품 소비자인) 다른 산업의 기업이 소비자가 되는데 민영화 이후 관련 기업의 효용이 크게 증가하지는 않은 것으로 나타났다고 하며, 생산자 잉여 및 공적이윤, 생산성은 대부분의 기업이 민영화 이후 호전된 것으로 나타났다고 합니다. 부실기업으로 인한 재정적자를 감축하기 위해 민영화된 대한송유관공사는 민영화 이후 적자기업에서 흑자기업으로 전환하였고 생산성이 증가되었다고 합니다. 관련 내용은 다음 자료를 참고하였습니다. 한국조세연구원. (2007). '공기업 민영화 성과분석: 국민 경제적 관점의 효과'; 한국조세연구원. (2011). 공기업 민영화 성과평가 및 향후과제. https://repository.kipf.re.kr/handle/201201/4530 2023.11.27. 검색.

18) 신자유주의적 · 신공공관리적 개혁을 통하여 정부부문에서 무엇이 나빠졌을까요? 정부 실패보다 시장 실패가 더 아팠다는 지적이 있습니다. 예를 들어 2001년 미국 캘리포니아주에서는 대규모 정전사태가 발생했습니다. 발전회사들이 시장가격이 낮다면서 판매사들에 전력을 공급하지 않은 것이죠. 민간 발전회사들은 시장지배력을 행사하면서 전기가격을 인상하기에 이르고, 그 결과로 도매요금이 급등하면서 배전회사들이 차례로 도산했습니다. 캘리포니아는 결국 주민 세금을 쏟아부어 전력산업을 재건하였죠. 영국의 경우 1990년 잉글랜드의 발전 · 송전시장을 독점하던 국영 전력청을 3개의 발전회사와 1개의 송전회사로 나눈 뒤 3개의 발전회사를 민영화했으며, 스코틀랜드에서도 시장화를 추진했습니다. 발전부문은 현재 13개 회사로 쪼개졌는데, 그중 7개 기업이 외국자본에 넘어갔죠. 전기요금은 떨어지지 않았으며 민간회사들이 수익을 늘리고자 투자보다는 유지보수 비용 절감에 나서면서 공급 안정성도 무너졌습니다. 결국 영국 정부는 2001년 전력산업 구조개편의 오류를 인정하고 운영 방식을 바꾸게 됩니다. 관련 내

용은 다음 자료를 참고하였습니다. 임도빈 · 정지수. (2015). 공공기관 민간위탁의 허실-정치성인가 경영성인가? 한국행정연구 24(3): 147-175; 방송대 지식+. 무리한 민영화 진행이 낳은 폐해 https://www.youtube.com/watch?v=yLpZ30wFd2E; MBC. 민영화가 부른 '전기료 폭탄' 2021.2.22. 방송 https://www.youtube.com/watch?v=noouWi-KtmA; 뉴스타파. 12년 후 실패한 민영화 KT. 2014.6.27. 방송 https://www.youtube.com/watch?v=U_N9sIWbIM0; 신동아. 한국, 미국, 유럽 입체취재 전력산업 구조개편 현장을 가다. 2009.10.6.일자. https://shindonga.donga.com/3/all/13/108836/2. 2023.11.27. 검색.

19) 민영화(民營化, Privatization)는 국가나 공기업의 재산 등을 민간 자본에 매각하고 그 운영을 민간에 맡기는 과정이라고 할 수 있습니다. 여기서 중요한 점은 앞에서 언급한 공공서비스의 생산(production, 공공서비스를 만들고 주민들에게 실제로 전달하는 행위와 집행, 기능)과 제공(provision, 생산자를 선택하고 배정하는 것을 결정하는 것으로 서비스를 만들어내는데 필요한 권한과 결정, 소유) 과정을 구분하는 것입니다. 민영화는 생산과 제공이 모두 공공부문에서 민간부문으로 넘어가는 것을 의미하는데, 사유화(私有化)라고도 할 수 있죠. 국가 소유는 유지하여 제공권을 가지고 있는 대신 생산이라는 기능만을 민간에게 넘기는 경우에는 민간위탁(contracting out)이라고 구분해야 합니다. 결국 이러한 개념들은 해당 분야와 공공서비스 과정에서 나타나는 책임성과 연결되기 때문에 중요합니다. 관련 내용은 다음 자료를 참고하였습니다. 이철주 · 강영철. (2007). 공공서비스의 민간위탁 비용에 미치는 영향요인 분석: 서울시 자치구 민간위탁 담당자의 인식을 중심으로. 행정논총 45(3): 135-175; 이철주 · 이근재 · 정형진. (2011). 공공부문 민간경영기법 도입 정책의 실제와 한계. 한국정책학회보 20(2): 257-289; 이철주. (2012). 공공서비스 생산과 제공방식 구성의 다차원성: 교육정보 분야에서 업무성격, 주체, 규칙에 따른 제도의 배열적 특성과 운영결과를 중심으로. 한국행정학보 46(3): 89-119.

20) 예를 들어 다큐멘터리 '블랙 딜Black deal'(이훈규 감독, 2014)은 전 세계적으로 진행된 물, 철도, 전기 분야에서 신자유주의적 개혁으로 진행되는

민영화 과정을 권력과 기업의 검은 거래라고 주장합니다. 또한 다큐멘터리 '맥코리아MacKorea'(김형렬 감독, 2012)는 세계적인 자산운용회사인 '맥쿼리'사가 공공사업에 민간자본의 적극적 투자를 주장했던 한국 정부와 결탁해 엄청난 수익을 남겼다고 의심합니다. 맥쿼리사가 대교(인천대교, 마창대교), 고속도로(인천공항고속도로), 터널(우면산터널), 지하철(서울지하철9호선) 등 공공재 건설에 자본을 투자한 후, 법제의 망을 피해 가며 국민의 혈세로 과도한 이득을 챙기는 과정을 고발하고 있습니다. 관련 영상은 미디어 콘텐츠 업체에서 확인하였으며, 다음 자료를 참고하였습니다. 전주국제영화제. 블랙딜: 누구를 위한 민영화인가 https://www.youtube.com/watch?v=6FQvZ7KTSuk; 노컷. 맥쿼리-맥코리아 진실게임 https://www.youtube.com/watch?v=-rsmexiYkik 2023.11.27. 검색.

21) 예를 들어 영화 '자유로운 세계It's a Free World...'(켄 로치 감독, 2007)는 정규직보다 계약직 · 임시직 채용이 늘어난 경제상황에서 착취논리는 사람이 아니라 시스템이 하는 것이라는 것을 보여 줍니다. 또한 '미안해요, 리키Sorry, We Missed You'(켄 로치 감독, 2019)에서는 디지털 플랫폼을 통해 일하는 경제 활동 방식인 '긱이코노미Gig-economy · 경제'에서 노동자가 그때그때 서비스 제공 계약을 맺고 일하는 방식이 어떻게 평범한 가족의 행복을 파괴하는지 등에 대해 노동자의 현실을 보여 줍니다. EBS 다큐. 인류에 가장 큰 영향을 끼친 책, 칼 마르크스의 『자본론』 https://www.youtube.com/watch?v=1ugANq0ZULg; KBS 다큐. 플랫폼 노동에서 가장 중요한 것은 별점평가다 https://www.youtube.com/watch?v=uHFSrryW4qY; 조선일보 WEEKLY BIZ. 우버 기사 출신 스탠퍼드 교수님이 본 긱 이코노미의 미래. https://www.youtube.com/watch?v=pga0BcZHAAo 2023.11.27. 검색.

22) 박정희 정부 시대 연구는 지금까지 정치학, 사회학적 접근이 많았다고 할 수 있는데, 최근 행정학과 관료제적 입장에서 문제제기를 하는 연구들이 증가하고 있습니다. 이에 대해서는 다음 자료를 참고하였습니다. 박종민 · 윤견수. (2014). 한국 국가관료제의 세 가지 전통. 한국행정학보 48(1): 1-24; 윤견수 · 김다은(2017). 개발연대 국가관료제의 정책집행 패러다임: 계몽.

정부학연구 23(1): 1-30; 윤견수 · 박규성(2018). 한국관료제 권위주의에 대한 성찰: 개발연대 브리핑행정을 중심으로. 성공하는 정부를 위한 국정운영: 민주적 공화주의 관점. 권혁주(편). 박영사.

06

캡틴 아메리카와 아이언맨은 왜 싸웠을까?

06

캡틴 아메리카와 아이언맨은 왜 싸웠을까?

사회문제 해결의 주체: 영화 <캡틴 아메리카(시빌 워)>

"결국 우리 손을 묶자는 얘기야. 우리가 가기 싫은 곳에 파견되고,
정작 우릴 필요로 하고 가야 할 곳에 가지 못하면?
우리가 완벽하지 않은 건 알지만, 아직 가장 안전한 길은
우리 자신의 손에 달려 있어."
(영화 '캡틴 아메리카: 시빌 워' 중 캡틴 아메리카의 대사)

영화 '캡틴 아메리카: 시빌 워Captain America: civil war'[1]에서 아이언맨과 캡틴 아메리카가 싸우는 가장 표면적인 이유는 정부 소속 여부에 대한 법안제출입니다. 소코비아 사태 이후 뉴 어벤져스를 이끌게 된 캡틴 아메리카. 또 다른 사건을 수습하러 뉴 어벤져스 팀이 나섰지만 민간인들이 큰 피해를 받게 되고 '히어로들이 함부로 활동하면 안된다'는 여론이 형성되어 어벤져스는 UN의 산하 기구로 들어가야 한다는 법안이 제출됩니다. 이 법안에 반대하는 캡틴 아메리카와 찬성하는 아이언맨과의 대립이 시작되죠. 여기서 우리가 주목해야 할 점은 자유롭게 활동하는 히어로들이 공식 국제기구인 UN의 산하기구로 들어가면 문제가 해결된다는 발상입니다.

영화 속 히어로들은 누구이며, 어떤 특성을 가질까요? 그들은 복잡하고, 불확실한 환경에서 발생할 수 있는 여러 사회문제에 대응하여 이를 해결하려고 노력하는 사람들이라고 할 수 있습니다. 그런데 이들은 어떤 국가와 정부조직에 소속되어 활동하는 것은 아니죠. 물론 정부조직과 밀접한 관계를 맺지만, 처음부터 국가에서 이들을 모집하여 구성한 것이라고 할 수는 없으며 자기의 의지, 관심, 사명감 등으로 자발적으로 나섰다고 보는 것이 타당할 것입니다. 물론 영화 '시빌 워'에서처럼 히어로들이 정부조직에 소속되어 사회문제가 조금 더 해결 가능해진다면 그러한 방식을 택하는 것이 합리적인 선택일 것이고 또는 처음부터 국가에서 히어로들을 모집하는 방법도 있을 수 있을 겁니다. 일반적으로 사회문제를 해결하는 방법은 크게 국가와 정부조직으로 해결하는 방법과 시장과 기업(개인)조직으로 해결하는 방법으로 구분해 볼 수 있습니다. 그렇다면 위에서 이야기한 사회문제를 해결하는 방법 중 어느 것이 더 나은 것일까요?

사회문제를 해결하는 방법에는 어떤 것이 있을까?

"여러분들은 국가나 사회에 도움을 받아본 적 있었나요? 며칠 전 젊은 엄마와 어린 딸이 은행 무인점포에 갇혔어요. 땡볕 더위인 낮 시간이어서 그곳에 갇힌 모녀는 탈진하기에 이르렀죠. 경찰과 119에 전화했지만 '은행 경비보안업체가 담당해야 할 일'이라고 서로 미루는 데다 보안업체마저 늦게 도착했습니다. 두 사람을 구한 건 30분 후 소식을 듣고 달려온 가족이었어요. 무인점포 문을 부수고 가족을 구한 것이죠. 이 사건을 보면서 '괴물'과 똑같은 일이 아직도, 여전히, 버젓이 벌어지고 있다는 생각에 씁쓸했습니다. 이 영화의 시추에이션과 똑같다는 게 참으로 웃기고 서글펐죠."

(봉준호 감독, 영화 '괴물' 시사회 인터뷰 중)

사회 공동체 구성원들이 살아가기 위해서는 기본적으로 깨끗한 공기가 필요하며, 물도 필요합니다. 옷도 입어야 하고, 음식도 먹어야 하며, 안전한 집에서 살아야 하죠. 또한, 취미활동 등을 위하여 여러 가지 장비들을 사고, 영화나 방송을 보기 위하여 텔레비전이나 컴퓨터를 구입하기도 합니다. 또한 텔레비전이나 컴퓨터를 사용하기 위해서는 전기가 필요하죠. 사회 공동체 구성원들이 본인이 살아가거나 욕구를 채우기 위하여 필요한 눈에 보이거나 보이지 않는 모든 물건을 재화(goods, 財貨)라고 합니다. 구성원들은 어디론가 이동하기 위하여 택시 또는 버스를 타기도 하며, 다양한 커뮤니티에서 자기가 듣고 싶은 강의를 듣기도 하고 미술관이나 박물관에 가서 본인이 원하는 작품들을 관람하기도 합니다. 이처럼 눈에 보이지 않고 손에 잡히지는 않지만 사회 공동체 구성원들이 다양한 활동이 가능하도록 제공되는 재화를 서비스(service) 또는 용역(用役)[2]이라고 합니다.

이러한 재화와 서비스에 대하여 Savas는 배제성의 높음과 낮음, 경합성의 높음과 낮음을 기준으로 하여 아래의 <표 6-1>과 같이 4가지 유형으로 구분한 바 있습니다. 배제성(excludability)은 사람들이 재화와 서비스를 소비하는 것을 막을 수 있는 가능성인데, 쉽게 말해 '네 것 내 것이 구분이 될 수 있느냐'와 관련되죠. 경합성(rivalness)은 한 사람이 재화와 서비스를 소비하면 다른 사람이 소비에 제한을 받는 특성이라고 할 수 있는데, '내가 사용하면 다른 사람에게 돌아가는 양이 줄어드는지 여부'와 관련됩니다. 그런데 사회구성원들이 재화 및 서비스를 제때 공급받지 못하여 제대로 소비하지 못해 자신의 필요와 욕구를 해결하지 못할 경우 사회문제가 될 수 있습니다.[3] 이러한 사회문제[4]를 해결하는 방법은 무엇일까요?

표 6-1 배제성과 경합성에 의한 재화와 서비스의 분류

		배제성	
		배제성이 높다	배제성이 낮다
경합성	경합성이 낮다	1. 사적재(private goods) - 배제비용이 낮음 - 민간기업이 생산 - 시장에 의해 배분 - 판매로부터 재원조달 - 옷, 구두, 음식	2. 공유재(common pool goods) - 개별적으로 소비되지만 혼잡이 발생 - 공공기관에 의해서 생산 - 공공예산을 통해 배분 - 판매 또는 조세로부터 재원을 조달 - 어장, 목초지
	경합성이 높다	3. 요금재(toll goods) - 외부성이 존재함 - 민간기업이 생산 - 보조금을 받고 시장에서 생산 - 판매로부터 재원조달 - 케이블 TV, 예방접종, 보건서비스	4. 집합재(collective goods) - 배제비용이 높음 - 정부가 직접생산하거나 정부와의 계약에 의해 민간기업이 생산 - 정치적, 공공예산을 통해 배분 - 강제적 조세수입을 통해 재원조달 - 국방, 경찰, 등대

자료: Savas, E. S. (1987). Privatization: The key to better government. Chatham House Pub.

사회구성원의 필요와 욕구를 해결하기 위해서는 누군가가 재화와 서비스를 생산(production)하고 제공(provision)해야 합니다.[5] 그 누군가는 바로 명령과 통제를 기반으로 하여 계층적인 성격을 가지는 국가(state, 정부조직)와 자유와 분권을 기반으로 하여 자율적인 성격을 가지는 시장(market, 개인, 기업조직)이 대표적입니다.[6] 앞에 있는 <표 6-1>에서 구분한 유형 중 사적재와 요금재는 주로 민간기업과 시장에서 생산 및 제공되고 있으며,[7] 공유재와 집합재는 주로 정부와 국가에서 생산 및 제공되는 경우가 많습니다.[8] 하지만 '특정한 재화와 서비스는 어느 주체가 더 낫다'라고 판단하기는 쉽지 않아 보입니다. 특히 현재와 같이 불확실

한 정치, 사회, 경제, 기술 환경에서 해결해야 하는 문제의 특성이 복잡성(complexity)과 모호성(ambiguity)을 가지는 경우라면 더욱 그렇습니다. 여러 상황과 이해관계자가 여러 층위(layer)로 뒤섞여지면서 국가부문의 주체와 시장부문의 주체가 혼합될 수 있기에[9] 누가 그리고 어떻게 그 문제를 풀 것인가를 선뜻 정하기가 어려워지고 있는 것이 정책현실입니다.[10]

시장은 언제나 성공할까? vs. 정부는 언제나 성공할까?

"당신을 위해 특별히 준비된 물이에요. 힝클리에서 가져온 물이거든요."
(영화 '에린 브로코비치', PG&G 측의 변호사와 한판 승부를 벌인 후 에린의 대사)

르네상스 이후 서구는 사회문제를 해결에서 우선시한 것은 인간의 이성과 합리성이 강조되었던 시장영역의 문제 해결방법입니다.[11] 시장에서 믿어졌던 중요한 논리 중 하나는 이기적인 개인들이 각자 자신의 효용(utility, 效用)[12]을 극대화하기 위한 선택을 자유롭게 하도록 방임해 두면 그 결과 사회 전체적으로도 가장 바람직한 상태에 도달한다는 것이죠. 민간부문의 각 구성원이 자신들의 이익만 챙기는 이기적인 존재라는 사실만으로 국가공권력의 개입이 정당화되는 것은 아니며, 국가개입 없어도 시장은 저절로 가장 효율적인 자원 배분이 이루어질 수 있다는 소위 '보이지 않는 손(invisible hand)'이라고 강조합니다.[13] 하지만 민간부문의 자율적 판단과 행동을 방임할 때 사회적으로는 바람직하지 못한 결과가 초래되거나 시장이 최선의 자원 배분 기능을 수행하지 못할 수 있는데 이를 시장실패(market failure)라고 합니다. 예를 들어 독과점과 같이 시장에서의 '경쟁'이 제한될 수 있고[14] 폐수, 공해 발생과 같이 의도하지는 않았지만 재화와 서비스를 생산 및 제공하는 과정에서 환경문제를 발생시킬 수 있습니다.[15] 또한 모든 구성원이 충분한 이익을 챙기지 못하여 형평성 문제가 발생되거나[16] 정책과정에서 일부 구성원의 특권적 참여가[17] 이뤄질 수 있습니다.

이러한 시장실패가 계속되면 이를 해결하기 위한 '보이는 손(visible hand)'으로서 정부개입이 요청됩니다. 예를 들어 시상의 불완전한 정보에 대하여 정부가 확인하여 정보를 직접 제공하거나 공정거래 질서의 확립을 위하여 독과점 규제를 시행하기도 하죠. 또한 공해·오염 등 환경문제에 대하여 세금을 부과하거나 시장 경쟁에서 밀려나는 일부 구성원에게 복지정책을 추진하고 정책과정에서 참여하지 못하는 구성원을 위해 신문고 등 참여 절차를 마련하기도 합니다.[18] 하지만 정부개입이 언제나 성공적이지는 않으며 오히려 정부개입으로 문제가 더 심각해질 수도 있습니다. 이를 우리는 정부실패(government failure)라고 부릅니다. 시장실패 못지않게 정부실패의 예도 많은데요, 예를 들어 정부는 사회적 이슈가 되어야만 정책의제로 설정하여 추진하는 경우가 많아서 사회문제를 제때 해결하지 못하는 행태를 보입니다.[19] 또한 주기적인 선거로 인하여 장기적 계획보다는 단기적 업적에 치중하는 근시안적 행정을 추진하게 될 가능성도 있으며, 행정시스템이 생산하는 서비스의 산출을 측정하거나 평가하기가 쉽지 않아[20] 품질 비교가 사실상 곤란하므로 정부 독점상태에서 부정부패 현상이 일어나기도 합니다.[21]

그렇다면 사회문제는 누가 해결해야 할까?

"기업가가 창출한 가치는 순수한 경제적 가치 혹은 이윤이지만,
사회적 기업가는 사회적 가치에 집중하며, 사회적 기업은 사회적 책임을 다한다.

여기는 기업, 주위 모든 이가 성공을 이룰 때 비로소 성공하는 그런 새로운 기업이다"
(다큐 '후 케어스' 중 에어제니우 스카나비누의 말)

돌고 도는 역사의 시간 속에서 사회문제는 누가 해결해야 할까요? 2008년 미국 월스트리트에서 시작된 세계금융위기에서 금융자본이 불법적, 비윤리적 파행으로 세계 경제를 흔들어 놓자, 다시 사회문제 해결자로서 정부가 주목받게 되었습니다. 하지만 역사에서 경험한 정부의 무능력과 파괴성은 여전히 진행형이라고 할 수 있습니다. 정부가 실패하면 시장으로, 시장이 실패하면 정부로 옮겨 가는 방법밖에 없을까요? 불완전한 인간의 한계성을 생각해 본다면 사회문제에 대한 민간부문과 공공부문의 공동책임이라고 할 수 있을 텐데 말이죠. 이러한 고민 속에서 일부는 시민사회, 사회적 기업 등 새로운 주체로 눈을 돌리고 있는 듯 합니다.[22] 근대 이후 정부와 시장을 제치고 사회문제 해결주체로서 전면에 등장하지 못했던 시민사회가 사회적 기업 등 새로운 모습을 갖춰 간다면 과연 새로운 대안이 될 수 있을까요?

신거버넌스라는 이름으로 정부, 시장, 시민사회가 함께 문제를 풀어 가는 협력과 책임공유의 구조를 구성하고 시민사회가 문제해결자로서 더 중요한 역할을 하길 기대하고 있습니다. 법적 제약(정부) 또는 경제적 이익(시장)이 아닌 호혜적 질서(시민사회)로 사회문제를 풀어 가는 것이 가능할까요? 이 질문에 대한 답변은 '그렇다'와 '아니다'로 할 수 있을 텐데요. 먼저 '아니다'에 해당하는 답변은 '공유지의 비극(The Tragedy of the Commons)'[23]이라고 불리는 것으로 우리가 공유한 자원은 개개인의 이기심으로 인하여 너나없이 사용되면서 고갈되어 갈 것이라는 부정적인 견해이죠. 한편 '그렇다'에 해당하는 답변은 엘리너 오스트롬Elinor Ostrom 교수의 공유자원에 대한 연구[24]를 통하여 살펴볼 수 있습니다. 일정한 규칙이 성립되어 있을 때, 사회공동체는 스스로를 제어하면서 정부

개입 없이도 성공적으로 문제를 풀어갈 수 있다는 긍정적인 견해죠.

돌아본다면, 재화와 서비스의 역할분담에 있어 공공부문 조직과 민간부문 조직을 이분법처럼 구별하는 것은 사실상 불가능하며, 고정된 개념도 아니어서 시간과 장소에 따라 상대적인 성격을 갖는다고 할 수 있을 것입니다. 실제 정치·행정현상에서는 의회, 사법부, 행정부 더 나아가 비영리조직, 시민사회, 개인, 영리기업 등 여러 주체가 뒤섞이며 그 분야가 넓어지고 있는 것이 현실이죠.[25] 완전히 공적인 영역과 완전히 사적인 영역 사이에 다양한 형태의 조직이 존재한다고 보는 쪽이 타당할 것입니다.

사회적 경제, 공유와 연결사회, 1인 가족 등 사회, 경제 변화가 급격하게 일어나면서 많은 사람이 기존 시장영역에서 생산, 제공하고 있는 재화와 서비스에 대하여 불편함을 느끼고 있습니다. 그런 불편을 느끼는 그 틈새를 파고들어 과감하게 기존의 생산, 제공 부문에서 벗어나 새로운 재화와 서비스를 제공하는 아이디어를 공공문제 해결에 적용해 본다면 어떨까요? 기존의 정부와 시장의 이분법이 아니라 그 조직의 소속보다는 수행하는 일의 특성에 의해 결정되고 '공공적 일을 수행'하며 공공가치를 실현하는 소위 중간조직[26]을 생각해 보면 어떨까요? 사회문제 해결을 위해 정부와 시장이 많은 역할을 하겠지만, 동시에 정책 사례마다 기존 그리고 새롭게 등장하는 중간조직이 활발하게 활동할 것을 기대해 봅니다.

참고한 내용 및 더 읽어 볼 것들

1) 영화 '캡틴 아메리카: 시빌 워'(안소니 루소와 조 루소 감독, 2016)는 마블 코믹스(Marvel Comics)의 원작을 실시화한 영화로서 슈퍼 히어로들의 자율 활동을 규제하는 협정에 찬성하는 측과 반대하는 측의 갈등이 주된 이야기입니다. 히어로의 힘이 인류를 구원할 수도 재앙이 될 수도 있다는 영화의 내용에서 시장의 잘못에 정부가 개입하는 것 그리고 개입한 이후에 정부가 실패할 수 있는 가능성 등 정부의 역할과 시장의 역할에 대하여 여러 생각을 해 볼 수 있습니다.

2) 예를 들어 보육, 청소, 전기, 배관 공사, 사망 관리, 법원, 외교, 변호사, 국방, 교육, 도서관, 박물관, 학교, 영화관, 방송, 금융, 회계, 은행, 부동산, 증권, 의료, 운송, 전력, 천연가스 등을 들 수 있습니다. 우리가 살아가는 데 필요한 모든 서비스라고 생각해도 됩니다. 조금 더 자세한 사항은 다음 자료를 참고하면 좋을 듯합니다. 인사혁신처. (2020). 정부부처 소개; 김인. (2021). 도시공공서비스론. 윤성사.

3) 만약 기본적인 재화와 서비스가 제공되지 않는다면 큰 혼란이 일어날 수 있습니다. 예를 들어 영화 '엘리시움Elysium'(닐 블롬캠프 감독, 2013)에서처럼 말이죠. 영화 속 지구는 서기 2154년 폭증한 인구로 인한 자원고갈과 환경오염으로 인해 인류가 살기 부적절한 곳이 됩니다. 이에, 세계의 정치와 경제를 주도하는 1% 사람들이 기술력을 모아 우주 식민지인 엘리시움을 만들어 이주를 시작하기로 하죠. 엘리시움의 거주민들은 MRI 같은 형상을 한 힐링 머신 안에 들어가 시민권을 인증한 후 잠시만 누워 있으면 말기 백혈병, 암조차 10초 이내에 낫는 최고·최신·최첨단 의료기술의 혜택을 받으며 살아가고 있지만 대신 지상의 거주민들은 낙후되고, 노후된 의료시설들로 인해 제대로 된 치료도 받지 못합니다. 이러한 현상이 점차 다양한 차원에서 심화되고 결국 양 집단 간 갈등이 고조되면서 싸움이 시작됩니다.

4) 일반적으로 '사회문제'는 사회구조의 변화를 통해 많은 사람이 특정한 상황에 대해 불안을 느끼거나 불편한 상태라고 할 수 있습니다. 미래의 바람직한 상태와 현재 상태의 차이라고 할 수 있죠. 바람직한 상태와 현재 상태가 동일하다면 문제가 되지 않을 것이지만 그 차이가 크면 클수록 사회문제가 될 가능성은 높아진다고 할 수 있습니다.

5) 여기서 중요한 점은 공공서비스의 생산(production, 공공서비스를 만들고 주민들에게 실제로 전달하는 행위와 집행, 기능)과 제공(provision, 공공서비스에 대한 시민들의 선호를 파악하여 생산자를 선택하고 배정하는 것을 결정하는 것으로 서비스를 만들어 내는 데 필요한 권한과 결정, 소유)을 분리해서 생각해 봐야 한다는 것입니다. 2가지 기능에서 대체로 제공은 국가가 맡아 오고 있으며, 생산은 국가가 할 때도 있고, 시장이 할 때도 있습니다. 관련 내용은 다음 자료를 참고하였습니다. Savas, E. S. (1987). *Privatization*. Chatham House Pub; Ostrom, E., Schroeder, L., & Wynne, S. (1993). *Institutional incentives and rural infrastructure sustainability*. Associates in Rural Development; 이철주. (2012). 공공서비스 생산과 제공방식 구성의 다차원성. 한국행정학보 46(3): 89-119.

6) 사회문제의 해결방법을 생각해 본다면 아래 표의 내용처럼 그 주체가 국가(정부조직)일 수도 있고, 시장(개인, 기업조직)일 수도 있을 것입니다. 관련 내용은 다음 자료를 참고하였습니다. Dunlop, J. T. (1958). *Industrial relations systems*. Holt; Ben, S. I. & Gaus, G. F. (1983). The Liberal Conception of the Public and the Private, in Ben & Gaus(eds.), *Public and Private in Social Life*. St. Martin's Press; 전영한. (2009). 공공·민간조직 비교연구 메타분석: Sayre 명제의 재검증. 행정논총 47(2): 61-93.

	국가(정부조직)	시장(개인, 기업조직)
목표	국민위임사무(서비스와 공익)	이윤
정치성	광범위한 정치성	제한적

	국가(정부조직)	시장(개인, 기업조직)
통제 방법	다두제적 통제(권력분립, 언론에 의한 견제 등)	시장
재원과 소유 형태	예산/국민, 혹은 정부 스스로가 소유함	이익금/주주들이 소유함
고객	동등하게 대우	차별대우
권력을 미치는 방법 (영향력 행사)	규범(보상, 강제)	보상(강제)

7) 예를 들어 영화 '괴물The Host'(봉준호 감독, 2006)을 생각해 볼까요? 영화 괴물의 경우 서울 한강에 난데없이 괴생물체가 출몰하는데, 정부는 한강 일대를 봉쇄하여 소독 작업만 하고, 정작 문제의 원천인 괴물은 없애지 못합니다. 이에 분노한 어느 희생자 가족(송강호, 박해일, 배두나, 변희봉)은 괴물을 잡고 어린 딸(고아성)을 구출하려 시도하죠. 결국 괴물을 없애는 주체는 개인들이었습니다. 또한 다른 영화 '가디언즈 오브 갤럭시Guardians of Galaxy'(제임스 건 감독, 2014)를 생각해 보죠. 지구에서 살아가던 주인공 퀼과 타노스의 수양딸이자 그가 가장 아끼는 '가모라', 수배 중인 퀼의 현상금을 노리는 '로켓'과 '그루트'가 한 팀이 되어 우주를 구하기 위한 다양한 여행을 하게 됩니다. 우주를 구하는 데 있어 중요한 것은 정부도, 기업도 아닌 바로 개인들이었죠.

8) 예를 들어 영화 '강철비Steel Rain'(양우석 감독, 2017)를 생각해 보면 좋을 것 같습니다. 영화 강철비의 경우 북한에서 벌어진 권력 간 다툼으로 인한 쿠데타 발생 직후 최정예 요원 '엄철우'(정우성)가 치명상을 입은 북한 1호와 함께 남한으로 내려오는데, 그 사이 북한은 대한민국과 미국을 상대로 선전포고를, 남한은 계엄령을 선포하게 되면서 북한 1호가 남한으로 내려왔다는 정보를 입수한 대한민국 외교안보수석 '곽철우'(곽도원)는 전쟁을 막기 위해 이들에게 긴밀한 접근을 시도하게 된다는 내용입니다. 이러한 내용은 여전히 외교, 국방의 문제는 상당한 수준에서 정부조직의 역할이라는 것을 전제하고 있죠.

9) 예를 들어 영화 '스페이스 카우보이Space Cowboys'(클린트 이스트우드 감독, 2000)에서 우주문제와 관련해서는 여전히 국가와 정부의 역할이 중요한 부문을 차지해 왔습니다. 영화의 내용은 지구궤도를 돌고 있던 구 소련의 통신위성 아이콘의 유도체 시스템에 고장이 생기는데, 50년 전에 만들어진 이 기계를 수리하기 위하여 50년 전 이 기계를 설계한 은퇴한 사람들을 찾아 수리를 부탁하게 되며, 이 기계를 고치기 위하여 어렵사리 노병들이 다시 뭉쳐 문제를 해결한다는 내용이죠. 우주 분야 문제의 해결은 지금까지 정부 영역에 속해 있었지만 최근 민간영역에서도 우주 분야에 대한 투자를 시도하고 있어 현재 전 세계적으로 우주개발의 주체가 국가가 아닌 민간기업으로 옮겨진, 일명 뉴 스페이스(New Space) 시대가 열리고 있습니다. 미국의 민간기업 '스페이스X'는 발사체 재활용 기술을 통해 로켓을 재활용하며, 민간기업 최초로 '팰컨 1'이라는 우주 발사체를 성공적으로 발사하였습니다. 미국 아마존의 창업자인 제프 베조스는 '블루 오리진'이라는 일반인을 대상으로 우주여행 서비스를 제공하고 있죠. 관련 내용은 다음 자료를 참고하였습니다. 시사저널. 머스크가 앞당긴 우주여행 시대 2020.11.17.일자. https://www.sisajournal.com/news/articleView.html?idxno=208034; 동아사이언스. 일론 머스크의 스페이스X, 7번째 유인 우주선 발사 성공. 2023.8.27.일자. https://m.dongascience.com/news.php?idx=61364 2023.12.1. 검색.

10) 예를 들어 '타다'를 고발한 개인택시조합 관계자들은 타다가 사실상 '유사택시'를 운영한다고 주장했지만, 타다 측은 플랫폼(앱)만 제공하고 사용자에게 승합차와 운전기사를 연결만 시켜 줄 뿐이라고 주장하였습니다. 검찰은 타다가 운전기사들의 출퇴근과 휴식을 관리 감독했다는 점 등을 들어 사실상 콜택시 사업을 운영했다고 판단하고 2019년 경영진을 기소했으나, 2023년 대법원이 타다를 불법이 아니라고 판결하면서 무죄가 확정되었습니다. 타다를 두고 벌어지는 이러한 논란은 택시업계의 문제만은 아니겠죠. 앞으로 닥칠 정보기술의 발달로 인한 사회적 변동과 혼란을 보여 준다고 할 수 있을 겁니다. 관련 내용은 다음 자료를 참고하였습니다. 구태언. (2018). 미래는 규제할 수 없다. 클라우드나인; 시사인. 타다, 혁신과 약

탈 사이 어디로 모실까요. 2019.6.24.일자. https://www.sisain.co.kr/news/articleView.html?idxno=34905; YTN. 대법도 "타다 불법 아니다"...4년 만에 무죄 확정. 2023.6.1.일자. https://www.youtube.com/watch?v=2kYUeB7m-GA; 국토연구원. 2021. 플랫폼 운송사업과 택시산업 간 갈등완화를 위한 정책방향 연구; 조선일보. 2023.6.14.일자. '제2의 타다' 도전 업체들, 또 말라죽나. https://www.chosun.com/economy/tech_it/2023/06/14/U4QY6IMTWVDONHS4XJXKJN3FIY/ 2023.12.1. 검색.

11) 아래 표에서 보는 바와 같이 정부-시장 관계는 역사적으로 다양하게 변화해 왔습니다. 다만, 시장과 국가 간의 관계에서 서구와 우리나라는 다소 차이가 있을 수 있습니다. 시장을 '눈에 보이지 않는 추상적 존재로서 개인과 사회의 여러 문제를 해결하는 방법' 또는 '실체이자 물리적 공간인 존재'라고 정의해 볼 때 우리나라는 대체로 국가가 시장을 아우르는 형태를 갖추면서 발전해 왔다고 볼 수 있습니다. 관련 내용은 다음 자료를 참고하였습니다. 김승욱 외. (2004). 시장인가? 정부인가? 부키; 정정길 외. (2007). 작은 정부론. 부키.

시대	패러다임	정부/시장 기능
15세기까지	중농주의	시장 미발달, 정부 기능은 동양에서는 어느 정도 역할이 있었으나 서구에서는 미약
16 - 19세기 초까지	중상주의 등장	정부 기능 중시
19세기 중엽까지	자유주의 등장	시장 기능 중시, 작은 정부 지향 (야경국가론)
20세기 초 - 1970년대	신중상주의 사조확대, 자유주의 퇴조	정부 기능 확대
1980년대 이후	신자유주의 사조 확대, 신중상주의 퇴조	시장 기능 중시 확대, 작지만 강한 정부

12) 효용이란 우리가 상품을 소비함으로써 얻게 되는 만족이라고 할 수 있습니다. 만족이란 사과를 소비할 때 얻는 영양가 외에 아삭아삭한 맛을 말할 수도 있으며 지하철을 이용함으로써 얻는 안전하고 빠른 이동을 의미할 수도 있죠. 모든 재화와 서비스는 여러 측면의 만족을 소비자에게 제공하지만 모든 상품은 시장에서 거래되는 과정에서 공통적으로 가격이라는 하나의 잣대로 측정될 수 있습니다. 동일한 재화를 여러 개 소비할 경우 추가로 하나를 더 소비할 때의 효용을 한계효용이라고 하는데, 한계효용은 소비 수량이 늘어날수록 적어지며 또한 아무리 적어져도 0이나 부(-)가 되지는 않죠. 첫 번째 사과의 효용은 매우 크겠지만 두 번째, 세 번째 사과로 소비를 늘려감에 따라 각각의 효용 증가 크기는 감소하는 것을 의미합니다. 관련 내용은 다음 자료를 참고하였습니다. 이성표. (2009). 효용과 무차별 곡선. KDI경제정보센터 click 경제교육. https://eiec.kdi.re.kr/material/clickView.do?click_yymm=201512&cidx=987 2023.12.1. 검색.

13) 보이지 않는 손이라는 말은 경제학자 아담 스미스Adam Smith가 『국부론An Inquiry into the Nature and Causes of the Wealth of Nations』(1776)에서 사용한 말로, 자유로운 경쟁시장에서 소비자는 가능하면 저렴한 가격에 구매하려 하고, 생산자는 가능하면 높은 가격에 판매하려고 하는 오직 자신만의 이익(사익)을 위해 경쟁하는 과정에서, 누가 의도하거나 계획하지 않았는데도 가격이 결정되어 사회구성원 모두에게 이로운 결과(공익)를 가져오게 되는 상황을 마치 아무도 모르게 신의 손이 시장 경제를 적절하게 조절한다는 뜻으로 표현한 것이라고 알려져 있죠. 하지만 아담 스미스는 『도덕감정론The Theory of Moral Sentiments』(1759)에서 국가가 경제에 간섭하지 말라는 것이 아니라 경제에 대한 국가의 자의적이고 편파적인 간섭을 강력하게 비판하였고, 또한 부자들의 무한한 이익 추구를 주장한 것이 아니라 경제적 이기심은 사회의 도덕적인 한계 안에서만 허용된다고 하였습니다. 관련 내용은 다음 자료를 참고하였습니다. 애덤 스미스. (2007). 국부론(상, 하). 김수행 옮김. 비봉출판사; 애덤 스미스. (2009). 도덕감정론. 박세일 · 민경국 옮김. 비봉출판사; 조현수. (2016). 이기적인 개인, 공감하는 도덕. 사람의 무늬.

14) 예를 들어, 경제적 차원의 시장실패입니다. 자동차, 화장품, 휴대전화, 영화관 등 우리가 사용하는 재화와 서비스들을 생산, 제공하는 회사브랜드를 생각해 볼까요? 10여 개 이상 되는 것이 있을까요? 아마 그렇지 않을 것입니다. 현실에서는 공급업체 자체가 소수이기 때문에 독과점(monopoly)의 형태를 이룰 가능성이 높습니다. 독과점은 해당 시장과 사업 분야에서 경쟁사업자가 존재하지 않거나 소수의 사업자가 압도적인 지위를 유지하고 있는 상태를 말하는 것이죠. 이러한 상황에서 독과점사업자는 시장에서 상품이나 서비스의 가격, 거래조건 또는 수량을 상당부문 자유롭게 결정할 수 있는 시장지배력을 가지게 됩니다. 경쟁의 기회가 적으므로 독점적 이윤을 추구할 가능성이 높으며, 정부는 독과점의 이익보다 소비자 폐해가 크기 때문에 독과점 사업자를 규제하고 있습니다. 물론 이러한 규제는 현실적으로 쉽지 않은 문제이긴 합니다. 규모의 경제로 경쟁력을 유지하기 위해서는 활발한 인수·합병(M&A, mergers and acquisitions)으로 기업몸집을 키울 필요가 있지만 시장점유율이 높아지므로 소비자 피해가 우려되는 독과점 딜레마에 빠지게 되죠. 최근 배달앱 시장 점유율 100%에 달하는 국내 1·2위 배달앱인 '배달의 민족'(우아한 형제들)과 '요기요'(독일 Delivery Hero)의 인수합병 추진 과정에서 불거진 독과점 논란은 이러한 고민을 알 수 있게 해줍니다. 관련 내용은 다음 자료를 참고하였습니다. 조선비즈. 배민·요기요 합병, 배달앱 독점인가 혁신인가. 공정위는 고민 중 2019.12.24.일자. https://biz.chosun.com/site/data/html_dir/2019/12/24/2019122402358.html; 데일리임팩트. 2021.3.19.일자. 최종 가치 '7조 6000억'으로 껑충....우아한형제들-딜리버리히어로 합병 완료. https://www.dailyimpact.co.kr/news/articleView.html?idxno=67383 2023.12.1. 검색.

15) 이러한 의도하지 않은 효과를 외부효과(Externalities)라고 합니다. 패스트 패션 회사는 유행하는 옷을 빨리빨리 만들고 유통해 소비자에게 공급하지만, 옷의 생애주기가 짧아 옷이 폐기되는 것도 빠르고 그로 인한 환경문제를 일으킬 수도 있죠. 해당 기업이 생산된 가스와 전기를 시장에 내놓을 때 고려하는 사적인 비용보다 오염으로 발생한 비용까지 고려한 사회적 비용(social cost)이 더 크고 이것은 부정적 외부효과라고 할 수 있을 것입니

다. 예를 들어 영화 '에린 브로코비치Erin Brockovich'(스티븐 소더버그 감독, 2000)는 시장실패의 외부효과 중 환경문제를 다루고 있는데요. 주인공은 대기업 퍼시픽 가스·전기회사(Pacific Gas & Electric, PG&E)의 공장에서 유출되는 크롬성분이 마을 사람들을 병들게 하고 있었다는 관련 의료기록을 우연히 발견한 후 그것을 추적하기 시작합니다. 주인공은 대기업이 힝클리 지역 주민들에게 홍보한 것과는 달리 인체에 해로운 물질을 사용하였다는 것을 알아내고, 그로 인해 힝클리 지역의 물이 오염되었다고 결론을 내립니다. 이 사건에 관한 자료와 피해자들(600여 명)을 만나 증거를 수집하여 해당 회사에게 승소하였고, 대기업은 엄청난 금액(1993년 당시 3,603억여 원)을 배상하게 됩니다. 동시에 이 회사는 미 연방 증권거래위원회(SEC)에 제출한 문서에서 2018년 86명의 목숨을 앗아간 미국 캘리포니아주 산불을 일으킨 것에 대해 시인하였으며, 산불 발화 책임에 따라 희생자들의 피해보상을 위해 135억 달러(약 16조 600억 원)의 배상금을 지불하기로 합의한 바 있습니다. 관련 내용은 다음 자료를 참고하였습니다. 연곳硏昆, YEONGOT LAB: Social Science Contents Project. 왜 에린 브로코비치는 부동산 무료상담건에 관심을 가질까? https://www.youtube.com/watch?v=uKFyc26DOds 2023.12.1. 검색.

16) 이러한 부문은 사회적 차원의 시장실패라고 할 수 있습니다. 경제적 효율성 개념만으로는 따질 수 없는 가치가 있죠. 바로 분배의 형평성(Equity) 문제입니다. 경제적 효율성을 통하여 충분한 이윤을 획득한 사람들도 있지만 그렇지 못하는 사람들도 있기 마련입니다. 경제적 효율성을 더욱 확대하여야 한다는 사람들도 있지만 동시에 경제적 효율성을 통하여 획득한 이윤을 절대적 빈곤자들을 위하여 배분해야 한다는 사람들도 존재합니다.

17) 이러한 부문은 정치적 차원의 시장실패라고 할 수 있습니다. 예를 들어 정책결정과정의 불평등을 들 수 있죠. 정치적 자유주의, 다원주의(Pluralism)의 한계라고도 할 수 있는데, 정책과정에서 비즈니스 그룹이 특권적 지위를 가져 비대칭적 영향력을 행사한다는 것인데, 다원주의 관점이 이익집단 간 집단행동력의 비대칭성을 간과하고 있다는 것을 비판합니다. 예를 들어 개혁과 관련하여 불특정 다수의 국민이 무관심하고 무기력한 가운데 소수의

동질적이고 조직화된 이익집단의 저항으로 개혁이 좌절될 수 있다는 것이죠. 개혁에 저항하는 기득권 세력은 비교적 동질적인 소수로 구성되어 있고 동원할 수 있는 자원(돈, 정보 등) 또한 풍부한 데 비해 일반 시민 혹은 소비자집단의 경우는 이질적인 불특정 다수로 구성되어 있어 무임승차의 문제가 존재하며 자원의 동원능력에서도 훨씬 떨어질 수 있습니다. 관련 내용은 다음 자료를 참고하였습니다. 김의영 외. (2003). 대의제 민주주의 공고화를 위한 시민사회의 바람직한 정치참여 방안. 국회연구용역과제 연구보고서; 이관후. (2018). Deliberative Democracy의 한국적 수용과 시민의회. 현대정치연구 11(1): 189-219.

18) 예를 들어 지난 문재인 정부는 청와대 홈페이지에 '국민청원 게시판'을 운영함으로써 정책결정과정에서 발생할지도 모르는 집단 간 불평등을 해소할 뿐만 아니라 국민의 목소리를 직접 듣고 답하는 온라인 국민소통 창구를 운영하였습니다. 다만, 사실에 기반하지 않고 분풀이 창구가 됐다든가, 특정 사건에 섣부른 판단이나 집단 갈등을 조장한다는 비판 역시 존재하고 있습니다. 관련 내용은 다음을 참고하였습니다. 이승원 외. (2018). 청와대 국민청원 참여요인 분석: 포퓰리즘인가, 정치효능감인가? OUGHTOPIA 33(3): 111-141; 정동재 · 염지선. (2020). 온라인 시민소통 및 참여 플랫폼의 역할과 한계: 청와대 국민청원제도 운영성과 및 개선방안. 한국행정연구원 Issue Paper 95.

19) 이를 두고 '정책의 창policy window을 기다려야 한다'고 지적되기도 합니다. 정책의 창의 경우 정책의제 설정 및 정책결정 과정에서 '우연한 상황에 의해 정책의제가 형성된다'는 것을 지적하며, 정책문제 · 정치 · 정책대안 등 3가지 흐름을 중요시하여 정책과정에서 정치적 변화와 정책활동가의 역할을 강조합니다. 관련 내용은 다음을 참고하였습니다. Kingdon, J. W. (1984). *Agendas, Alternatives, and Public policies.* Boston Little; 장현주. (2017). 한국의 정책변동과정에서 나타난 정책선도가의 유형, 역할과 전략은 무엇인가? 한국정책학회보 26(2): 449-475.

20) 안보, 법과 질서, 건강과 안전 등 공공부문 산출물에 대한 가치는 대체로 정치적 과정에 의해 부여되기 때문에 산출물 가치측정을 더욱 어렵게 하고 있습

니다. 더욱이 민간회사는 산출물이 누구에게 가는지에 무관심하지만 정부는 교육, 치안 등의 공공서비스를 어떻게 분배하느냐의 문제 자체가 중요한 가치 측정의 기준이기 때문에 대상의 문제가 중요할 수밖에 없죠.

21) 경쟁시장에서의 혁신은 특허 등을 통한 이득을 초래하지만 경쟁의 부족은 새로운 혁신으로의 유인이 부족하기 때문에, 경쟁시장에서의 혁신부재는 해당 조직의 생존을 어렵게 하기도 합니다. 공공기관에 있어서는 이러한 유인이 작동하지 않거나 불규칙하게 작동(혁신적인 리더의 존재, 예산감소 등)할 가능성이 존재하죠. 예를 들어 영화 '1급 기밀The Discloser'(홍기선 감독, 2016)은 국방부 군수본부 항공부품구매과 과장으로 부임한 중령이 은밀한 뒷조사 끝에 차세대 전투기 도입에 관한 항공제조사 업체와 연계된 미국 펜타곤과 우리나라 국방부 간에 진행되고 있는 모종의 계약을 알게 되면서 이들의 만행을 폭로하기로 결심하게 되는 내용입니다. 이처럼 정부 관료들의 내부적/개인적 목표를 추구함으로써 공익차원의 가치를 훼손하는 것이 정부실패라고 할 수 있습니다. 영화 '1급 기밀'은 2002년 공군의 차세대 전투기 외압설 폭로와 2009년 방산비리를 폭로한 실화에서 모티브를 얻은 작품입니다. 2002년 3월, 차세대 전투기 사업인 'F-X사업'의 시험평가를 책임지고 있는 공군시험평가단 부단장이던 조주형 대령은 국방부 핵심인사가 미국 정부가 지원하는 특정 기종(F-15K)의 선택하고 시험평가 과정에서 부당한 압력을 행사했다고 한 방송사와의 인터뷰를 통해 제보하죠. 관련 내용은 다음 자료를 참고하였습니다. 참여연대 행정감시센터. 2002.3.13.일자. 조주형 대령 육성증언 1차 공개분 전체(녹음테입, 녹취록). http://www.peoplepower21.org/Government/547715 2023.12.2. 검색.

22) 예를 들어 다큐멘터리 '후 케어스Who cares?'(마라 마라오 감독, 2013)에서 보는 것처럼 말이죠. '사회적 기업'과 '사회적 기업가'라는 이름을 처음 만든 빌 드레이튼Bill Drayton과 그가 만든 아쇼카 재단Ashoka에 대한 이야기로서 사회적 기업의 첫 발걸음은 바로 사회적 문제를 발견하는데서 시작되며, 이 문제를 발견하는 데 그치지 않고 이 문제에 공감하고 해결하려는 의지가 다음으로 수반되어야 한다고 이야기하고 있습니다.

23) 공유지의 비극은 공유지를 쓰는 개인이 자신의 이익을 열심히 추구한 결과

는 사회 전체의 이익 증대가 아닌 사회 이익의 축소와 파멸을 가져올 수 있다는 점을 문제제기하고 있으며, 개인들의 이기심과 그에 따른 경쟁적 환경 파괴에 대하여 지적하고 있습니다. 관련 내용은 다음 자료를 참고하였습니다. Hardin, G. (1968). The Tragedy of the Commons. *Science* Vol.162 Issue 3859: 1243-1248; KDI 경제정보센터. 경제시리즈 시즌2: 12부 비극의 탄생 https://www.youtube.com/watch?v=77FtOL10iME; EBS 교양. 한눈에 보는 경제 - 공중화장실의 화장지가 빨리 없어지는 이유는? https://www.youtube.com/watch?v=oKxWFcTGLiM; 서울경제. 공유지의 비극 vs. 사유화의 비극. 2017.9.14.일자. https://www.sedaily.com/NewsView/1OL0V6IN4A; 한국경제. 황폐화한 풀밭, 사라진 안전모…모두 공유지의 비극. 2021.3.1.일자. https://sgsg.hankyung.com/article/2021022654991 2023.12.2. 검색.

24) 이러한 연구는 제임스 뷰캐넌James McGill Buchanan의 공공선택론public choice theory과 빈센트 오스트롬Vincent Ostrom · 엘리너 오스트롬Elinor Ostrom이 주장한 국가-시장의 이분법적인 접근법들이 아닌 자치(self-governance)를 통해 공유자원문제를 해결하려는 것과 관련된다고 할 수 있습니다. 특히 Ostrom 교수 부부는 공유자원이 사유화되거나 정부에 의해서 통제되어야 한다는 기존의 이론들을 수많은 경험적 사례들을 바탕으로 반박하고 자치적인 제도의 가능성과 조건을 보여 주고 있는데, 인간성의 본질과 합리성의 정의에 대한 논쟁에 휘말리는 것을 피하면서도 일정한 인간관을 제시하고 있습니다. 인간은 무엇보다 '실수를 범하지만 시행착오의 과정을 통해서 학습을 할 수 있는' 존재이며, 인간은 행동과 결과의 비용과 편익을 염두에 두기는 하지만 규범을 내재화할 수 있는 능력을 지닌 것으로 상정하고 있습니다. 관련된 내용은 다음 자료를 참고하였습니다. Ostrom. V. (1973). *The Intellectual Crisis in American Public Administration*. University of Alabama Press; Ostrom, E. (1990). *Governing the Commons: The Evolution of Institutions for Collective Action*. Cambridge University Press; 엘리너 오스트롬. (2010). 공유의 비극을 넘어: 공유자원 관리를 위한 제도의 진화. 윤홍근 · 안도경 옮김. 랜덤하우스코리아.

25) 이와 관련하여 다음의 표에서 제시하고 있는 공공부문의 개념과 범위를 참고할 수 있을 것 같습니다. 관련 내용은 다음 자료를 참고하였습니다. 안병영 · 정무권 · 한상일. (2007). 한국의 공공부문: 이론, 규모와 성격, 개혁방향. p.127. 한림대학출판부.

	I	II	III	IV	V	VI	VII	VIII	IX
공적/사적 영역의 구분	넓은 의미의 공공부문 공공부문의 복잡화와 확대------------〉							좁은 의미의 민간부문	
	좁은 의미의 공공부문		넓은 의미의 민간부문						
철학적 기준	보호적 자유주의 공리주의-경제주의 좁은 의미의 공공부문		발전적 자유주의/참여적 시민권 공적영역으로서의 시민사회 아렌트/하버마스 공적영역					영리/시장	가족/가정
	마르크스 주의(궁극적으로 공적영영과 사적영역의 비구별)								페미니즘 (여성의 가사노동력)
공익성	개인이익의 집합(개인주의 모델)/공동체로서의 공동의 이익(유기체 모델)							개인의 이익 및 집합	
법적 차원	공법체계		민법체계						
	공공법인		비영리법인				영리법인		가족/가정
조직의 특성	전통적 정부부문	좁은 의미의 준정부문	넓은 의미의 준정부문	순수 비영리부문			넓은 의미의 준정부문	순수 기업	가족/가정
	국민의 대표기관인 의회로부터 정치적 책임성을 지는 정부조직(1)	부처조직들과 독립된 조직이지만 부처들의 정책을 수행하기 위해서 부처와 긴밀하게 연계된 공적조직(2)	공공기능을 수행하면서 정부의 보조 또는 일정 수준 통제를 받는 비영리조직 (3) (4)	공공기능을 수행하면서 자율성을 누리는 비영리조직 정부로부터 재정적 지원을 일부 받는 조직(5)	재정적/관리적으로 완전히 독립적인 조직(6)	좁은 의미의 민간 부분 사적이익을 위한 비영리조직(7)	정부와 계약관계 또는 보조금 지원을 받으면서 정부정책을 수행하는 기업(8)	시장에서 순수하게 기업의 영리목적으로 운영하는 기업(9)	가족/가정
조직의 예시	정부부처 지방정부	산하기관 (공사, 공단) 공기업	공익단체 민간비영리 복지 기관 시민단체, 종교단체 일부 산하기관 (위탁, 보조기관)	공익단체 비영리복지기관 시민단체, 종교단체, 문화단체		친족단체	정부와 계약 기업 (예: 방위 산업) 일부 산하 기관	이윤을추구하는기업	가족/가정

26) 최근 저성장과 이로 인한 사회경제적 변화, 진보-보수의 이분법으로 반영하기 힘든 다양한 스펙트럼의 정치적 가치, 신자유주의를 근간으로 하는 자본주의와 이로부터 파생된 정부기능의 민간위탁, 인공지능과 만물 인터넷으로 대표되는 기술적 변화 등은 '국민'(근대국가), '시민'(민주주의), '수요자'와 '소비자'(자본주의), '노동자'(기술발전) 등을 넘어선 인간으로서 '개인'을 강조하고 개인들 간의 '공동체'(협동사회)에 대한 중요성을 인식하는 계기가 되고 있습니다. 공공가치를 생산·제공하거나 반대로 생산·제공해 주지 못하는 주체가 반드시 정부조직이나 시장기업만을 의미하는 것은 아니죠. 사회생활에서 다양한 개인과 집단의 민간조직도 많은 사람이 향유할 수 있는 공공서비스를 생산·제공할 수 있으며, 이러한 주체가 공공가치를 만들어낼 수 있는 상황이 도래했다고도 볼 수 있습니다. 이러한 조직을 중간조직이라고 할 수 있습니다. 관련 내용은 다음 자료를 참고하였습니다. 최홍석·이철주·한승주. (2017). 중간조직의 개념과 범주. 한국행정학회 하계학술대회 논문집.

07

맥나마라 장관은 왜 숫자를 믿고 전쟁을 계속했을까?

▼ 이번 장과 관련한 영상은
다음에서 확인할 수 있습니다.

▼사회과학 콘텐츠 랩 연곳 YEONGOT

연곳研芃
YEONGOT LAB
Social Science Contents Project

07

맥나마라 장관은 왜 숫자를 믿고 전쟁을 계속했을까?

효율성과 공공가치: 다큐멘터리 <다운폴: 더 보잉케이스> + <전쟁의 안개>

"보잉 737 맥스의 경우 어떠한 교육도 받을 필요가 없으며,
이전 기종과 동일한 기능과 시스템을 갖추었습니다."
(다큐멘터리 '다운폴'에서 보잉 관계자의 대사)

이 장에서는 효율 추구만으로는 사회문제가 온전히 해결될 수 없음을 이야기하려 합니다. 물론 투입된 비용보다 더 많은 산출을 얻으려는 효율성 없이 조직은 생존하기 어려울 겁니다. 하지만 민간기업도, 정부도 모두 효율성만을 우선시하거나 절대시한다면 예상치 못한 실패에 직면할 수 있죠. 여기서 관람할 두 편의 다큐멘터리 영화는 효율에 편향된 조직 운영이 가져온 비극을 잘 보여 주고 있습니다. '다운폴: 더 보잉 케이스Downfall: The case against Boeing'[1] 는 안전 가치를 경시하고 경제적 효율에 몰두한 기업이 만든 비극을, '전쟁의 안개The Fog of War'[2]는 정량화할 수 없는 가치를 무시하고 측정된 수치만을 바라봤던 정부가 만든 비극을 담고 있습니다. 두 다큐멘터리가 담고 있는 실제 사건을 회고하면서 그러한 비극

을 발생시킨 효율성 편향의 문제를 살펴보겠습니다.

이윤과 효율 우선의 경영이 만든 참사

"엠케스MCAS의 존재를 숨기지."
(다큐멘터리 '다운폴'에서 보잉의 내부 기밀 문서의 내용)

'다운폴: 더 보잉 케이스'는 2018년, 2019년 추락했던 2대의 항공기 사고의 원인을 추적하고 있습니다. 2018년 10월 29일 자카르타 공항에서 이륙한 지 얼마 안 되어 인도네시아 항공사의 비행기 한 대가 추락합니다. 이 사고로 189명이 사망하였습니다.[3] 그리고 5개월 후 아디스아바바 공항에서 출발한 에티오피아 비행기도 이륙 직후 추락해 157명이 사망합니다.[4] 5개월 간격으로 벌어진 두 사고에서 추락한 비행기는 모두 미국 항공기 제조사 보잉(Boeing)의 737맥스(Max)라는 기종이었습니다.[5] 당시 737맥스는 출시된 지 얼마되지 않았지만 기록적인 판매고를 올리며 보잉사의 가장 잘나가는 상품이 된 참이었죠. 이 새 기종의 비행기가 5개월 간격으로 추락하였고 게다가 사고 당일 기상 상황이 상당히 맑았기에, 사고가 기체의 어떤 결함으로 인한 것이 아닌지 의심되었습니다. 물론 보잉사는 기체 결함을 부정하고 조종사의 실수와 능력 부족이 사고 원인이라고 주장하였지만요. 하지만 놀랍게도, 조사 결과는 사고의 원인은 새 비행기 737맥스의 기체 결함이며, 이는 심각한 기업 운영의 결함에서 비롯되었음이 밝혀집니다. 다큐멘터리는 보잉사의 편향된 경영이 만들어낸 비극을 차근히 드러냅니다.

보잉사[6]는 미국을 대표하는 항공기 제조회사로 안전과 품질을 우선하는 이미지와 신뢰를 쌓아 왔으며 747과 같은 현대식 초대형 비행기종을 쏟아내면서 비행기 시장의 점유율 1위를 오랫동안 유지했습니다. 적어도 1990년대 후반까지 보잉사는 보수 좋고 직원을 소중히 대하는 직장이었으며 안전을 최우선 가치로 하여 직원 누구나 제품의 문제에 대해 발언할 수 있는 엔지니어 기반의 조직문화를 가지고 있었다고 평가되었죠.[7] 하지만 이러한 보잉사의 경영 방식은 1990년대 후반 변하게 됩니다. 1996년 신자유주의로 확대된 글로벌 시장에서 기업은 생존하기 위해 경쟁력을 극도로 강조하게 되었습니다. 당시 보잉사는 인수 합병을 거치며 수익 창출, 주가 상승, 주주 이익 등 경제적 가치를 강조하는 경영 방침을 강화합니다. 합병 이후 제작 단가를 낮추고 직원수를 감축하며 임금을 삭감하면서, 기업 내에는 안전과 품질을 중요시하던 목소리가 밀려나고 주요 결정은 주가를 기준으로 이뤄지게 됩니다. 게다가 경영 본사가 시카고로 이전하면서 시애틀 공장의 기술전문가의 목소리는 임원들에게서 더욱 멀어지게 되죠.

그즈음 항공기 시장에서 경쟁사인 유럽 에어버스(Airbus) SE[8]가 급격히 성장하게 됩니다.[9] 2003년 시장 점유율에서 보잉사는 에어버스에 밀려나게 되는데요.[10] 다급해진 보잉사는 이를 따라잡기 위해 무리한 속도전을 밀어붙이게 됩니다. 에어버스를 따라잡기에 박차를 가하면서 안전우선 정책은 더욱 무너지고 보잉사의 현장은 속도를 우선시하게 되죠. 월스트리트를 만족시킬 만한 목표량 달성을 요구하면서 품질 검사원이나 관리자는 제외되고, 정비공도 꼼꼼한 확인보다는 빨리 승인하고 작업 속도를 높이는 데 매진합니다. 15명이하던 안전관리 일을 1명이 담당하게 되자 업무는 부주의하게 다뤄졌고 안전 문제를 제기하는 직원은 해고와 임금 삭감을 당하게 됩니다. 2010년, 경쟁사인 에어버스가 연료 효율성을 극대화한 신기종(A320네오)을 출시해 큰 성공을 거두자 보잉사는 급히 경쟁 기종을 시장에 내놓아야 했습니다. 하지만 준비는 부족했기에, 혁신적 신기종 대신 옛 기종의 일부만을 개선하는 선택을 하죠. 2011년 기존의 737기종에 효율 높은 엔진을 장착한 737맥스를 발표한 것입니다. 이 선택은 효율성 측면에서는 영리한 선택인데요. 설계 시간을 줄여 개발 비용을 절감하는 한편, 과거 기종과 유사하니 조종사를 대상으로 한 신규 훈련도 필요하지 않아서 훈련 비용과 시간 또한 줄일 수 있기 때문이죠. 그 결과, 보잉 737맥스는 역대 최고의 판매 계약을 이뤄 내면서 빠르게 잘 팔려 갔습니다.[11)]

하지만 이 흥행은 치명적 안전 문제를 무시하고 있었습니다.[12)] 고효율의 엔진이 더 커진 기체에 장착되면서 엔진의 위치가 이동하게 되었는데, 그로 인해 비행기의 앞부분이 올라갈 가능성이 그것이었죠. 이에 보잉사는 설계 변경을 최소화해야 하는 상황에서 기수 쪽에 센서를 부착하여 기수가 올라간다고 센서가 감지하면 자동적으로 기수를 아래로 내리게 만드는 조종특성향상시스템, 엠케스(MCAS, Maneuvering Characteristics Augmentation System)라는 장치를 부착합니다. 과거 기종에는 없었던 엠케스의 설치와 그 원리는 분명 조종사들에게 교육되어야 할 새로운 내용이었습니다. 그러나 되도록이면 과거 기종과 설계 차이가 없어야 연방항공국의 빠른 승인이 가능했으며 조종사 훈련 비용도 절감될 수 있었으므로 보잉사는 이를 감추기로 결정합니다. 결국 엠케스는 조종사를 위한 비행 교본 어디에도 제대로 설명되어 있지 않게 되죠. 두 대 비행기 추락 사고의 근본적인 원인은 엠케스를 작동시키는 센서의 오작동이었습니다. 문제없이 운항 중임에도 센서는 기수가 올라간다는 신호를 보냈고 이를 감지한 엠케스 시스템은 기수를 내려 균형을 잡으려 작동한 거죠.[13)] 물론 실제로는 균형을 깨고 기수를 아래로 향하게 만들어 추락을 야기합니다. 인도네시아 1차 추락 이후 보잉사는 이러한 원인을 내부적으로 파악했음에도 조종사의 능력 문제로 몰아가며 설계 결함 책임을 회피하려 하죠. 결국 블랙박스 분석 이후 엠케스 문제임이 확실해지자 대통령의 긴급명령으로 이 기종의 운항이 전면 금지됩니다.

정확한 통계정보에 근거한 전쟁의 패배

"군 사령관이라면 누구나 실수한 적이 있음을 인정할 것이다.
누구나 불필요하게 사람들을 죽게 한 적이 분명히 있을 것이다."
(다큐멘터리 '전쟁의 안개'에서 맥나마라의 대사)

미국 정부의 큰 실패 중 하나는 베트남 전쟁[14]입니다. 미국의 베트남전 패전은 여러 원인이 있겠지만 큰 이유의 하나는 전쟁을 정량적 수치에만 근거해 현장을 제대로 파악하지 못했기 때문이라고 평가되죠. 당시 국방장관으로 7년 간 전쟁을 이끌었던 사람은 로버트 맥나마라[15]입니다. 그는 전쟁 상황을 수치 정보에 근거한 지표로 보고 받았고 최선을 다해 효율적 전쟁 관리를 이끌었지만, 그 결과는 현장과 멀어진 잘못된 판단의 연속과 패전이었습니다. 사실 그는 젊은 나이에 하버드 경영대학원 교수가 된 통계분석과 효율적 경영의 전문가였습니다. 제2차 세계대전 중 전쟁부 통계국에서 근무하면서 미군의 조달 보급 절차의 개선, 공군 전력의 효율적 활용을 위한 수학 및 통계기법 적용으로 큰 공을 세웁니다. 훈장을 받고 전역한 후 그는 포드 자동차 회사에 입사하여 통계분석을 통해 비효율 방만 경영을 개혁합니다. 초고속으로 포드 자동차 사장으로 승진된 그에게 당시 취임한 존 F. 케네디 대통령[16]은 국방장관직을 제안합니다. 비효율적인 미국 군대의 개혁을 뛰어난 기업경영자에게 맡기고자 했던 것이죠. 그는 정확한 통계정보를 바탕으로 조직을 관리하며 군대에 비용효과분석을 최초로 도입합니다. 주먹구구식 예산 배분이 아니라 국방부가 직접 목표 설정과 달성 효과, 전략적 우선순위에 따른 예산을 배분하면서 군 조직관리의 개혁을 이뤄내게 됩니다.

하지만, 이러한 효율과 통계에 근거한 그의 조직관리 방식은 베트남 전쟁을 관리하는데 심각한 한계를 드러내게 됩니다. 수치적으로 계산된 아군과 적군의 사망자 규모 비율을 보면 미군은 전투에서 승리 중이라고 판단되었지만, 그것은 현실과 동떨어진 것이었죠. 미군 병사의 사망자 수와 적군의 사망자 수 비율은 전쟁 상황을 보여 주는 수치의 하나일 뿐 정량적으로 측정되지 않은 수많은 변수가 간과되었기 때문입니다. 결국 미국은 서류상 승리하고 있었을 뿐, 실제 전쟁 상황에서는 패배하는 중임을 국방부와 백악관에서는 깨닫지 못했습니다. 이러한 그의 오류는 '맥나마라의 오류'라 불립니다. 정량적 수치에만 근거해 다른 사항을 간과한 채 결정을 내리는 한계를 일컫는 말입니다. 사회학자 대니얼 얀켈로비치가 이름 붙였는데요, 쉽게 측정되는 것은 무엇이든 일단 측정합니다. 쉽게 측정되지 않는 것은 무시하거나 임의적인 계량값을 부여합니다. 쉽게 측정되지 않는 것은 중요하지 않은 것이라 가정합니다. 쉽게 측정되지 않는 것은 실제로 존재하지 않는 것이라 결론짓습니다. 이상의 단계를 거치고 나면 현실은 사라지고 오류만 남게 되는 것이지요.[17)]

그가 국방장관으로서 베트남 전쟁을 수행하며 자신이 얻은 교훈을 전달하는 다큐멘터리가 '전쟁의 안개'입니다. 영화 속에서 그는 '효율을 극대화할 것', '데이터를 확보할 것' 등 과학적 관리의 중요성을 강조하고 있습니다. 또한 수치에 집중하여 관리를 하려 했던 배경과 이유를 이야기하는데 공감되는 부분도 많습니다. 하지만 우리는 효율성뿐 아니라 정부가 추구해야 할 다양한 공공가치, 그리고 측정되지 않더라도 중요한 상황을 간과해서는 안됩니다. 물론 정부가 정량화된 수치에 근거하여 낭비 없는 효율적 행정을 수행해야 하는 것은 중요합니다. 하지만 이것이 행정의 첫 번째 가치와 원리라고 하기에는 어려울 겁니다. 행정에서 효율성, 경제성이 수단적 가치라면, 궁극적으로 형평성, 공익 등 본질적인 가치가 있다는, 그 가치의 선후를 잊지 말아야 하겠죠.[18)]

효율을 넘어선 공공가치는 어떻게 추구해야 할까?

"그는 누구보다도 비행과 승객을 최우선으로 하는 사람이었어요."
(다큐멘터리 '다운폴'에서 사고비행기 기장 부인의 대사)

"보거나 듣는 것이 전부가 아니다. 사람은 믿고 싶은 것을 본다"
(다큐멘터리 '전쟁의 안개'에서 맥나마라의 대사)

기업이 이윤 극대화를 위해 소비자의 안전을 의도적으로 무시하는 전략적 결정의 사례는 어렵지 않게 찾아볼 수 있습니다. 1970년대 미국 포드사Ford는 소형 자동차 핀토가 설계 결함으로 차량 화재를 일으킬 것임을 알았으면서도, 사고 발생 시 보상하는 비용이 재설계와 교체 비용보다 덜 든다는 계산 아래 그대로 출시하였습니다. 그 후 1978년 핀토 차량화재 사건으로 목숨을 잃는 사고가 발생하였고 청문회 조사를 통해 그 진실이 알려지게 됩니다.[19)] 불량 상품을 그대로 판매한 후 사고에 대해 보상하는 것이 더 저렴하다는 선택을 했던 이 사건은 기업 윤리에 심각한 경종을 울리기도 하였습니다. 결국 경제적 가치와 효율성을 앞세워 안전과 품질관리를 미룬 조직 경영과 은폐 문화는 수백 명의 생명을 희생하는 비극을 만든 것입니다.

기업과 정부가 효율성, 정량적 가치에 편향된 관리를 할 때 나타나는 문제를 살펴보았는데, 여러분의 생각은 어떠신가요? 정부 공공부문이 효율성, 정량적 관리의 편향에 빠지지 않기 위해서는 무엇이 필요하다고 생각하시나요?

참고한 내용 및 더 읽어 볼 것들

1) 다큐멘터리 '다운폴: 더 보잉 케이스'(로리 케네디 감독, 2022)는 2018년 10월 인도네시아, 2019년 3월 에티오피아에서 발생한 보잉737 MAX 여객기 추락사고를 재구성하고, 사고를 조사하는 과정에서 밝혀진 보잉의 치명적인 결함과 그 결함이 안전을 무시한 보잉 임원진의 금전적인 이득추구와 관련된다는 점을 깊이 있게 추적하고 있습니다.

2) 다큐멘터리 '전쟁의 안개'(에롤 모리스 감독, 2003)는 미국 케네디 대통령과 존슨 대통령 집권 시기에 국방장관을 지낸 로버트 맥나마라가 그의 생애와 함께 1945년 도쿄 공습, 쿠바 미사일 위기, 베트남 전쟁 등 미국의 외교 및 국방정책 분야에서 벌어진 중요한 사건들에 대해 내부자의 시선으로 솔직하게 이야기하고 있습니다. "적의 입장에서 생각하라", "합리적인 사고가 우리를 구원하지 않는다" 등 맥나마라의 인터뷰 내용에서 도출한 교훈(총 11장)으로 구성된 전쟁의 안개는 국제관계 관련 책에서 국제관계 이론을 설명하는 훌륭한 자료로 소개되기도 합니다. 관련 내용은 다음 자료를 참고하였습니다. Sylvest, C. (2013). Interrogating the subject: Errol Morris's The Fog of War. Bliddal, H., Sylvest, C., & Wilson, P. (Eds.). *Classics of International Relations: Essays in criticism and appreciation*. Routledge. 240-249.

3) 2018년 수카르노-하타 국제공항을 이륙한 라이언에어 JT610편 항공기(승객과 승무원 등 189명)는 이륙 직후 바다에 추락했습니다. 인도네시아 항공관제기구 에어나브(AirNAV)는 "이륙 2~3분 후 조종사로부터 '기지귀환(RTB)' 요청이 왔고, 항공교통 관제소(ATC)가 이를 승인했다"라고 밝혔죠. 이륙 13분 만인 6시 33분, 자바섬 북동부 해안에서 15㎞ 떨어진 지점에서 지상 관제소와 연락이 두절됐다고 합니다. 관련 자료는 다음을 참고하였습니다. 경향신문. 189명 탄 인도네시아 여객기, 이륙 13분 만에 바다로 추락 2018.10.29.일자. https://m.khan.co.kr/world/asia-australia/

article/201810292147005#c2b 2023.12.8. 검색.

4) 2019년 에티오피아를 떠나 케냐 나이로비로 향하던 에티오피아항공 ET302편 항공기(승객과 승무원 등 157명)는 이륙한 지 5분도 채 지나지 않아 관제탑에 회항을 요청했습니다. 에티오피아항공의 테월데 게브레마리암 최고경영자(CEO)는 기자회견에서 "사고 항공기 조종사가 기술적 어려움을 보고했으며 관제센터와 연락이 끊기기 전에 돌아오기를 원한다고 말했다"라고 밝혔죠. 하지만 회항을 허가받은 뒤 갑작스럽게 연락이 두절됐다고 합니다. 관련 자료는 다음을 참고하였습니다. 조선일보. "단거리 최신식이었는데"…5개월만에 또 추락한 보잉 비행기 2019.3.11.일자. https://www.chosun.com/site/data/html_dir/2019/03/11/2019031101325.html 2023.12.8. 검색.

5) 737MAX는 2017년 상업비행을 시작한 최신 기종이지만 보잉이 유례없는 위기를 맞게 한 기종이라고 할 수 있습니다. 2018년 인도네시아 '라이언에어'와 2019년 '에티오피아 항공'의 추락사고의 원인이 보잉에 있다는 사실을 최초로 찾아내서 보도한 시애틀타임스의 도미닉 게이츠 기자와 취재진은 이후 미국 연방항공청이 신규 기종 등에 대한 감항성 인증(항공기가 안전하게 운항할 수 있게 만들어졌다는 사실을 국가기관이 증명하는 인증) 절차를 직접 진행하지 않고 보잉에 사실상 위탁해 진행했다는 사실까지 폭로했다고 하네요. 관련 자료는 다음을 참고하였습니다. 동아일보. '베스트셀러' 보잉737은 역사 속으로 사라질까 2023.1.22.일자. https://www.donga.com/news/Economy/article/all/20230122/117546021/1; 단비뉴스. 참사의 진짜 원인을 밝혀낸 탐사보도 2022.2.9.일자. https://www.danbinews.com/news/articleView.html?idxno=15393; Dominic Gates. https://www.seattletimes.com/business/boeing-aerospace/a-sense-of-urgency-as-investigation-into-second-recent-crash-of-a-boeing-737-max-begins/ *The Seattle Times* 2019.5.13. 'A sense of urgency' as investigation into second recent crash of a Boeing 737 MAX begins. 2023.12.8. 검색.

6) 보잉사는 1916년 윌리엄 보잉이 시애틀에서 창립한 미국의 항공기 제작 회사이자 방위산업체입니다. 미국의 경우 군수산업, 우주항공산업 등과 연계한 연구 및 개발에 대한 지원을 중심에 두고 우회적이고 암묵적인 지원을 했다고 하죠. 보잉사와 관련된 내용은 다음 자료를 참고하였습니다. KBS 다큐. "미래를 여는 열쇠, 항공우주산업" 2017.2.2. 방송 https://www.youtube.com/watch?v=7UnwImAvJMU; 허대식. (2019). '꿈의 항공기' 보잉 787 개발 프로젝트의 교훈. 연세대학교 경영학과 홈페이지. https://ysb.yonsei.ac.kr/board.asp?act=view&mid=m06%5F02&cmid=m06%5F02&cid=0&eid=&bgn=&bid=8&sOpt=&pact=&mType=&mCourse=&mKisu=&tabidx=&hSel=&page=5&keyword=&uid=&idx=5659 2023.12.8. 검색.

7) 조직이 어떠한 방식으로 일하는지와 이로 인한 조직문화가 왜 중요한지에 대하여 쇼린과 윌버딩은 록히드마틴의 비밀개발조직으로 유명한 스컹크웍스Skunk Works와 보잉을 비교하고 있습니다. 스컹크웍스의 경우 최고의 엔지니어와 기술자만 고용하기, 불필요한 요식 절차와 서류 업무 줄이기 등 스컹크웍스만의 업무방식과 조직문화를 구성하였고 이러한 과정에서 1976년 이래 세계에서 가장 빠른 공기흡입 방식의 유인 항공기 기록을 보유한 SR-71을 제작했고, 1988년 공개된 최초의 스텔스기 록히드 F-117을 개발하게 되었다는 것이죠. 관련된 내용은 다음 자료를 참고하였습니다. 제럴드 쇼린과 마이크 윌버딩. (2020). 보잉과 스컹크웍스의 운명을 가른 차이. 하바드비즈니스리뷰(한국판) 2020.5.14. https://www.hbrkorea.com/article/view/atype/di/category_id/2_1/article_no/191; Schorin, G. and M. Wilberding. (2020). The X Factor of Great Corporate Cultures. *Harvard Business Review* January 21. https://hbr.org/2020/01/the-x-factor-of-great-corporate-cultures; Wall Street Millennial https://www.youtube.com/watch?v=GsA3Rbvk_H0 Boeing's Disgraceful Downfall Explained; CNBC What Happened To The Boeing 747? https://www.youtube.com/watch?v=pu55yLeo02E 2023.12.8. 검색.

8) 에어버스는 유럽 전역이 협력하여 생산하는 유럽의 항공기 제작 회사이자 방위산업체입니다. 유럽은 초기신용 형태의 저리 자금 지원위주로 산업정책을 편다고 합니다. 관련 내용은 다음 자료를 참고하였습니다. 이서원. (2005). 경제정보: 에어버스 사례를 통해 본 산업정책의 신조류. LG 주간경제. 6.22. https://www.lgbr.co.kr/uploadFiles/ko/pdf/pub/econo837_1_20050617104352.pdf 2023.12.8. 검색.

9) 유럽 에어버스의 성장과 관련하여 다음 자료를 참고하였습니다. 안홍상 · 애드리언 슬라이워츠키. (2009). 에어버스의 성장. 동아비즈니스리뷰(DBR), Issue 1, 통권 24호. https://dbr.donga.com/graphic/view/gdbr_no/474 2023.12.8. 검색.

10) 관련 내용은 다음 자료를 참고하였습니다. 서병홍. (1999). 에어버스의 성장전략과 개발현황. 항공우주 68: 10-13. http://www.koreascience.or.kr/article/JAKO199951922879491.page 2023.12.8. 검색.

11) 심지어 2018년 항공기 추락 6개월 전에 보잉사와 인도네시아 라이언에어 그룹은 737 맥스 50대 계약을 발표했습니다. 계약금액은 표시 가격 기준 미화 62억 4000만 달러(약 한화 8조 1천억 원)에 달했으며, 전 세계 96개의 고객사가 4,400여 대 이상을 주문했다고 합니다. 관련 내용은 다음 자료를 참고하였습니다. 월간 인물. 보잉-라이온 에어 그룹, 737 맥스 50대 계약 발표 https://www.monthlypeople.com/news/articleView.html?idxno=12558 2018.4.12.일자; 최정훈. (2019). 진짜 위기에 직면한 '보잉'Boeing https://www.ksam.co.kr/p_base.php?action=story_base_view&no=1580&s_category=_2_4월간 품질. 5월호. 2023.12.8. 검색.

12) 미국 의회 조사에선 심지어 FAA가 보잉에게 일부 안전 승인을 위임할 정도로 두 기관이 '공생 관계'였던 것이 드러났으며, 해당 기종이 워낙 안전하다고 생각해 미국연방항공청이나 항공사 모두 보잉의 기술적 판단을 과신했다고 평가됩니다. 관련 내용은 다음 자료를 참고하였습니다. 조선일보 WEEKLY BIZ. A320네오와 무리하게 경쟁, 보잉 '안전 神話' 무너졌다. 2019.6.21.일자. http://weeklybiz.chosun.com/site/data/

html_dir/2019/06/20/2019062001674.html; Vox 보잉의 최신기종, 737이 두번이나 추락한 진짜 이유. https://www.youtube.com/watch?v=H2tuKiiznsY&t=2s 2023.12.15. 검색.

13) 관련 내용은 다음 자료를 참고하였습니다. KBS. 보잉 737 MAX의 이유 있는 추락. 2019.4.10. 방송 https://news.kbs.co.kr/news/pc/view/view.do?ncd=4177240; 월간조선. 막을 수 있었던 보잉737맥스8 연쇄 추락사고의 내막 추적. 2019.7. http://monthly.chosun.com/client/news/viw.asp?ctcd=&nNewsNumb=201907100028 2023.12.15. 검색.

14) 베트남 전쟁은 제1차 인도차이나 전쟁(1946년 12월 19일~1954년 8월 1일) 이후 분단되었던 베트남에서 1955년 11월 1일부터 1975년 4월 30일까지 사이에 벌어진 전쟁입니다. 이 전쟁은 분단된 남북 베트남 사이의 내전임과 동시에 자본주의 진영과 공산주의 진영이 대립한 양상을 띠면서 1964년부터 1973년까지 미국 등 외국 군대가 개입하고 캄보디아·라오스로 전선이 확대되어 국제전으로 치러졌습니다. 압도적 군사력의 미군이 대량살상무기와 고엽제 등 화학 무기를 사용하여 무차별적으로 민간인을 희생시킴으로써, 미국 내에서 반전 운동을 촉발시켜 미국의 군사개입에 대한 정당성에 큰 타격을 입히기도 했죠. 관련 내용은 다음 자료를 참고하였습니다. 박태균. (2023). 베트남 전쟁. 한겨레출판; 이혜정. (2006). 미국의 베트남 전쟁. 한국정치외교사논총 27(2): 91-120; 마이클 매클리어Maclear, M. (2002). 베트남: 10,000일의 전쟁The Ten Thousand Day War: Vietnam 1945-1975. 유경찬 옮김. 을유문화사; ㅍㅍㅅㅅ. 베트남 전쟁: 미국 실패의 원인과 교훈. 2014.7.13. 일자. https://ppss.kr/archives/22141; tvN 벌거벗은 세계사. 베트콩의 게릴라 전술이 미군의 악몽이 된 이유?! https://www.youtube.com/watch?v=eZlwqAGpKDE 2023.12.15. 검색.

15) 관련 내용은 다음 자료를 참고하였습니다. Rosenzweig, P. (2010). Robert S. McNamara and the Evolution of Modern Management. *Harvard Business Review* December https://hbr.org/2010/12/robert-s-mcnamara-and-the-evolution-of-modern-management; Deborah S. (1993). *Promise and power: the life and times of Robert*

McNamara. Little Brown and Company; University of California Television (UCTV). The Tragedy and Lessons of Vietnam https://www.youtube.com/watch?v=kbJA6L-_dFs 2023.12.15. 검색.

16) 존 F. 케네디는 미국의 제35대 대통령(1961~1963년)으로 미국 역사상 최연소로 취임했으며 텍사스 주 댈러스에서 암살되어 최연소로 사망한 대통령으로 남아 있습니다. 관련 내용은 다음 자료를 참고하였습니다. 로버트 댈럭Dallek, R. (2007). 케네디 평전An Unfinished Life: John F. Kennedy, 1917-1963. 정초능 옮김. 푸른숲; 월간중앙. 갈등에서 화합의 길 찾은 존 F. 케네디 2021.12.17.일자. https://jmagazine.joins.com/monthly/view/335051; 주한미국대사관 및 영사관 https://kr.usembassy.gov/ko/john-f-kennedy-ko/; tvN 벌거벗은 세계사 최초 TV 대선 토론! 존 F. 케네디, 타고난 방송꾼 면모로 차기 대통령이 되다! https://www.youtube.com/watch?v=ZpMypFdysCY 2023.12.15. 검색.

17) 베트남 전쟁이 끝나고 오랜 시간이 지난 후 맥나마라는 다음과 같이 이야기 합니다. '베트남 전쟁을 이길 수 없는 전쟁으로 생각한 적이 많았지만 숫자를 믿고 전쟁을 계속했다'. 세상을 숫자로 이해하려 했던 그가 죽었을 때 뉴욕 타임즈 부고기사는 '헛된 전쟁의 설계자'라고 제목을 달았다고 하죠. 관련 내용은 다음 자료를 참고하였습니다. 찰스 핸디 Charles Handy. (2009). 텅 빈 레인코트The empty raincoat: making sense of the future. 강혜정 옮김. 21세기북스; 안드레아 가보Gabor, Andrea. (2006). 자본주의 철학자들The capitalist philosophers. 심현식 옮김. 황금가지; Kleiner, A. (2005). Daniel Yankelovich: The Thought Leader Interview. https://www.strategy-business.com/article/05309 *Strategy+business* August 26; Archives & Special Collections at the Thomas J. Dodd Center, University of Connecticut. Daniel Yankelovich Papers https://web.archive.org/web/20060910022307/http://www.lib.uconn.edu/online/research/speclib/ASC/findaids/Yankelovich/MSS19950027.html; 머니투데이. 거울의 함정과 맥나마라 오류 2009.10.27.일자.

https://news.mt.co.kr/mtview.php?no=2009102711317037820&vgb=column&code=column122; 딴지일보. 이영훈과 맥나마라: 숫자는 가끔 구라를 친다 2019.8.14.일자. https://www.ddanzi.com/ddanziNews/571474064; Takuto, O. What gets mismeasured gets mismanaged - The McNamara Fallacy in Marketing https://www.linkedin.com/pulse/what-gets-mismeasured-mismanaged-mcnamara-fallacy-marketing-osawa 2023.12.15. 검색.

18) 관련 내용은 다음 자료를 참고하였습니다. University of California Television(UCTV). 역사와의 대화: 로버트 S. 맥나마라 https://www.youtube.com/watch?v=InM-E64AUOc 2023.12.15. 검색.

19) 포드는 관련 내용에 대해 비용/편익 분석을 실시한 끝에 폭발을 방지하는 안전장치를 설치하기보다 사망사고 발생 시 개별적인 보상을 하는 것이 경제적이라고 판단하여 안전장치 장착을 포기했다고 합니다. 결국 포드는 관련 형사재판에서 피해보상금액 250만 달러(한화 약 32억 원)와 벌금 350만 달러(한화 약 45억 원)를 선고받았으며, 배심원들이 제시한 벌금형 1억 2,500만 달러(한화 약 1,607억 원) 제안까지도 받아들여졌다고 하네요. 관련 내용은 다음 자료를 참고하였습니다. 정완. (2022). 징벌적 손해배상제도의 실효성 제고방안에 관한 고찰. 법학연구 25(1): 209-240; 백건하. (2020). 제조물책임에 대한 형사책임의 부과와 수사: 자동차산업의 사례를 중심으로. 범죄수사학연구 6(2): 225-253; 마이클 샌델Sandel, M. J. (2014). 정의란 무엇인가Justice: what's the right thing to do? 김명철 옮김. 와이즈베리: 미래엔; 조지아주 변호사협회. 포드 핀토 형사 재판(1980) https://www.youtube.com/watch?v=2YsyENXphuA; CarPro1993-Crash Test Archive. https://www.youtube.com/watch?v=lgOxWPGsJNY&t=74s 1971 Chevrolet Impala Vs. 1972 Ford Pinto Full-Rear Impact (Legendary Crash Test!) 2023.12.15. 검색.

08

파인버그 위원장은 왜 생명가치에 대한 생각을 바꾸었을까?

▼ 이번 장과 관련한 영상은
다음에서 확인할 수 있습니다.

▼사회과학 콘텐츠 랩 연곳 YEONGOT

08

파인버그 위원장은 왜 생명가치에 대한 생각을 바꾸었을까?

기술위험과 인간생명: 영화 <워스>

"다 같은 식으로 생을 마감했어요."
(영화 '워스'에서 남겨진 이들의 외침)

몇 년 전 코로나19 피해에 대한 여러 지원과 보상을 둘러싸고 사회적 갈등이 적지 않았던 것 같습니다. 지난 10년을 돌아보면 가습기 살균제 사건[1)]과 세월호 침몰 사건[2)]의 경우, 안타깝게도 아직까지 원인 진단이나 피해자 보상, 관계자 처벌 등에서 갈등이 진행되고 있습니다. 각종 재난 이후, 정부는 위로와 지지 속에서 피해자를 지원하고 구조 개혁을 이뤄내야 하는 책무를 지고 있습니다. 하지만 그 책무의 수행은 복잡하고 쉽지 않죠. 2001년 9.11 테러[3)] 발생 당시 미국은 5천여 명이 넘는 피해자 보상과 지원을 추진하는 어려움을 겪었는데요, 이 장에서는 9.11 테러 희생자 보상기금의 배분 과정을 다룬 영화 '워스What is life worth?'[4)]를 통해서 기술위험과 관련된 재난 이후 보상과정에서 인간생명의 가치에 대한 측정 그리고 그 가치측정을 위한 정부의 재량은 어디까지 가능할지에 대해 생각해 보려 합니다.

인간 생명의 경제적 가치는 얼마인가?

"누군가 당신 아이를 데려가 폭파해서 손톱조차 찾지 못한다면
어떻게 살아가야 하죠? 그걸 어떻게 돈으로 환산하나요?"
(영화 '워스'에서 피해자 어머니의 대사)

2001년 전례없는 참사였던 9.11 테러가 발생하자 미국은 군사적 대응과 함께, 피해자 지원을 위한 방책으로 미국 역사상 처음으로 국가 차원의 보상 기금을 마련합니다. 의회는 '항공운송안전 및 시스템 안정화법'을 만들어 도산 직전의 항공업계를 지원하고 9.11 희생자 유가족들의 보상금 지급을 위해 수십억 달러를 책정합니다.[5] 유가족들에게 보상금 신청을 받고 보상 여부와 보상금액을 책정할 특별위원회를 만들게 되죠. 그리고 그 특별위원장으로 변호사 케네스 파인버그를 임명합니다. 그의 임무는 보다 많은 유가족들이 기금을 신청하도록 하고, 그들에게 얼마의 보상금을 지불할 것인지, 지급 대상자의 자격 기준은 어떻게 할 것인지 등을 정하는 것이었습니다. 영화는 파인버그가 유가족들의 합의를 얻어 가는 과정에서 겪는 내적 갈등과 어려움을 보여 줍니다. 그리고 그 모습은 우리에게 국가 행정에 있어서 중요한 몇 가지의 생각거리를 던져 주고 있습니다.

영화는 아들 시신마저 찾지 못한 어머니가 자신의 아픔을 어떻게 돈으로 환산하겠느냐 되묻는 장면으로 시작됩니다. 우리가 살펴보려는 첫 번째 이슈는 유가족에게 지원될 보상금액 책정의 문제입니다. 영화 속에서 구체적으로 다뤄지지는 않았지만 실제로 당시 특별위원회에서 정한 보상금 산출 방식은 세 가지였습니다. 희생자의 비경제적 가치, 피부양자 가치, 그리고 경제적 가치를 합산하여 보상금을 지급하는 것이었지요.[6]

이 지점에서 희생자의 유가족들은 질문합니다. 같은 사고로 죽음을 맞이한 똑같이 소중한 생명들이 왜 다른 보상을 받아야 하는지, 소방관

이었던 아들의 목숨이 주식을 거래하는 금융인보다 더 못한 것이냐고. 이들에게 파인버그의 보상금 산출공식은 생명 가격을 흥정하려는 비정하고 냉정한 국가 행정으로 느껴질 뿐이었죠. 형사처벌에서 살인죄는 남자든 여자든, 부자든 기초생활 수급자이든, 누가 죽었느냐에 상관없이 동일한 살인으로 취급하고 동일한 형량이 부여됩니다. 생명에게 동일한 가치를 부여하고 있는 것이죠. 하지만 민사소송의 손해배상금은 개인의 경제적 기대소득을 고려하여 차별적으로 지급됩니다. 과연 어떤 원리가 9.11 테러와 같은 사회적 참사를 겪은 이들에게 보상하기 합당한 기준일까요?

파인버그는 사망이나 부상 피해에 보상액을 책정하고 중재하는 데 명성이 탁월한 변호사였습니다. 1980년대 고엽제 소송을 합의로 마무리 지은 것으로도 유명했고 누구보다 이 분야에 뛰어나다고 스스로 자부합니다. 그러한 자부심과 사명감으로 이번 특별위원회 위원장직도 무보수로 자원하였습니다. 영화 초반 로스쿨에서 강의하는 그가 학생들에게 생명의 가치를 수치로 말해 보라고 합니다. 철학적 고려를 하지 않으면 법적으로 목숨값은 수치로 나올 수 있다고 이야기하지요.[7] 그리고 그는 손해보험, 생명보험사의 보험금 산정표를 기초로 하여 보상금액 산출공식을 만들고 유가족들이 그 산출공식을 받아들일 것을 고집합니다. 하지만 영화 후반, 그의 생각은 바뀝니다. 희생자 개개인의 아픔과 사정을 들으며 생명 가치를 산출하려는 계산이 유가족에게 얼마나 모욕이며 비정한 일인지를 느끼게 되죠.[8]

사회적 참사뿐만 아니라 정부는 많은 경우 인간의 경제적 가치[9]를 계산하고 있습니다. 사업이나 규제를 도입할 때 기대편익과 비용을 분석하면서 인간의 통계적 생명 가치(value of a statistical life, VSL)를 계산합니다. 사람들이 사망 위험을 수용하는 데 받아들이는 돈 또는 사망 위험을 줄이는 데 기꺼이 지불하려는 돈의 액수를 도출하는 방식 등으로 말이죠.[10] 생명가격에 대한 고찰을 담고 있는 하워드 스티븐 프리드먼Howard Steven Friedman의 책 『생명가격표Ultimate Price: The Value We Place on Life』[11]에 의하면 정부는 다양한 방식의 생명 가격 계산 방식을 활용하고 있으며, 정부 기관별로 서로 다른 가격표를 사용하고 있음을 알 수 있습니다.[12] 저자는 모든 생명에 동일한 가치평가를 내리는 것이 직관적으로 논리적이며 명쾌한 해답이라고 말합니다. 하지만 소득이 다른 사람들을 똑같이 보상하는 것이 공정한 것인지, 모든 생명의 가치가 소중하다고 경제적 보상의 가치 역시 똑같아야 하는지 많은 고민과 여운을 남깁니다.

정부의 재량으로 기꺼이 예외를 만들 수 있는가?

"의회는 법을 고쳐서 대기업의 요구를 들어주면서
시민들의 요구 앞에서는 법이 꼭 십계명인 것처럼 굴고 있네요."
(영화 '워스'에서 찰스의 대사)

비극 앞에서도 국가 행정은 보상의 금액과 절차를 정하고 집행해야 하는 냉정함을 잃지 않아야 합니다. 동시에 피해자를 위로하고 지원해야 하는 인정 어린 손길이어야 합니다. 냉정과 열정 사이에 국가 행정이 균형을 잡기란 쉽지 않은 일 같습니다. 이와 관련해 이 영화는 두 번째 이슈를 던집니다. 보상에 관하여 합의해야 할 피해자들은 무려 5천여 명에 이릅니다. 의회가 보상에 관한 법을 만들었지만 법률은 피해자와 유가족에게 경제적 가치 손실에 대해 보상을 한다는 내용뿐, 누구에게 얼마를 어떻게 보상할지에 대해 구체적 규정을 정하지 않았고 바로 이러한 임무를 특별위원회에 위임합니다. 위원장인 파인버그는 바로 규정을 정할 재량을 부여받은 것이었죠. 파인버그는 그들 모두에게 적용될 단일한 규정[13]

을 정하기로 합니다.

하지만 5천여 명에 이르는 유가족들의 사정과 상황은 모두 다르고 그들이 필요한 것, 원하는 바도 모두 다릅니다. 이들에게 하나의 규정을 적용한다는 것은 사실 불가능하다는 것을 위원회 직원들은 유가족들을 상담하면서 곧 깨닫게 됩니다. 그런데도 파인버그는 모두에게 똑같이 적용되는 규정을 마련하려 애를 씁니다. 같은 규정을 적용해야 하는 불합리를 지적하는 직원에게 한 사람만 콕 집어서 특혜를 줄 순 없다고, 청구인마다 규정을 새로 쓸 순 없다고 강조하지요. 자신이 부여받은 재량에는 책임이 따르고 그것은 객관성에 대한 책임이라고 말합니다.

그런 파인버그를 향해서 유가족 대표인 찰스는 '당신의 계산기를 두드리기 전에 우리의 가슴을 먼저 두드리라'고 호소하며 되묻습니다. 특별위원장한테 법으로 재량권을 주지 않았냐고 말입니다. 찰스와의 대화 이후, 파인버그는 피해자 유가족의 증언이 녹음된 것을 하나하나 들으면서 결심합니다. 공식을 버리고, 유가족 각각에게 필요한 것을 자신의 재량을 써서 찾아주겠다고 말이죠. 그와 직원들은 유가족들 각각의 다양한 상황을 지원하기 위해 최선을 다합니다. 그들의 최선은 유가족의 아픔을 조용히 끝까지 들어주고, 증빙서류를 찾지 못할 때 함께 찾아주고, 보상금을 받는 방식을 편의대로 해주고, 자료를 복사할 복사가게 위치를 찾아주는 등 인간적인 친절함이었죠. 예외를 인정해 주는 행정이라고 할 수 있을 것입니다.[14)]

기술위험시대, 인간생명의 경제적 가치는 얼마일까?

"모든 청구 건을 일일이 살펴봐야 해.
우릴 찾아오지 못한다면 우리가 찾아가야 해."
(영화 '워스'에서 켄의 대사)

케네스 파인버그 위원장이 이끄는 9.11 테러 보상금 특별위원회는 희생자 기금을 청구 자격인의 97%인 5,560명에게 지급하였고 그 규모는 70억 달러(한화 약 8조 4천억 원)에 이르렀습니다. 2년에 걸쳐 유가족들의 동의를 성공적으로 얻어낸 결과로 그려지고 있습니다. 앞서 말씀드린 대로 그는 이후, 피해자에게 같은 액수의 보상을 해야 한다는 자신의 소신을 담은 자서전을 씁니다.[15] 이 영화의 원제인 'What is life worth?'는 그의 자서전 제목에서 따왔습니다. 파인버그는 이후에도 보스톤 마라톤 테러 사건, 제네럴모터스(GM) 리콜 사태 등 여러 사회적 참사의 피해자 보상과 지원에 참여하였습니다.

우리나라의 경우, 가습기살균제 사건과 세월호 참사의 진상을 밝히고 피해지원 대책을 마련하기 위해 사회적 참사 특별조사위원회라는 독립 기구를 설치, 운영한 바 있습니다.[16] 하지만 많은 정치사회적 논란과 불만, 갈등은 해소되지 못하고 있는 형편입니다. 이번 영화는 소중한 생명의 상실 앞에서 공무를 수행하는 자의 최선이 만드는 구원과 위로에 관한 깊은 여운을 남기는 것 같습니다. 여러분은 어떠셨나요? 사회적 참사 앞에서 정부가 무능하고 비정한 행정을 더 이상 반복하지 않으려면 어떻게 해야 할까요? 국가가 자신의 책무를 유가족의 신뢰와 사회적 지지 속에서 수행하기 위해서는 무엇이 필요할까요?[17]

참고한 내용 및 더 읽어 볼 것들

1) 가습기살균제 사건은 가습기 살균제를 사용한 사람들의 폐조직이 굳어서 심각한 호흡 장애를 불러일으키는 호흡기 질환인 섬유화 증세가 일어나 사망자 1,843명과 부상자 6,048명(신고접수, 2023년 12월 31일 기준)에 달하는 피해자가 발생한 사회적 재해라고 할 수 있습니다. 더 나아가 신고되지 않은 사례를 포함해 1994년부터 2011년 사이에 사망자 20,366명, 건강피해자 950,000명, 노출자 8,940,000명이 발생한 것으로 추산되기도 하였죠. 2006년 서울아산병원 홍수종 교수는 1995년부터 봄철마다 원인 불명의 간질성 폐질환 환자가 발생했다는 것을 인지하고 이에 대한 보고를 학계 동료 의사들과 공유하기 시작합니다. 해당 폐질환이 2011년 4월부터 대량으로 발생한 것에 대해 서울아산병원 이무송 교수 등은 가습기 살균제가 해당 폐질환의 원인임을 밝혀냅니다. 옥시와 애경을 비롯한 가습기 살균제 제조사들은 이에 대한 책임이 있음에도 불구하고 가습기 살균제 사용과 폐 질환 사이의 연관성을 부인하고자 수많은 비윤리적 행위를 저질렀습니다. 그럼에도 행정부는 법적 근거 미비와 부처 간 업무 영역 등을 이유로 대처에 소극적이었으며, 2014년 처음으로 공식 피해 판정을 내리고 피해 구제를 본격적으로 시작했죠. 국회는 2017년에 이르러서야 가습기살균제 피해자들의 지원 방안 등을 담은 '가습기살균제 피해 구제를 위한 특별법'을 통과시켰습니다. 사건 발생 10년이 넘어가고 있지만 가해 기업에 제대로 된 책임을 묻지 못하고 있는 것이 현실입니다. 옥시를 비롯한 가해 기업들은 최근 가습기살균제 피해자 구제급여를 위한 사업자 분담금을 앞으로 내지 않겠다고 환경부에 통보하는 등 피해자에 대한 배상을 미적거리고 있다고 합니다. 한편, 가습기 살균제에 사용된 관련 성분(CMIT, MIT)이 폐질환과의 인과관계 신빙성이 인정되면서 참사를 일으킨 기업 임원들에게 유죄판결을 내렸으며, 가습기살균제 모든 가해 기업의 책임이 인정되기도 하였습니다. 관련 내용은 다음 자료를 참고하였습니다. 안종주. (2016). 빼앗긴 숨: 최악의 환경비극, 가습기살균제 재앙의 진실.

한울; JTBC 이규연의 스포트라이트. (2016). 가습기살균제 리포트. 중앙북스; 홍성욱. (2018). 가습기살균제 참사와 관료적 조직 문화. 과학기술학연구 18(1): 63-127; 변지은 외. (2020). 가습기 살균제 노출 실태와 피해규모 추산. 한국환경보건학회지 46(4): 457-469 https://koreascience.kr/article/JAKO202025356104373.page; 임기홍. (2021). 전문성의 정치가 재난 복구에 미치는 영향: 가습기살균제 참사를 중심으로. 한국정치연구 30(1): 127-157; 박진영. (2022). 가습기살균제 참사의 지식정치. 환경논총 69: 133-135; 이무송. (2013). 가습기 살균제로 인한 폐 손상의 경험과 교훈. 대한의학회 e-newsletter 3월호(no. 37). https://kams.or.kr/webzine/13vol37/sub02.php; 경향신문. "기이한 질환, 2006년 시작된 공포… 공기 중 떠다니는 그 무엇이 문제였다" 2013.7.26.일자. https://www.khan.co.kr/article/201307262341045; 경향신문. "가습기살균제로 건강피해 95만, 사망 2만명 추산" 2020.9.3.일자. https://m.khan.co.kr/national/national-general/article/202009030600001/amp; 한겨레. 가습기살균제 피해자 수백명 아직 소송 중…"집단구제 필요" 2023.11.10.일자; 한겨레. "내 몸이 증거" 13년 호소… 가습기살균제 모든 가해기업 책임 인정. 2024.1.11.일자. https://www.hani.co.kr/arti/society/environment/1124055.html; 가습기살균제사건과4 · 16세월호참사 특별조사위원회. 가습기살균제참사 종합보고서 https://socialdisasterscommission.co.kr/; 가습기살균제 피해지원 종합포털 https://www.healthrelief.or.kr/home/content/stats01/view.do 2024.1.9. 검색.

2) 세월호 침몰사건은 2014년 4월 16일 인천에서 제주로 오가는 청해진해운 소속 여객선 세월호가 전라남도 진도군 관매도 부근 해상(맹골수도)에서 침몰하여 승객 중 299명이 사망하고 5명이 영구 실종된 대형 참사입니다. 참사 발생원인과 사고 수습과정 등에 대한 의문을 규명하기 위해 2014년 '4.16 세월호 참사 진상규명 및 안전사회 건설 등을 위한 특별법'이 제정되기도 했죠. 이 법에 근거하여 '4.16 세월호 참사 특별조사위원회(1기)'가 최대 1년 9개월간 진상규명 활동을 했지만 많은 의혹을 남긴 채 종료가 되었으며, 2018년 가습기 살균제 사건과 4 · 16 세월호 참사 특별조사위원회(2기)로 이어져 조사를 이어 갔지만 많은 성과에도 불구하고 명확한 진

상규명은 하지 못했다고 평가됩니다. 한편, 세월호 참사 당시 초동 조치를 제대로 하지 않아 승객들을 숨지게 한 혐의로 재판에 넘겨진 김석균 전 해양경찰청장 등 박근혜 정부 해경 지휘부의 '무죄'가 참사 9년 만에 확정되기도 하였습니다. 지금껏 '세월호 구조 실패'에 대한 법적 책임을 진 해경은 당시 현장지휘관 1명이 전부입니다. 이러한 맥락에서 세월호가 왜 급변침을 하게 됐는지, 구조 당국은 세월호 침몰 후 왜 단 1명도 구조하지 못했는지 등에 대한 진상규명은 여전히 숙제로 남아있습니다. 관련 자료는 다음을 참고하였습니다. 오준호. (2015). 세월호를 기록하다. 미지북스; 진실의 힘 세월호 기록팀. (2016). 세월호, 그날의 기록. 진실의 힘; 김병섭 · 김정인. (2014). 관료(무)책임성의 재해석: 세월호 사고를 중심으로. 한국행정학보 48(3): 99-120; 박상은. (2021). 왜 세월호 참사 조사는 종결되지 못하는가? 과학기술학연구 21(2):5-49; 황정하 · 홍성욱. (2021). 세월호의 복원성 논쟁과 재난 프레임. 과학기술학연구 21(2): 91-138; 김성원. (2021). 세월호 참사 당시 재난통신 행위자-네트워크 구성의 실패. 과학기술학연구 21(2): 139-167; 가습기 살균제 사건과 4 · 16 세월호 참사 특별조사위원회. 4 · 16 세월호 참사 종합보고서 https://socialdisasterscommission.co.kr/; 4 · 16 재단 https://416foundation.org/; 경향신문. '두참사' 과제 남기고… 사참위 씁쓸한 퇴장. 좌담회 열어 3년 6개월간의 활동 되짚어보니 https://m.khan.co.kr/national/national-general/article/202206111013001#c2b 2022.6.11.일자; 한겨레. 세월호 참사 해경 지휘부 무죄 확정… 국가는 책임지지 않았다. 2023.11.2.일자. https://www.hani.co.kr/arti/society/society_general/1114661.html 2024.1.9. 검색.

3) 9 · 11 테러는 2001년 9월 11일 미국에 대항하는 이슬람 근본주의 세력인 알카에다가 일으킨 4차례의 연쇄 테러 공격입니다. 이들은 납치한 항공기를 미국의 주요 건물(예: 뉴욕 맨해튼 세계무역센터, 워싱턴 D,C 국방부 청사 건물 등)에 충돌시키는 방식으로 테러를 일으켰으며 이로 인해 3천 명에 가까운 사망자와 최소 6천여 명의 부상자가 발생했습니다. 이후 아프가니스탄과의 전쟁(2001-2021), 이라크 전쟁(2003-2011), 오사마 빈 라덴 사살(2011) 등으로 이어졌으며, 이 과정에서 애국자법(2001)에 명시된 국가의 감시권한 강화와 관련한 논란이 벌어지고 있기도 합니다. 관련 자료는

다음을 참고하였습니다. 장준갑 · 심인보. (2014). 미국 9 · 11 진상조사위원회 활동과 보고서. 역사비평 109: 119-143; 슬라보예 지젝Slavoj Zizek. (2018). 실재의 사막에 오신 것을 환영합니다Welcome to the Desert of the Real. 이현우 · 김희진 옮김. 자음과 모음; The 9/11 Commission. (2004). *The 9/11 Commission Report: Final Report of the National Commission on Terrorist Attacks Upon the United States*. official government edition. https://www.govinfo.gov/app/details/GPO-911REPORT; KBS. 관타나모 수용소, '9.11 테러 재판' 2023.9.23. 방송 https://www.youtube.com/watch?v=b7wVbXj1Dqs; JTBC 차이나는 클래스. [전쟁의 서막] 미국이 벌인 두 전쟁의 신호탄이 '9 · 11 테러' https://www.youtube.com/watch?v=8ixrysdaUG8; 내셔널지오그래픽. 9/11, 삶과 죽음의 경계에 선 생생한 그날의 이야기. https://www.youtube.com/watch?v=WgJIIBa_BVo; 월간조선. 美 의회「9 · 11 테러 조사보고서」요약: 네 여객기 안에서 일어난 일. 2004.9. https://monthly.chosun.com/client/news/viw.asp?nNewsNumb=200409100064 2024.1.9. 검색.

4) 영화 '워스'(사라 코랑겔로 감독, 2020)는 9 · 11 테러 보상 기금 특별위원장이었던 협상 전문 변호사 케네스 파인버그Kenneth Feinberg의 실화를 옮겨 온 작품으로 케네스 파인버그의 회고록『생명의 가치란 무엇인가What is Life Worth?』를 원작으로 합니다. 죽은 자의 목숨값을 수치로 환산하는 과정에서 협상 전문 변호사가 희생자들의 사연을 마음으로 받아들이고 남은 자들의 아픔에 대해 진심으로 이해하게 됩니다.

5) 테러 발생 직후 미국 의회는 9.11 테러 희생자보상기금법(The September 11th Victim Compensation Fund, VCF)을 제정하여 생존자와 희생자 가족에게 70억 달러(한화 약 9조 2,890억 원) 이상이 지급됐다고 합니다. 사망자 유가족은 당시 가구당 평균 165만 달러(한화 약 21억 5,000만 원) 상당의 연방정부 보상금을 받은 것으로 알려졌으며, 보험회사들이 지급한 보험금과 자선기금 등을 합치면 평균 310만 달러(한화 약 34억 4000만 원)를 넘어선다고 하네요. 관련 내용은 다음 자료를 참고하였습니다. 경향신문. 9.11 테러 22주년…미국이 '최악의 참사' 희생자를 대하

는 법. 2023.9.12.일자. https://m.khan.co.kr/world/world-general/article/202309121634001#c2b 2024.1.9. 검색.

6) 비경제적 가치는 모든 희생자에게 25만 달러(약 3억 원)를 지불하고, 피부양자 가치는 희생자에 딸린 피부양자 1인당 10만 달러(약 1억 2천만 원)를 추가로 보상합니다. 마지막 경제적 가치는 희생자의 소득에 기반해 책정하는데, 그러다보니 희생자들의 생전 직업, 나이 등에 따라 큰 차이를 보이게 되고 바로 이 기준이 논란과 갈등에 놓이게 되죠. 실제로 지급된 보상금의 최저액과 최고액의 차이는 한화 약 3억에서 최고 약 84억까지 30배가 넘었다고 합니다. 관련 내용은 다음 자료를 참고하였습니다. 국회사무처. (2011). 해외주요정세: 9·11 테러 그 후 10년. https://nas.na.go.kr/nas/info/diplomacy_active03.do 2024.1.9. 검색.

7) 생명가치에 대한 논의는 다음 내용을 참고할 수 있습니다. 김태윤·이형우. (2003). 정책적 맥락에서의 우리나라 인명의 가치측정. 한국행정학보 37(2): 379-399; 신영철·조승현. (2003). 미래의 사망가능성 감소에 대한 지불의사금액과 통계적 인간생명의 가치측정. 자원·환경경제연구 12(1): 49-75; 신동희 외. (2014). 폭염 발생에 따른 취약계층의 사망률 변화와 사회적 비용 추정: 7대 광역시의 65세 이상 고령층을 중심으로. 환경정책연구 14(1): 3-32; 류근관·전계형. (2014a). 건강 증진 및 수명 연장의 경제적 가치: 이론적 모형. 응용경제 16(2): 101-124; 류근관·전계형. (2014b). 건강 증진 및 수명 연장의 경제적 가치 Ⅱ: 실증분석 결과. 응용경제 16(2): 125-169; 이수형 외. (2016). 기후변화 폭염으로 인한 초과사망 위험 감소에 대한 통계적 인간생명가치 측정. 보건경제와 정책연구 22(2): 51-78 https://repository.kihasa.re.kr/handle/201002/24915. 2024.1.9. 검색.

8) 실제로 케네스 파인버그는 위원장직을 마치고 쓴 자서전에서 9.11 테러 보상금 지원 당시 모두에게 동등한 보상을 했어야 한다고 회고하였습니다. 보상금 수혜 자격이 있는 모든 이들에게 동일한 액수의 보상금을 지급하는 것이 타당하다고 말이죠. 실제로 그는 그 후 발생한 보스턴마라톤 테러 사건의 희생자를 위한 민간기금의 보상업무를 맡았는데 모든 유가족들에게 같은 금액의 보상금을 지급하기로 결정하였다고 합니다. 관련 내용

은 다음 자료를 참고하였습니다. 연합뉴스. "사람 목숨의 값 매기기, 투명하지도 공정하지도 않다" 2021.8.3.일자. https://www.yna.co.kr/view/AKR20210803128900005 2024.1.9. 검색.

9) 예를 들어 경제적 계산과 관련하여, 사고비용은 크게 물리적 비용과 심리적 비용으로 구분해 볼 수 있습니다. 먼저 물리적 비용 항목은 크게 생산성 손실비용, 의료비용, 물적 피해비용, 행정비용 등으로 구분할 수 있는데요. 대표적으로 생산성손실비용은 사망이 발생하지 않았을 경우 그 생명이 일생 동안 벌어들일 수 있는 장래기대소득의 현재가치를 계산합니다. 여기에는 사고 당시 연령, 사망자의 성별, 성별의 평균수명, 사망자 성별의 해당 연령에서의 생존율, 사망자 성별의 해당 연령에서의 취업 확률, 연평균 소득, 노동생산성 변화율 등을 고려하여 계산합니다. 다음으로 심리적 비용은 대체로 사망위험을 낮추는 특정 행위나 서비스에 대해 최대지불의사금액(Willing to Pay, WTP)을 설문조사한 후 계량모형을 통해 생명가치를 산정합니다. 2014년 우리나라에서 실시되었던 병원 건립사업과 관련된 예비타당성조사의 경우 경제적 계산에 따른 적용생명가치는 2억 4,317만 원(2012년 기준, 정신적 피해비용 9,011만 원 포함)이었습니다. 물론, 다른 경우도 있습니다. 예를 들어 영국의 경제학자 오스왈드와 파우드타는 영국인을 대상으로 같은 사람들을 여러 해에 걸쳐 추적 조사하여 본인의 가까운 친척이나 지인이 사망할 경우 그 정신적 고통을 상쇄시키기 위해 금전적 보상이 얼마나 필요한지를 확인하였습니다. 그 결과 친구의 생명이 형제, 자매보다 자신에게 8배나 소중했는데, 자신이 아끼는 가까운 사람들의 생명 가치의 차이가 주관적으로 인식될 수 있는 가능성으로 인해 생명가치에 대한 계산이 자의적으로 이루어질 수 있으므로 피해자에게 지불되는 보상 금액을 보다 합리적으로 정립해야 한다고 주장하기도 했죠. 관련 내용은 다음 자료를 참고하였습니다. Oswald, A. J. & Powdthavee, N. (2008). Death, Happiness, and the Calculation of Compensatory Damages. *Journal of Legal Studies* 37(S2): S217-S252; 이철희 외. (2012). 나트륨 섭취량 감소 정책의 비용편익 분석. 대한지역사회영양학회지 17(3): 341-352; 심재익·성낙문. (2013). 교통사고비용 추정방법론 정립. 한국교통연구원; 박수진. (2014). 세종충남대학교병원 건립사업 예비타당

성 조사. 한국개발연구원; 김윤희. (2016). 인간생명가치에 대한 고찰. 응용경제 18(3): 105-124; KBS. KBS 다큐: 생명을 가진 사람이라면 누구에게나 찾아오는 마지막 순간 '죽음' 이들이 말하는 죽음은 무엇인가? 2011.3.18. 방송 https://www.youtube.com/watch?v=aaXVHf0hP6k 2024.1.10. 검색.

10) 통계적 생명가치는 특정인을 염두에 두고 인간의 생명 자체에 대한 화폐적 가치를 의미하는 것은 아닙니다. 또한 생명이 갖는 가치를 통계적으로 추정하는 것이 아니라 사망률을 줄이기 위해 기꺼이 지불하고자 하는 금액이라고 할 수 있죠. 즉, '사망위험을 감소시키기 위한 각 사회구성원이 지불할 의사가 있는 경제적 가치'라고 할 수 있습니다. 이러한 맥락에서 개별 사회구성원이 바라는 특정 정책과 제도의 수준을 결정하는 데 중요한 역할을 할 수도 있을 것입니다. 예를 들어 정부가 새로운 정책을 시행할 때를 가정해 보죠. 공장에서 안전사고로 인한 사망 확률이 연간 0.0001(1만 명당 1명)이고 현재 이 공장에 1만 명이 다니고 있다면, 안전사고로 인해 연간 1명이 사망한다고 할 수 있습니다. 만약 안전사고로 인한 사망을 줄이기 위해 설치하는 관련 시설물에 사람들이 지불할 의사가 있는 금액을 1인당 연평균 1만 원이라고 한다면 이 공장의 총 지불의사금액은 1만 명×1만 원=1억 원인데요. 이 1억 원을 연간 안전사고 사망자 1명으로 나눈 1억 원이 바로 이 공장에 다니는 구성원 1명의 생명을 구하기 위해 지불할 의사가 있는 금액이며, 바로 통계적 생명가치라고 할 수 있습니다. 관련 내용은 다음 자료를 참고하였습니다. Viscusi, W. K. (1993). The value of risks to life and health. *Journal of economic literature* 31(4): 1912-1946; Kenkel, D. (2000) Using Estimates of the Value of a Statistical Life in Evaluating Regulatory Effects. *Valuing the Health Benefits of Food Safety: A Proceedings*, (https://www.ers.usda.gov/publications/pub-details/?pubid=79685), USDA; Freeman III, A. M. et al. (2014). *The Measurement of Environmental and Resource Values: Theory and Methods.* 3th ed. Resources for the Future Press; 신영철 외. (2017). 화학물질 관리를 위한 사회경제성 분석 기반 구축(Ⅱ). 국립환경과학원; 안소은 외. (2018). 환경 · 경제 통합분석을 위한 환경가치 종합연구: 부문별 영향평가 및 가치추정. 한국환경정책 · 평가연구원; 전호철. (2020).

선택실험법을 활용한 통계적 생명가치의 추정. 자원·환경경제연구 29(2): 247-270. https://koreascience.kr/article/JAKO202019762875148.pdf; Colmer, J. (2020) What is the meaning of (statistical) life? Benefit-cost analysis in the time of COVID-19. *Oxford Review of Economic Policy* 36(S1): S56-S63; 조선일보. '인간의 소중한 생명을 돈으로 계산할 수 있을까?' 2008.4.18.일자. https://biz.chosun.com/site/data/html_dir/2008/04/18/2008041800713.html 2024.1.10. 검색.

11) 관련 내용은 다음 자료를 참고하면 좋을 듯합니다. 하워드 스티븐 프리드먼. (2021). 생명가격표: 각자 다른 생명의 값과 불공정성에 대하여. 연아람 옮김. 민음사.

12) 2010년 미국의 여러 정부 부처에서는 최대지불의사금액에 의거한 방법론을 채택하였고 이를 통하여 통계적 생명가치의 기준값을 정하고 있는데, 각 부처의 금액은 조금씩 다릅니다. 2010년 당시 물가와 임금상승을 반영하여 생명가치를 상향조정하였는데, 환경보호국(EPA)은 1인당 생명 가치를 910만 달러(한화 약 98억 원)로 680만 달러에서 30% 이상 올렸습니다. 식품의약국(FDA)은 500만 달러에서 790만 달러(한화 약 85억 원)로 올렸죠. 미국 교통부의 경우 2010년 610만 달러(약 66억 원)에서 2022년 현재 1,250만 달러(한화 약 125억 원)의 생명가치를 사용하고 있습니다. 미국 정부는 이러한 생명가치를 사용해 규제 및 정책 도입의 타당성을 따지기도 하는데, 당시 환경보호국은 해당 생명가치를 기준으로 대기오염 규제안을 제출했고, 식품의약국 역시 이를 활용하여 폐암 환자 사진을 담뱃갑에 싣기로 결정하기도 하였습니다. 관련 내용은 다음 자료를 참고하였습니다. Moran, M. & Monje, C. (2016). Revised Value of a Statistical Life Guidance. US Department of Transportation https://www.transportation.gov/sites/dot.gov/files/docs/2016%20Revised%20Value%20of%20a%20Statistical%20Life%20Guidance.pdf; US Department of Transportation. Departmental Guidance on Valuation of a Statistical Life in Economic Analysis. https://www.transportation.gov/office-policy/transportation-policy/revised-

departmental-guidance-on-valuation-of-a-statistical-life-in-economic-analysis; 중앙SUNDAY. 생명의 가치는 얼마인가. 2015.4.19. 일자. https://www.joongang.co.kr/article/17619409#home; 조선일보. 3억 vs 77억, 같은 사고로 죽었는데 목숨 값 왜 다른가. 2021.8.7.일자. https://www.chosun.com/culture-life/book/2021/08/07/MOENTWQXARGYPC33YI3HVBVBPQ/ 2024.1.10. 검색.

13) 예를 들어 영화 속 파인버그의 대사를 생각해 보죠. "각 경우마다 주관적으로 계산을 해댈 수 없어. 수학을 적용해야 해. 기준표가 필요해. 수급자가 여럿이면 누구에게 지급하지? 유언장을 기준으로 하면 돼, 유언장이 없으면? 주법에 따라야지, 어느 주의 법? 거주지가 등록된 주의 법…."

14) 정부가 공익과 사회통합을 위해 책임을 다하고 있는 것으로 국민들이 인식할 때 정부를 신뢰한다고 합니다. 사회전반에 결쳐 공공의 이익을 위하여 정부가 적극적으로 노력하고 공공서비스의 수혜를 사회전반으로 확대할 때 국민들은 정부를 신뢰하게 된다는 것이죠. 관련 내용은 다음 자료를 참고하였습니다. 황창호 · 김영주 · 문명재. (2015). 행정가치에 대한 국민인식이 정부신뢰에 미치는 영향. 한국행정학보 49(4): 123-150; 윤건 · 서정욱. (2016). 사회통합이 정부신뢰에 미치는 영향에 대한 실증연구. 한국조직학회보 13(3): 21-44; 김이수. (2018). 공공가치가 지방정부 신뢰에 미치는 영향에 관한 탐색적 연구: 정의, 민주성, 공동체성을 중심으로. 한국거버넌스학회보 25(1): 153-181; 김정숙 · 황창호. (2021). 행정이념에 대한 인식이 정부신뢰에 미치는 영향: 정책지지의 매개효과를 중심으로. 한국행정논집 33(2): 283-307.

15) 관련 내용은 다음 자료를 참고할 수 있습니다. Feinberg. R. Kenneth. (2006). *What is Life Worth?: The Unprecedented Effort to Compensate the Victims of 9/11*. New ed. Public Affairs.

16) 사회적 참사의 진상규명 및 안전사회 건설 등을 위한 특별법 제3조에 근거하여 2018년 설치된 사회적 참사 특별조사위원회는 가습기 살균제 사건과 4 · 16 세월호 참사의 원인규명, 원인을 제공한 법령, 제도, 정책 등에 대한 개

혁 및 대책 수립, 특별검사 임명을 위한 국회 의결 요청, 재해·재난 예방과 대응방안 마련 등 안전한 사회 건설을 위한 종합대책의 수립 등을 주요 업무로 하였습니다. 관련 내용은 다음 자료를 참고하였습니다. 시사IN. 장완익 위원장 "1기 특조위 실수 되풀이하지 않아야" 2018.4.18.일자. https://www.sisain.co.kr/news/articleView.html?idxno=31689; 국무조정실. 2018. 사회적 참사 특별조사위원회 상임위원 임명장 수여 보도자료 https://www.opm.go.kr/flexer/view.do?ftype=hwp&attachNo=78671; 4·16연대. 사회적참사특별조사위원회 위원 임기 종료에 즈음한 4.16세월호참사가족협의회, 4.16연대 입장 2022.6.10. https://416act.net/24/?idx=11808079&bmode=view; (사)4·16세월호참사가족협의회, 4·16연대 외. (2022). 사회적참사특별위원회 활동 의미와 한계, 이후 과제에 관한 국회토론회 자료집; 4·16연대. 사참위 활동 의미와 한계, 이후 과제에 관한 국회 토론회 영상. 2022.9.29. https://www.youtube.com/watch?v=7tOTzeh8OyQ 2024.1.9. 검색.

17) 사회적 참사 특별조사위원회 종합보고서 집필에 참여했던 사람들은 행정부가 위험을 막고 생명을 구하는 일에는 무능하고 소극적이지만 책임을 회피하고 피해자를 괴롭히는 데에는 유능하고 적극적이었다고 지적합니다. 가습기살균제 참사를 기업과 소비자 사이의 문제로 규정했던 행정부의 방관적 태도는 이미 화학물질로 신체가 파괴된 피해자들을 더 오랫동안 괴롭혔으며, 세월호 참사 역시 행정부가 국민의 생명을 보호하지 못한 국가에 책임을 물으려는 시도에 불순한 의도가 있다고 판단했고, 사회 전체가 겪고 있는 비극을 정권에 대한 위협으로 받아들였다는 겁니다. 종합보고서 집필에 참여했던 사람들은 정부가 피해자들의 고통을 인정하고 치유와 회복을 위해 나설 의지와 역량이 없었다는 점을 분명히 지적하고 있습니다. 관련 내용은 다음 자료를 참고하였습니다. 한겨레. "세월호·가습기 참사는 느닷없이 일어나지 않았다" 2022.9.3.일자. https://www.hani.co.kr/arti/society/society_general/1057337.html 2024.1.10. 검색.

09

현실이라면 다크나이트의 사람들은 범죄인들의 배를 터트렸을까?

09

현실이라면 다크나이트의 사람들은 범죄인들의 배를 터트렸을까?

정부문제 해결을 위한 판단기준: 영화 <다크나이트>

"우린 살아야 돼요. 저들은 죄수잖아요"
"나에게 줘. 당신이 10분 전에 못한 걸 대신 해줄테니.."
(영화 '다크나이트'에서 시민과 죄수의 대사)

영화 '다크나이트Dark knight'[1)]에서 조커는 한 척은 시민, 다른 한 척에는 죄수들로 가득찬 배를 멈추게 한 후 일종의 사회 실험을 진행하겠다고 방송합니다. 실험의 내용은 배에 이미 폭탄이 설치되어 있을 뿐만 아니라, 서로가 반대편 배의 폭파 스위치를 가지고 있으니, 12시가 되기 전에 다른 쪽 배를 폭파하는 배만 살려 주겠다고 하면서 12시가 되도록 아무도 스위치를 누르지 않으면 두 척 다 폭파하겠다고 이야기하죠. 각각의 배에서는 스위치를 눌러야 할지 말아야 할지 논쟁이 벌어집니다. 시민이 탄 배의 경우, 투표를 통해 스위치를 누르자고 결정하지만 아무도 나서서 죄수 쪽 배를 폭파시키려 들지는 못합니다. 죄수 쪽 배의 경우, 스위치를 든 교도관이 차마 누르지 못하고 있다가 죄수의 설득에 스위치를 넘겨주지만 막상 죄수는 망설임 없이 열린 창문을 통해 스위치를 강물에 던져 버리고, 교도관을 벌레 보듯이 한심하게 노려보고는 담담히 자리로 돌아갑니다.

다크나이트에서 제기한 상황에 대해, 만약 우리가 죄수나 시민, 혹은 제삼자로서 두 배 중 하나를 선택해야 한다면 어떤 선택을 할 수 있을까요? 선택한다면 우리가 그것을 선택한 이유는 무엇일까요? 사실 어느 한쪽을 선택하는 것은 쉽지 않습니다. 왜냐하면 어느 한쪽을 선택하든 선택 후에 나타나는 결과와 선택을 둘러싼 논쟁의 여지가 많기 때문이죠. '바람직한 행정' 혹은 '우리 사회가 나아갈 이상'에 대한 절대적 기준이 있을까요? 추상적 목표(국민복지)와 구체적 목표(노동자 임금인상)를 조화롭게 추진해 나갈 수 있을까요? 다양한 사람들이 모인 사회에서 전체적으로 '바람직한 것'에 대한 합의가 가능할까요? 이처럼 정부의 경우 사회공동체가 직면한 여러 문제를 해결하기 위해 수많은 목표와 수단에 대하여 선택하고 결정해야 하는데, 어떤 기준과 가치로 선택하고 결정할지를 계속하여 고민할 수밖에 없을 것 같습니다.

정부목표의 의미와 특성

"노사정 대타협이라는 소위 유럽식의 어떤 질서를 만들어 보겠다는데 좀 과욕이었던 것 같고, 아직 대화의 길을 찾지 못했다"
(노무현 대통령, 2005년 7월 중앙언론사 편집 · 보도국장 간담회 중 발언)

정부가 목표를 선정한다는 것은 무엇을 의미할까요? '목표'는 일반적으로 조직이 추구하고자 하는 대상으로, 조직이 달성하고자 하는 미래 상태라고 할 수 있습니다. 조직 내 이해관계자들의 선호를 일정한 규칙과 절차에 따라 모아놓은 것이며, 전체 구성원이 원하는 미래 상황이라고도 할 수 있죠. 이러한 점을 생각해 볼 때 '정부 목표'는 공동체의 문제해결 또는 그들이 바라는 지향점 정도로 생각해 볼 수 있을 겁니다.[2] 하지만 현실적으로 정부가 명확한 목표를 선정하는 것은 쉽지 않습니다.[3] 정부 목표를 선정하는 과정에서도 다양한 의견이 제기될 수 있기 때문이죠.[4] 정부조직이 속한 사회 내에는 다양한 이해관계자가 존재하기 때문에 지배적 권력을 가지고 있는 집단들의 연합 중 누구의 선호냐도 중요합니다.[5] 물론 지배적 연합도 고정적이지 않고 계속하여 변화할 수 있지요.

더욱이 정부 목표는 민간 영역의 회사조직이 추구하는 이윤창출 등-거의 전부라고 해도 과언이 아닌-한 가지 가치[6]만을 지니는 것이 아니라 다양한 가치를 추구합니다. 또한 정부 목표는 하나의 사회세력이 주도적으로 선정하기도 쉽지 않으며 다양한 사회집단의 이해관계를 포괄해야 하므로 명확하고 구체적으로 정의 내리기보다, 다양한 해석이 가능하도록 추상적이며 모호하게 설정되기 됩니다.[7] 민주주의 사회에서 정부 목표의 경우 다양한 사회세력으로부터 정당성을 획득하는 과정을 통하여 절차적 합리성을 갖추게 됩니다. 물론 이러한 과정이 많아질수록 다양한 의견이 반영될 수 있는 장점도 있지만, 원래 의도했던 정부 목표는 변화될 가능성이 높아지는 것도 현실입니다.[8] 또한 정부 목표는 성과측정이 쉽지 않습니다.[9] 1980년대 이후 신자유주의의 영향으로 공공부문의 성과측정 시도는 꾸준히 늘어나고는 있지만 이윤에 의해 조직의 존립과 생존 여부가 결정되는 민간 영역의 회사조직과는 달리 공공영역의 조직들은 공공서비스에 대한 대차대조표를 적용하기에는 무리가 따르고 설령 적용한다고 하더라도 공공서비스의 질적인 측면과 양이 관찰되기 쉽지 않습니다. 해당 목표의 실패와 성공 기준을 일괄적으로 적용하는 것(one size fits all)은 까다로운 문제이기 때문에 여러 노력에도 불구하고 정부

목표의 성과를 측정하는 것은 상당히 어렵습니다.

정부목표 달성 과정과 결과에 대한 판단기준 그리고 충돌가능성

"나 아니라니까요."
(영화 '재심'에서 현우의 대사)

"저 안에 갇힌 거 도룡뇽 아닌데, 사람인데 자꾸 잊어버리는 거 같아서..."
(영화 '터널'에서 구조대장 대경의 대사)

어렵사리 정부목표를 선정했다고 하더라도 정부목표를 달성하기 위한 과정과 결과의 판단기준은 다를 수 있는데, 이러한 판단기준을 행정이념(가치)이라고 할 수 있습니다. 행정이념(가치)은 크게 2가지로 구분해 볼 수 있어요. 먼저 본질적 가치입니다. 자유, 정의, 평등, 행복 등과 같이 사람이 마땅히 누려야 할 삶의 질과 관련되는 가치, 가치 자체가 목적이 되는 경우를 의미하며 결과에 상관없이 만족을 줄 수 있는 가치라고 할 수 있죠.[10] 다음으로 수단적 가치입니다. 현실적으로 정부 활동과 관련하여 발생하는 상당부문의 가치는 이 수단적 가치와 관련됩니다. 삶의 질을 개선하여 인권을 누릴 수 있도록 이를 달성하기 위해 관련되는 가치, 궁극적 목적의 실현할 수 있게 하는 가치로서 사회적 자원의 배분 절차와 기준, 실제적인 행정과정에서 구체적인 지침이라고 할 수 있죠. 대표적으로 합법성,[11] 능률성,[12] 효과성,[13] 민주성,[14] 형평성,[15] 가외성,[16] 책임성[17] 등이 있습니다. 이러한 행정이념(가치)은 절대적일 수 없으므로 어떤 행정이념(가치)을 선택할 것인가는 더욱 어려울 수밖에 없습니다. 예를 들어 볼까요. '더 잘사는 국가'라는 목표에는 동의하기 쉽지만, '무엇이 잘사는 것인가'에 대한 해답을 제시하는 것은 쉽지 않습니다. 바람직한 것에 대한 사람들의 관념은 주관적이라 시대에 따라 변화하며 때로는 중첩되기도 때로는 간과되기도 합니다. 이러한 가치는 사회구성원들이 처한 현실에 따라 상대적으로 평가되며 절대적인 우선순위를 부여할 수 있는 것은 아니라고 할 수 있죠.

그러므로 정부목표를 선정하고 이를 달성하기 위한 과정과 그 결과를 판단하는 데 있어 적용하는 행정이념(가치)은 시대마다 다양하고 유동적이며 심지어 그 가치들끼리 부딪힐 수 있습니다. 사회구성원의 열망과 정부목표가 경제발전에 방점이 찍힐 경우 효율성과 효과성이 강조되기도 하고, 민주적 성숙도에 대한 높은 열망이 있을 경우 민주성과 형평성이 강조되기도 하여 기존에 강조되어 왔던 행정이념(가치)과 부딪히는 경우가 발생하는 것이죠. 예를 들어 봅시다. 소비자들의 먹거리를 위해서는 육류의 대량생산은 불가피하다는 가치와 자연과 인간이 조화롭게 살아갈 수 있도록 지금까지와는 다른 차원의 먹거리 방식이 필요하다는 가치가 부딪히는 것을 생각해 볼 수 있습니다.[18] 이때 정부가 새로운 먹거리 방식을 고민한다는 목표는 선정할 수 있으나 어떤 과정을 거쳐 어떤 결과를 가져오게 할 것인가에 대한 기준설정에서는 갈등이 발생할 수밖에 없을 것입니다. 또한 생명의 소중함과 구조비용 간의 관계에 대해 생각해 볼까요? 한 사람의 생명을 가격을 매길 수 없이 소중한 것이지만 한 사람을 구조하기 위해 많은 비용을 발생한다면 정부는 어떤 가치를 우선할 것인지 갈등이 될 수밖에 없습니다.[19] 또 이런 것은 어떨까요? 공동체의 안녕을 위해 개인의 자유와 인권을 제약해야 한다는 것이 국가주의의 입장이라고 할 수 있는데, 이 지점에서 개인의 자유 및 인권과 공공안전의 가치는 늘 충돌하고 있지요.[20] 물론 모순과 충돌 없는 가치를 추구하는 사회가 오히려 왜곡된 사회라고 할 수 있으며 행정이념(가치) 간의 모순과 대립은 언제 어디서나 존재할 수 있으므로 어쩌면 이러한 불협화음은 당연한 것일지도 모릅니다. 중요한 점은 이러한 모순과 불협화음을 이해하고 이를 관리하기 위해 적절한 조화 노력일 것입니다.[21)]

정부는 어떤 목표를 선정하고, 어떤 행정이념(가치)을 필요로 할까?

"사람 일은 모르잖아."
(다큐멘'터리 버블 패밀리'에서 부모님의 대사)

그렇다면 미래사회에서 정부목표는 무엇이 되어야 할까요? 지금까지의 정부목표가 과연 어떠한 의미가 있었으며, 앞으로도 추구할 의미가 있는지, 또한 공동체가 겪고 있는 사회문제에 대하여 해결책을 제시할 수 있는지 돌아볼 필요가 있을 것입니다. 예를 들어 발전과 성장이라는 목표는 매우 중요합니다. 하지만 지금까지 추구해 온 발전지상주의와 성장우선주의는 현재 우리 사회가 겪고 있는 문제를 해결할 수 있을지, 장점과 단점은 어떤 것인지 등을 질문하면서 미래 정부의 목표로서 적절성을 깊이 있게 성찰해야 할 것입니다. 지금까지 우리나라 역대 정부의 중요 국정 목표는[22)] 대부분 '경제성장'이었다고 할 수 있습니다. 정부입장에서는 그러한 목표를 세울 수밖에 없었습니다. 한국전쟁 이후 우리나라는 극빈국이었고 보다 잘 먹고 더 교육받을 수 있는 사회가 그 어떤 국가목표보다 우선시될 수밖에 없었기 때문이죠. 하지만 그로 인하여 발생하는 부정적 결과가 긍정적 효과를 상쇄시키고 있는 것도 현실입니다. 예를 들어 오늘날 허황한 부동산 대박의 꿈을 좇는 서민들의 민낯과 구조적으로 '주거'를 투기의 대상으로 전락시켜 가족과 공동체의 해체를 조장한 정책들을 돌아볼 때 국가 공동체의 진정한 발전과 성장 가치가 무엇이어야 하는지 의문이 들 수밖에 없습니다.[23)] 또한 물과 식량 부족, 기상이변 등

환경문제로 인한 갈등과 국제분쟁[24]을 돌아보면 이러한 문제가 더 이상 남의 나라의 이야기가 아닐 것입니다.[25] 지금까지 국가의 성장과 발전을 편리성과 양적 성장 가치의 개발[26]로 국한했던 문제점을 곱씹어 봐야 할 것입니다.

그렇다면 미래를 위한 정부목표의 설정과 달성을 위하여 필요한 가치는 무엇이어야 할까요? 우리 사회의 상식과 발전의 단계에 따라서 새로운 가치를 발견하기도 하며 더욱 우선해야 할 가치를 합의할 수 있어야 할 것입니다. 지금까지 지배적인 수단적 가치는 '효율성'이었습니다. 제한적인 자원을 가진 공공부문에서 자원을 절약할 수 있으며, 중복적이고 낭비적 요소를 제거할 수 있다는 점에서 효율성에 대한 강조는 자연스러운 것이었죠. 하지만 효율성에 대한 지속적인 의문을 가질 필요가 있습니다.[27] 여러 분야에 걸쳐 지배하고 있는 효율성 패러다임을 생산적으로 극복하려는 노력이 필요하다는 것이죠. 예를 들어 정부가 과학기술 분야에서 얻고자 하는 특정의 목표가 있다고 가정해 봅시다. 과거 우리는 과학기술의 후발주자로서 선진 국가에서 개발한 과학기술을 열심히 모방하거나 따라가면서 나름의 성과를 만들어 낼 수 있었습니다. 이런 경우 적은 비용으로 많은 효과를 얻어 낼 수 있는 효율성이라는 행정이념(가치)이 매우 유용할 수 있었을 것입니다. 하지만 지금은 새로운 개념과 유형을 만들어 내야 하고 높은 불확실성 속에서 남들이 가보지 않은 길을 감으로써 창조적인 길을 찾아야 합니다. 이런 환경에서 목표를 달성하는 과정은 무수한 실패를 겪으며 학습하는 과정일 수밖에 없기에 효율성의 가치보다는 가외성의 가치가 더욱 중요할지도 모릅니다.

여러 정치·경제·사회·과학기술·문화적 분야의 움직임을 고려하면, 미래 한국 행정의 행정가치(이념)으로 무엇이 더 '좋다', '나쁘다', '옳다', '그르다' 확언하는 것을 경계해야 할 것입니다. 더욱이 행정이념(가치)은 시공간을 초월하여 언제나 옳은 철학적 목표가 아니기에 더욱 그렇습니다. 개인의 자유와 평등 등 헌법적 가치와 권리보호가 정부목표와 본질적 행정이념(가치)으로 지향[28]되는 가운데 현시대의 현실 행정행위의 기준이 될 수 있는 가치를 찾아가야 할 것입니다.

참고한 내용 및 더 읽어 볼 것들

1) 영화 '다크 나이트'(크리스토퍼 놀란 감독, 2008)는 배트맨, 악당(조커)과 주변인물(예: 하비 덴트 검사)의 이야기와 사건을 통해 현실에서는 선과 악을 구분할 수 있는 경계가 굉장히 모호할 수 있다는 점, 선과 악은 동전의 양면과 같을 수 있으며, 특히 본인의 이해관계와 사회적 이해관계 간 선택을 요구받을 때 이러한 경계는 더욱 모호하여 판단하기가 어려울 수 있다는 점을 제시하고 있습니다.

2) 조직은 목표를 선정하고 외부인들에게 알림으로써 사회로부터 필요한 조직이라는 사실을 인정받고 지지를 얻으려고 노력합니다. 목표는 조직이 수행하는 업무의 1차 평가기준이 될 수 있는데, 해당 조직이 얼마나 효율적인가 또는 효과적인가 하는 답은 목표와 비교하여야 파악할 수 있죠. 또한 조직의 구조, 규칙, 절차를 만들고 인력, 기술 등을 도입할 때 목표를 기준으로 할 수밖에 없기에 목표는 조직구성원의 행동지침이 될 수 있습니다. 관련 내용은 다음 자료를 참고하였습니다. Perrow, C. (1961). The analysis of goals in complex organizations. *American Sociological Review* 26(6): 854-866; Thompson, J. D. (1967). *Organizations in action: social science bases of administrative theory*. McGraw-Hill; Rainey, H. R., Fernandez, S. & D. Malatesta. (2021). *Understanding and Managing Public Organizations*. 6th ed. Wiley; 오석홍. (2022). 조직이론 11판. 박영사.

3) 정권교체기에 대통령당선자와 집권세력은 대통령직인수위원회를 통해 국정과제라는 것을 수립하고 집권 기간 역점을 두고 추진할 과제를 공표해 운영하고 있습니다. 하지만 집권세력과 행정부가 추진해야 할 과제와 사업의 명확성은 떨어질 뿐만 아니라 사회문제 해결에 도움이 되는지에 대해서 의문이 제기되는 형편입니다. 관련 내용은 다음 자료를 참고하였습니다. 박준 외. (2021). 대선공약과 국정과제 형성과정 개선방안. 한국행

정연구원 연구보고서. https://www.kipa.re.kr/site/kipa/research/selectBaseView.do;jsessionid=7AF8709ACEA0AB5633ACE0BE2ADF3942?gubun=BA&se=BA&seqNo=BASE_000000000000646 2024.1.17. 검색.

4) 예를 들어 영화 '쥬라기 월드: 폴른 킹덤Jurassic Park: Fallen Kingdom'(후안 안토니오 바요나 감독, 2018)의 오웬과 클레어는 록우드 저택에 남은 공룡들이 독가스로 가득 찬 실험실에 갇히자 그 문을 열어야 할지 고민합니다. 문을 열면 공룡들은 인간사회로 나와 자유를 찾게 되지만, 문을 열지 않으면 공룡은 멸종되는 것이죠. 공룡들이 독가스에 죽지 않도록 실험실을 열어 줄 것인가? 아니면 실험실 문을 닫은 채로 돌아서 나올 것인가? 아마도 동물의 죽음과 사람의 위험 사이에 어느 쪽을 판단할 것인가에 영향을 줄 수 있는 것은 공익적 판단일 수 있겠죠. 하지만 유전공학으로 생명을 얻은 존재라면 그 존재의 정체성에 따라 판단은 달라질 수도 있을 겁니다. 영화 속 주인공인 메이지는 그 문을 열어 줌으로써 그들에게 생명을 유지하게 해 주지만 현실에서는 사회구성원들이 해당 결정에 동의할지 장담할 수 없죠. 최근 배아복제, 줄기세포 등 의료 분야와 관련된 바이오산업이 발전해야 한다는 전제에 많은 사람이 동의하지만, 다른 한편에서는 바이오산업이 생명윤리적 영향력과 책임성을 간과함으로써 발생할 많은 부작용을 염려하고 있는 것처럼 말입니다. 또한, 영화 '오펜하이머Oppenheimer'(크리스토퍼 놀란 감독, 2023)와 영화 '고질라Godzilla, King of the Monsters'(혼다 이시로 감독, 1954)에 나오는 것처럼 '당장에 사람의 목숨을 구하기 위해 장기간에 걸쳐 더 많은 사람이 죽을 수 있는 끔찍한 무기를 사용해야 하는가?'와 같은 문제 역시 생각해 볼 수 있습니다. 미래에 초점을 맞추어 본다면 정부조직이 사회문제 해결을 위해 어떤 목표에 우선순위를 두어야 할까에 관해서도 다양한 의견이 있을 수 있겠죠. 이렇듯 지역, 세대, 성별 등을 생각해 볼 때 조직의 목표는 상충의 가능성이 항상 존재합니다. 관련 내용은 다음 자료를 참고하였습니다. 김진경. (2012). '책임'에 근거한 바이오뱅크의 윤리적 토대 모색. 한국의료윤리학회지 15(2): 149-159; 민보경 외. (2018). 미래결정 정책의제 연구. 국회미래연구원. https://www.nafi.re.kr/new/research.do?mode=download&articleNo=2468&a

ttachNo=2752; 제임스 카메론. (2020). (제임스 카메론의) SF 이야기. 김정용 옮김. 아트앤아트피플; 한국과학기술기획평가원. (2022). 2022년 기술영향평가보고서: 합성생물학 https://www.kistep.re.kr/reportDetail.es?mid=a10305020000&rpt_tp=831-006&rpt_no=RES0220230033 2024.1.17. 검색.

5) 예를 들어 영화 '어벤져스: 인피니티 워Avengers: Infinity War'(앤서니 루소·조 루소 감독, 2018)에서 타노스는 인피니티 스톤을 모으고 있습니다. 대부분의 외계 악당은 지구 종말이나 인간정복을 꿈꾸지만 타노스는 인구 절반을 무작위로 제거하여 인류를 구하겠다고 말하죠. 타노스는 우주 전체가 인구 과잉으로 균형을 잃었다고 말하며 그의 신념은 우주가 근본적인 균형을 되찾는 것만이 유일한 방법이라고 이야기합니다. 지구상 많은 사람이 타노스의 목표에 전적으로 동의할까요? 누군가가 더 위험한 것을 감수하는 희생을 해야 한다면 우리는 누구에게 그 희생을 감수하도록 요구할 수 있을까요? 제비뽑기와 같은 무작위방법을 택하는 것이 공정한 방법일까요? 아니면 각 개인의 역량과 가치를 평가하여 선택할까요? 감당할 수 없는 자연재난 또는 사회재난으로 인해 인류 멸망의 위기가 닥쳤을 때 정부는 어떤 사람들을 살릴지 정할 수 있을까요? 쉽지는 않을 것입니다. 한편, 우리나라의 정책현실에서는 대통령과 집권세력을 중심으로 하는 엘리트연합이 정책과정에서 지배적인 역할을 수행하며, 정책과 사업은 '엘리트연합'이 사전 조율한 내용을 기반으로 추진해 나가는 경향이 짙다고 지적되기도 합니다. 관련 내용은 다음 자료를 참고하였습니다. 박상훈. (2018). 청와대 정부. 후마니타스; 권향원. (2019). 중앙부처 정책과정의 이론적 모형화 연구. 한국정책학회보 28(3): 123-156; 강원택 (2021). 2022 대통령의 성공조건 시리즈: ② 청와대 정부를 혁파하라. 동아시아연구원 워킹페이퍼 https://www.eai.or.kr/m/research_view.asp?intSeq=20985&code=48&menu= 2024.1.17. 검색.; 한승주 외. (2023). 정책형성에서 행정부처의 자율성과 대통령의 정책추진력. 행정논총 61(2): 1-39; 이철주 외. (2023). 한국 대통령의 역할 변화에 관한 공무원의 인식 분석. 한국정책학회보 32(2): 275-323.

6) 1970년대 노벨경제학상 수상자로서 자유주의 시장경제 옹호자인 밀턴 프리드먼Milton Friedman이 주주가치가 최우선이라는 주장을 펼치면서 '기업의 유일한 목적은 합법적인 틀 안에서 수익을 극대화하는 것'이라는 주장이 경영의 기초가 되었고 합니다. 임원들은 스스로를 위대한 가치를 추구하는 기업의 관리인으로 생각하지 않고 주주들의 대리인으로 인식하기 시작했다는 것입니다. 관련 내용은 다음 자료를 참고하였습니다. 사이먼 시넥Simon Sinek. (2022). 인피니트 게임The Infinite Game. 윤혜리 옮김. 세계사; 김지수. (2023). 사이먼 시넥과의 인터뷰(무한게임을 해야 더 단단한 플레이어가 됩니다). 위대한 대화: 인생의 언어를 찾아서. 생각의 힘. 288-305.

7) 정부조직의 경우, 조직의 목표뿐만 아니라, 추진하는 정책과 사업이 명확하지 않거나 모호할수록 성과에 부정적인 영향을 미치기도 합니다. 또한 구성원은 관련 정책과 사업의 목표와 내용이 불명확할 경우 법적인 문제가 허락하는 테두리 내에서 해당 정책과 사업에 대해 나름의 생각을 구성하여 구체적인 모습을 그려나가는 은유적 행동을 한다고도 지적됩니다. 관련 내용은 다음 자료를 참고하였습니다. 이종범. (1992). 은유와 정책: 대학 과학기술연구에 관한 정책을 중심으로. Dicussion. Paper No. 92-02. 고려대 행정문제연구소; 전영한. (2004). 공공조직의 목표모호성: 개념, 측정 그리고 타당화. 한국행정학보 38(5): 49-65; Chun, Y. H., & H. G. Rainey. (2005). Goal ambiguity and organizational performance in US federal agencies. *Journal of public administration research and theory* 15(4): 529-557; 이철주. (2009). 업무의 불명확성과 조직 구성원에 대한 이해: '혁신정책'에 대한 지방자치단체 공무원의 반응. 행정논총 47(2):149-179; Rainey, H. G., & C. S. Jung. (2010). Extending goal ambiguity research in government: From organizational goal ambiguity to programme goal ambiguity. *Public management and performance: Research directions* 34-59; Rainey, H. G. & C. S. Jung. (2015). A conceptual framework for analysis of goal ambiguity in public organizations. *Journal of Public Administration Research and Theory* 25(1): 71-99; 양다연 · 조윤직. (2019). 조직의 목표명확성이 조직구성원의 태도와 행동에 미치는 영향: 업무자율성, 상사피드백의 조절

효과를 중심으로. 한국인사행정학회보 18(3): 67-97.

8) 목표가 불확실하거나 모호한 경우 정부조직은 다양한 절차적 과정을 통하여 정책과 사업을 추진할 정당성을 획득하려고 노력합니다. 이러한 정당성을 확보하는 과정에서 지식·정보·의견이 축적되고 나름의 합리성을 구축함으로써 불확실성과 모호성을 최대한 줄여 의도했던 목표에 다가가려고 하죠. 하지만 이러한 노력에도 불구하고 원래 의도했던 정부 목표가 변할 가능성은 여전히 남습니다. 이러한 과정에서 생각해 볼 점은 정책과 사업이 결정되는 과정이 단순하지도 않을 뿐더러 원래 의도했던 목표 역시 다양한 결정자들의 이해관계 속에서 달라질 수 있다는 점이죠. 이러한 점은 프레스만Pressman, L. Jeffrey과 윌다브스키Wildavsky, Aaron가 지적한 거부권 행사veto point와 관련된다고 할 수 있을 겁니다. 미국 연방정부의 경제개발처가 낙후된 오클랜드 지역의 흑인들에게 일자리를 주기 위해 항만 시설과 공단 조성, 경기장 진입로 공사 등을 추진하기로 하여 상당한 돈을 투입했지만 계획이 추진된 3년 후에 살펴보니 원래 의도한 목표를 달성하지 못했다고 평가되었습니다. 주된 이유 중 하나로 꼽힌 것은 정책결정과 사업이 추진되는 과정에서 많은 이해 당사자들이 의사결정권을 행사하여 정책과 사업이 제대로 진행되지 못했다는 점이었습니다. 관련 내용은 다음 자료를 참고하였습니다. 이종범 외. (1994). 딜레마 이론. 나남출판; 윤견수 외. (2000). 딜레마와 행정. 나남출판; 이종범. (2005). 불확실성, 모호성과 딜레마 상황하에서 절차적 합리성의 탐색. 행정논총 43(4): 1-27; Pressman, J. L. & A. Wildavsky. (1984). *Implementation: how great expectations in Washington are dashed in Oakland*. 3rd ed. University of California Press. Lindblom, C. E, & E. J. Woodhouse. (1993). *The policy-making process.* 3rd ed. Prentice Hall; Denhardt, R. B., Denhardt, J. V., & Blanc, T. A. (2013). *Public Administration: An action orientation.* 7th ed. Cengage Learning. 5-8.

9) 공공부문에서 성과측정의 어려움을 지적한 내용은 다음을 참고할 수 있습니다. Bozeman, B. (1979). *Public Management and Policy*

Analysis. St. Martin's Press. 3-12; Radin, B. A. (2006). *Challenging the Performance Movement: Accountability, Complexity, and Democratic Values*. Georgetown University Press; 임도빈. (2007). 관료제, 민주주의, 그리고 시장주의: 정부개혁의 반성과 과제. 한국행정학보 41(3): 41-65; Moynihan, D. P. (2008). *The Dynamics of Performance Management*. Georgetown University Press; 임도빈. (2009). 관료제를 위한 변론: 한국관료제의 성과제고 방안. 한국조직학회보 6(3): 173-209; 임도빈. (2010). 관료제 개혁에 적용한 신공공관리론, 무엇이 문제인가. 한국사회와 행정연구 21(1): 1-27.

10) 시대의 흐름과 무관한 불변의 가치로서 정의, 형평, 자유, 평등 등을 들 수 있습니다. 이 모든 것은 인권(human rights)과 관련된다고 할 수 있어요. 성, 종교, 피부색 등에 따라 차별받지 않을 권리로서 규범적으로는 개인에게 주어진 것으로 생각하지만 현실에서는 사회적인 편견, 고정관념, 구별짓기, 물리적 폭력, 자연재해 등으로 인하여 주어지지 않을 수 있기 때문에 현재진행형의 가치로서 지속적으로 만들어가야 합니다. 관련 내용은 다음을 참고하였습니다. Awad, E., Dsouza, S., Kim, R., Schulz, J., Henrich, J., Shariff, A., & Rahwan, I. (2018). The moral machine experiment. *Nature*, 563(7729): 59-64; Jaques, A. E. (2019). Why the moral machine is a monster. *University of Miami School of Law*. 10: 1-10; 구정우. (2019). 인권도 차별이 되나요? - '나는 괜찮다'고 여겼던 당신을 위한 인권사회학. 북스톤; EBS 다큐. 지식채널e-흑인들의 인권 찾기 노력. 2011.11.7.일자. https://www.youtube.com/watch?v=ULfS0NG1OJU; MBC. "기후위기는 인권 문제" 첫 공식 선언. 2022.12.21.일자. https://www.youtube.com/watch?v=35_3nfSRk6w; 국가인권위원회. 기후위기와 인권에 대해 말하다. 2023.8.1.일자. https://www.youtube.com/watch?v=tzN3NoOtWD0; [YTN 탐사보고서 기록] 웰컴 투 코리아. 2024.1.4.일자. https://www.youtube.com/watch?v=sbokit0X16Q 2024.1.18. 검색.

11) 합법성(legality)은 행정이 국가가 제정한 법규에 부합해야 함을 의미하며, 절차적 민주주의의 시작이라고 할 수 있습니다. 행정이 자의적으로 이루어

지는 것을 방지하고, 행정이 일정한 방향성을 가지고 일관적으로 이루어지는 것을 요청하는 개념이죠. 낯선 사람들의 관계를 문서로 확인하고 제도를 통하여 구성할 수 있게 해 줌으로써 사회 신뢰와 사회 자본을 향상시키는데 중요한 가치입니다. 법은 행정의 근거로 작용하는데요. 행정이 국가 전체의 질서를 유지하도록 하며, 행정이 할 수 있는 일이 무엇이고, 언제 어디서 어떤 방식으로 해야 하는지에 대한 구체적인 가이드라인을 제공하여, 행정의 안정성과 정당성을 높여 줍니다. 이러한 법과 행정과의 관계에 대하여 '과도한 절차에 대한 집착과 법에 대한 행정의 제약은 적극 행정에 부정적'(예: 레드 테이프red-tape)이라고 생각할 수도 있고, '행정에 대한 안정성과 최소한의 절차적 민주주의를 지킬 수 있기에 긍정적' 이라고도 생각해 볼 수 있습니다. 관련 내용은 다음 자료를 참고하였습니다. 김항규. (2003). 행정의 합법성 이념과 기타 행정이념과의 관계. 정부학연구 9(2): 153-182; 김호섭. (2014). 자연법이론을 통한 합법성의 재조명. 한국행정논집 26(4): 687-710; 서울경제. 과도한 행정절차의 미로. 2016.12.21.일자. https://www.sedaily.com/NewsVIew/1L5BZXU63C 2024.1.22. 검색.

12) 능률성(efficiency)/효율성은 좁은 의미로는 '산출(output)/투입(input)'의 크기를 측정하는 것으로, 최소의 비용으로 최대의 산출을 나타내는 것(기계적 능률성이라고도 합니다)을 의미하며, 넓은 의미로는 투입에 대한 효과의 비율을 의미합니다. 요즘 말로 '가성비'라고 생각해도 무방할 듯합니다. 이때의 산출은 활동의 직접적인 결과로서 가시적이고 물리적인 것을 말하죠. 행정에서 정책을 추진하려고 할 때, 사용하는 이익(Benefit)/비용(Cost) 분석이 대표적입니다. 예를 들어 A, D, E, F 등 4가지 정책과 사업이 있을 때, 모두 같은 이익인 B를 나타내더라도 비용 C가 가장 적은 정책과 사업이 능률성 가치로서 의미가 있으므로 선정될 수 있습니다. 불필요한 비용은 대폭 줄이고, 최소의 비용으로 목적을 달성해 나가는 것을 지향하죠. 하지만, 행정의 경우 '정치적 결정'이 영향을 주는 상황도 많으므로 모든 정책과 사업에서 능률성을 추구하기는 쉽지 않으며, 또한 불확실하고 복잡한 사회환경이 심화되는 과정에서 기계적 능률성의 적용은 사회문제 해결에 도움이 되지 않을 수도 있습니다. 오해하지 말아야 할 것은 능률성 가치 자체는 나쁘다고 할 수 없다는 것입니다. 또한 다양한 차원의 능률

성(예: 조직적, 기능적, 정치적, 거버넌스적 등)이 존재하기도 하죠. 다만, 능률성 가치를 지나치게 강조할 경우 다른 가치를 압도하는 능률성의 물화적 특성(Reification)으로 인해 모든 가치에 우선하게 되는 상황을 조심해야 할 것입니다. 또한 코로나 이후 행정의 '속도'가 중요한 상황에서 능률성의 가치가 중요하게 인식될 수 있는데, 불확실하고 복잡한 환경에서 비용 대비 이익을 다른 가치들과 어떻게 조화를 시킬지도 생각해 보아야 할 것입니다. 관련 내용은 다음 자료를 참고하였습니다. Hood, C. (1991). A Public Management for All Seasons? *Public Administration* 69(1): 3-19; Lynn, L. E. (1998). The New Public Management: How to Transform a Theme into a Legacy. *Public Administration Review* 58(3): 231-237; Roy, C. and Seguin, F. (2000). The Institutionalization of Efficiency-Oriented Approaches for Public Service Improvement, *Public Productivity & Management Review* 23(4): 449-468; 김재홍 · 김태일. (2001). 공공부문의 효율성 평가와 측정. 아산재단 연구총서 83집. 집문당; Frumklin, P. and Galaskiwicz, J. (2004). Institutional Isomorphism and Public Sector Organizations, *Journal of Public Administration Research and Theory* 14(3): 283-307; Schachter, H. L. (2007). Does Frederick Taylor's Ghost Still Haunt the Halls of Government? A Look at the Concept of Governmental Efficiency in Our Time. *Public Administration Review* 67(5): 800-810; 강영철 · 이철주. (2009). 제도확산의 영향요인으로서 동형화와 탈정치성에 대한 이해. 한국행정논집 21(3): 1103-1134; 오영균. (2016). 한국행정과 효율성. 한국행정학보 50(4): 43-62; KDI 공공투자관리센터. (2021). 예비타당성조사 수행을 위한 세부지침 일반부문 연구. https://kdi.re.kr/research/reportView?&pub_no=17181; 한국과학기술기획평가원. (2023). 국가연구개발사업 예비타당성조사 수행 세부지침. https://www.kistep.re.kr/reportDetail.es?mid=a10305070000&rpt_tp=831-003&rpt_no=RES0220230114 2024.1.18. 검색.

13) 효과성(effectiveness)은 정부의 목표가 달성되었는지 여부를 확인할 수 있는 특성을 가집니다. 효율성보다는 상대적으로 추상적인 성격을 가지는

데, 그 이유는 효과성은 목표를 중시하여 그 달성도를 나타내는 것인 데 비해 효율성은 보다 수단적·기술적 측면에 중점을 두어 제한된 자원으로 산출을 극대화하고 경제성을 추구하기 때문이죠. 예를 들어 비용이 많이 들고 인력이 많이 투입되었다고 하더라도 조직이 선정한 해당 목표를 달성했다면 효과성은 있었다고 말할 수 있습니다. 정부활동을 통하여 1차적으로 얻어진 것을 산출(output)이라고 한다면 단기간 혹은 장시간에 걸쳐 2차적인 또는 간접적으로 얻어진 것을 결과(outcome)라고 할 수 있습니다. 또한 결과는 아래의 표에서 보는 바와 같이 효과(effect, 목표달성, 단기적)와 영향(impact, 최종상태, 장기적)으로 구분될 수 있습니다. 이러한 영향과 효과는 정책 및 사업의 '목표(goal)'와 '목적(objective)'으로 사전에 설정되는 것이 일반적이나, 사전에 예측되지 못한 것일 수 있으며, 또한 긍정적인(positive) 것일 수도 있고 부정적인(negative) 것일 수도 있습니다.

결과(outcomes)의 구성: 8가지 양태

구분	사전에 의도된 것 (Intended)		사전에 의도되지 못한 것 (Unintended)	
	긍정적인 것 (positive)	부정적인 것 (negative)	긍정적인 것 (positive)	부정적인 것 (negative)
영향 (impacts)	영향 I+	영향 I−	영향 U+	영향 U−
효과 (effects)	효과 I+	효과 I−	효과 U+	효과 U−

관련 내용은 다음 자료를 참고하였습니다. Pollitt, C., & Summa, H. (1996). Performance audit and evaluation: Similar tools, different relationships? *New Directions for Evaluation* 71: 29-50; Organisation for Economic Co-operation and Development(OECD). (1997). *In search of results: Performance management practices*; Pollitt, C., Girre, X., Lonsdale, J., Mul, R., Summa, H., & Waerness, M. (1999). *Performance or compliance? Performance audit and public management in five countries*; 심광호. (2025 출간예정). 공공감사론. 박영사.

14) 민주성(democracy)은 주권자의 의사와 요구를 수용하여 이를 정부 활동에 반영시켜 운영하고 주권자의 통제를 받으면서 그에 대하여 책임을 질 수 있는지를 판단하는 것이라고 할 수 있습니다. 행정이 민주주의의 정치체제에 기반해야 하며, 국민 한 명 한 명이 가지고 있는 기본권을 존중하고, 이에 상응하는 행정을 해야 함을 의미하는 것이죠. 이러한 의미에서 민주성은 '열린 행정'이라고 할 수 있습니다. 이러한 열린 행정은 국민의 의사와 요구를 수용하여 이를 행정에 반영시켜 정책을 결정 · 집행하며, 행정인이 민주적 가치관을 확립하고 행정과정의 민주화를 추구하면서 국민에게 봉사하는 행정이라고도 할 수 있겠죠. 예를 들어 영화 '또 하나의 약속 Another Family'(김태윤 감독, 2014)은 기업과 산업재해 그리고 노동자 인권 간의 관계에 대해 생각할 거리를 던집니다. 반도체회사에서 일하던 딸을 대신하여 평범한 택시운전 기사가 직업병 승소판정을 받은 실화에서 보듯이 우리나라는 산업재해법이 갖춰진 나라이지만 기업과 노동자 간의 충돌하는 인권과 이해관계는 첨예하고 이를 조화롭게 조정해 나가는 것이 정부의 중요한 목표입니다. 이러한 목표 달성의 과정과 결과를 판단하는데 있어 민주성은 중요한 가치로서 적용될 수 있죠. 2018년 11월 23일 삼성과 반올림은 '삼성전자 반도체 등 사업장에서의 백혈병 등 질환 발병과 관련한 문제해결을 위한 조정위원회'의 중재안을 이행하겠단 내용의 협약서에 서명함으로써 11년을 끌어온 '삼성 백혈병 사태'가 마무리되기도 하였습니다. 관련 내용은 다음 자료를 참고하였습니다. 안병영 · 정무권. (2007). 민주주의, 평등, 그리고 행정: 한국행정 연구를 위한 이론적 · 경험적 함의를 찾아서. 한국행정학보 41(3): 1-40; 김종영 · 김희윤. (2013). '삼성백혈병'의 지식정치: 노동보건운동과 현장 중심의 과학. 한국사회학 47(2): 267-318; 김근세. (2016). 한국행정의 목표: 다원적 행정가치와 전략. 한국행정학보 50(4): 11-42; 한겨레. '삼성 백혈병' 보상 11년 만에 마침표…피해자 전원 보상 2019.10.19.일자. https://www.hani.co.kr/arti/society/labor/868459.html; 한겨레. '삼성 백혈병 산재' 인정에 근로복지공단 또 불복. 2023.7.25.일자. https://www.hani.co.kr/arti/society/labor/1101712.html 2024.1.22. 검색.

15) 형평성(equity)은 사회적 · 경제적 · 정치적으로 불리한 입장에 있는 계

층에게 공공서비스를 배분할 때 공정성(fairness)과 평등성(equality)을 보장하는 것이라고 할 수 있습니다. 모든 사람이 동일한 혜택을 받도록 정책이 추진되어야 함을 뜻하는데, 아무리 행정이 많은 성과를 산출해도, 그 성과가 특정 계층의 사람과 특정 주민들에게만 분배된다면 형평성은 달성되지 못한다고 할 수 있겠죠. 행정은 전통적으로 효율성을 제1의 이념으로 삼아 왔으므로 상대적으로 형평성을 향한 관심이 적었습니다. 그러다가 1960, 70년대에 강렬했던 평등에 대한 관심이 형평성의 개념으로 이어지고 사회적 소수자에 대한 의식적 배려가 없는 행정은 오히려 그들을 억압하는 데 이용될 가능성이 크다는 점이 지적되면서 사회적 형평성에 대한 관심이 촉발됩니다. '약촌오거리 택시기사 살인사건'이라는 실화를 바탕으로 한 영화 '재심New Trial'(김태윤 감독, 2017)에 나오는 것처럼 법이 정말 만인에게 평등한 것일까요? 혹시 돈 없고 빽 없는 자에게 법은 오히려 횡포를 부릴 가능성은 없나요? 사법 피해자 구제와 정부의 사법개혁 과정에서 형평성은 무엇보다 중요한 가치일 것입니다. 관련 내용은 다음 자료를 참고하였습니다. Waldo, D. (1948). *The Administrative State; A Study of the Political Theory of American Public Administration*. Ronald Press Company; Frederickson, H. G. (1971). Toward a new public administration. In *Toward a new public administration: The Minnowbrook Perspective*, Frank Marini ed., 309-331. Chandler Publishing Company; 임의영. (2008). 신행정학의 공공성: 사회적 형평성을 중심으로. 사회과학연구 47(2): 135-166; 임의영. (2011). 형평성의 개념화. 행정논총 49(2): 81-102; 스브스뉴스 영화 재심의 배경, 약촌오거리 살인사건의 전말. 2017.2.19.일자. https://www.youtube.com/watch?v=8SIZzW9cEXs; 서울경제. "영화 '재심' 만든 건 '불쌍하다'는 보편 감정" 2021.8.11.일자. https://www.sedaily.com/NewsView/22Q5C0C072 2024.1.22. 검색.

16) 가외성(redundancy)은 일상적으로 초과분, 잉여분으로 언뜻 보기에는 무용하고 불필요한 낭비적인 것으로 보일 수 있으나, 특정한 체제가 장래 불확실성에 직면했을 때 발생할지도 모를 실패를 방지함으로써 특정체제의 환경에 대한 적응성과 신뢰성을 높이는 가치라고 할 수 있습니다. 일반적으

로 가외성은 능률성의 반대말로 파악되었지만 행정체제가 정보처리체계 또는 정책결정체계로 이행하면서 단기적이고 미시적인 경제성의 추구뿐만 아니라 장기적이고 거시적 관점에서 안정성과 신뢰성을 확보하는 데 필요한 것으로서 그 중요성이 높아지고 있죠. 여러 기관이 중복적으로 사업의존성을 가지면서 수행하는 중첩성(예: 정부 국가연구개발사업에 대한 여러 부처의 사업 진행 등), 동일한 기능을 가진 여러 기관이 독립적으로 업무를 추진하는 반복성(예: 신용보증기금과 기술신용보증기금 등의 기관에서 정책금융 추진, 법원의 삼심제 등), 기관 내 해당 부서에서 주요 기능이 작동하지 않을 때 비슷한 기능을 수행하는 부서에서 해당 주요 기능을 대신 수행하는 동등잠재력(예: 복수차관제, 대통령 유고시 국무총리의 권한대행 등) 등의 특징을 가집니다. 물론 불확실한 환경에서 사회문제를 해결하기 위한 정부조직에서 기관 간 기능의 중복은 주도권 다툼으로 인한 갈등으로 이어질 수도 있습니다. 관련 내용은 다음 자료를 참고하였습니다. Landau, M. (1969). Redundancy, rationality, and the problem of duplication and overlap. *Public Administration Review* 29(4): 346-358; 김영평. (1988). 관료제의 정책결정 양식과 민주주의 인식방법론. 한국행정학보 22(2): 373-392; 최태현. (2017). 가외성 개념과 가치의 비판적 검토: 다중성과 의도성을 중심으로. 한국행정학보 51(3): 389-410.

17) 책임성/책무성(accountability)은 어떤 행위자가 다른 중요한 대상에게 (이양받은) 권한과 관련된 자신의 행위를 설명하고 정당화하는 의무를 지는 사회적 관계라고 할 수 있습니다. 이러한 책임성은 공적 기능을 담당한 행위자들이 공적 목적을 달성하는 데 사용하도록 부여된 권력이나 재량을 남용하지 않도록 통제 절차를 만들기도 합니다. 이러한 책임성은 정치인과 관료들의 반응성과 응답성을 기반으로 하며, 그들에게 부여된 권한과 자원을 이용하여 바람직한 행동과 성과를 산출하거나 또는 하지 못할 경우 상(reward)과 벌(punishment)을 부여하기도 하죠. 또한 '책임을 묻는 자'의 위치(기관 내부의 책임을 묻는 자와 기관 외부의 책임을 묻는 자)와 '책임성의 판단기준'(행정행위에 대한 낮은 자율성 부여와 높은 자율성 부여)의 특성을 조합하여 아래 표와 같이 계층적(bureaucratic), 법적(legal), 전문가적(professional), 정치적(political) 책임성으로 유형화하고 각 유형의 특

성을 이야기하기도 합니다.

책임성의 유형

구분		'책임을 묻는 자'의 위치	
		조직 내부(내부 통제)	조직 외부(외부 통제)
'책임성 판단 기준'의 특성	낮은 자율성 부여 (높은 통제수준)	계층적 책임성	법적 책임성
	높은 자율성 부여 (낮은 통제수준)	전문가적 책임성	정치적 책임성

관련 내용은 다음 자료를 참고하였습니다. Romzek. B. S. & Dubnick. M. J. (1987). Accountability in the Public Sector: Lessons from the Challenger Tragedy. *Public Administration Review* 47(3): 227-238; Bovens, M. (2005). Public Accountability. In E. Ferlie, J. Laurence, E. Lynn & C. Pollitt. (ed). *The Oxford Handbook of Public Management*. Oxford University Press; 엄석진. (2009). 행정의 책임성: 행정이론간 충돌과 논쟁. 한국행정학보 43(4): 19-45.

18) 예를 들어 영화 '옥자Okja'(봉준호 감독, 2017)에서 나왔던 육류의 대량생산에 관한 메시지를 생각해 보면 어떨까 싶습니다. 영화 '옥자'는 비밀을 간직한 채 태어난 암퇘지 '옥자'를 막강한 다국적 회사가 납치하면서 벌어지는 내용으로 '미자'라는 이름의 산골 소녀가 거대 동물 '옥자'를 구하기 위해 위험을 무릅쓰고 다국적 회사에 맞서는 내용입니다.

19) 예를 들어 소재원의 소설『터널』을 원작으로 하는 영화 '터널Tunnel'(김성훈 감독, 2016)은 무너진 터널 안에 고립된 한 남자와 그의 구조를 둘러싸고 변해 가는 터널 밖의 이야기를 다루고 있어 국가의 책임성은 어디까지인가에 대해 생각해 볼 수 있습니다.

20) 예를 들어 영화 '에너미 오브 스테이트Enemy of the State'(토니 스콧 감독, 1998)에서 국가안보국의 야망 있는 부국장은 힘있는 국가안보국을 만들기 위해 전방위적 도청과 감청이 가능한 통신보안법을 추진합니다. 법안

통과를 위해 하원의장에게 협조를 부탁하지만 하원의장은 시민의 자유가 침해당할 것을 우려해 이를 거절하고 결국 하원의장은 살해되죠. 그리고 이 장면이 담긴 동영상을 우연히 손에 넣은 주인공은 국가안보국으로부터 쫓기게 됩니다.

21) 이와 관련한 내용은 다음 자료를 참고하면 좋을 듯합니다. 김영평. (2008). 정책이론에서 합리성의 한계와 모순의 관리. 행정논총 46(3): 1-33; Stone, D. A. (2012). *Policy paradox: The art of political decision making*. 3rd ed. W.W. Norton & company.

22) 역대 국정목표에 대한 보다 자세한 내용은 다음 자료를 참고할 수 있습니다. 임도빈. (2008). 역대 대통령 국정철학의 변화: 한국행정 60년의 회고와 과제. 행정논총 46(1): 211-250; 이장규. (2014). 대한민국 대통령들의 한국경제 이야기 1, 2. 살림; 김혁. (2014). 대통령의 리더십과 정책의제설정 양태에 대한 연구. 한국정치연구 23(2): 77-101; 김근세. (2016). 한국행정의 목표: 다원적 행정가치와 전략. 한국행정학보 50(4): 11-42; 박준형 외. (2017). 대통령 연설기록 내용분석을 통한 역대 대통령의 중심가치 연구. 한국기록관리학회지 17(2): 57-78.

23) 다큐멘터리 '버블 패밀리Family in the Bubble'(마민지 감독, 2017)에 나오는 대사처럼 '부동산만이 대박의 지름길'이라는 종교같이 굳어진 우리 사회의 가치관에 대하여 고민할 필요가 있겠죠. 관련 내용은 다음을 참고하였습니다. 한국예술종합학교 K-Arts TV. 도시수집가 공간을 산책하다: '버블패밀리' 마민지 감독 인터뷰 https://www.youtube.com/watch?v=GuOd0SEMJUo; 닷페이스. IMF 때 유딩, 초딩이었던 사람 여기 붙어라. 영화 '버블패밀리' 코멘터리 https://www.youtube.com/watch?v=h3mk1euPi_w 2024.1.22. 검색.

24) 이와 같은 내용은 다큐멘터리 '종말의 시대The Age of Consequences'(자레드 P. 스콧 감독, 2016)에서 언급되고 있습니다. 물이 부족한 이슬람 국가에서 이슬람 근본주의자(Islamic Fundamentalism, IS)가 댐을 장

악·통제하는 방식으로 물 부족을 심화시키자 사람들은 농경지를 버리고 도시로 떠나는데, 도시엔 일자리가 부족하고, 먹고살 길이 막막한 사람들의 심리를 다시 IS가 파고든다는 내용이죠. 한편, 환경문제 해결을 위해 탄소배출이 문제가 되자, 글로벌 기업들의 탄소배출과 관련한 부정적 모습도 나타나고 있습니다. 관련 내용은 다음을 참고하였습니다. EBS 다큐프라임. 인류세 1부 닭들의 행성/2부 플라스틱 화석 https://www.youtube.com/results?search_query=%EB%8B%A4%ED%81%90%EB%A9%98%ED%84%B0%EB%A6%AC+%EC%9D%B8%EB%A5%98%EC%84%B8; KBS 다큐인사이트 1부 탄소 해적. '탄소 해적'들 때문에 삶의 터전을 잃은 원주민들. 글로벌 기업의 두 얼굴. 21.01.11 방송 https://www.youtube.com/watch?v=MNrImyDV328 2024.1.22. 검색.

25) 최근 몇 년 동안 우리나라 역시 기후위기와 자연재해로 인해 다양한 인적·물적 피해가 계속되고 있습니다. 관련 내용은 다음 자료를 참고하였습니다. KBS. 시사직격. 긴급르포 115년 만의 폭우, 물에 잠긴 서울 https://www.youtube.com/watch?v=bx_l6lMQzQw; KBS. 추적60분. 극한 호우, 대한민국을 삼키다 https://www.youtube.com/watch?v=XLCwvt98A-k 2024.1.22. 검색.

26) 예를 들어 도심에서 별로 떨어지지 않은 근교 농업을 지켜야 한다는 메시지를 제시하고 있는 애니메이션 '이웃집 토토로My Neighbor Totoro'(미야자키 하야오 감독, 1998)와 무분별한 난개발이 자연재해를 만날 경우 얼마나 위험한 상황이 발생할 수 있는지 알려 주는 영화 '해운대Haeundae'(윤제균 감독, 2009)를 생각해 보면 좋을 것 같습니다.

27) 예를 들어 이명박 정부 당시의 아랍에미리트 연합국(United Arab Emirates, UAE)과의 이면계약을 생각해 보죠. 원전을 수출한다는 것은 국익에 도움이 되지만 이를 위해 UAE의 유사시 군사 자동개입을 양해각서로 체결하는 것은 정부 목표로서 적절한가 의문이 있을 겁니다. 더욱이 헌법 조항에서는 국가 간 동맹을 맺는 것에 대해 행정부의 재량으로 하는 것이 아니라 국민의 권리를 위임한 국회, 즉 국민의 동의를 얻어야 하는 것을 원칙으로 한다는 점에서 이명박 정부가 정치적인 문제를 마치 효율성 위주

의 비즈니스화시켰다고 비판됩니다. 절차적 정당성(국회 비준절차)은 효율성(원전수출)보다 중요하지 않게 생각했다고 볼 수 있다는 것이죠. 관련 내용은 다음 자료를 참고하였습니다. JTBC 뉴스룸. 김태영 전 국방부장관 방송 인터뷰 2018.1.9.일자. http://news.jtbc.joins.com/article/article.aspx?news_id=NB11573063&pDate=20180110; JTBC 뉴스룸. 정의당 김종대 의원 방송 인터뷰 2018.1.10.일자. http://news.jtbc.joins.com/article/article.aspx?news_id=NB11573368 2024.1.22. 검색.

28) 예를 들어 존 롤스John Rawls가 집필한 『정의론A Theory of Justice』을 참고하여 생각해 볼 수 있습니다. 『정의론』은 존 롤스가 집필한 정치철학 책으로 1971년에 출판되었습니다. 여기서 그는 사회 계약과 같은 여러 장치를 통해 분배 정의(공정한 분배에 대한 사회정의)에 대해 논의하면서 자유의 원리와 차등의 원리에 따른 '공정으로서의 정의'를 제시하고 있죠. 제1원칙(평등한 자유의 원칙)은 사상의 자유, 양심의 자유, 언론·집회의 자유, 선거의 자유, 공직 및 개인 재산을 소지할 자유 등 보통 헌법상의 기본권에 해당하는 가장 기본적인 자유를 보장할 것을 요구하는 원칙입니다. 제2원칙(차등의 원칙과 기회균등의 원칙)은 사회적·경제적 불평등에 관한 것으로서 그 사회의 최소 수혜자인 가장 약자인 자에게 가장 많은 분배의 이익이 돌아가도록 할 때만 불평등을 허용할 수 있다는 것으로서 만약 약자를 배려한다면 성장과 발전도 용인될 수 있다는 것입니다. 관련 내용은 다음 자료를 참고하였습니다. Rawls, J. (1971). A Theory of Justice. Belknap Press of Harvard University Press; 존 롤스. (2003). 정의론. 황경식 옮김. 이학사; EBSi 5분 특강: 세상을 움직이는 생각_생활과 윤리 롤스의 정의, 무지의 베일! 2021.3.14. 방송 https://www.youtube.com/watch?v=f2DRYRDG1Eo; EBSi 5분 특강: 세상을 움직이는 생각_생활과 윤리 롤스가 말하는 시민 불복종! 2021.3.15. 방송 https://www.youtube.com/watch?v=YFBLNFSJgBo 2024.1.22. 검색.

10

왜 갤러웨이 소령은 두 해병이 무죄라고 생각했을까?

▼ 이번 장과 관련한 영상은

다음에서 확인할 수 있습니다.

▼사회과학 콘텐츠 랩 연곳 YEONGOT

10

왜 갤러웨이 소령은 두 해병이 무죄라고 생각했을까?

정부조직의 목표와 구성원의 추앙: 영화 <어 퓨 굿맨>

"넌 진실을 감당할 수 없어!"
(영화 '어 퓨 굿맨'에서 제섭 대령의 대사)

쿠바 미국령 관타나모 해군기지, 해병대 경비중대의 산티아고 이병은 부대에 적응하지 못하고, 감찰부, 상원의원 등 군 내외 사람들에게 편지를 써서 전출을 요구합니다. 부지휘관 마킨슨 중령은 산티아고 이병을 전출시키자고 건의하나 기지 사령관 제섭 대령은 이를 묵살하고, 나중에 산티아고가 사열 도중에 총을 떨어트린 것을 계기로 소대장 켄드릭 중위에게 산티아고 이병에 대한 코드레드(Code Red)를 명령합니다. 코드레드는 비공식적 구타와 얼차려를 의미하는 것으로 산티아고는 같은 소대원 도슨 상병과 다우니 일병에게 '코드레드'를 당한 후 구타로 사망하고, 가해자 2명은 군법회의에 회부됩니다. 국가안보위원회로 영전이 예정되어 있는 제섭 대령은 자신이 코드레드를 명령한 사실을 은폐하고, 2명의 해병에게만 책임을 지우게 되죠. 하지만 이들의 변호를 맡은 갤러웨이 소령과 캐피 중위에게 저지되고 2명의 해병 역시 자신들의 무죄를 주장하면서 결국 법정에서 싸우게 됩니다.

이 장에서는 영화 '어 퓨 굿맨A few good man'[1)]을 통해서 조직이 개인을 과도하게 동일시하려는 점과 공무원의 복종과 불만에 대한 대응을 생각해 보려 합니다. 이 영화 제목인 '어 퓨 굿맨'은 소수 정예라는 뜻으로 미 해병대 슬로건이었습니다. 해병대는 정예부대를 자처하기 때문에 슬로건에 few라는 키워드를 사용했다고 하네요. 그럼 영화 속 해병은 정말 소수 정예의 좋은 사람일까요?

왜 조직은 개인을 과도하게 동일시하려는 것일까?

"우리 임무는 국민의 생명을 지키는 거고 그건 엄숙한 거야.
그 임무에 부적합한 사병은 작전에 들어가면 다른 사병의 목숨까지 위협하게 돼."

"놈은 지휘계통을 무시하고 같은 부대원을 밀고했어.
이런 녀석이 미 해병대원이라니"
(영화 '어 퓨 굿맨'에서 제섭 대령의 대사)

이 영화를 보면서 드는 첫 번째 의문은 '왜 조직은 개인을 과도하게 동일시하려고 하는 것일까?'입니다. 이병이 부대에 적응하지 못하고 전출을 원하면 다른 부대로 그냥 보내면 될텐데 말입니다. 일을 이렇게까지 크게 만들 필요는 없었을텐데요. 아마도 그들은 개인의 실패가 조직의 실패라고 생각했던 것 같습니다. 우리 조직의 모든 사람들이 '이것을 해내'는 것이 자기 조직의 우수성을 보여 주고, 그 기준을 넘지 못하는 사람이 있다는 것은 조직의 우수성이나 명예를 손상시킨다고 생각한 것 같습니다. 조직과 개인을 동일시하는 거죠. 조직은 일반적으로 모든 것을 분류한 뒤, 도구화하여 목표를 달성하려고 합니다. 도구화된 조직은 현대사회의 지배적인 형태로, 사람을 극단적으로 도구화하는 지배자를 위한 장치에 불과할 수 있습니다. 독일의 사회학자 막스 베버M. Weber는 이러한 조직[2]의 구조적 특성에 대하여 관료제의 몰개인성(impersonality),[3] 위계성(hierarchy),[4] 공식성(formality)[5]이라고 말한 바 있죠.

조직이 목표를 달성하기 위한 수단이 개인이므로 조직의 목표와 개인들의 목표를 일치시키려고 하는데, 이러한 과정은 조정비용이 발생시킵니다. 대체로 조직은 개인들의 개성을 인정하여 조정비용(예: 개별적 차이를 발견하여 줄이려는 노력 등)을 발생시키기보다는 몰개성화시켜(예: 복장 통일 등) 관련된 조정비용을 줄이려고 합니다. 조직 입장에서는 조직의 목표가 중요하기 때문입니다. 개인을 분류·도구화하고 조직의 목표와 개인의 목표를 일치시키려고 하지만, 조직의 목표와 개인의 목표가 일치하지 않을 경우, 이를 해결하기 위해 몰개인성과 계층성, 공식성, 규칙을 강화하고 비공식적 관행 혹은 재량도 사용하게 됩니다.[6] 제섭 대령은 산티아고 일병을 해병대의 목표에 잘 맞는 도구로 만들고 싶었겠지만, 그러한 시각은 조직 입장일 뿐입니다. 조직이 원활하게 운영되기 위해서는 '조직의 목표=개인의 목표' 간 관계를 적절하게 관리해야 합니다만[7] 현실은 다를 수도 있음을 인정해야 합니다. 그렇지 않으면 조직으로서 유지되기는 어려울 수밖에 없습니다. 조직=개인이라는 생각이 지배할 경우 장점은 조직의 목표달성에 개인이 기여하게 함으로써 조직몰입, 개인발전에 계기가 될 수 있겠지만 아쉬운 점은 과도한 조직과 개인의 일치화는 개인의 도구화를 촉발시키고, 정작 개인은 소외될 가능성이 아주 높다고 보여집니다.[8]

공무원의 정부조직에 대한 복종과 책임도 중요하지만, 모든 상황에서도 복종해야 할까?

"코드 레드가 뭔가?"
"군기확립 훈련입니다. 군기가 흐트러진 해병을 제대로 잡아 주는 겁니다."
"산티아고에게 왜 코드레드를 했지?"
"지휘 계통을 어겼기 때문입니다.
문제가 있으면 지휘계통을 통해 해결해야 하는데 그는 그러질 않았습니다."
(영화 '어 퓨 굿맨'에서 캐피 중위와 도슨 상병의 대화)

"난 공식적으로는 코드 레드 금지를 명했지만 개인적으로는 그것이 훈련의 연장이라고 생각해. 내게 보고가 올라오지 않는 한은 그걸 막을 생각이 없어."
(영화 '어 퓨 굿맨'에서 제섭 대령의 대사)

변호를 맡은 캐피 중위와 군법회의에 회부된 2명의 해병 사이 대화를 보면 기소된 해병은 해병으로서 자부심이 대단하며, 항상 기합이 들어가 있고 죽은 산티아고 이병에 대한 동정심이나 죄책감보다 해병대의 규율을 더 중요하게 생각한다는 것을 알 수 있습니다. 자신들은 상관의 명령을 따랐을 뿐이기에 유죄를 인정하지 않죠. 요즈음 1인 기업, 1인 미디어 등과 같이 1인 조직이 나타나고 있지만, 일반적으로 조직은 2인 이상의 다수가 특정한 목적을 가지고 상호작용하는 집단을 이루어 형성합니다.[9] 집단의 특성은 다른 집단과의 경계를 가지고, 집단만의 목표를 설정하여 이를 달성하기 위해서 단결하여 노력하며, 집단만의 규범과 규칙 그리고 문화를 형성합니다. '그들만의 세상'이 만들어지는 것이죠. 만약에 집단의 문화나 규범을 따르지 못한다면 그 사람은 집단 내에서 소외되거나 집단 밖으로 나오게 됩니다. 집단 내에서 살아남고 나아가 성공하기 위해서는 집단의 규범과 문화를 잘 따르고, 집단의 이익을 위해서 살아가야 하겠죠. 하지만 나는 일을 잘하기 위해서, 조직의 규칙을 잘 따르고, 나의 조직에서 인정받기 위해서 한 행동인데 그 행동이 불법하거나 비윤리적인 경우가 있을 것입니다. 조직의 가치관이나 규칙이 나의 가치관과 다르다면 우리는 어떻게 해야 할까요?

여기서 코드레드라는 것에 대해서 이야기를 해 보면 좋을 것 같습니다. 영화 전체로 보면 코드레드는 공식적인 지침서나 규칙으로 존재하지 않는 것인데도 불구하고 구성원들은 마치 공식적 규칙처럼 받아들이고 있는 것을 볼 수 있습니다. 그것을 따르는 것에 아무런 비판이 없었던 거죠. 공식적인 규칙도 때로는 수정이 필요한데, 소위 관행이라고 하는 비공식적인 규범이 조직 내에서는 마치 공식적인 것과 동일하거나 때로는 더 강력한 힘을 가지고 있는 것입니다. 조직 내에서는 어쩌면 '지금까지 그렇게 해 왔어.' 이런 말이 진짜 무서운 말인 것 같습니다. 그래서 비공식집단의 영향이 때로는 공식제도를 압도하기도 하죠. 나와 매일매일 일을 같이하는 사람들의 가치관, 규범이 공식적 규정보다 더 큰 영향을 미칠 수 있다는 것입니다.[10] 영화 속에서 묘사된 코드레드는 가혹행위나 마찬가지였는데, 왜 아무도 문제제기를 하지 않았을까요? 어쩌면 조직은 그것을 조직을 위해 한 행동이니 문제가 아니라고 생각했을 것 같습니다. 영화에서도 제섭 대령은 자신의 결정에 대해서 전혀 잘못했다고 생각하지 않습니다. 그것은 나의 이익을 위한 것도 아니고 조직을 위한 결정이었다고 합니다. 그 명령으로 산티아고 일병이 죽음에 이르렀지만 나는 그것을 의도하지 않았고 그것은 사고였다고 이야기하죠. 시스템에 대한 무비판적 수용이 조직의 문제를 스스로 발견할 수 없는 원인이 된 것입니다. 정치철학자 한나 아렌트Hannah Arendt의 1963년 저작 『예루살렘의 아이히만』에서 언급된 나치전범에 대한 악의 평범성 이야기처럼 말입니다.[11]

물론 구성원, 특히 공무원이라면 더욱 복종과 책임성의 의무가 중요합니다. 책임성이란 민주정치의 핵심으로서 어떤 행위자가 중요한 대상에게 자신의 행위를 설명하고 정당화하는 의무를 지는 사회적 관계라고 할 수 있습니다. 정부조직 구성원에게 책임을 묻는 자가 국민(헌법)인지, 상관(국가공무원법)인지에 대한 논쟁은 지속되어 왔죠.[12] 영화에서처럼 군대 조직에 책임을 묻는 자는 국민이 되어야 하지만, 현실에서는 상관이라고 할 수 있죠. 타당하지만 멀리 있는 국민에 대한 의무와 다소 덜 타당해 보이지만 가까이 있는 상관에 대한 의무가 부딪히고 있다고 볼 수 있습니다. 그렇다면 구성원은 모든 상황에서도 복종해야 할까요? 부당한 복종에 대해 어떻게 대응해야 할까요? 이처럼 부당한 지시에 대한 대응에 대해 알버트 허쉬먼Albert Hirschman은 조직에 불만을 가진 구성원의 행위 유형으로 이탈(exit), 항의(voice), 충성(loyalty)을 제시했습니다.[13] 이탈은 가장 강력한 의사표시이며, 조직 내부보다 외부에서 더 큰 영향력이 있다고 판단될 때 이루어질 수 있으며 이탈이 불가능한 상황에서는 항의와 충성을 선택할 가능성이 높습니다. 또한 항의는 구성원이 조직의 관행, 정책, 결과물 등에 대해 만족스럽지 못한 상태를 바꾸려는 시도(청원, 신고, 여론 동원 등)이며 조직의 개선을 기대하는 구성원은 우선 항의의 가능성을 탐색한 후 항의가 실패하면 이탈을 고려하게 된다는 것이죠.

불법적인 명령과 정당한 이의제기 간의 현실

"우리는 아무 잘못도 하지 않았어요!"
"아니, 우리는 잘못했어. 우리는 혼자 힘으로 싸울 수 없는 사람들을 위해 싸워야 했어. 우리는 윌리를 위해서 싸워야 했다고."
(영화 '어 퓨 굿맨'에서 도슨 상병과 다우니 일병의 대화)

영화의 결말은 명예가 조직에만 있는 것이 아니며 부당한 명령을 거부하는 개인도 중요한 명예를 가지고, 약자를 보호하지 않은 것이 진정으로 불명예라는 점을 우리에게 상기시켜 줍니다. 특히 이 영화는 최근 우리나라에서 발생했던, 대통령이나 장관 등의 지시를 공무원이 무비판적으로 집행한 결과로 일어난 사건들을 생각나게 합니다.[14] 군인이나 공무원의 복종에 대하여 우리나라 대법원의 판결은 다음과 같습니다. 1999년 대법원은 "상관의 위법한 명령에 따라 범죄행위를 한 경우, 부하가 한 범죄행위 역시 위법한 것으로 처벌해야 한다"라고 판결했습니다. "상관의 지시라고 해서 '불법'을 처벌하지 않으면 법보다 상관 명령이 우선시되어 법치주의에 어긋나고, 따라서 위법한 명령은 따를 의무가 없으며, 오히려 거부해야 하며 불법인줄 알았지만 명령이었기 때문에 어쩔 수 없이 수행했더라도 처벌을 받는다"라는 것이 대법원의 판결입니다.[15] 상관의 명령은 '적법'한 경우에만 복종하라는 것입니다. 하지만 20여 년이 지난 지금까지도 여전히 불미스러운 일들은 계속해서 일어나고 있는 것이 현실입니다.

최근 제한적이지만, 정부조직 구성원의 경우 MZ세대들이 기존 관행에 목소리를 내기 시작했으며, 권위주의적 조직문화로 인해 젊은 공무원의 이직이 증가하고 있다고 합니다.[16] 또한 군대 내 성폭력 사건으로 인한 죽음과 항의가 지속되고 있는데[17] 군대 조직이 이를 은폐하고 외면함으로써 이러한 비극적 결과가 발생했다고 할 것입니다. 너무나 안타까운 일입니다.

여러분은 제섭 대령의 코드레드 지시에 어떻게 생각하시나요? 자신이 코드레드 지시를 받거나 당한 당사자라면 어떤 행동을 하실 것 같은가요? 우리 회사, 학교, 직장 등 속했던 조직에서 동의하기 어렵지만 '지금까지 그렇게 해 온' 관행이기에 묵인하고 따랐던 순간을 떠올려 보고 다시 그때로 돌아간다면 어떻게 대응하겠다고 생각하시나요?

참고한 내용 및 더 읽어 볼 것들

1) 실화를 바탕으로 하는 에런 소킨Aaron Sorkin의 연극을 영화화한 '어 퓨 굿맨'(롭 라이너 감독, 1992)은 미국 해병대 내부에서 발생한 해병대원 사망 사건을 모티브로 하여 만든 것으로 의문의 살인 사건을 통해 군 내부의 문제를 폭로하는 법정 드라마입니다. 신참 군법무관인 대니얼 캐피 해군 중위(톰 크루즈)는 하버드 로스쿨을 졸업하고 전 군법무감이자 법무장관인 아버지를 둔 엘리트이지만 열정 없이 일을 대충 끝내기로 유명합니다. 임관한 지 단 9달 만에 40개의 사건을 법정 밖 합의로 대충 처리하고 넘어가는 캐피 중위는 해군의 고위장교들에 의해 관타나모 기지에서 일어난 살인사건의 변호를 맡게 됩니다. 캐피 중위는 어려운 싸움임을 직감하고 군검사 잭 로스 해병대 대위(케빈 베이컨)와 가능한 한 타협해 최대한 낮은 형량을 받아 내려고 하지만, 정의를 추구하는 조앤 갤러웨이(데미 무어) 해군 소령에게 설득되면서 2명의 해병의 무죄를 주장하여 결국 법정에서 함께 싸우게 됩니다.

2) 막스 베버가 이야기한 조직은 관료제(bureaucracy)를 말합니다. 관료제의 어원은 18세기 프랑스에서 사무를 보는 책상을 뜻함과 동시에 일하는 장소를 의미하는 사무실(bureau)과 희랍어의 어원인 지배(cracy)라는 뜻의 말이 합해져서 만들어졌다고 합니다. 당시 절대왕정으로 국가권력의 팽창과 이에 수반되는 새로운 세력으로서 관료들의 등장, 그리고 그들 권한의 남용과 횡포 등을 꼬집는 용어로서 사용된 것으로 추측되고 있죠. 막스 베버가 생각한 가장 이상적이고 순수한 유형(ideal type)(여기서 이상형은 규범적 의미에서의 도덕적 이상을 뜻하는 것이 아니며, 마땅히 추구되어야 한다는 의미 역시 아닙니다. 공통적인 사례들을 강조하는 특정한 요소라고 할 수 있습니다)의 조직은 관료제로서 인간의 주관적이고 감정적인 편견과 차별적인 신분질서가 배제되고, 객관성 · 몰인격성 · 전문성 · 능력성이 보장되는 합리적 조직구조를 의미합니다. 특히, 인간의 자의성을 배제하는데 역점을 둔다고 할 수 있죠. 관료제의 특성으로는 조직의 목표달

성에 필요한 활동은 공식적인 직무로서 적절하게 분할되고, 조직의 운영은 계층제의 운영에 따라 추진되며, 조직 내의 모든 결정행위나 작동 및 운영은 공식적으로 확립된 법규체제에 따르고 업무처리는 반드시 문서로 처리함 등을 들 수 있습니다. 대규모의 조직 업무가 효과적으로 성취되려면 전문화된 직무로 분할되어야 하며, 이러한 분업적 전문화는 조직 내의 조정문제를 발생시키므로 권위의 계층제를 통하여 다양한 업무의 조정이 필요하며, 작업 활동을 표준화하고 세부적인 감독의 필요성을 줄이기 위해 법규체제를 고안해야 한다고 지적됩니다. 관련 내용은 다음을 참고하였습니다. Weber, M. (1946). *From Max Weber: Essays in sociology*. Gerth, H. H. & C. W. Mills(trans.). Oxford University. 196-216; Crozier, M. (1964). *The Bureaucratic Phenomenon*. University of Chicago Press; Max Weber. (1968). *Economy and Society: An Outline of Interpretive Sociology*. Roth, G. & C. Wittich (eds.) Bedminster Press; Medeiros, J. A., & D. E. Schmitt. (1977). *Public Bureaucracy: Values and Perspectives*. Duxbury Press; 김해동. (1986). 관료제, 그 논의의 배경과 어원과 사용. 행정논총 24(2): 17-31; Beetham, D. (1996). *Bureaucracy*. University of Minnesota Press; 막스 베버Max, Weber. (1997). 경제와 사회. Economy and Society. 박성환 옮김. 문학과 지성사; 백완기. (2006). 행정학. 박영사; Hummel, R. P. (2008). *The Bureaucratic Experience*. M.E.Sharp; 이문수. (2008). Max Weber의 관료론: 기계의 부속품인가, 소망을 실현하는 존재인가? 정부학연구 14(3): 35-66.

3) 몰개인성은 인간의 자의성(arbitrariness)을 배제하는 데 방점을 찍어 인간적 고려가 개입되지 않고 익명 관계로서 일을 처리할 뿐만 아니라 업무처리에 있어 감정을 반영해서는 안 되며, 합리적 기준을 중심으로 가치중립적이고 초연한 정신자세를 강조하는 것을 의미합니다. 이러한 몰개인적 특징은 국가기관 또는 사회에서 문제를 해결하거나 업무를 추진할 때 특정 개인이 아니라 법, 제도, 절차 등에 의하여 진행되어야 한다는 근거를 제공하기도 합니다. 하지만 몰개인성이 너무 강조되면 법, 제도, 절차 등에서 도구적 측면만 강조되어 원래의 목적을 잃어버리게 할 뿐이라고 비판되기도 합

니다. 도구화된 조직은 현대사회의 지배적인 형태이며 일반적으로 사람을 범주화(categorization)하고 도구화한다는 전제를 깔고 있다고 지적됩니다. 조직이 물화(reification)된 상태에서 인간을 극단적으로 도구화하면 지배자를 위한 장치로 전락할 수 있다고 이야기되죠. 관련 내용은 다음 자료를 참고하였습니다. Merton, R. K. (1952). Bureaucratic Structure and Personality. Reader in Bureaucracy. Merton et. al.(ed). Free Press. 361-371; 악셀 호네트Axel, Honneth. (2006). 물화: 인정 이론적 탐구. 강병호 옮김. 나남; 막스 호르크하이머Max Horkheimer. (2022). 도구적 이성 비판: 이성의 상실 2판. 박구용 옮김. 문예출판사.

4) 위계성은 하위자는 상위자의 지시(order)와 통제(control)를 받으며 상관이 부하를 감독할 수 있는 권한을 부여받아 조직이 운영되는 특성을 말합니다. 또한 '의사결정의 집중 정도'를 의미하는 것으로 조직의 중요한 의사결정을 고위 계층에서 하는지를 보는 것이며 조직 내의 권력 배분이 어떠한 모습을 하고 있는지를 알 수 있죠. 그러므로 위계성이 강한 조직(예: 군대, 경찰, 검찰, 병원 등)이 있는 반면 상대적으로 약한 조직(예: 스타트업, 프로젝트 사업추진조직, 위원회 등)도 동시에 존재한다고 할 수 있습니다. 위계성의 장점은 명령과 통제 등을 통해 일을 신속하게 추진할 수 있다는 점입니다. 반면 불확실한 환경에서 중요한 의사결정을 해야 하는 경우 상층부에서 하는 것을 기다리는 과정에서 시간과 비용이 늘어나기도 하고, 실책을 범하기도 쉬울 뿐만 아니라 스스로 잘못된 것을 수정할 능력도 한정되어 있어 제때 문제에 대응하지 못할 수 있다는 단점도 있다고 지적됩니다. 관련 내용은 다음 자료를 참고하였습니다. Hage, J. & M. Aiken. (1976). *Social change in complex organizations*. Random House; 김영평 · 신신우. (1991). 한국관료제의 기관갈등과 정책조정. 한국행정학보 25(1): 307-324; 오석홍. (2022). 조직이론 11판. 박영사.

5) 공식성은 공식적으로 확립된 절차와 제도에 따라 조직 내의 모든 행위를 결정 및 운영하고, 조직 운영의 안정성과 통일성, 계속성을 보장하기 위해 절차와 제도에 각 조직구성원의 책임과 관계를 확정짓는 것을 의미합니다. 이러한 과정은 '조직 내 규칙, 절차, 지시, 의사소통이 문서화 및 표준화되

어 있는 정도'를 의미하는 것이라고 할 수 있죠. 이러한 과정들은 행동의 통일성과 안정성을 보장하며, 그 속에 포함되어 있는 권위구조가 다양한 활동의 조정과 더불어 운영의 계속성을 가능하게 해 준다고 할 수 있습니다. 예를 들어 정부조직에 민원을 접수하기 위해서는 정부에서 공식적으로 지정한 문서 혹은 특정 양식을 반드시 사용하여 접수해야 한다든가, 세금납부 기간은 정해진 기간에 반드시 납부해야 한다든가 등을 생각해 볼 수 있을 겁니다. 정부조직 입장에서는 이러한 문서 양식, 기간을 법적, 제도적으로 정하고 이에 따르게 함으로써 다양한 돌발 행동을 방지할 수 있고, 업무의 계속성과 안정성을 유지할 수 있게 하는 거죠. 관련 내용은 다음 자료를 참고하였습니다. Bozeman, B. (2000). *Bureaucracy and red-tape*. Prentice-Hall, Inc.

6) 조직은 업무를 수행하고 목표를 달성하기 위해서 '구조화'하는데, 구조화는 어떤 활동을 촉진 또는 억제시켜서 조직목표를 수행하도록 하는 틀이라고 할 수 있습니다. 쉽게 말해 일처리 방식이라고 생각할 수 있습니다. 앞에서 이야기한 몰개인성이나 위계성, 공식성 등을 기반으로 개인들을 조직이 원하는 목적에 맞게 행동하게 하는 거죠. 특히, 조직은 불확실하고 복잡한 환경에 대응하기 위하여 업무를 간소화시키고 의사결정의 권한을 상층부에서 현장 관리자에게 나누는 동시에 규정과 절차의 변화를 통해 일하는 방식을 바꾸려고 노력하기도 합니다. 한편, 조직은 원하는 목적을 달성하기 위해 많은 전문가가 일을 쪼개어 수행하는 경우가 많은데, 이때 중요한 점은 많은 전문가가 수행하는 일의 목표를 조직이 원하는 목표의 방향으로 어떻게 유도할 것인가와 관련된 조정(coordination)과 통합(integration)입니다. 여기에는 크게 4가지 방법이 있습니다. 첫째, '직접적 방법'으로서 상하관계를 통해 부하의 업무를 상관이 조정하거나 상부부서가 하부부서를 관리함으로써 목표방향으로 이끌어낼 수도 있으며(수직적 방법), 상호 대등한 조직 간의 관계를 통해 조정(수평적 방법)할 수도 있습니다. 둘째, '간접적 방법'으로서 법, 규칙, 절차 등의 틀을 정해 주어 인간의 행동을 특정한 방향으로 유도하여 조직목표의 방향에 맞추기도 하고, 동시에 문화, 규범, 사회화 등 다양한 관행이 더해져 이에 벗어나는 경우에만 조정하는 재량의 방식이 사용되기도 합니다. 또한 시간, 자원, 인력 등을 틀 속에 집어넣어 다

른 가능성을 배제하는 계획을 세운다거나 특정 문제를 해결하려고 할 때 전문지식을 가진 전문가만 참가할 수 있게 하는 것은 조직이 원하는 목적을 달성하도록 조정·통합하는 간접적 방법이라고 할 수 있습니다. 셋째, '조정·통합의 필요성 요구를 축소'하는 방법으로 조정·통합의 필요성이 많이 요구되는 분야의 서비스 품목을 감소시키거나, 목표 기준을 낮추는 방식으로 해당 분야 목표의 양과 질을 축소하여 여기서 발생하는 여유자원(slack resources)을 다른 업무에 사용하거나 조정·통합의 필요성 자체를 할 수 없도록 해당 기능 자체를 다른 곳에 맡겨 조직과 분리(예: 민간위탁, 아웃소싱 등)하거나 아예 해당 기능을 없애는 것(예: 규제완화, 민간화)을 들 수 있습니다. 마지막으로 '정보기술의 도입'입니다. 조직은 불확실하고 비일상적인 문제해결이 필요해질수록 관련된 복잡하고 애매한 의미를 이해하기 위한 새로운 관리기법으로서 정보기술을 도입하려고 합니다. 정보기술은 인간과 조직의 인지적 한계를 극복하고 조직의 지적능력과 경직된 조직구조를 획기적으로 변화시켜 조직의 학습능력을 향상시켜 불확실한 업무환경에 적응하고 새로운 문제를 해결하여 부가가치를 늘리고 조직의 안정성과 유연성을 추구하는데 중요한 수단으로 인식되고 있습니다. 관련 내용은 다음을 참고하였습니다. Thompson, J. D. (1967). *Organizations in action: social science bases of administrative theory*. McGraw-Hill; Simon, H. A. (1977). *The new science of management decision*(revised ed.). Prentice-Hall; Simon, H. A. (1983). *Reason in human affairs*. Stanford university press; Mintzberg, H. (1983). *Structure in Fives*. Prentice Hall, Inc; Bretschneider, S. (1990). Management information systems in public and private organizations: An Empirical Test. *Public Administration Review* 50: 536-545; Rindova, V. P. & S. Kotha. 2001. Continuous "morphing". *Academy of Management Journal* 44(6): 1263-1280.

7) 조직의 목표와 개인의 목표 간 관계를 통찰한 대표적인 학자로 체스터 버나드Barnard, C. I를 들 수 있습니다. 그는 조직을 협동적 체계라고 보고 그 안에서 개인의 동기와 선택을 중시하는 것이 필요하다고 주장했습니다. 조직관리를 잘하려면 조직구성원을 주체로 등장시켜 그들이 조직의 목표를

어떻게 인식하고 선택하며, 행동하는지를 살펴보고 공동목표를 향해서 협력하게 만들어야 한다고 했죠. 개인은 각자의 동기에 의해 행동하기 때문에 동기를 파악하는 것이 중요하며 개인의 동기와 목표(내재적 목표)를 조직의 목표(외재적 목표)와 일치시키는 것이 필요한데 내재적 목표와 외재적 목표를 일치시키기 위한 것이 의사소통이며, 효과적으로 외재적 목표를 구성원에게 내재화시키는 의사소통 방식이 바로 '권위(authority)'입니다. 권위를 통해 구성원들의 행태가 변화될 수 있으며, 이러한 변화는 조직 내 학습을 통하여 조직목표에 개인목표를 일치시키므로 조직을 효율적으로 관리하기 위해서 권위를 세우는 것이 관리자의 기능이라는 것이죠. 특히 '조직목표와 개인의 동기가 다를 때 누구는 떠나고 누구는 남는가?'에 대한 질문을 던지고, 무차별 영역(zone of indifference)에서 역이차함수를 생각해 볼 때 사람들은 극대점을 선택할 것 같지만 실제로는 균형적인 상태를 선택하는 경우가 많으며. 계속하여 이러한 균형상태 유지하는 것이 중요하다고 주장했습니다. 다음으로 생각해 볼 사람은 허버트 사이먼Simon, H. A.입니다. 그는 '사람들은 어떻게 의사결정을 하는가?'를 질문하면서 개인의 동기 및 목표와 조직의 목표가 다를 경우 개인이 조직의 목표를 받아들이는 수준이 다를 수 있음을 지적하고 버나드가 이야기한 무차별영역을 용인의 범위(zone of acceptance)로 재해석하여 조직의 관리수준에 따라 이러한 용인의 범위 수준이 커질수도 혹은 작아질수도 있으므로 이 수준의 크기를 최대한 크게 유지하는 것이 중요하다고 주장하였습니다. 특히, 그는 용인의 범위에서 모든 사람이 목표와 수단의 최적화를 추구하는 합리성(rationality)을 최대화하는 것 같지만 생각보다 최대화하지 못하는데, 사람의 인지적인 제약과 정보탐색 시간과 비용 등 거래비용(transaction cost)이 많이 들기에 제한된 합리성(bounded rationality)을 추구하며 본인의 만족(satisfaction)이 충족되면 받아들일 수 있다고 주장하였습니다. 마지막으로 이야기할 사람은 리처드 사이어트Cyert, R. M.와 제임스 마치March. J. G.입니다. 그들은 조직의 목표가 사전적으로 주어져 정해진 것이 아니라 개인과 조직의 다양한 상호작용 속에서 형성되어 만들어지는 것이라고 주장했습니다. 다만, 개인과 조직은 사이먼이 이야기한 것처럼 인지적 한계와 거래비용으로 인해 제한된 합리성을 추구하게 되고 조직 내 사회적 학습을 통해서 만족할 만한 상태를 선택하여 정리한 규칙[예: 표준운영절차(Standard

Operating Procedures, S.O.P.)]을 만들며, 이러한 규칙이 조직 내에서 제도화되어 조직의 목표를 달성하는 데 기여하게 된다는 것이죠. 또한 조직은 형성된 목표를 해결하기 위해 끊임없이 탐색행위를 추구하여 문제를 찾아 해결해 나가려고 하는데, 이러한 과정에서 여유자원을 추구하게 된다는 것도 주장했습니다. 관련 내용은 다음 자료를 참고하였습니다. Barnard, C. I. (1938). *The Functions of the Executive*. Harvard University Press; Cyert, R. M. & J. G. March. (1992). *A behavioral theory of the firm*. 2nd ed. Blackwell Business; Simon, H. A. (1997). *Administrative Behavior: a study of decision-making processes in administrative organizations*. 4th ed. Free Press.

8) 예를 들어 관료제의 구조적 특성이 구성원에게 의존성, 복종성, 좌절감, 근시안적 안목을 키워 심리적 무력감을 느끼게 할 수 있으며, 관료제 내 구성원은 점차 단순화된 성격으로 바뀔 뿐만 아니라 열정 있는 공무원은 소외되고, 지속되는 무력감으로 인해 자신의 실패를 조직에 투영하여 자신이 어리석고 악의에 찬 환경이 둘러싸여 있다고 생각하게 된다고 지적됩니다. 관련 내용은 다음 자료를 참고하였습니다. Argyris, C. (1964). *Integrating the individual and the Organization*. John Wiley & Sons, Inc; Brunsson, N. (2002). *The Organization of Hypocrisy: Talk, Decisions and Actions in Organizations*. Copenhagen Business School Press; 이철주 · 한승주. (2014). 관료제 구조와 사회복지업무 속성의 충돌, 그리고 재량행위의 왜곡. 정부학연구 20(1): 75-118.

9) 일반적으로 조직은 체계(system)로 이해되곤 합니다. 체계는 서로 의존작용을 하는 부분이 통일적으로 구성되어 이루어져 있으며, 하나의 체계 속의 각 부분은 외부환경과의 경계 안에서 존재하면서 서로 영향을 주고받는 동시에 서로 간 연결되어 있다고 지적되죠. 아래 그림에서 보는 바와 같이 이러한 체계의 개념을 활용하여 조직의 구조적 특성을 생각해 본다면 조직은 특정한 목표나 목적을 추구하고 복수의 요소들(주체)이 존재하며, 이러한 복수의 요소들이 분리되어 존재하지 않고 어떠한 형태로든 상호작용을 통해 서로 상호의존적이고 조직 내외의 일정 지역에 공통된 규칙이 적용(연

속성)되는 등 예외는 없을 뿐만 아니라(선형성), 경계를 중심으로 환경 속에서 존재한다고 할 수 있습니다. 여기서 중요한 점 중 하나는 체계가 어느 정도 유지되는가와 관련된 계속성인데요. 일정 시간 동안 체계가 유지될 수 있지만 이러한 계속성을 잃으면 체계는 소멸할 수 있기 때문입니다. 이러한 체계의 과정적 특성은 에너지와 정보가 체계에 투입·전환·산출·환류 과정을 통해 환경과 조직 간 지속적인 상호작용을 하는 것이라고 할 수 있습니다.

체계로서 조직의 구조적·과정적 특성에 대한 이해: 우리나라 정부조직을 중심으로

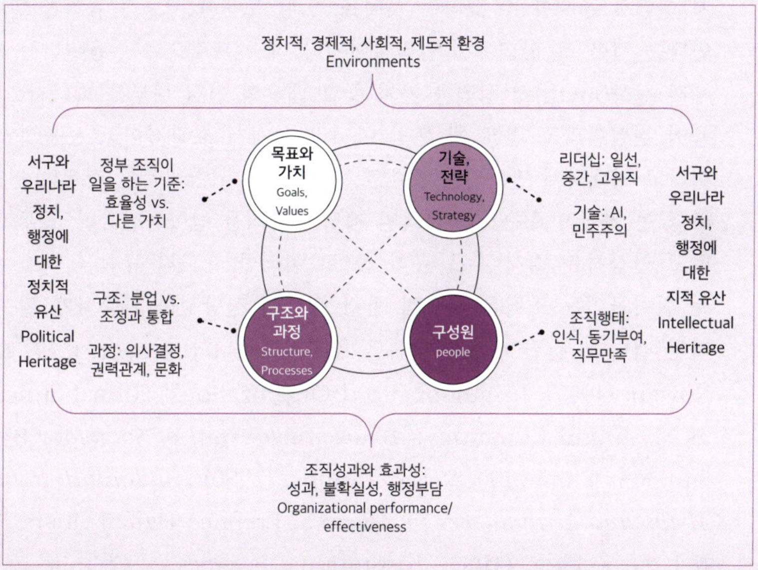

관련 내용은 다음 자료를 참고하였습니다. Thompson, J. D. (1967). *Organizations in action: social science bases of administrative theory*. McGraw-Hill; Denhardt. R. B. & T. J. Catlaw. (2015). *Theories of public organization*. 7th ed. Cengage; 노진철. (2018). 루만의 자기생산적 체계이론에 다가가기. 자음과 모음 37: 272-296; Rainey. H. G., Fernandez, S. & D. Malatesta. (2021). *Understanding and Managing Public Organizations*, 6th ed. Wiley; 오석홍. (2022). 조직이론 11판. 박영사; 니콜라스 루만Niklas, Luhmann. (2022). 사회

의 체계이론. 윤재왕 옮김. 새물결; 한겨레. 세상을 '체계'로 이해한 루만 사회학의 정수. 2020.11.6.일자. https://www.hani.co.kr/arti/culture/book/968783.html 2024.1.25. 검색.

10) 이러한 현상에 대하여 사회학적 신제도이론에서는 제도와 규칙을 사회 속에서 수립되고 구성원 간에 서로 통용되는 전형적인 분류나 해석이라고 지적합니다. 예를 들어 공식적인 법과 제도뿐만 아니라 법규, 교육, 사회적 통념, 학술적 정설, 일반화된 경영방식, 계약, 투표 등과 같이 여러 가지 형태로 존재할 수 있다는 것이죠. 또한 조직이 제도적 규칙을 받아들인다는 것은 그 사회에서 합리적이거나 타당한 것으로 수용된다는 의미에서 신화(myth)적 성격을 가지며 그 내용의 진실 여부를 떠나서 그 내용이 진실이라고 믿게 될 뿐만 아니라 심지어 효과적이고 능률적일 것이라고 기대하게 만든다는 것이죠. 만약 조직이 합리적인 것으로 인정되고 있는 공식적 또는 비공식적인 제도적 규칙을 받아들인다면, 모두가 옳다고 인정하는 질서 혹은 규칙이므로 이러한 제도적 규칙을 따르는 또는 받아들이는 조직은 제도적 환경 내에서 정당성을 획득하게 될 것이라는 겁니다. 관련 내용은 다음을 참고하였습니다. Meyer, J. W. & B. Rowan. (1977). Institutionalized Organizations: Formal Structure as Myth and Ceremony, *American Journal of Sociology* 83(2): 340-363; Nimmo. D. & J. E. Combs. (1980). *Subliminal Politics: Myths and Mythmakers in America.* Prentice-Hall; Tolbert. P. S. & L. G. Zucker. (1983). Institutional Sources of Change in the Formal Structure of Organizations: The Diffusion of Civil Services Reform, 1880-1935. *Administrative Science Quarterly* 28: 22-39; 이종범. (1986). '기술사용조직에 주어지는 유인체계와 기술적합성', 국민과 정부관료제. 고려대학교 출판부. 75-99; Jepperson. R. L. (1991). Institutions, Institutional Effects, and Institutionalization. In *The New Institutionalism in Organizational Analysis.* Powell. W. W. & P. J. DiMaggio. (eds). University of Chicago Press; Meyer. J. W., Boli. J. & G. M. Thomas. (1994). Ontology and Rationalization in the Western Cultural Account. In *Institutional Environments and*

Organizations. Scott. R.W & J. W. Meyer. (eds). Sage Publications. 9-27.

11) 관련 내용은 다음 자료를 참고할 수 있습니다. 전진성. (2005). 역사가 기억을 말하다. 휴머니스트; 한나 아렌트Hannah Arendt. (2006). 예루살렘의 아이히만Eichmann in Jerusalem. 김선욱 옮김. 한길사; 임의영. (2014). 행정의 윤리적 과제. 한국행정학보 48(3): 5-25; tvN 벌거벗은 세계사. 아이히만은 괴물이 아니라 광대다! 이스라엘 법정에 서게 된 '아돌프 아이히만'. 2022.3.8. https://www.youtube.com/watch?v=7ktXqunBfZU; tvN. 한나 아렌트가 쓴 악의 평범성에 대한 보고서 "예루살렘의 아이히만" 2022.8.4 https://www.youtube.com/watch?v=j2COrWMEzK8; 중앙선거관리위원회. 한나 아렌트/인간의 조건_무엇이 인간을 인간답게 하는가? 2020.7.13. https://www.youtube.com/watch?v=ofj4YwDhTII 2024.1.23. 검색.

12) 이와 관련하여 생각해 볼 점은 공무원의 정치적 중립이라고 할 수 있습니다. 과거와 현재, 그리고 우리나라뿐만 아니라 외국에서도 많은 논쟁거리를 제공하고 있기도 하죠. 정치적 중립은 행정이 권력의 도구로 전락하지 않고 독립성을 지켜나가게 하는 수단이며, 정치의 간섭으로부터 공무원의 권리를 지켜나가는 장치라고 할 수 있습니다. 공무원의 정치적 중립은 한편으로는 정치적 영향력으로부터 공무원의 권리를 보호하는 장치로 작용하기도 하지만, 다른 한편으로는 공무원이 자신의 권리를 주장하지 못하게 하는 걸림돌로도 작용하기도 하죠. 또한 정치적 중립을 국민의 뜻이 반영된 집권 정부의 통치철학과 정책 의지를 충실히 반영해야 한다는 의미와 함께, 정권이 아니라 공익을 실현하는 지식을 소유한 전문가라는 의미를 동시에 포함하고 있어서 공무원들에게 딜레마를 안겨 준다는 지적도 있습니다. 이러한 지적은 정치와 행정을 분리할 수 없으며 행정이 가치중립적인 기계는 아니므로 정무직 상관에 대한 충성이 정치적 반응성을 지켜져야 한다는 측면에서는 필요하겠지만 관료에게 시민에 대한 형평을 고려하는 전문가로서의 직업윤리 역시 행동의 중요한 기준이 되어야 한다는 지적과 맞닿아 있습니다. 한편, 최근에는 고위공무원의 경

우 정치적 중립에서 더 나아가 정치적 신중함과 그 책무가 강조되고 있습니다. 관련 내용은 다음 자료를 참고하였습니다. Cooper. T. L. (1982). *The Responsible Administrator: An Approach to the Ethics of the Administrative Role*. Port Washington, Kennikat Press; 윤견수 · 한승주. (2012). 정치적 중립의 경험적 범주에 대한 연구: 지방자치단체 중하위직 공무원을 중심으로. 행정논총 50(3): 237-261; 한승주. (2016). 관료제의 정치적 중립 훼손: 2012년 국가정보원 정치개입 사건 분석. 행정논총 54(1): 103-137; 김다니 · 임도빈. (2019). 고위공무원의 정치적 중립에 대한 이해: 근거이론을 이용하여. 한국행정학보 53(1): 95-123; 권혁주. (2020). 민주 · 공화주의 관점에서 정치 · 행정의 통제와 견제: 책임성, 정치적 중립을 중심으로. 행정논총 58(3): 31-54; 윤견수. (2021). 고위공직자의 책무성: 정치적 중립에서 정치적 신중함으로. 한국행정연구 30(1): 1-24; Shapiro, S. (2023). *Trump and the bureaucrats: the fate of neutral competence*. Springer Nature; KBS. 징계 중인 검사들의 잇단 출마…정치적 중립은? 2024.1.9. 방송 https://www.youtube.com/watch?v=OQn_H9i_8PI; 동아일보. 공무원의 정치 중립, 검사는 예외인가. 2024.1.3.일자. https://www.donga.com/news/Opinion/article/all/20240102/122876135/1; CBS노컷뉴스. 대검, '출마 강행' 김상민 검사 등 중징계 청구…"정치적 중립의무 위반" 2024.1.12.일자. https://www.nocutnews.co.kr/news/6078418; KBS. 미국 고위관리 뉴욕타임스에 익명 기고. 2018.9.6. 방송 https://news.kbs.co.kr/news/pc/view/view.do?ncd=4034728; 경향신문. '항명' 국방장관 축출 · 셀프 사면설…트럼프 '고삐 풀린 몽니'. 2020.11.10.일자. https://m.khan.co.kr/world/america/article/202011102103005#c2b 2024.1.25. 검색.

13) 관련된 내용은 다음 자료를 참고할 수 있습니다. Hirschman, A. O. (1970). *Exit, voice, and loyalty: Responses to decline in firms, organizations, and states*. Harvard University Press; 알버트 허쉬먼 Hirschman, A. (2005). 떠날 것인가, 남을 것인가. 강명구 옮김. 나남; 김서용 · 박원수. (2005). EVLN(Exit, Voice, Loyalty and Neglect)의 문화적 기반에 대한 연구. 한국행정연구 14(3): 73-102; 김서용. (2009). 떠날

것인가 남을 것인가: Tiebout 가설과 Hirschman의 EVLN(Exit, Voice, Loyalty and Neglect) 모형에 관한 실증분석. 한국행정학보 43(1): 145-169; 김정인. (2021). Farrell 모형을 활용한 MZ세대 공무원들의 (불)공정성 인식과 반응행동: MZ세대와 기성세대 공무원 비교연구. 한국행정연구 30(4): 141-175.

14) 관련 내용은 다음 자료를 참고할 수 있습니다. 윤견수 · 김순희. (2013). 공직의 정체성에 대한 연구: 공무원의 영혼에 대한 내러티브를 중심으로. 한국행정학보 47(1): 1-23; 윤견수. (2018). 한국 행정의 오래된 미래: 관료제와 정치. 한국행정학보 52(2): 3-35; 임도빈. (2020). 영혼 '있'는 공무원을 위하여: 공익적 관점에서의 정치적 중립. 한국행정학보 54(2): 33-58; 문화일보. <'이명박정부' 인수위> 황당한 홍보처 궤변에 인수위 '황당' 2008.1.3.일자. https://www.munhwa.com/news/view.html?no=2008010301030523039005; 경향신문. "영혼 없는 공무원은 다 처벌?" "양파 깎으라면 깎을 뿐" 2020.11.21.일자. https://m.khan.co.kr/national/court-law/article/202011210600005#c2b; KBS. 영혼 없는 공무원 안된다더니…현실은 '청와대 정부'? 2020.10.21. 방송. https://news.kbs.co.kr/news/pc/view/view.do?ncd=5030565 2024.1.25. 검색.

15) 관련 내용은 다음 자료를 참고하면 좋을 듯합니다. 법제처. 판례정보: '국가안전기획부법위반 · 공직선거및선거부정방지법위반 · 통신비밀보호법위반 · 출판물에의한명예훼손 · 명예훼손'[대법원 1999. 4. 23. 선고 99도636 판결] https://www.law.go.kr/LSW/precInfoP.do?mode=0&precSeq=117644#sa; 한국경제. '부당지시 거부권' 주면 '영혼있는 공무원' 될까. 2017.11.14.일자. https://www.hankyung.com/article/2017111407411 2024.1.25. 검색.

16) 세대가 단순 통제변수를 넘어서 조직관리 방향 설정에 중요 변수로 부상하고 있다고 지적됩니다. 관련 내용은 다음 자료를 참고하면 좋을 듯합니다. 원숙연 · 성민아. (2023). 정부조직 내 조직공정성 인식-조직몰입-조직시민행동의 관계분석: 세대의 조절효과를 중심으로. 한국행정학

보 57(2): 59-98; 중앙일보. "월급 받고 현타" 떠나는 MZ 공무원…잡으려는 '정부의 혁신카드' 2022.9.3.일자. https://www.joongang.co.kr/article/25099211#home; 매일경제. "이걸요? 제가요? 왜요?" MZ 공무원 83%는 '그냥 직장인'으로 산다. 2023.8.16.일자. https://www.mk.co.kr/news/economy/10809129; 연합뉴스. '유튜브 세대' 공무원을 이해하는 법 2022.4.25.일자. https://www.yna.co.kr/view/AKR20220420139200501 2024.1.25. 검색.

17) 군대 내 성폭력 문제는 개인 일탈, 남성중심적 문화인 동시에 위계적이고 폐쇄적인 조직구조의 문제 등이 그 원인으로 지적되고 있습니다. 중요한 점은 끊이지 않고 일어날 뿐만 아니라 줄어들고 있지 않다는 것이죠. 이와 관련하여 생각해 볼 영화가 있습니다. 바로 영화 '스포트라이트Spotlight'(토마스 맥카시 감독, 2015)입니다. 실제 미국 가톨릭 보스턴 교구 사제들의 아동 성범죄 논란을 보도한 보스턴 글로브The Boston Globe의 스포트라이트 팀에 소속된 기자들의 이야기입니다. 오랫동안 성직자들의 성범죄를 카톨릭 교구 차원에서 조직적으로 감추었다는 것을 집요한 취재를 통해서 밝혀내죠. 관련 내용은 다음 자료를 참고할 수 있습니다. 이미정 외. (2016). 군대 내 성폭력 피해자 보호의 문제와 개선방안 연구. 한국여성정책연구원; 김엘리. (2021). 군대 내 성폭력, 군 조직 보위와 인권 사이에서. 한국여성정책연구원 이슈브리프 가을호. 47-54; 연합뉴스. 군대 내 성폭력 통계. 2021.6.21. 방송 https://www.yna.co.kr/view/MYH20210621018400038; 동아사이언스. [테마가 있는 영화] 환상의 팀플레이 '스포트라이트'. 2017.10.14.일자. https://m.dongascience.com/news.php?idx=20093; 경향신문. 영화 <스포트라이트> 실제 주인공들이 들려주는 탐사보도 3원칙. 2016.7.4.일자. https://m.khan.co.kr/national/incident/article/201607040822001#c2b; Boston Globe Spotlight Team. Church allowed abuse by priest for years. 2002.1.6. https://www.bostonglobe.com/news/special-reports/2002/01/06/church-allowed-abuse-priest-for-years/cSHfGkTIrAT25qKGvBuDNM/story.html 2024.1.23. 검색.

11

공무원은 플레쳐와 듀이 중 누구에게 더 끌릴까?

▼ 이번 장과 관련한 영상은
다음에서 확인할 수 있습니다.

▼사회과학 콘텐츠 랩 연곳 YEONGOT

연곳硏庫
YEONGOT LAB
Social Science Contents Project

11

공무원은 플레쳐와 듀이 중 누구에게 더 끌릴까?

리더십과 동기부여: 영화 <위플래쉬> + <스쿨 오브 락>

"너무 세게 몰아붙이면 제2의 찰리파커도 좌절할 거예요."
(영화 '위플래쉬'에서 앤드류의 대사)

많이들 언급되고 있죠. MZ세대[1]의 '조용히 그만두기'(Quiet quitting) 말입니다. '조용히 그만두기'는 실제 회사를 그만두는 것이 아니라 정해진 시간과 업무 범위 내에서만 일하고 초과근무를 거부하는 노동 방식을 뜻합니다. 미국에서는 자신에게 주어진 것 이상의 노동과 열정을 업무에 사용하지 않는다는 의미로 쓰이는데요.[2] 우리나라의 경우 조용히 이직할 회사를 찾거나 실제로 회사를 나가는 것까지 추가되기도 하죠.[3]

최근 이러한 경향은 비교적 안정적인 삶을 바라고 정부조직에 들어온 공무원들에게서도 보이는데요. 퇴사하는 젊은 공무원의 비율이 점점 늘어나고 있는 상황입니다.[4] 그렇다면 왜 이러한 현상이 일어나고 있을까요? 생각했던 것과 다른 업무, 경직된 조직문화, 상대적으로 적은 급여 등이 이러한 현상의 원인으로 거론되지만, 그중 강력하게 거론되는 원인 중 하나는 불합리한 상명하복과 충성만을 위한 상사의 지시라고 할 수 있습니다. 즉, 리더십의 문제라는 것이죠. 오늘은 영화 '위플래쉬 Whiplash'[5]와 '스쿨 오브 락School of Rock'[6]을 통해 정부조직에 근무하는 공무원들의 경우 어떤 리더로부터 동기부여를 받을 수 있을지에 대해 살펴보고 그 과정에서 필요한 정부의 역할에 대해 생각해 보려 합니다.

어떤 리더가 공무원들의 일하고 싶어 하는 마음을 향상시킬 수 있을까?

"네 머리통에 의자를 집어던진 이유가 뭘까?"
"모르겠어요.."
"알 거야."
"템포.. 때문인가요?"
"네가 빨랐나 느렸나?"
"모르겠어요."
(영화 '위플래쉬'에서 플렛처와 앤드류의 대화)

먼저, 영화 '위플래쉬'는 유명한 뮤지션이 되기 위해서라면 무엇이든 할 각오가 되어 있는 대학 신입생 앤드류가 뉴욕의 명문 음악학교에서 최고의 스튜디오 밴드에 들어가 플레쳐 교수를 만나 드럼을 배우는 상황을 배경으로 하고 있습니다. 최고의 지휘자이지만 동시에 최악의 폭군인 플레쳐 교수는 최고의 연주를 위한 완벽한 스윙을 위해 폭언과 학대로 앤드류를 한계까지 몰아붙입니다. 플레쳐의 지독한 교육방식으로 인해 앤드류는 수치, 치욕, 모멸, 분노 등의 감정을 겪고 큰 정신적 피해를 입어 드림은 물론 본인에 대한 믿음까지 없어질 정도가 됩니다.

물론 플레쳐의 비인간적이고 감정적인 지도방식은 그 순간에는 조직구성원의 능력을 극대화시키는 것처럼 보입니다. 이러한 리더의 능력을 흡수하고, 본인의 전문성과 역량을 끌어올릴 수 있다면 자발적으로 함께하려는 조직구성원이 있을지도 모르죠. 하지만 조직구성원을 수동화시키는 이러한 인력운영 방식은 '물고기 잡는 법'을 스스로 알게 하기보다는 '체벌과 강압적 분위기'로 해당 구성원을 '물고기 잡는 기계'로 전락시킬 가능성이 더 커 보입니다. 무엇보다 자신만의 통찰을 통해 스스로 깨닫게 하는 것이 아니라 구성원의 감정을 더욱 자극하여 자신의 본질적인 문제가 어디에 있는지 찾기 어렵게 함으로써 자신이 무엇을 어떻게 고쳐야 하는지는 생각하지 못한 채 주어진 업무만을 수행할지도 모르죠.

특히, 이러한 운영방식은 사명감과 행동 규범 등 의무 이상의 소명의식과 보다 적극적인 윤리의식이 요청되는 공무원들로 하여금 단순 행정인으로서의 관점에 매몰되게 만들어 가치판단의 우선순위를 조직의 성과 창출 등에만 몰두하게 할 가능성이 있어 보입니다.[7)] 더욱이 정부조직 내에서는 여전히 상사로부터 내려오는 일방적 지시와 불통, 기관 및 상사에 대한 무조건적인 충성이 요구되고 있어 비교적 젊은 공무원들이 '조용히 그만두기'를 쉽게 선택하도록 조장하고 있는지 모르겠습니다. 최근 공무원들의 퇴사 상황[8)]이 특정 세대의 문제를 넘어서서 정부조직의 구조적, 문화적 차원 등에서 근본적인 변화를 요구하고 있다는 것을 진지하게 생각해 봐야 할 것 같습니다.

공무원들의 일하고 싶어 하는 마음을 향상시키는 데 리더만이 중요할까?

"예전에 네가 세상에서 제일 못난 놈이었다 해도,
락을 하는 순간 넌 최고가 되는 거야."
(영화 '스쿨 오브 락'에서 듀이의 대사)

영화 '위플래쉬'에 나오는 리더의 경우 능력은 출중하지만, 몰인격적인 방식으로 조직을 운영하여 목표를 달성했습니다. 그렇다면 이와 정반대되는 리더는 어떨까요? 능력은 다소 부족하지만 개별 구성원의 역량에 맞는 업무 배분과 긍정적인 동기부여를 하는 리더죠. 바로 영화 '스쿨 오브 락'에 나오는 듀이 핀입니다. 사실 밴드의 기타리스트인 듀이 핀은 뚱뚱한 체구와 외모로 집에서 구박받고 밴드에서도 쫓겨났으며, 명문 사립학교에 취업하기 위해 친구 대신 교사로 사칭하기도 하는 등 별 볼 일 없는 리더라고 할 수 있습니다.

하지만 그는 학교라는 틀 속에 갇혀서 회색빛을 띠고 있는 아이들을 일깨워 주고 생기를 불어넣고자 자신이 사랑하는 '락(rock) 음악'을 알려줍니다. 아이들은 락 음악을 통해 타인이 정해주는 규칙과 규범을 수동적으로 받아들이는 것이 아닌, 자신이 원하는 것을 하는 기쁨과 주체적인 삶을 스스로 배우기 시작하죠. 예를 들어 전자기타를 연주하기를 원하는 아이에게는 기타를 연주하게 하고, 노래를 좋아하는 아이들에게 보컬을 맡도록 하는 등 반 아이들 모두에게 그들이 각자 원하는 역할을 배정함으로써 조직의 목표를 위해 나아가면서 동시에 개인만을 우선시했던 문화에서 유대감과 협력으로 운영되는 조직문화로 변화하게 합니다.

물론 영화 속 이야기라 부풀린 감은 있지만 현실에 있는 정부조직 운영에 적지 않은 시사점을 던져 준다고 생각합니다. 특히, 비교적 젊은 공무원이라고 하더라도 사명감 있게 공직을 수행하는 사람들도 많은데,[9] 이들이 계속하여 그들의 업무에 관심을 가지며, 의미 있게 수행하기 위해서는 리더 한 명으로는 부족합니다. 요즘 스포츠 경기에서 나온 '꺾이지 않는 마음'이 중요하다죠. 하지만 꺾이지 않는 마음이 계속될 수 있도록 제반 조건을 갖추는 것도 중요합니다. 지금 정부조직의 구조적, 문화적 차원을 변화시켜 나가기 위해 관련 내용들을 제도적으로 구축하고 구성원들이 이를 실천해야 합니다. 그렇지 않으면 변화의 동력을 이내 꺼져버리고 과거의 관행들을 답습함으로 인해 비교적 최근에 들어온 공무원들의 '조용히 그만두기'는 점점 더 늘어날지 모릅니다.

공무원들이 끌리는 리더는 어떤 모습일까?

"다 끝났어. 우린 대회도 못 나가고 상도 탈 수 없어."
"우린 일등이 목표가 아니에요.
한 번의 멋진 락 공연이 세상을 바꿀 수 있다면서요?"
(영화 '스쿨 오브 락'에서 듀이와 학생들의 대화)

그만두는 젊은 공무원 급증에 정부에서는 여러 가지 대책을 내놓고 있습니다만[10] 공직에 대한 인기가 예전 같지 않다는 점은 분명해 보입니다. 이러한 점에 대하여 신재용 교수는 『공정한 보상』이라는 책에서 커져가는 불안감과 불확실성, 미래에 대한 비관 속에서 비교적 젊은 세대에게는 '예측가능성'이 가장 중요한 가치가 되었으며, 노력 대비 보상을 좀 더 확실하게 예측할 수 있는 시험기반 능력주의를 선호하는 등 젊은 세대의 공정은 철학적인 차원이라기보다는 '노력에 대한 정당한 대가'를 요구하는 매우 실용적인 차원에 가깝다고 지적합니다.[11] 젊은 세대는 '교환'이라는 틀로 세상을 본다는 것이죠. 이들에게 보상이란 본인이 제공한 노동(시간, 노력, 기회비용)에 상응하는 대가이며, 그들은 이 교환관계를 공정하게 가져가고자 하는 바람이 있다는 것입니다. 이러한 바람이 채워지지 않을 경우 그들은 침묵하거나 결국 이직을 하게 되겠죠.[12)]

정부조직 영역은 어떨까요? 『공무원이었습니다만』이라는 책에서는 정부조직이 젊은 공무원 세대에게 일하고 싶은 동기를 부여하거나 일할 수 있는 능력을 키워주고 있는가?에 대한 문제제기를 하고 있습니다.[13)] 공직에 걸맞는 사명감 등 내재적 동기와 적절한 보상 등 외재적 동기가 동시에 필요하다는 지적이죠.[14)] 그렇다면 이런 문제를 해결하기 위해 '정부는 무엇을 그리고 어떻게 해야 할까요?' 이와 관련하여 무엇보다 성과측정과 평가 제도의 타당성과 그 타당성을 유지하기 위한 리더십 등이 필요하다고 지적됩니다.[15)] 예를 들어 야구에서 사용하고 있는 '세이버메트릭스'[16)]를 들 수 있는데요. 상당히 복잡한 공식 속에 투입해 다양한 조정과정을 거친 후 관련 선수의 특정 역량을 숫자로 나타내는 평가 방식입니다. 정부조직의 경우 정형화된 데이터 산출이 쉽진 않겠지만 다양한 측면을 고려하면서 동시에 객관성을 담보할 수 있는 방식을 찾아야 한다는 시사점은 얻을 수 있을 것 같습니다.[17)]

여러분은 어떠실까요? 당신이 '위플래쉬'의 앤드류라면 스스로 플레쳐 교수를 찾아갈 것 같나요? 플레쳐의 조직문화 변화와 동기부여 방식을 지지할 수 있을까요? 당신이 '스쿨 오브 락'의 학생이었다면 듀이의 리더십을 지지할 수 있을까요? 듀이가 아이들의 문화를 변화시킨 계기는 무엇일까요?

참고한 내용 및 더 읽어 볼 것들

1) 사실 MZ세대는 밀레니얼(M) 세대와 Z세대의 합성어로 우리나라에서만 쓰는 용어라고 할 수 있습니다. 언론과 각종 마케팅 홍보자료에서 'MZ세대'가 빈번하게 쓰이며 확산되었다고 할 수 있는데요. 미국은 우리나라와 달리 밀레니얼 세대와 Z세대를 구분해서 사용한다고 합니다. 처음 만든 미 여론조사 기관 퓨리서치센터Pew Research Center는 1980~1996년생을 밀레니얼 세대, 1997~2012년생을 Z세대로 구분하죠. 하지만 이들을 대상으로 물건을 팔거나 표를 얻고 여론몰이 용도, 기성세대와 구분되는 젊은 세대의 특징을 손쉽게 구분지으려는 기업, 언론, 정치권에 의하여 오남용되고 있다고 지적됩니다. 이러한 오남용은 대중에게 잘못된 고정관념을 심고, 사회과학 연구를 방해함으로써 문제를 해결하는 데 필요한 근본 원인이 가려질 수 있다는 것이죠. 관련 내용은 다음 자료를 참고하였습니다. 김선기. (2014). 세대연구를 다시 생각한다: 세대주의적 경향에 대한 비판적 검토. 문화와 사회 17: 207-248; 박소진. (2023). 386 세대를 둘러싼 연구 쟁점과 세대연구를 위한 제언. 사회사상과 문화 26(1): 169-208; 미디어오늘. 'MZ세대'라는 말은 어딘가 잘못됐다. 2022.9.13.일자. https://www.mediatoday.co.kr/news/articleView.html?idxno=305805; 한국경제. 'MZ세대' 이제 그만 이용하세요! 2022.12.9.일자. https://www.hankyung.com/thepen/lifeist/article/202212095235Q 2024.1.29. 검색.

2) 미국 20대 엔지니어 자이들 플린Zaidle ppelin이 자신의 틱톡 계정에 올린 동영상이 화제가 되면서 사용이 확산되었다고 평가됩니다. 충성을 강요하는 문화와 퇴근 후 본인 생활을 강조하는 문화에서 더 나아가 개인의 삶을 중시하는 문화를 강조하고 있는 듯합니다. 물론 여기에 대한 찬반논쟁, 조직관리적 논의는 계속되고 있습니다. 관련 내용은 다음 자료를 참고하면 좋을 듯합니다. 전종희. (2022). MZ 세대를 중심으로 한 'Quiet Quitting'(조용한 사직)의 특징과 개선 방안 연구. 인문사회 21 13(6): 5117-5132; 매일경

제. MZ세대의 새로운 직업관 '조용히 그만두기(Quiet quitting)' 2022.9.22.일자. https://www.mk.co.kr/news/culture/10464219; 중앙일보. 조용한 퇴직, 어떻게 예방할 것인가. 2022.10.20.일자. https://www.joongang.co.kr/article/25110652#home; 시사저널. MZ세대의 '조용한 퇴사' 국내 상륙…회사 향한 일침인가, 부적응인가. 2022.9.15.일자. http://www.sisajournal.com/news/articleView.html?idxno=246373; KBS. 2030은 왜 퇴사하나. 시사기획창. 2022.7.26. 방송 https://www.youtube.com/watch?v=c9AkUwV2kAQ 2024.1.29. 검색.

3) 기업에 취업한 젊은이 상당수가 입사 초기에 회사를 떠나고 있다고 합니다. 혹은 조용히 이직할 회사를 찾아보기도 하죠. 그 이유는 회사로부터 인정을 받지 못한다거나, 기업의 부속품으로 살기 싫다거나 하는 이유가 많습니다. 다만, 관리자가 생각하는 이유와는 조금 다르다고 합니다. 인내심이 부족하다거나 직업의식이 부족하다는 등 입사자와 관리자 간 인식 차이가 있음도 함께 제시되고 있죠. 관련 내용은 다음 자료를 참고하였습니다. 중앙일보. (커버스토리) 입사 2년 차, 그들이 회사를 그만두는 이유 2016.6.15일자. https://www.joongang.co.kr/article/20171570#home; IT조선. [리멤버, 요즘 직장인] MZ세대 4명 중 3명 입사하면서 퇴사 고민 중. 2022.11.23.일자. https://it.chosun.com/site/data/html_dir/2022/11/22/2022112201957.html 2024.1.29. 검색.

4) 2022년 국회 행정안전위원회 소속 국민의힘 정우택 의원이 인사혁신처로부터 제출받은 자료를 살펴보면 2021년 한 해 동안 행정부 국가공무원 총 8천 501명이 직을 떠났다고 합니다. 퇴직자 수는 2017년과 비교하면 약 2천 명(32.6%)이 늘었는데, 특히 8급과 9급 퇴직자 증가 속도가 빨랐다고 하죠. 이에 인사혁신처가 공무원들에게 성과급 지급 시 동료평가를 반영하고, 원격근무 등 근무형태 유연화를 시범 도입하는 등의 내용을 담은 '공직문화 혁신 기본계획'을 발표했지만 이에 대한 평가는 긍정적이지만은 않은 듯합니다. 많은 전문가들은 인사채용의 문제도 있지만, 그보다 더 근본적으로는 정부조직의 구조적·문화적인 것을 개선하지 않으면 소용없다고 지적합니다. 관련 내용은 다음 자료를 참고하였습니다. 경향신문. '웬만해선 조기퇴직을 막을 수 없다' MZ 공무

원 붙잡는 정부 2022.8.17.일자. https://m.khan.co.kr/national/national-general/article/202208172053005#c2b; 조선일보. "미래가 없다" 2030 국가직 공무원 퇴직 4년새 57% 늘어 https://www.chosun.com/national/national_general/2022/10/17/UZXG2O6USRAAHIITR3MP6MHEC4; KBS 뉴스. 공무원 인기 '시들'… 경쟁률↓ 퇴직↑ 2022.09.13.일자. https://www.youtube.com/watch?v=OA-GpBpJEGA; 매일경제. 공시 어렵게 붙고도 사표 던지는 2030…그 사연 봤더니 2022.3.2.일자. https://www.mk.co.kr/news/business/10237935; 연합뉴스. [脫공직 청년들] ① '안정된 직장'보다 삶의 다른 가치 찾으려 했다 2022.4.22.일자. https://www.yna.co.kr/view/AKR20220420120400501; 연합뉴스. 국가공무원 퇴직자 추이(2017-2021). 2022.9.21.일자. https://www.yna.co.kr/view/GYH20220921000600044 2024.1.29. 검색.

5) 영화 '위플래쉬'(데이미언 셔젤 감독, 2014)는 셰이퍼 음악학교에서 최고의 스튜디오 밴드에 보조 드러머로 들어간 앤드류의 이야기입니다. 그곳의 지휘자 플레쳐 교수는 온갖 모멸적인 발언과 폭력으로 앤드류를 몰아붙이지만 앤드류는 손에서 피가 날 때까지 드럼 연습을 하며 스스로를 채찍질합니다. 앤드류는 성공의 대가로 인격이 파괴될지라도 재즈 뮤지션으로 성공하겠다는 일념에 불타죠. 제목으로 쓰인 위플래쉬는 채찍질이라는 뜻인데요. 영화 결말에 대해서는 한계를 극복하고 성공을 이루었다는 의견과 인간성이 파괴되어 가는 과정이라는 의견이 대립하기도 하였습니다. 다만 감독은 인터뷰를 통해 부정적인 의견에 조금 더 방점을 찍고 있는 듯합니다. 관련 내용은 다음 자료를 참고하였습니다. ScreenCrush. 'Whiplash' Director Damien Chazelle On The Dark Surprise Ending You Never Saw. 2014.12.3. https://screencrush.com/whiplash-damien-chazelle/ 2024.1.29. 검색.

6) 영화 '스쿨 오브 락'(리처드 링클레이터 감독, 2003)은 자신의 밴드에서 쫓겨나고, 집세를 못내 방까지 빼야 할 위기에 처한 듀이가 초등학교에 위장 취업을 한 후, 학생들에게서 음악적 재능을 발견하고는 제자들과 록 밴드를 결성해 밴드 경연대회에 출전하는 과정에서 벌어지는 이야기입니다. 이 과

정에서 듀이는 아이들과 교감을 쌓아 가며 아이들이 가진 상처나 고민을 해소시켜 주기도 하고 듀이 스스로도 사회성을 길러 나가며 아이들과 정이 들게 되죠. 돈과 밴드에 대한 이기적 욕심으로 학교에 위장취업 한 듀이가 아이들을 만나 오히려 인간다운 가치를 깨닫고, 자신을 사랑하는 법을 배우게 됩니다. 아이들 역시 부모의 바람에 맞춰 명문대 진학에만 매달리는 것이 아니라 진짜 자신이 하고 싶은 일을 발견해 가는 자기 목소리에 귀 기울이는 경험을 하게 됩니다.

7) 관련 내용은 다음 자료를 참고하면 좋을 듯합니다. 신나윤 · 박순애 · 이영범. (2023). 공무원의 이직 의도를 촉발하는 요인에 관한 연구: 자부심과 조직시민행동을 중심으로. 한국인사행정학회보 22(1): 65-90; 박순애. (2019). "1장: 멋진 신세계, 표류하는 공무원." 박순애 외 공저. 대한민국 공무원, 그들은 누구인가? 문우사; Cooper, T. L. (2012). *The Responsible Administrator: An approach to ethics for the administrative role.* John Wiley & Sons. 행정사상과 방법론 연구회 옮김. (2013). 공직윤리: 책임있는 행정인. 조명문화사.

8) 예를 들어 공공봉사동기, 공직가치, 공직만족도 등의 공직 태도에 관한 인식은 기성세대 공무원에 비해 M세대와 Z세대 공무원의 인식이 낮지만, 이직의도는 M세대와 Z세대 공무원 집단에서 높은 것으로 나타났다는 연구결과가 있습니다. 또한, 중앙부처 공무원 10명 중 3명 꼴로 공직을 실제로 그만둘 생각은 없지만 조용한 사직 상태로 주어진 일만 하는 상태인 것으로 조사되고 있으며 이런 공무원들의 경우 '상급자들의 모순적인 요구나 지시를 받는다'거나, '공식적인 업무 책임과 가치 간의 차이로 내적 갈등을 겪었다'든가 '담당 업무의 책임 범위가 불분명하다' 등을 호소하고 있습니다. 아울러 고충을 겪는 공직자의 경험이 부정적 직무행태를 유발할 수 있으며, 젊은 공무원일수록 고충을 겪을 때 조직 이탈을 시도하고 있다는 점도 발견되고 있습니다. 관련 내용은 다음 자료를 참고하였습니다. 이홍재 · 박미경. (2024). 공직 태도와 이직의도: 다중집단분석을 활용한 기성세대, M세대, Z세대 비교. 한국행정연구 33(2): 1-43; 오상빈 · 배현. (2024). 한국 공공조직 구성원의 조용한 사직 영향요인 연

구: 이직의도에 따른 조용한 사직 영향요인 간 차이를 중심으로. 한국행정연구 33(2): 199-232; 한승주 · 박종수 · 김공록 · 유은지. (2023). 공직자의 고충 경험과 부정적 직무행태의 관계: 고충 유형별 비교와 세대의 조절효과 분석. 한국인사행정학회보 22(3): 61-92; 아시아경제. "철밥통 매력 못 느껴" MZ세대가 공무원 떠나는 이유. 2022.7.1.일자. https://www.asiae.co.kr/article/2022070109235515345; 조선일보. 공무원 32%는 '조용한 사직' 상태… "주어진 일 이상은 하지 않겠다" 2024.7.23.일자. https://www.chosun.com/politics/goverment/2024/07/17/LGJP2Q3Q5VDZJK7AKQG2FJSWGI/ 2024.9.11. 검색.

9) 최근 경북 문경시 소재 육가공 공장 화재 현장에서 인명을 구조하던 젊은 소방관 2명이 순직하는 안타까운 사고가 발생하였습니다. 두 소방관 모두 평소 "나는 소방과 결혼했다"라고 말할 정도로 소방관으로서의 책임감과 사명감이 남달랐다고 전해집니다. 또한 2022년 10월 이태원에서 발생한 참사 현장에서 소방관, 경찰관, 구급대원들은 한 명의 생명이라도 더 구하려고 몸과 마음을 다 던져 고군분투했다고 전해지기도 합니다. 다만, 상시적으로 위험에 노출되는 공공 분야 직종의 사람들이 일하다 신체적 · 정신적 손상을 당할 때 정부조직의 적극적인 대응이 중요한데, 현실은 그렇지 못한 것 같습니다. 경찰공무원의 공무상 뇌심혈관계질환 사망률이 공무원은 물론 민간부문 직업군 중에서도 가장 높으며, 소방공무원의 경우 공무원 중 순직자와 공무상 질병 사망자가 가장 많은 것으로 조사되고 있을 뿐만 아니라, 우울증과 외상 후 스트레스 장애로 병원 진료를 받은 경찰 · 소방공무원이 증가하고 있다고도 하죠. 이러한 배경에서 최근 현장을 떠나는 젊은 경찰관과 소방관도 늘어나고 있다고 합니다. 관련 내용은 다음 자료를 참고하였습니다. 김승섭. (2022). 미래의 피해자들은 이겼다: 한국 사회는 이 비극을 어떻게 기억할 것인가. 난다; 세이프투데이. "소방관 순직, 특단 안전대책 서둘러야" 2024.2.2.일자. https://www.safetoday.kr/news/articleView.html?idxno=84348; YTN. "다른 일 하고 싶어"...제복 벗는 젊은 경찰 · 소방관." 2024.9.3.일자. https://www.ytn.co.kr/_cs/_ln_0103_202409030906398103_005.html; 소셜코리아. 참사 이틀 뒤에도 수난… '극단적 선택' 내몰리는 소방 · 경찰. 2022.11.15.일자. https://socialkorea.org/labor/%EC%

B0%B8%EC%82%AC-%EC%9D%B4%ED%8B%80-%EB%92%A4%EC%97%90%EB%8F%84-%EC%88%98%EB%82%9C%EA%B7%B9%EB%8B%A8%EC%A0%81-%EC%84%A0%ED%83%9D%EB%82%B4%EB%AA%B0%EB%A6%AC%EB%8A%94-%EC%86%8C%EB%B0%A9%C2%B7/ 2024.9.11. 검색.

10) 정부(인사혁신처)는 2022년 8월 16일 '공직문화 혁신 기본계획'을 발표했습니다. 정부는 인재 혁신과 관련해 시대 변화에 맞는 '공무원 인재상'을 재정립하기로 했으며, 재정립된 인재상을 중심으로 성과평가 요소를 개선하고 동료평가 등을 통해 성과평가의 공정성과 객관성을 제고하며, 중요 직무급에 대한 지급 범위, 지급 대상도 확대하기로 했죠. 또한, 공무원 근무 혁신 실천 과제를 수립·시행하고 원격근무가 가능한 장소를 확대하며 근무시간을 보다 유연화하는 등 근무 방식의 혁신도 확대 추진하기로 하였습니다. 관련 내용은 다음 자료를 참고하였습니다. 대한민국 정책브리핑. 공직문화 혁신 로드맵 발표 2022.8.16.일자. https://www.korea.kr/news/policyNewsView.do?newsId=156521296; 인사혁신처. 공무원 인재상 재정립, 채용·교육·평가·보상 등 인사체계 전반 혁신한다 2022.8.17.일자. https://www.mpm.go.kr/mpm/comm/newsPress/newsPressRelease/?boardId=bbs_0000000000000029&mode=view&cntId=3450&category=&pageIdx=1 2024.9.11. 검색.

11) 관련 내용은 다음 자료를 참고하면 좋을 듯합니다. 신재용. (2021). 공정한 보상. 홍문사; 대학지성. 공정한 보상: 왜 MZ세대는 보상에 분개하는가? 2022.1.30.일자. https://www.unipress.co.kr/news/articleView.html?idxno=5410; 인사이트. "공정한 평가에 의욕이 샘솟죠"…MZ세대에 발맞추는 기업들. 2020.7.28.일자. https://www.insight.co.kr/news/296111#gsc.tab=0; 서울대학교. MZ세대가 쏘아올린 성과급 논란, MZ가 말하는 공정은 무엇인가? https://www.youtube.com/watch?v=-aokUzG0XWY; 도명록·이근주·최유진. (2018). 공·사 조직의 성과주의 인사제도와 조직성과: 공정성의 조절효과를 중심으로. 행정논총 56(1): 93-117.

12) 관련 내용은 다음 자료를 참고하면 좋을 듯합니다. BBC 뉴스 코리아. 커리어: '조용한 퇴직'이 새롭지 않은 이유. 2022.9.3.일자. https://www.bbc.com/korean/international-62658320; CIOKorea. '대퇴직'과 크게 다르다. '조용한 퇴직'이 유독한 이유. 2022.9.13.일자. https://www.ciokorea.com/news/254386 2024.9.12. 검색.

13) 관련 내용은 다음 자료를 참고하면 좋을 듯합니다. 진고로호. (2022). 공무원이었습니다만: 가끔 달달하고 자주 씁쓸했던 8년 8개월의 순간들. 미래의창; KBS. "공무원이었습니다만"…예전같지 않은 공직 인기. 2022.09.09.일자. https://www.youtube.com/watch?v=B7-JEjwOt2w; 이수민. (2022). 일하고 싶은 동기를 부여하거나, 일할 수 있는 능력을 키워주거나. DBR 344: 24-37.

14) 관련 내용은 다음 자료를 참고하면 좋을 듯합니다. 전병윤 · 조왕옥 · 정진철. (2022). 내재적 동기와 외재적 동기의 상호작용이 창의적 성과에 미치는 영향에 관한 담론. 기업과 혁신연구 45(1): 149-163; 이철주. (2016). 정부관료제에서 성과지향적 조직운영과 그 효과에 대한 분석. 정부행정 12: 91-115; 이근주 · 이혜윤. (2007). 보상 유형에 대한 차별적 기대가 공무원의 성과에 미치는 영향에 관한 연구. 한국행정학보 41(2): 117-140.

15) 관련 내용은 다음 자료를 참고하면 좋을 듯합니다. 임성근(2022). MZ세대 공무원 가치관과 대응방안. 한국행정연구원 이슈페이퍼 119호 https://www.kipa.re.kr/site/kipa/research/selectPublishView.do?gubun=IS&pblcteId=PUBL_000000000000801; 이형우. (2016). 공공부문 성과중심 보상제도의 동기부여 효과에 관한 연구. 한국공공관리학보 30(3): 1-28; 중앙일보. 조용한 퇴직, 어떻게 예방할 것인가. 2022.10.20.일자. https://www.joongang.co.kr/article/25110652#home; 중앙일보. 공공부문 개혁 핵심은 인사보상제도 재정립. 2022.9.2.일자. https://www.joongang.co.kr/article/25098955#home; 지방공기업평가원. MZ세대와의 공존을 위한 인사조직 문화 개선 방안. 지방공기업웹진 39호 https://www.erc.re.kr/webzine/vol39/sub5.jsp 2024.9.12. 검색.

16) 영화 '머니볼'(베넷 밀러 감독, 2011)에 나오는 것처럼 야구에서 각 종 기록을 통계적, 수학적으로 분석한 후 활용하는 것을 세이버메트릭스(Sabermetrics)라고 부릅니다. 세이버메트릭스라는 말은 통조림공장 경비원으로 일하면서 매일 저녁 MLB 경기를 관람하며 자신만의 방법으로 야구를 기록하고 연구하던 빌 제임스가 창안한 말이라고 하죠. 자신이 만든 SABR(미국야구연구협회, The Society for American Baseball Research)에 계량(Metrics)이라는 단어를 합쳤다고 합니다. 관련 내용은 다음 자료를 참고하였습니다. 사이언스타임즈. 야구는 숫자놀음? "승부를 지배하는 숫자들." 2021.5.25.일자. https://www.sciencetimes.co.kr/news/%EC%95%BC%EA%B5%AC%EB%8A%94-%EC%88%AB%EC%9E%90%EB%86%80%EC%9D%8C-%EC%8A%B9%EB%B6%80%EB%A5%BC-%EC%A7%80%EB%B0%B0%ED%95%98%EB%8A%94-%EC%88%AB%EC%9E%90%EB%93%A4/ 2024.9.12. 검색.

17) 관련 내용은 다음 자료를 참고하면 좋을 듯합니다. KBS. 시사기획 창 381회 2030은 왜 퇴사하나...MZ, 회사를 떠나다. 2022.7.26.일자. https://www.youtube.com/watch?v=c9AkUwV2kAQ; 머니투데이. MZ세대 노동관. 2022.8.30.일자. https://news.mt.co.kr/mtview.php?no=2022082913293911294; 아시아경제. "승진이요? 완전 싫은데요" 쿨하거나 영리하거나..MZ세대 직장관. 2022.10.6.일자. https://www.asiae.co.kr/article/2022100610342393597; 서울경제. 이걸요? 제가요? 왜요?..MZ '3요'에 임원도 떤다 2022.10.6.일자. https://www.sedaily.com/NewsView/26C8U9DHIE; 레몬베이스. 성과관리 혁신을 위한 첫걸음 2021.11.10.일자. https://lemonbase.com/blog/cpm-lemonbase/; 레몬베이스. 성과관리 진화의 현주소 2021.12.8.일자. https://lemonbase.com/blog/the-evolution-of-performance-management/ 2024.9.12. 검색.

12

마포서 팀장과 서대문서 팀장은 왜 체포왕이 되려고 했을까?

▼ 이번 장과 관련한 영상은
다음에서 확인할 수 있습니다.

▼사회과학 콘텐츠 랩 연곳 YEONGOT

연곳硏庫
YEONGOT LAB
Social Science Contents Project

12

마포서 팀장과 서대문서 팀장은 왜 체포왕이 되려고 했을까?

성과측정과 평가의 시대: 영화 <체포왕> + <4등>

"선수가 인터셉트 한다고 심판이 파울 부는거 봤어?
석 달 후에 경관승진심사... 알지? 실적, 무조건 실적이야!
그물로 잡든 낚시로 잡든, 안 되면 배터리를 써서라도 무조건 잡아! 알았어? !"
(영화 '체포왕'에서 경찰청장의 대사)

언제부터인가 우리는 영화를 보거나, 식당을 이용할 때, 또는 배달음식을 시킬 때 일상적으로 점수를 사용하여 평가를 남기거나 다른 사람이 남긴 평가에 영향을 받는 경우가 많습니다. 물론 남이 남긴 평가가 맞는 경우도 있지만 평가보다 별로여서 당황하기도 하죠.[1] 사실, 이러한 평가 제도와 문화가 제도적으로 엄격하게 운영되는 곳은 아무래도 민간 기업과 정부조직인데요. 역량 강화와 동기부여 등 긍정적 기대효과를 지렛대 삼아 해당 조직과 그 구성원들에 대한 성과측정과 평가제도가 점점 강화되는 분위기죠. 하지만 이러한 성과와 평가에 대한 지나친 강조는 고속열차 탈선사고 등 대형사고의 원인으로 지목되거나,[2] 시중은행의 파생상품 손실사태 등 금융사고에 직간접적인 영향을 주었을 가능성이 제기되고 있는 상황[3]이라 성과와 평가의 시대를 마냥 긍정적으로만 볼 수 없게 합니다. 이 장에서는 영화 '체포왕Officer of the Year'[4]과 '4등4th Place'[5]을 통해 정부조직에서 추진되는 성과주의 조직관리의 모습을 살펴보고 개선 과정에서 필요한 정부의 역할에 대해 생각해 보려 합니다.

지난 20여 년간 정부조직에서 추진한 성과 중심의 조직관리는 만족스러웠을까?

"모르긴 뭘 몰라?
당신은 피해자가 점수로 보이지? 응?
점수 작다고 성폭행 사건 회피한다며?"
(영화 '체포왕'에서 의찬의 대사)

먼저, 영화 '체포왕'은 구역이 붙어 있는 마포 경찰서와 서대문 경찰서 사이의 끊임없는 실적 경쟁을 배경으로 합니다. 두 경찰서는 관할 구역이 겹치는 통에 사건·사고를 처리하는 과정과 그 결과에서 끊임없이 대립합니다. 두 경찰서 모두 관할 구역을 핑계삼아 풀기 쉽고 실적이 될 만한 사건들은 우리들 것이고, 풀기 어렵거나 실적을 쌓기 어려운 사건들은 상대방 것이라고 주장하죠. 마포 경찰서 팀장 황재성은 일단 잡고 보는 검거 실력으로 실적 1위를 달리고 있는 반면에 서대문 경찰서로 입성한 신임 팀장 정의찬은 경찰대 출신이지만 잡은 날치기범을 황재성에게 뺏기는 등 실적을 깎아먹는 수모를 당하는 상황입니다. 때마침 올해의 체포왕을 뽑는 과정에서 경찰대 출신이 아닌 재성은 승진을 위해, 속도위반으로 예비 아빠가 된 의찬은 포상금 때문에 반드시 '체포왕'이 되어야만 하죠. 그들은 '체포왕' 타이틀을 거머쥐기 위해 무한경쟁에 돌입합니다.

이러한 내용은 정부조직에서 지난 20년간 성과주의 조직관리를 운영한 측면과 유사합니다. 구성원 간의 경쟁을 통해 성과를 창출하고, 고성과자에게 승진과 성과급을 보장함으로써 업무동기를 더 높은 수준으로 유지하여 조직에 대한 충성도를 높일 수 있다고 판단하는 것이죠. 물론 긍정적인 모습도 있습니다. 조직 구성원에게 성과측정이라는 긴장감을 불어넣으면서 그들의 노력에 대한 동기를 제공하여 그들의 노력을 투입하게 합니다. 목표를 설정하고 그 목표를 향하게 만듦으로써 업무성과를 달성하게 하는 것이죠. 문제는 이러한 조직관리 방식이 시간이 갈수록 조직의 본질적 목표보다는 그저 성과 그 자체에만 집착할 수 있다는 점입니다. 예를 들어, 우리나라가 연구 기관의 경쟁력, 혁신성 제고를 위해 성과 기준에 SCI 논문 등재량을 넣었더니, SCI 논문 양에만 집중하여 질 낮은 논문만을 대량으로 양산, 반복해서 등재시키는 일이 일어난 것처럼 말이죠.[6]

특히, 정부조직의 경우 정치적 시간에 영향을 받을 수밖에 없는데, 임기 내에 가시적인 성과를 내기 위한 집권세력과 고위공무원들은 적은 비용과 짧은 시간 안에 많은 성과를 내는 것에 집착하여 장기적인 목표나 관점을 소홀히 할 수 있습니다.[7] 이러한 점에 대해 이정동 교수는 '더 빨리 더 싸게'의 함정이라고 지적하면서 '어떤 기술을 개발하는 데 세금을 써야 할까'라는 질문에 답하려면 효율성 못지않게 장기적 관점에서 취약성과 위기 대응력을 심각하게 고려해야 한다고 주장합니다. 당장 돈이 되느냐의 문제를 떠나 낮은 확률이지만 위험이 현실화했을 때 국민 전체가 입게 될 피해가 예년과 비교할 수 없을 정도로 커졌기 때문이라는 것이죠.[8]

또한, 성과주의 조직관리의 경우 개별 기관의 수직적인 책임성은 강조되었지만, 정부조직 전반에 걸친 문제는 제대로 해결하지 못했다고 지적되죠. 영화 '체포왕'에서처럼 성범죄는 노력에 비해 실적에 도움이 되지 않으니 다른 범죄를 해결하여 실적을 올리려는 모습은 지나친 경쟁과 내 것 챙기기로 인하여 자신과 해당 부서는 실적을 올렸을지 모르지만, 안전한 사회 만들기라는 경찰조직 전체의 목표와는 상당히 거리가 있는 모습이라고 할 수 있습니다. 궁극적으로는 조직의 전체 목적을 잊어버리는 등 조직 전체에 부정적 영향을 줄 가능성이 크죠.[9)]

성과를 측정하고 평가하는 행위가 정부조직에 긍정적인 영향을 주었을까?

"여보, 난 준호가 매맞는 것보다 4등하는 게 더 무서워."
(영화 '4등'에서 엄마의 대사)

영화 '체포왕'에서 생각해 볼 또 하나의 질문은 성과에 대한 측정 자체와 평가 지표에 관한 것입니다. 성과에 대한 측정과 평가하는 행위가 정부조직에 도움이 되었는지를 생각해 보자는 것이죠. '측정되지 않은 것은 관리될 수 없다.'거나 '숫자는 객관적이고 과학적이다.'라는 표현들은 오늘날 기업조직과 정부조직 등에서 신념처럼 받아들이는 믿음입니다. 하지만 성과를 수치화하는 데 너무도 집착한 나머지, 측정 자체가 목적이 되어버린 현상이 사회에 만연하게 된 것은 아닌지 생각해 보게 됩니다. 제미 멀러 교수는 『성과지표의 배신the Tyranny of Metrics』이라는 책에서 이러한 상황에 대해 '측정 강박'이라고 지적합니다.[10)] 사람들이 쉽게 간과하는 정량적 측정의 위험성에 대해 분석하고 있죠. 성과측정은 필요하지만, 표준화된 지표는 당장에 측정하기 쉬운 것들을 중심으로 만들어져 사람들의 시야가 좁아질 수밖에 없기 때문에 성과측정과 평가 지표를 무비판적으로 받아들이는 분위기를 검토하자는 거죠.

이러한 측정 강박을 잘 보여 주는 영화 한편이 있습니다. 영화 '4등'은 천재적인 재능을 가졌지만 대회만 나갔다 하면 4등을 벗어나지 못하는 수영 선수 준호가 1등에 대한 집착을 버리지 못하는 엄마의 닦달에 새로운 수영 코치 광수를 만나며 겪는 이야기를 그립니다. 매번 4등만 하는 준호가 코치의 폭력과 엄마의 지나친 관심에 대한 부담감을 떨치고 결국 바라던 1등을 하지만, 폭력의 피해자이며 가해자로 등장하는 코치 광수와 이런 광수로 인해 똑같이 폭력의 가해자와 피해자가 되는 준호 간의 갈등이 배경입니다. 특히 영화 속 내용은 성적 제일주의 문화가 낳은 강압적 폭력이 단기간에 성과를 내는 데 효과적인 수단으로 인식되면서 결과만 좋으면 과정은 무시해도 된다는 결과지상주의와 맞닿아 있죠.[11)]

물론 성과를 측정하고 평가하는 행위는 정부조직 구성원들에게 관련 기준을 제공하여 삶의 원동력을 제공하기도 하고, 평가와 측정을 통해 드러난 문제점을 해결하기 위해 더 나은 방향으로 나아갈 수 있는 기회를 제공하는 등 긍정적인 모습도 있는 것이 사실입니다. 하지만 해당 평가 기준만이 옳다고 생각할 경우 평가 기준 밖으로 벗어나는 것을 보지 못하고 고정관념과 편견을 만들어 궁극적으로는 차별을 낳을 수 있는 기준을 만들 수 있습니다.

더욱이 '투입대비 산출'이나 '비용대비 편익'과 같이 정량적으로 파악되는 기준의 경우 기준을 어떻게 측정할 것인지에 대한 방법론적인 논의는 다양하게 일어나지만, 효율성을 기준으로 업무성과를 판단하는 것에 대한 정치적인 수용 여부는 오히려 별다른 논의 없이 통과되는 경향이 있습니다. 성과측정과 평가 행위에서 우위를 차지하기 위하여 효율성 가치 외에는 다른 가치는 중요하지 않으며, 심지어 무시될 수 있는 이유죠.[12] 다만, 효율성 이외의 다양한 가치를 반영할 경우 이를 도입하고 추구하는 과정에서 발생할 수 있는 갈등과 모순을 어떻게 관리할 것인가라는 숙제는 여전히 남습니다.[13]

또한 과거 우리나라 정부의 '오로지 경제'라는 물신주의적 국정운영을 생각해 보죠. 감사원 감사결과보고서의 내용을 분석한 논문에 의하면, 해당 정부 시절 상대적으로 정책추진을 위한 집행 절차가 까다롭고 복잡하여 집행조직 및 담당자가 준수해야 할 절차를 따르지 않거나 지나치게 형식적으로 적용하여 궁극적으로 정책목표의 추진에 어려움이 발생하였던 사례가 많았다고 합니다.[14] 이러한 지적은 정치적 시간과 행정적 속도에 민감한 정부조직의 경우 성과측정과 평가지표에 집착하는 과정에서 부실행정이 나올 가능성이 있다는 것을 보여 준다고 할 수 있겠죠.[15]

성과와 평가의 시대, 우리는 무엇을 놓치고 있을까?

"정말 맞고 하니까 잘한 거야?
예전에는 안 맞아서 맨날 4등 했던 거야?"
(영화 '4등'에서 동생의 대사)

우리는 다양한 시선의 평가에서 자유롭지 못합니다. 그리고 여전히 성과를 측정하고 평가하는 과정은 필요하기도 하죠. 다만, 앞의 영화에서 보듯이 체포 숫자, 처리한 민원 숫자, 경기결과, 평가 등수 등 숫자로 나타나는 양적 지표는 많은 경우 그 양에만 집중할 뿐 세부적인 내용에는 별다른 관심이 없는 경우가 많으므로 숫자의 사용이 마냥 긍정적인 것만은 아닙니다. 포터 교수는 『숫자를 믿는다Trust in Numbers』라는 책을 통해 우리가 숫자의 홍수 속에서 살면서 맹목적으로 숫자를 숭배하고 있는 것은 아닌지 질문합니다. 숫자의 사용은 긍정적 효과와 부정적 효과를 동반하는 '양날의 검'이며, 따라서 사회의 다양한 세력은 오랜 사회적 갈등과 협상의 과정을 거쳐 그것의 긍정적 효과를 활용하고 부정적 효과를 제어하면서 숫자와 수량화의 권위를 형성했다는 시선을 제시합니다.[16)]

숫자에 대해 사회 여러 세력이 갈등과 협상의 과정을 거쳤으므로, 정부조직에서 운영되는 성과측정과 평가 지표 등이 다양한 차원에서 생산적인 논의가 시작되었으면 합니다. 그중에서도 먼저 성과를 측정하고 평가하는 지표와 정부조직의 전략과 목표가 연계되어야 할 것으로 생각합니다. 결국 관련 정책과 사업을 왜 하는가로 귀결될 수밖에 없겠죠. 해당 조직의 궁극적인 성과는 무엇인지, 궁극적인 성과를 달성하기 위해서는 필요한 측정지표와 평가과정은 무엇인지 등에 대한 재음미가 필요할 것입니다.[17)]

또한, 정부조직의 경우 쉽진 않겠지만 전통적 성과주의 조직관리와 과감한 작별 및 진화가 필요할지도 모르겠습니다. 예를 들어 기존 성과관리 시스템인 목표관리제(MBO, Management by Objectives)의 '목표에 대한 정기적 수정이 이뤄지지 않는 단점'을 보완하고자 만든 OKR(Objectives and Key Results)에 대한 검토입니다.[18)] 조직 내 공동의 목표를 달성하기 위한 협업 프로젝트의 구체적인 실행결과를 주기적으로 측정하고 발전상황을 추적하여 목표를 지속적으로 조정해 가는 운영방식이죠. 모든 구성원들의 목표와 그 목표에 따른 핵심결과를 연결해 개인 간, 팀 간 업무 의존 관계를 투명하게 공개하기도 합니다. 부서 간 경계를 넘는 수평적인 프로젝트를 수행할 때 협업을 촉진하고 개인이 자신의 성과가 어떻게 조직의 목표에 기여하는지 쉽게 파악할 수 있다는 점에서 정부의 성과주의 조직관리에 시사점을 얻을 수 있을 것이라고 생각합니다.

여러분은 어떠실까요? 조직과 구성원의 성장을 가로막는 지표는 무엇이며, 반대로 이득이 되는 측정지표는 무엇이 있을까요? 평가하고 측정하는 행위가 우리 사회, 학교, 기업, 정부조직에 어떠한 영향을 주고 있을까요? 지금까지 살아오면서 성과측정을 과도하게 시도하거나, 경험하여 압박감을 느껴 본 적이 있나요?

참고한 내용 및 더 읽어 볼 것들

1) 관련 내용은 다음 자료를 참고하면 좋을 듯합니다. 신동아. '별점 리뷰' 갑질은 왜 계속 일어나나. 2021.7.24.일자. https://shindonga.donga.com/society/article/all/13/2805601/1; 시사저널. 배달앱 '별점 테러' '악성 리뷰', 법으로 막는다. 2021.7.11.일자. https://www.sisajournal.com/news/articleView.html?idxno=220589; 하버드비즈니즈리뷰 코리아. 5점 만점 별점 시스템의 문제와 해결책. 매거진 2019.9-10월호 https://www.hbrkorea.com/article/view/atype/ma/category_id/3_1/article_no/1411; Breinlinger, J., Hagiu, A., & Wright, J. (2019). The Problems with 5-Star Rating Systems, and How to Fix Them. *Harvard Business Review*. July, 2. digital article. https://hbr.org/2019/07/the-problems-with-5-star-rating-systems-and-how-to-fix-them; 인터비즈. 별점 평가의 함정에서 탈출하라. 2019.12.5. https://m.blog.naver.com/businessinsight/221728019672; 최민정 블로그 https://choimon.github.io/mobile/rating-system/ 2024.9.15. 검색.

2) 관련 내용은 다음 자료를 참고하면 좋을 듯합니다. 대지의 마음. 전라선 탈선 사고에서 '성과 평가'의 위험을 보았다! 2016.5.8.일자. https://jmt615.tistory.com/981; 프레시안. KTX 탈선, 악마는 준비 덜 된 자에게 반드시 찾아온다. 2018.12.10.일자. https://www.pressian.com/pages/articles/220591; 머니투데이. '탈선' 올해 10건 넘는다…열차 사고 사흘에 한번씩 발생. 2022.8.1.일자. https://news.mt.co.kr/mtview.php?no=2022080114470691090 2024.9.15. 검색.

3) 관련 내용은 다음 자료를 참고하면 좋을 듯합니다. 비즈워치. 은행 '임직원 성과지표' 어떻게 바뀔까. 파생상품 손실사태 후 KPI 도마에. 은행들, 성과중심에서 고객중심으로 개선 추진. 2019.9.27.일자. http://news.bizwatch.co.kr/article/finance/2019/09/26/0032; Cohn, A., Fehr,

E., & Maréchal, M. A. (2014). Business culture and dishonesty in the banking industry. Nature 516(7529): 86-89. https://www.bfso.org/downloads/PDFs/2014-12-Alain-Cohn-Business-Culture.pdf 2024.9.15. 검색.

4) 영화 '체포왕'(임찬익 감독, 2011)은 구역이 붙어 있는 마포 경찰서와 서대문 경찰서가 벌이는 범인 검거 경쟁을 배경으로 하고 있습니다. 범인 검거를 위해서는 반칙도 서슴지 않죠. 영화 촬영 당시 경찰서에 촬영 협조를 부탁했지만 서울 경찰청은 지원을 거절했는데, 당시 경찰청장의 검거 실적주의가 사회적 논란이 된 상황에서 그 문제를 정면으로 다룬 영화 내용이 불편했을 것이라는 추측도 있습니다. 관련 내용은 다음 자료를 참고하였습니다. 한겨레. 경찰청장 '실적주의' 꼬집어서? 문전박대 당한 영화 '체포왕' 2011.4.13.일자. https://www.hani.co.kr/arti/society/society_general/472901.html 2024.9.15. 검색.

5) 영화 '4등'(정지우 감독, 2016)은 수영이 좋지만 대회만 나가면 '만년 4등'인 초등학생 준호가 엄마의 닦달에 코치 광수를 만나게 되면서 엄한 체벌에 시달리게 되는 이야기를 배경으로 하고 있습니다. "맞아서라도 1등만 하면 좋겠다"라는 엄마와, "맞아서라도 1등을 꼭 해야 하냐"라는 아이, "때리는 스승이 진짜"라는 코치의 갈등이 전개되죠. 부모로서 고민과 자백이 담겨 있는 작품인 동시에 어떤 행동을 하는 데 윤리적인 기준점이 된 영화라고 감독은 이야기하고 있습니다. 관련 내용은 다음 자료를 참고하였습니다. 씨네 21. <4등> 정지우 감독, "국가 주도의 엘리트 학원스포츠 틀을 깨야" http://m.cine21.com/news/view/?mag_id=93162 2024.9.15. 검색.

6) 관련 내용은 다음 자료를 참고하면 좋을 듯합니다. HR insight. 영화 속 HR: <보스 베이비>를 통해 성과주의 다시보기. 2017.8. https://www.hrinsight.co.kr/view/view.asp?in_cate=112&bi_pidx=26746; 뉴스타파. 가짜 학술지 '와셋' 투고 상위 대학, 저자 논문 공개 2018.7.20.일자. https://newstapa.org/article/Ff8n8; 뉴스타파. 논문공장의 영업비밀 ① 어느 학술단체의 '가짜 심사'와 '도둑 논문' 2021.6.23.일자. https://www.newstapa.org/article/2rnrQ 2024.9.15. 검색.

7) 정치권은 미래의 위험에 대한 관심보다는 희망을 주는 일에 더 관심이 많으며, 미래의 위험을 예방했다고 각광받는 일은 극히 드물고, 현재의 이해관계를 고려할 수밖에 없는 상황이라는 것이죠. 민주주의를 채택하고 있는 선진국 정부들은 재정을 절약할 유인이 적으며, 미래세대를 위해 꼭 필요한 정책들이라도 현세대에게 지지를 잃어서는 집권할 수 없는 구조입니다. 지금 당장 문제도 없고 국민의 요구도 없는 일에 한정된 시간과 자원을 투입할 동인이 결여되어 있으며, 다가오지 않은 미래의 일에 대해 국민은 관심이 적고 정책결정자들은 특성상 시간에 대한 할인율이 매우 높기 때문에 예측과 실행사이에 시차가 발생할 수밖에 없다고 지적되곤 합니다. 관련 내용은 다음 자료를 참고하였습니다. 박병원 · 서용석. (2020). 국가 차원의 미래전략 활동 및 역량강화를 위한 실행아이디어. 기획재정부 내부자료; 조선일보. 눈앞 성과만 급급해선 창조가 없다. 2011.4.23.일자. http://weeklybiz.chosun.com/site/data/html_dir/2011/04/22/2011042201249.html; 미디어펜. 단기성과주의에 지친 한국, 이젠 긴 호흡이 필요. 2012.11.25.일자. http://www.mediapen.com/news/view/11391; 경향신문. "현 정권도 단기 성과 집착" "관료는 손발만 되라니 답답" 2019.5.12.일자. https://m.khan.co.kr/national/national-general/article/201905122007001#c2b 2024.9.15. 검색.

8) 관련 내용은 다음 자료를 참고하면 좋을 듯합니다. 중앙일보. '더 빨리, 더 싸게'의 함정…위기 대응력을 키워야. 2022.12.5.일자. https://www.joongang.co.kr/article/25123074#home 2024.9.15. 검색.

9) 연구진이 강의시간에 관련 질문을 했을 때 학생 누군가가 했던 대답을 인용해 보고자 합니다. 학생 A: "학생들 간 과도한 경쟁으로 이어지게 되었다. 무엇보다, 시험 성적을 중요시하다 보니 '배운다'보다 '외운다'라는 느낌을 더 많이 받았다. 특히, 시험 범위는 분절되어 있어, 시험을 마치고 나면, 해당 단원의 내용을 잊거나 개념들을 유기적으로 체화하지 못했다. 시험을 보는 것은, 우리가 공부한 내용을 확인하는 용도인데, 오히려 잘못된 학습 습관을 기르게 했다." 학생 B: "학생 때, 특성이 다른 학생들을 일관된 기준으로 공부 성과를 측정하고 인원대로 나눠서 등급을 부여하는 게 큰 부담

이었다. 한 등수 차이로 1등급이 2등급으로 변했고, 이는 다른 친구들의 점수를 평가하도록 만들었으며, 나의 이익을 위해 타인의 불행을 빌게 했다. 개인의 특성을 고려한 평가 기준은 없었고, 이는 춤을 잘 추는 아이와 그림을 잘 그리는 아이, 공부를 잘하는 아이를 똑같은 기준으로 평가했다." 또한 관련 내용은 다음 자료를 참고하면 좋을 듯합니다. 교육정책뉴스. 경쟁에 반대한다. 2021.11.4.일자 http://www.edupolnews.com/news/articleView.html?idxno=13629; 시사인. "교육제도는 유죄, 아이들은 무죄". 2016.8.17.일자. https://www.sisain.co.kr/news/articleView.html?idxno=26639; Kohn, A. (1992). *No contest: The case against competition*. Houghton Mifflin Harcourt. 이영노 옮김. (2019). 경쟁에 반대한다: 우리는 왜 이기는 일에 삶을 낭비하는가. 민들레; 조정래. (2016). 풀꽃도 꽃이다. 해냄.

10) 관련 내용은 다음 자료를 참고하면 좋을 듯합니다. 최종학. (2012). "엔론 몰락과 세계금융위기 발발 원인의 유사점— SK E&S, 엔론", 숫자로 경영하라2. 원앤원북스; Muller, J. (2018). *The tyranny of metrics*. Princeton University Press. 김윤경 옮김. (2020). 성과지표의 배신. 궁리; 오마이뉴스. 일 잘하면 돈 더 준다는데, 왜 성과평가제 반대할까? 2016.9.29.일자. https://www.ohmynews.com/NWS_Web/View/at_pg.aspx?CNTN_CD=A0002246956; 대학지성. 성과와 평가의 시대 속 우리가 놓치고 있는 건 무엇일까. 2020.2.9.일자. https://www.unipress.co.kr/news/articleView.html?idxno=579; 물류신문. 성과지표의 배신. 2022.6.15.일자. https://www.klnews.co.kr/news/articleView.html?idxno=304813 2024.9.15. 검색.

11) 2019년 국가인권위원회의 실업팀 성인선수 1,251명 인권실태 조사결과 발표에 따르면, 언어폭력 33.9%, 신체폭력 15.3%, 성폭력 11.4%로 학생선수보다 훨씬 심각한 것으로 나타났습니다. 노동인권의 사각지대로서 폭언·폭력이 일상화되어 있으며, 사생활 통제도 심각하다는 것이죠. 관련 내용은 다음 자료를 참고하면 좋을 듯합니다. 국가인권위원회. 인권위, 실업팀 성인선수 1,251명 인권실태 조사결과 발표. 2019.11.25.일자. https://

www.humanrights.go.kr/site/program/board/basicboard/view?menuid=001004002001&boardtypeid=24&boardid=7604795; 박현애 · 김문주. (2020). 한나 아렌트의 '악의 평범성'으로 본 영화 <4등> 속 스포츠 지도자 폭력. 한국범죄심리연구 16(2): 85-98; 전상완 · 이종하. (2019). 영화 <4등>을 통해 본 한국 스포츠폭력 문화의 실상 고찰. 한국스포츠학회지 17(1): 829-838; 연합뉴스. 반복되는 체육계 폭력…땜질 처방에 멍드는 선수들. 2020.7.12.일자. https://www.yna.co.kr/view/MYH20200711008900038; BBC뉴스코리아. 최숙현: 매맞는 선수들...체육계 폭력 되풀이되는 이유는? 2020.7.6.일자. https://www.bbc.com/korean/news-53306080 2024.9.19. 검색.

12) 신공공관리의 영향하에서 민간부분의 경영기법은 효율성을 보장하는 기제로서 수용되었으며, 이러한 경영기법의 수용은 제도시행 자체가 조직의 성과와 효율성을 증진하는 것과 동일시되었습니다. 특히, 민간 경영기법은 계량화된 측정 및 가시적인 효율성 중심의 관리기법으로서 '중립적'이며(neutral), '편파적이지 않다'는(unbiased) 특징을 표출함으로써 탈정치적(apolitical)인 성격을 가진다는 것이죠. 여기서 탈정치성이라는 개념은 정치적으로 공평하고 중립적이라는 사전적인 의미와 함께, 합리성 및 이성적 결정을 강조하는 것을 의미합니다. 이럴 경우 '투입대비 산출'이나 '비용대비 편익'과 같이 정량적으로 파악되는 기준의 경우 기준을 어떻게 측정할 것인지에 대한 방법론적인 논의는 다양하게 일어나지만, 효율성을 기준으로 업무성과를 판단하는 것에 대한 정치적인 수용여부는 오히려 별다른 논의 없이 수용되는 경향이 있습니다. 이러한 정치적 수용의 이면에는 효율성은 그 자체로서 합리적이며, 탈정치적인 기준으로서 공평하다는 개념을 내포하고 있기 때문에 공공조직에서 정책이나 프로그램, 업무 등의 평가기준으로서 사용되기 쉽다는 점을 내포하고 있죠. 결과적으로 신공공관리에서 강조하는 민간경영기법은 성과 및 결과의 가시성이 높은 가치인 경제적인 효율성을 내포하고 있으며, 이러한 효율성의 이면에는 탈정치적인 가치를 내포함으로써 상대적으로 공공조직의 도입이 용이했다는 점을 생각해 볼 필요가 있습니다. 제도가 이러한 효율성과 객관성을 바탕으로 하는 탈정치성을 중심으로 그 제도의 정당성을 주장하면, 이러한 제도의 도입

을 반대하며 나타나는 일련의 정치적인 논의는 상대적으로 합리성을 반대하거나, 주관적인 판단이 강한 주장으로 인식됩니다. 따라서 탈정치적인 제도는 제도의 수용 여부를 둘러싼 규범적 토론이나 정치적인 논의에서 배제되죠. 이러한 제도는 공공부분과 같이 제도 수용이 조직단위로 법령이나 지침에 따라 강제화되는 조직에서 더욱 강화되며, 일단 제도수용이 시작되면 제도의 수용 여부와 관련된 논의 자체는 토론 불가능한(undiscussable) 것으로 조직에서 받아들여지게 됩니다. 관련 내용은 다음 자료를 참고하였습니다. Argyris, C. (1980). Making the Undiscussable and Its Undiscussability Discussable. *Public Administration Review* 40(3): 205-213; Mouffe, C. (1993). *The Return of the Political*. London: Verso.(정치적인 것의 귀환). 이보경 옮김. 후마니타스; Roy, C. and Seguin, F. (2000). The Institutionalization of Efficiency-Oriented Approaches for Public Service Improvement, *Public Productivity & Management Review* 23(4): 449-468; Frumklin, P. & Galaskiwicz, J. (2004). Institutional Isomorphism and Public Sector Organizations. *Journal of Public Administration Research and Theory* 14(3): 283-307; 강영철 · 이철주. (2009). 제도 확산의 영향요인으로서 동형화와 탈정치성에 대한 이해: 정부부처의 BSC 사례를 중심으로: 정부부처의 BSC 사례를 중심으로. 한국행정논집 21(3): 1103-1134.

13) 지금까지 관리이론은 관리자가 조직의 방향을 설정하고 그것이 최대한 효율적으로 추진될 수 있는 방도를 지시명령하고 통제해야 한다고 보았습니다. 그러나 최근의 관리이론에서는 조직이 해결해야 할 문제는 복잡하고 조직 환경은 불확실하고 해법을 찾아야 할 결정기법은 모호하기 때문에, 오히려 세련된 관리자들은 우리의 모순의 관리자처럼 조직구성원들이 최선을 다할 수 있는 여건을 조성하여야 할 것을 요청하고 있다고 합니다. 모순의 관리는 취사선택의 대상이 아니라 불가피한 요청이며, 그것을 성공하려면 약한 관리자의 입지를 채택할 수밖에 없다는 것입니다. 그들은 자신의 권한과 권력을 축소할 수밖에 없는 분권화를 확대하고, 조직이 다양한 발상에 노출될 수 있도록 개방적이고 신축적으로 운영하여야 하며, 스스로 비판에 노출될 준비를 하면서 비판의 제도화를 수립해야 한다는 것

이죠. 관련 내용은 다음 자료를 참고하였습니다. 김영평. (1991). "효과성의 개념적 혼동과 모순의 관리". 불확실성과 정책의 정당성. 고려대 출판부; Purser, R. E. & Steven Cabana, S. (1998). *The Self Managing Organization: How Leading Companies are Transforming The Work of Teams for Real Impact*. The Free Press; Schwartz, B. (2004). *The Paradox of Choice: Why More Is Less*. Harper; Raynor, M. E. (2007). *The Strategy Paradox*. Doubleday; 김영평. (2008). 정책이론에서 합리성의 한계와 모순의 관리. 행정논총 46(3): 1-33; 중앙일보. 다양성 모순의 시대. 2022.11.30.일자. https://www.joongang.co.kr/article/25121823#home 2024.9.20. 검색.

14) 돈으로 모든 가치를 결정하는 사회의식, 과정은 어찌됐든 상관없고 결과만 좋으면 된다는 결과지상주의 등 물신주의적 태도를 기반으로 하는 국정운영방식은 경제라는 이름으로 많은 사회적 갈등과 문제제기를 억누를 수 있는 근거가 될 수 있으며, 자유와 인권, 민주주의 등의 사회적 가치는 숨을 죽이고 오직 경제적 성공만이 유일한 잣대가 될 우려를 문제제기할 수 있을 것입니다. 관련 내용은 다음 자료를 참고하면 좋을 듯합니다. 오성덕·조현구·이철주·심광호. (2015). 정책집행 오류의 유형에 관한 연구: 감사원 감사결과보고서의 내용분석을 중심으로. 정치정보연구 18(1): 127-163; 경인일보. 소수자본가 '부의 재집중' 국민고통 담보한 '선진화'. 2008.8.30.일자 http://m.kyeongin.com/view.php?key=393552; 신동아. 인권위 반토막 내지 말고 제자리 찾아줘야. 2009.2.4.일자. https://shindonga.donga.com/politics/article/all/13/108228; 한겨레. 김태영 "UAE 비밀 군사협정 내가 주도". 2018.1.9일자. https://www.hani.co.kr/arti/politics/politics_general/826898.html 2024.9.20. 검색.

15) 관련 내용은 다음 자료를 참고하면 좋을 듯합니다. 폴 비릴리오Virilio, P. (1995). 속도와 정치: 공간의 정치학에서 시간의 정치학으로Speed and politics: an essay on dromology. 이재원 옮김. (2004). 그린비; 정의진 (2011). 정보화 사회와 속도—폴 비릴리오의 속도조절정치. 인문학논총 25: 23-49; 주은우. (2013). 속도, 시각, 현대성: 시각체제의 변동과 비릴리오

의 질주학적 사유. 한국사회학 47(4): 1-34; 노동건강연대. 2016년 "구의역 스크린도어 청년노동자 사망사고." 2018.9.4.일자. http://laborhealth.or.kr/33777; 매일노동뉴스. 구의역 스크린도어 사고 재발 막을 대책은. 2016.6.10.일자. https://www.labortoday.co.kr/news/articleView.html?idxno=138525; 에너지기후정책연구소. 기후위기 시대와 관료제의 모순. 2019.7.15.일자. http://enerpol.net/epbrd/bbs/board.php?bo_table=bbs16&wr_id=110851&page=8; 연합뉴스. 강릉 KTX 탈선, 선로전환기 잘못 연결·관리 소홀이 빚은 인재. 2020.7.1.일자. https://www.yna.co.kr/view/AKR20200701155000062 2024.9.20. 검색.

16) 관련 내용은 다음 자료를 참고하면 좋을 듯합니다. Porter, T. M. (1996). Trust in numbers: The pursuit of objectivity in science and public life. 숫자를 믿는다: 과학과 공공적 삶에서 객관성의 추구. 이기홍 옮김. (2021). 한울아카데미; Radin, B. A. (2006). Challenging the Performance Movement: Accountability, Complexity, and Democratic Values. Georgetown University Press; 이기홍. (2017). 숫자로 통치한다. 사회과학연구 56(2): 421-449; 이인숙. (2017). 사회복지실천현장의 신자유주의적 성과주의 역설: 사회복지사의 경험을 중심으로. 한국사회정책 24(1): 239-275; 대학지성. 숫자의 사용은 긍정적 효과와 부정적 효과를 동시에 동반하는 '양날의 검' 2021.6.13.일자. https://www.unipress.co.kr/news/articleView.html?idxno=3828; 중앙일보. 예타 건너뛰고 공항 지으려는 '특별법 정치' 2023.2.28.일자. https://www.joongang.co.kr/article/25143549#home 2024.9.20. 검색.

17) 관련 내용은 다음 자료를 참고하면 좋을 듯합니다. 강창익·심광호·이철주. (2022). 미래통계청 국가통계거버넌스의 독립적 위상과 통계기반정책분석 기관으로의 재창조. 통계연구 27(1): 1-28; 심광호·이철주·주기완. (2023). 정책적 증거로서 통계의 함의 구현: '통계기반정책분석' 기능의 사례 분석과 제도화에 대한 연구. 통계연구 28(1): 1-28; 빌 데일러 & 마이클 해리스. (2019). 성과지표가 비즈니스를 망치지 않게 하는 법. 하버드비즈니스리뷰(코리아) 9-10월호. https://www.hbrkorea.com/article/

view/atype/ma/category_id/1_1/article_no/1420; 매일경제. 성과 평가의 시대…그런데 '성과'란 무엇일까? 2016.4.28.일자. https://www.mk.co.kr/news/business/7321292 2024.9.20. 검색.

18) 관련 내용은 다음 자료를 참고하면 좋을 듯합니다. Doerr, J. (2018). Measure what matters: The simple idea that drives 10x growth. OKR: 전설적인 벤처투자자가 구글에 전해준 성공 방식. 박세연 옮김. (2022). 세종서적; 가인지캠퍼스. 실제 구글코리아는 어떻게 OKR로 성장하는가. 2021.5.7.일자. https://blog.naver.com/gainge0691/222341425730; 이코노미스트. 구글이 채택한 OKR, 실리콘밸리가 주목하는 이유. 2022.10.29.일자. https://economist.co.kr/article/view/ecn202210290028 2024.9.20. 검색.

13

설리 기장은 왜 허드슨강에 비상착륙을 했을까?

▼ 이번 장과 관련한 영상은
다음에서 확인할 수 있습니다.

▼사회과학 콘텐츠 랩 연곳 YEONGOT

연곳研岾
YEONGOT LAB
Social Science Contents Project

13

설리 기장은 왜 허드슨강에 비상착륙을 했을까?

위기상황과 의사결정: 영화 <설리: 허드슨강의 기적>

"기장입니다. 충돌에 대비하십시오."
(영화 '설리: 허드슨강의 기적'에서 설리 기장의 대사)

최초로 일어나는 위기상황이 발생했을 경우 사람들은 어떻게 대응해야 할지를 고민하게 됩니다. 이전 사례가 없기 때문에 조직의 매뉴얼을 따를지 본인의 경험과 직관에 따를지를 판단하여 의사결정을 하게 되죠. 물론 의사결정 후 따르는 책임소재 역시 중요한 판단 근거가 될지도 모르겠습니다. 이 장에서는 영화 '설리: 허드슨강의 기적Sully'[1]을 통해 위기상황에서 정부구성원의 의사결정과 적극행정에 대해 생각해 보려 합니다.

위기상황에서 조직의 매뉴얼은 무조건 유효할까?

"추락이 아니었습니다. 수상 불시착이었습니다...
이건 비디오게임이 아니라구요!"
(영화 '설리: 허드슨강의 기적'에서 설리 기장의 대사)

영화 '설리: 허드슨강의 기적'은 2009년 1월 뉴욕에서 발생한 실제 사고를 바탕으로 하는 이야기입니다. 사고 항공기인 US 에어웨이지 1549편은 뉴욕에서 이륙한 후 몇 분이 지나지 않아서 새떼와 충돌하여 비행기 엔진 2개가 동시에 멈추며 추락하고 있었습니다. 비행기 엔진은 1개만 작동을 해도 비행이 가능하지만 2개가 동시에 멈춰 버린 것이죠. 매뉴얼의 후순위였던 보조동력장치를 가동하지만 상황은 좋지 않은 방향으로 전개됩니다. 매뉴얼에는 항공기의 수상 착륙이 매우 위험하고 기체가 반토막이 되어서 생존자를 기대하기 어렵다고 작성되어 있으므로 관제사는 매뉴얼에 따라 기장에게 착륙 가능한 공항과 활주로를 안내하는데, 연락을 받은 설리 기장은 두 공항으로의 회항 모두 어렵다고 판단하고 허드슨 강 위로 착륙을 결정합니다.

관제소에서는 허드슨 강 주위에 헬기를 통해서 항공기가 물 위로 내려가고 있다는 보고를 받고 담당 관제사를 변경합니다. 항공기 사고는 관제사에게도 큰 충격이기 때문입니다. 업무에서 제외되고 사고조사관을 기다리던 패트릭에게 동료가 흥분을 감추지 못하고 들어와 전해 줍니다. 무사히 착륙했고 모두 구조되었다고, 기적이라고 말입니다.

사실 기체가 부서지지 않고 강 위에 착륙했다고 할지라도, 체감 -20도의 강추위에서 승무원과 승객들은 오래 버틸 수 없었을 것입니다. 사고가 난 직후, 허드슨 강을 오가는 페리, 선박, 해안경비대 등의 빠른 대처로 골든 타임 내에 구조가 완료된 것이죠. 미 연방 교통안전위원회는 항

공 역사상 가장 성공적인 사례라고 발표하였습니다.[2)]

이러한 과정들은 상당 부문 미리 정리된 매뉴얼인 '긴급참조교본'이 있었기에 가능했습니다. 허버트 사이먼Simon, 리처드 사이어트Cyert, 제임스 마치March 교수들은 조직은 서로 다른 목표를 지닌 구성원들의 연합체로서 의사결정 시 서로 간의 의견충돌을 막고, 조직을 둘러싼 불확실한 문제를 해결하기 위해 미리 따라야 할 절차와 규칙을 정해놓는다고 지적합니다.[3)]

다만, 이러한 절차와 규칙은 조직구성원의 자율성과 직관을 제약하여 매우 변칙적인 상황에 대해 유연성을 발휘하는 것을 어렵게 할 수 있습니다. 영화 속에서도 탑승인원 전원을 구하지만 위기 상황에서 관제탑의 지시와 긴급사고지침대로 행동하지 않았다는 명목으로 항공사는 설리기장에게 손해배상을 청구합니다. 만약 위기상황에서 설리 기장이 무조건 매뉴얼대로 행동하여 후순위로 규정된 보조동력장치를 가동시키지 않았다면, 155명 전원이 생존하는 기적은 없었을지도 모릅니다. 실제로 해당 사건 이후, 많은 항공기 조종사들은 항공기 매뉴얼이 간소화되어야 하며, 위기 시 대처요령의 우선순위도 바뀌어야 한다고 주장했습니다.[4)]

설리 기장의 허드슨강 비상착륙은 옳은 판단이었을까?

"내가 잘못한 거라면?
내가 모든 승객들의 목숨을 위태롭게 한거라면?"
(영화 '설리: 허드슨강의 기적'에서 설리 기장의 대사)

일반적으로 이야기의 전개가 여기까지라면, 그 다음은 무엇일까요? 기장과 승무원들이 상을 받고 파티를 열고 승객들은 가족을 만나는 따뜻

한 장면이 나와야 하는데, 영화는 설리 기장이 항공조사위원회의 공청회를 참석하는 것으로 전환됩니다. 설리 기장은 기적의 영웅이지만, 그는 가족에게도 가지 못하고 바로 공청회를 참석합니다.

사건을 조사하기 위해 나온 조사위원회는 설리에게 공항으로 회항하지 않은 까닭에 대해 추궁합니다. 설리 기장은 자신의 직감과 경험에 근거해 최선의 의사결정을 내려 업무수행을 하였다고 주장하지만 조사위원회는 공식화된 명령체계에 따라 관제탑의 지시에 순응하여 공항으로 회항했었어야 함을 강조하며 관제탑의 지시와 긴급사고지침을 따르지 않은 것에 대해 문책합니다.

앞서 이야기한 것처럼 설리 기장은 엔진 2개가 모두 고장이 나서 공항까지 갈 수 없다고 판단하고 허드슨 강에 착륙하는 결정을 하지만 사고 후 조사과정에서 항공 데이터를 보면 좌측 엔진이 살아 있었고, 좌측 엔진으로 관제사가 말한 공항까지 충분히 갈 수 있었다고 결론이 나온 것입니다. 설리 기장은 안전하게 회항할 수 있는 방법이 있음에도 불구하고, 생존율 0%라는 위험한 상황을 선택한 것이라는 거죠. 설리 기장이 주장하는 '조종사로서의 직감'과 '경험에서 나오는 노하우'를 폄하하고 승객의 안전을 위협하는 조종사의 오만이라고 평가합니다. 공청회에서는 사고 비행기기와 똑같은 상황을 만들어놓고 외부에서 온 두 명의 기장이 컴퓨터 시뮬레이션을 실시합니다. 시뮬레이션에 참석한 두 기장 모두 관제사가 제안한 공항에 무사히 착륙을 합니다. 이 장면을 본 사람들은 혼란스러워합니다. 설리의 영웅심리였을까요?

이제 설리 기장은 자신의 대처가 옳았다는 것을 증명해야 합니다. 설리 기장은 먼저 컴퓨터 시뮬레이션을 실시한 조종사들이 얼마나 연습했는지 물었고 그들은 무려 17회 연습을 했다는 답을 듣습니다. 설리 기장은 본인은 사고가 발생할지를 모른 채 당했고, 시뮬레이션 기장들은 사고발생을 알고 대응했다는 점을 지적하며 이를 반영하여 다시 시뮬레이션을 할 것을 제안합니다. 인적 요소(humanity)로서 위기에 대한 예측불가능성을 가지고 상황에 대응하는 인지적 한계를 현실에서 반드시 고려해야 한다는 것이죠.[5] 인적 요소를 포함하여 시뮬레이션을 실시하자 외부에서 온 기장들 모두가 실패합니다. 그리고 강에서 회수된 엔진도 모두 극심한 손상을 입어 완전히 망가진 상태였다는 것을 알려 줍니다. 다행히 이 모든 과정은 설리 기장이 증언한 대로였고 사고 조사는 마무리됩니다.

앞으로 미래 행정에는 데이터에 기반한 예측 행정, 컴퓨터 시뮬레이션을 통한 정책결정이 많아질 것으로 예상되고 있습니다. 이러한 과정들은 과학적 근거를 두고 합리적 의사결정을 할 수 있다는 장점이 있을 것입니다. 하지만 이러한 시스템들이 파괴되어 공백을 일으키는 위기상황이 발생하면, 영화에서처럼 사람이 의사결정을 해야 합니다. 이 경우 허버트 사이먼Herbert A. Simon 교수가 다양한 연구에서 제안한 것처럼 사람이 가진 인지적 한계, 결정에 걸리는 시간과 정보의 제약으로 의사결정에서 충분한 합리성을 발휘하기는 어려워 문제해결을 위한 의사결정은 제한을 가질 수밖에 없습니다.[6] 이런 경우 우려되는 점 중 하나는 기계적으로 반응하는 컴퓨터와 다르다는 것을 간과하는 것입니다. 영화에서처럼 인적 요소를 고려하지 않은 채 의사결정에 대한 책임 여부를 해당 구성원에게만 물을 경우 구성원들이 본인의 임무수행을 소극적으로 하게 될 가능성이 있습니다.

위기상황에서 정부조직 구성원들은 적극행정을 펼칠 수 있을까?

"우린 제 할 일을 했어."
(영화 '설리: 허드슨강의 기적'에서 설리 기장의 대사)

정부조직의 내외부적인 혁신이 필요한 현재 시점에서 실제 공무원들이 인식하는 정부조직 내 관행[7)]에 대하여 조사한 바 있습니다. 그 결과 공무원들은 조직 내의 적당편의적인 행태를 체감하고 있었으며, 주어진 업무를 성실히 이행하지 않는 업무 방치와 지연도 관찰되었습니다. 또한 사후문책을 피하기 위해 상급자의 결재나 자문절차를 거치거나, 현장의 상황만큼이나 조직의 규정과 절차가 중요하다는 형식주의적인 조직행태도 여전히 존재하는 것으로 확인되었습니다. 초변화 사회에 바람직한 정부를 위해서는 이러한 소극행정의 원인을 파악하여 성실하고 능동적인 적극행정으로 나아가려는 노력이 필요할 것으로 보입니다.[8)]

여러분은 어떠셨나요? 위기상황에서 조직의 매뉴얼은 무조건 유효할까요? 조직의 매뉴얼을 벗어난 재량이 더 나은 경우가 있을까요? 위기상황에서 시스템과 사람의 의사결정이 다를 경우 우리는 누구의 판단을 더 받아들여야 할까요? 데이터 기반 행정과 인공지능 시대에 적극행정은 어떻게 될까요?

참고한 내용 및 더 읽어 볼 것들

1) 영화 '설리'(클린트 이스트우드 감독, 2016)의 원작은 비행기의 기장이었던 설리 설렌버거의 자서전『Highest Duty』입니다. 세월호 참사를 겪은 우리는 부러워할 수밖에 없는 내용이죠. 비행기 추락사고에도 불구하고 탑승객 전원이 생존하는 기적을 만들어 냈던 실제 주인공은 "조용하고 침착하게 승객의 안전을 도모하는 것은 우리들의 책임이다."라고 말합니다. 관련 내용은 다음을 참고하였습니다. 이투데이. '설리'의 실제 주인공 설렌버거. 2016.9.30. https://www.etoday.co.kr/news/view/1390847 2024.11.8. 검색.

2) 관련 내용은 다음 자료를 참고하면 좋을 듯합니다. NBC News. Hudson jet's wreckage moved to New JerseyHudson jet's wreckage moved to New Jersey. 2009.1.16. https://www.nbcnews.com/id/wbna28688215 2024.11.8. 검색.

3) 의사결정이란 "수많은 의사결정변수를 포함하는 복잡한 과정으로서 일정한 목적을 효과적으로 달성하기 위해 여러 대안 중에서 가장 적절하고 실행가능한 최적 대안을 선택하는 일련의 인간행동"이라고 할 수 있습니다. 이 분야의 발전에 기여한 체스터 버나드는 의사결정이야말로 조직 행동의 본질적 과정이라 하여 의사결정개념의 중요성을 강조하기도 했죠. 물론 관리의 과정이 의사결정만 있는 것인가에 대한 의문도 있지만 허버트 사이먼 역시 의사결정을 중요하게 여겼습니다. 의사결정을 유형과 기법으로 생각한다면 다음의 표에서 보는 바와 같이 정보처리 관점에서 일상적이며, 업무처리의 절차가 분명한 문제 해결에 컴퓨터와 같은 정보기술을 쉽게 적용할 수 있고, 정보처리 관점에서 전략적이며, 업무처리 절차가 분명치 않은 문제 해결에 컴퓨터를 쉽게 적용할 가능성이 상대적으로 높지 않을 수 있을 것입니다.

<의사결정의 유형과 기법>

특성		의사결정의 기법	
		전통적	현대적
정형적 결정	1. 일상적, 반복적 결정 2. 조직은 이러한 유형의 의사결정을 위해 특별한 절차를 개발함	1. 습관 2. 일상적인 사무처리관례: 표준화된 처리절차 3. 조직구조: 공통적인 기대, 하위목표의 시스템, 잘 구성된 정보망	1. OR: 수학적 분석, 모델, 컴퓨터 시뮬레이션 2. EDPS
비정형적 결정	1. 비구조적인 새로운 정책의 결정 2. 일반적인 문제해결 절차에 의해 처리	1. 판단, 직관 및 창의성 2. rule of thumb 3. 관리자의 선발 및 훈련	1. heuristic 접근방법을 적용: 의사결정자 교육훈련, 자기발견적 컴퓨터 프로그램 결정

한편, 이러한 의사결정을 조직의 목표와 연관하여 이야기하는 사람들도 있습니다. 리처드 사이어트와 제임스 마치의 경우 조직의 목표는 사전적으로 정해지거나 주어진 것이 아니라 형성되는 것이라고 주장합니다. 즉, 조직의 상호작용 속에서 목표가 만들어진다는 것이죠. 조직은 이렇게 형성된 목표를 해결하기 위하여 노력하고 끊임없이 문제를 찾아 해결해 나가려고 하는데, 중요한 것은 조직이 받아들일 만한 수준의 의사결정, 목표에 관한 순차적 관심만 가지기 때문에 불확실성을 회피(uncertainty avoidance)하고, 사회적 학습을 통해서 만족할 만한 상태를 선택하여 축적하는 등 의사결정 시 따라야 할 표준운영절차(Standard Operating Procedures, SOPs)라고 하는 규칙, 매뉴얼 등을 만들면서 조직 내에서 제도화를 시도하게 된다고 지적합니다. 관련 내용은 다음 자료를 참고하였습니다. Barnard, C. I. (1938). *The Functions of the Executive*. Harvard University Press; Cyert, R. M., & J. G. March. (1963). *A Behavioral Theory of the Firm*. Prentice-Hall; Simon, H. A. (1965). *The Shape of Automation: for Men and Management*. 2nd ed. Harper and Row, Publishers.

4) 국내 항공사 소속 조종사 4,800여 명이 모인 사단법인 한국민간항공조종사협회(ALPA-K)는 자체적으로 '항공사고 대응 핸드북'을 펴냈다고 합니다. 사고가 났을 때 어떻게 해야 한다는 항공사별 지침은 있습니다. 하지만

현장에서는 보다 실질적이고 구체적인 매뉴얼이 필요하다고 하네요. 매뉴얼에서는 항공사고에 대한 조종사들의 참여에 대해서도 이야기하고 있습니다. 항공 관련 사고가 나면 항공사고의 객관적인 조사를 위해서 사고 당사자와 이해 집단으로 분류된 조종사 등이 배제되는데, 사고조사를 위해서는 조종사의 참여가 필요하다고 합니다. 사고 조사 및 언론 보도 등이 책임자 처벌 및 귀책사유 찾기에만 집중되어 있다 보니, 사고 당사자들이 오히려 처벌을 피하려고 말을 아끼거나 회피를 한다는 것이죠. 어쩌면 우리가 놓쳤던 부문이 있을지 모르겠습니다. 관련 내용은 다음을 참고하였습니다. 동아일보. 조종사들이 직접 '항공사고 대응 핸드북' 펴낸 사연 [떴다떴다 변비행]. 2021.6.22. https://www.donga.com/news/Society/article/all/20210622/107582608/1 2024.11.18. 검색.

5) 산업사고와 관련하여 인적 요소의 오류 분석에서 발생하는 빈번한 오해는 오류의 원인이 곧 대응방안을 의미한다고 성급하게 생각하는 것입니다. 인적 오류의 원인은 분명히 대응방안이 될 수 있으며, 강력한 후보가 분명하지만 추가적인 분석 및 평가가 필요합니다. 우선 대부분의 사건에서 원인은 독립적이지 않습니다. 사건의 경위나 상황적 종속성이 분명하여, 일정한 구조를 전제로 할 경우에만 원인으로 작용하는 경우가 많기 때문이죠. 그러므로 원인으로 제시된 항목을 독립적으로 자료화하여 비교하거나 빈도 등의 통계화된 자료로 사용하는 것은 원인파악을 왜곡시킬 가능성이 많다고 지적되기도 합니다. 더욱이 앞으로 디지털트윈Digital Twin과 같이 실제 시스템이나 프로세스의 동작을 시뮬레이션할 때, 다양한 시나리오를 가상으로 만들고 실험할 수 있어 잠재적인 위험 요소를 식별하고 예방하기 위한 조치를 취할 수 있겠지만 미래를 예측하려면 현재의 상황과 동향을 고려하고, 도메인 전문가의 지식과 통찰력을 활용하는 것이 중요하다고 보여집니다. 관련 내용은 다음을 참고하였습니다. 이용희. (2010). 산업 사고에서 인적 오류의 재분석: 인적 오류는 사고의 원인인가 결과인가? 대한인간공학회 학술대회논문집 7-12; 세이프티퍼스트닷뉴스. 디지털트윈: Chat GPT가 말하는 AI 예측의 위험성과 그 대응책. 2023.6.20. https://www.safety1st.news/news/articleView.html?idxno=4242&fbclid=IwAR1YW9ABKHJSvb72v0a4YXIeck8IiBOphH2CZRFL4pc6wyVhePv

qamc6CEA; 메디컬타임즈. 전문의 수준 왔다던 챗 지피티…실제 임상 진단은 엉망. 2024.5.3. https://www.medicaltimes.com/Main/News/NewsView.html?ID=1158636 2024.11.18. 검색.

6) 허버트 사이먼은 사람들이 의사결정을 할 때 완전한 정보나 최적의 해결책을 찾을 수 없다는 점을 강조합니다. 전통적인 경제학 이론에서 가정했던 완전한 합리성(완전한 정보와 최적의 계산을 기반으로 한 의사결정)과는 달리, 현실 세계에서는 정보의 부족(모든 가능한 대안을 고려할 수 없고, 불완전한 정보에 의존)과 인지적 한계(지나치게 많은 대안이나 변수를 동시에 고려하기 어려워, 단기적인 결정을 내리거나 직관을 사용하는 경향) 때문에 사람들이 최선의 선택을 하기 어렵다는 사실을 설명하죠. 사이먼은 이를 제한된 합리성(bounded rationality)이라고 지적하면서 사람들이 시간과 자원의 제약 속에서 최적의 해결책을 추구하기보다는, "충분히 좋은", 그리고 "만족스러운" 해결책을 찾아내려 한다고 주장합니다. 이러한 사이먼의 주장은 심리학, 경영학, 행정학, 인공지능 등 다양한 분야에서 의사결정 모델을 재구성하는 데 중요한 영향을 미쳤으며, 현대의 행동경제학 이론에 큰 영향을 미쳤습니다. 관련 내용은 다음을 참고하였습니다. Simon, H. A. (1997). *Administrative Behavior: A Study of Decision-Making Processes in Administrative Organization*. 4th ed, The Free Press; March, J. G. and Simon, H. A. (1958). *Organizations*. Wiley.

7) 공무원들이 인식하는 정부조직 내 관행은 주로 조직 문화, 상하 관계, 업무 처리 방식, 그리고 직장 내 분위기 등과 관련이 있습니다. 예를 들어 많은 공무원들은 상급자의 지시를 따르는 구조적 조직 문화를 경험합니다. 상위 직급자가 하급자의 의견이나 피드백을 충분히 반영하지 않는 경우이죠. 특히, 공공부문에서는 상하 관계가 명확히 구분되는 경우가 많으며, 이런 관행은 때로 비효율적인 의사결정이나 창의성 부족을 초래할 수 있습니다. 또한, 공무원들은 때때로 정부조직 내에서 규정과 절차에 따라 일을 처리해야 하므로 유연성이 부족할 수 있습니다. 이런 관행은 때때로 복잡한 행정 절차나 느린 의사결정으로 이어질 수 있죠. 더욱이 공무원들은 종종 업무를 처리하면서 형식적인 절차와 보고를 중시하는 경향이 있습니다. 실질적

인 성과보다는 보고서나 문서화된 과정에 신경을 쓰는 경우가 많으며, 이런 형식주의는 효율적인 문제해결을 방해할 수 있습니다. 중요한 점은 이러한 정부조직 내 관행으로 인하여 젊은 공무원들이 조직을 떠날 수 있다는 것입니다. 최근 행정안전부가 실시한 '저연차 공무원 대상 공직사회 조직문화 인식조사'에 따르면 국가직 및 지방직 공무원 응답자 4만 8천 248명 중 3만 2천 905명(68.2%)이 '공직을 그만두고 싶다'고 생각한 적이 있는데, 공직사회 조직문화에 대해 '불만족한다'는 대답은 39.5%로, '만족한다'는 답변율(18.8%)을 크게 웃돌았죠. 특히, 만족하지 않는 이유로는 '관행을 중시하고 변화에 소극적인 분위기'(30.4%)와 '조직을 위한 개인의 희생을 강요하는 분위기'(28.6%)가 절반 이상을 차지했으며, 응답자의 33.3%는 공직사회 조직문화 개선을 위해 가장 필요한 것으로 '조직문화 관련 각종 제도 개선'을 꼽았습니다. 관련 내용은 다음을 참고하였습니다. 박예종·오윤정·윤창근. (2023). 공무원 이직의 세대별 영향요인 비교: 직무태도와 조직관성, 그리고 이직의도를 중심으로. 지방정부연구 26(4): 361-390; 김정인. (2023). MZ 세대 공무원의 이직의도. 한국사회와 행정연구 34(1): 167-195; 이겨레·김현정·정해일. (2023). '일과 삶의 균형'과 공무원의 이직 의도: MZ 세대와 기성세대 간 차이를 중심으로. 한국인사행정학회보 22(4): 33-62; 연합뉴스. 저연차 공무원 10명 중 7명은 퇴사 고민. 2024.10.21. https://www.yna.co.kr/view/AKR20241021147200530 2024.11.21. 검색.

8) 2022년 10월 29일 서울 이태원에서 발생한 대형 참사와 관련하여 재판에 넘겨진 전 서울 용산경찰서장이 1심에서 금고형을 선고받았습니다. 반면, 같은 혐의로 기소된 용산구청장에겐 무죄가 선고됐습니다. 판결이 엇갈린 지점은 참사 예측 및 대응이 '이들의 업무상 주의 의무에 해당되는지'였습니다. 경찰은 인파 사고 예측이 가능했고, 경비 대책을 세우고 현장을 지휘할 의무가 있지만 구청은 그렇지 않다는 게 재판부 판단이었습니다. 다양한 해석이 있을 수 있겠지만 중요한 점은 '법을 위반하지만 않으면 잘못한 게 없다'는 인식입니다. 이러한 인식은 위험하다고 생각합니다. 더욱이 스스로 책임을 진 고위공직자는 단 한 명도 없습니다. 경찰의 불송치와 검찰의 불기소 처분, 법원의 무죄 선고 등 법적 잘잘못을 따지는 지지

부진한 과정 속에서 '면죄부'를 받은 이들은 아직도 공직을 수행하고 있거나 명예롭게 퇴직했습니다. 이제 누가 적극행정으로 나아가려고 할까요? 관련 내용은 다음 자료를 참고하였습니다. 한국일보. 용산서장 유죄, 구청장 무죄... '대책 세울 의무' 있었느냐가 운명 갈랐다. 2024.10.1. https://www.hankookilbo.com/News/Read/A2024093017330000010; 한겨레21. 보고 받은 서울청 무죄, 현장 뛴 용산서 유죄. 2024.11.8. https://h21.hani.co.kr/arti/society/society_general/56349.html; 한국일보. 참사 2년 만에 겨우 출범한 특조위... "159명의 죽음, 무죄받으면 끝나는가?". 2024.10.29. https://www.hankookilbo.com/News/Read/A2024102810130004359 2024.11.21. 검색.

14

흑인 조이는 얼굴에 왜 하얀 가면을 덮어썼을까?

▼ 이번 장과 관련한 영상은
다음에서 확인할 수 있습니다.

▼사회과학 콘텐츠 랩 연곳 YEONGOT

YEONGOT LAB
Social Science Contents Project

14

흑인 조이는 얼굴에 왜 하얀 가면을 덮어썼을까?

인공지능을 통한 공공정책의 결정과 집행: 다큐멘터리 <알고리즘의 편견>

"AI는 데이터에 기반하고 데이터는 우리의 역사를 반영해요.
과거가 우리의 알고리즘 안에서 머무르고 있는 거죠.
이 데이터는 지금까지 존재해 온 불평등을 보여 줍니다."
(다큐멘터리 '알고리즘의 편견'에서 조이의 대사)

최근 들어 미래 기술로서 가장 많이 언급되는 것은 인공지능이 아닐까 생각합니다. 우리는 언론을 통해서 인공지능이 가져올 미래에 대한 기대나 우려를 쉽게 접하고 있습니다. 하지만 여전히 그 실체에 대해서는 서로 다른 예측과 진단이 존재하고 있지요. 여기서는 인공지능을 둘러싼 여러 이슈 중에서도 인공지능을 적용한 정부의 의사결정과 집행에 관해 이야기해 보려 합니다. 정치하는 인공지능, 행정하는 인공지능이 가져올 미래를 생각해 보기 위해 미국 다큐멘터리 '알고리즘의 편견Coded Bias'[1]을 살펴보고자 합니다.

인공지능이 국민의 대표자가 될 수 있을까?

"시장에 당선되면 인공지능에 주요 정책을 위임하겠습니다."
(일본 도쿄도 타마시 시장선거에 출마한 마츠다 미치히토의 선거공약)

인공지능(Artificial Intelligence, A.I)은 공공영역에 도입되어 정부의 부정부패나 불공정을 해결하고 정책결정의 합리성을 높일 것이라는 큰 기대를 받고 있습니다. 가장 야심찬 기대는 인공지능 정치인일 겁니다. 인공지능의 세계적 권위자인 벤 괴르첼 박사는 일반 인공지능 기술로 무능하고 부정한 대통령이나 국회의원을 대체할 수 있다고 주장합니다. 답답한 정치현실에 짜증난 시민들에게 매우 통쾌하게 들릴 이 아이디어는 '로바마'라는 이름으로 추진되고 있죠.[2] 뉴질랜드에서는 이미 '샘'이라는 정치로봇이 유권자들과 페이스북으로 소통하며 총선에 출마하였고, 일본 도쿄도 타마시 시장 선거에서는 한 후보가 자신이 당선되면 인공지능이 정책을 결정하도록 할 것이라는 공약을 내세운 바 있습니다.[3] 러시아도 대통령 후보로 정치로봇 '앨리스'가 '당신을 가장 잘 아는 대통령'이라는 슬로건으로 내세우고 출마해 수천표를 받았다고 합니다.[4]

다행인지 불행인지 이 인공지능 정치 후보자들은 모두 낙선되었습니다. 하지만 모를 일이죠. 오늘날과 같이 정치권에 대한 불신과 혐오가 높아진다면 어느 날 유권자들은 편견 없고 탐욕 없는 인공지능에게 국가의 전략적 결정을 맡기겠다고 선택할지도 모릅니다. 2021년 11개국 시민들을 대상으로 한 스페인 연구진의 설문조사에 따르면, 인공지능 기술이 정치에 적용되는 것을 스페인, 이탈리아, 에스토니아 국민들의 경우 절반 이상이 찬성하는 것으로 나왔다고 합니다.[5] 국민 여론이라는 빅데이터를 그 어떤 인간보다 빨리 파악할 수 있을테니 인공지능을 통해서 비로소 국민의 여론과 눈높이 맞는 정치가 이뤄질지도 모르겠습니다.

하지만 정치는 국민이 자신의 주권을 대표할 사람을 뽑아 다양한 인간 집단 간에 타협을 시도하는 소통의 과정입니다. 그 의미와 무게를 고려한다면 인공지능에게 내 주권을 대표하도록 할지, 선뜻 대답하기는 어렵습니다. 만약 인공지능 대통령이 내린 결정이 잘못되어 국가적 위기에 직면한다면 인공지능에게 책임을 물을지도 난감합니다. 오히려 정치적 책임을 아무도 지지 않는 무책임한 상황이 벌어질지도 모르겠습니다. 실현이 눈앞에 와 있다는 인공지능 정치인이, 정치하는 인간의 합리적 결정을 높여줄 수는 있을 것입니다. 하지만 국민의 대표자로서 정치적 권위를 인정받기는 쉽지 않을 것 같습니다.

인공지능에 따른 정책집행은 더 공정한가?

"얼굴 발견 못함(No Face Detected)"
(다큐멘터리 '알고리즘의 편견'의 오류 메시지)

정부의 정책집행에 이미 인공지능이 적용된 사례는 많습니다. 코로나19에 대응 과정에서도 인공지능은 큰 활약을 했죠. 프랑스는 코로나19에 관한 정확한 정보를 국민에게 전달하는 데 인공지능 챗봇을 사용했으며 미국 캘리포니아에서는 바이러스 감염에 대한 조기경보시스템을 발동하는 데 사용했고, 캐나다는 의료 데이터를 활용해 코로나19로 인한 심각한 합병증이 우려되는 위험군을 예측하는 데 인공지능을 사용했습니다.[6)]

하지만 인공지능을 통한 공공정책의 결정과 집행을 우려하는 목소리도 큽니다. 인공지능이 만드는 신종 차별과 통제를 우려하는 것입니다. 다큐멘터리 '알고리즘의 편견'이 보여 주려는 것이 바로 객관과 중립의 기술로 추앙받는 인공지능이 인간의 편향을 학습하여 차별을 재현한다는 사실입니다.[7] 미국 MIT 박사과정생인 흑인 여성 조이는 인공지능 얼굴인식 프로그램이 자신의 얼굴을 인식하지 못하는 데 의문을 가집니다. 놀랍게도 그녀의 얼굴을 인식하지 못하던 프로그램은 그녀가 하얀 가면을 덮어쓰자 비로소 얼굴을 인식하게 됩니다. 그녀는 그 이유를 파고든 끝에 그 프로그램이 백인 남성 중심의 데이터를 학습하였기 때문임을 밝혀내게 됩니다.

인공지능이 학습하는 각종 빅데이터는 인간 사회에서 생산 및 축적되어왔던 정보일 수밖에 없으므로 결국 인간 사회의 편견을 학습하고 지금까지 존재해 온 불평등을 집행하는 것입니다. 이 다큐멘터리는 그녀가 이러한 인공지능의 문제를 사회에 알리기 위해 고군분투하는 내용을 다루고 있습니다. 다큐멘터리 '알고리즘의 편견'은 정부의 정책집행에 활용되는 알고리즘이 특정 계층의 이익을 반영하고 특정 집단을 차별하며 더 나아가 대중을 통제하는 수단으로 쓰일 수 있는 여러 사례를 보여 줍니다. 영국 경찰은 경찰차량 CCTV에 안면인식 프로그램을 장착하고 지나가는 사람들의 얼굴정보를 수집해 범죄자 데이터와 비교합니다. 이는 아무런 법적 근거 없이 이뤄지고 있고 안면인식을 거부하면 경찰이 곧장 불심검문을 시작합니다. 공공행정에서 인공지능의 판단이 차별과 편견을 반영했던 사례 역시 상당합니다.[8]

범죄 발생 지역을 예측하는 모형에서 인공지능은 흑인 거주지역을 집중 순찰하도록 지시하였고 그 결과 경찰 단속이 심해진 흑인지역의 범죄율이 더 올라가는 결과에 이르기도 하였습니다. 범죄자의 재범 위험성을 예측하는 모형은 거주지와 친인척의 범죄 여부, 불심검문 횟수, 최종 학력 등과 같은 정보에 기반을 두고 계산하여, 특정 인종이나 지역에 대한 차별을 나타내기도 하였습니다.[9]

이러한 알고리즘의 편견에 대하여 주목해 온 수학자 캐시 오닐은 『대량살상 수학무기』라는 책에서 인공지능의 알고리즘으로 편견과 차별이 오히려 강화되는 문제를 지적하고 이를 대량살상무기에 빗대기도 했습니다.[10] 그녀는 수많은 변수를 포함하여 수학적인 계산으로 도출된 결과는 인간 사회의 직관과 논리를 거스르는 차별과 통제라고 우려하고 있습니다. 같은 맥락에서 국내 한 연구는 문제 상황과 체계가 비교적 잘 파악된 구조화된 문제에 인공지능이 효과적이며, 반면 비구조화된 문제에 인공지능을 적용하면 잘못된 정보나 누락된 정보로 인해 잘못된 해결책이 도출될 가능성이 높으므로 비구조화된 문제를 인간의 메타의사결정 능력에게 맡길 것을 주장한 바 있습니다.[11] 이러한 제안들은 인공지능을 정부 정책집행에 전면 적용하는 경우의 한계를 우려하는 것이라고 할 수 있습니다.

AI가 편견을 학습했다면 정부는 어떻게 대응해야 할까?

"인공지능 발전에서 지금은 서부개척시대의 무법천지와 같아요."
(다큐멘터리 '알고리즘의 편견'에서 어느 전문가의 대사)

인공지능이 객관적이고 공정하리라는 막연한 믿음을 거두고, 인공지능으로 인한 정책의 불공정은 정부가 책임지고 관리해야 한다는 우려를 읽을 수 있습니다.[12] 최근 이러한 우려와 관련하여 우리나라는 국가 인공지능 윤리기준을 마련하고 있는데요. 인간성을 구현하기 위해 인공지능의 개발 및 활용과정에서 '인간의 존엄성, 사회의 공공성, 기술의 합목적성을 지켜야 한다'는 3대 원칙이 선언되었죠. 동시에 인공지능 윤리 자율

점검표가 발표되기도 하였습니다.[13)]

지금은 정부의 인공지능이 국민을 차별하거나 불공정한 서비스를 제공하지 않도록, 그리고 정부가 알고리즘에게 책임을 전가하지 않도록 할 제도를 만들어야 할 때로 보입니다. 이를 위해 인공지능에 기반한 정책결정에 대해서는 설명의 의무를 부여해야 한다는 '설명가능한 인공지능'(Explainable AI, XAI)에 대한 요구가 높습니다.[14)] 인공지능의 결정으로 인해 공공서비스 수혜 대상에서 제외되거나 나에게만 차별적인 정책집행이 이뤄진다면, 국민은 그 이유를 묻고 근거의 합리성을 확인할 권리를 가져야 합니다.

하지만 현재의 인공지능 학습 원리는 엄청나게 많은 요인이 포함되므로 인공지능 판단의 인과관계에 대한 역추적이 거의 불가능합니다. 그러니 결과가 왜 도출되었는지 개발자도 정확히 파악하기 어려운 것이죠. 내게 차별적인 서비스를 제공하면서도 내게 최적인 맞춤형 서비스라고 주장한다면 납득하기 어려울 것입니다. 설명가능한 AI는 인공지능 알고리즘에서 결과가 도출되는 과정을 설명할 수 있는 노드를 찾아 이름을 붙이고 산출 결과를 인공지능이 스스로 설명하는 알고리즘을 추가로 부여하는 원리입니다. 국민을 향한 정부의 응답의무(answerability)를 공공영역의 인공지능에 함께 부여해야 하며, 국민은 자신에 대해 이뤄진 알고리즘 결정에 대한 설명을 요청할 권리를 행사하는 것이라고 할 수 있죠.[15)]

앞서 살펴본 다큐멘터리 '알고리즘의 편견'은 기술의 경우 서로 결합하게 되는 과정에서 선악의 논리가 아니라 기술특성에 따라 결합될 수 있기 때문에, 기술이 가치중립적이라는 전통적 관념은 더 이상 유효하지 않을 수 있다는 점을 알려 주는 것일지도 모르겠습니다. 그럼에도 불구하고 미래 정부의 정책결정과 집행은 분명 인공지능의 결정에 많은 부분 의존할 가능성이 크겠지요. 여러분은 어떻게 생각하세요? 인공지능은 우리들의 주권을 위임받아 국민의 대표자가 될 수 있을까요? 인공지능에 따른 정책집행이 더 공정할까요? 우리는 인공지능이 결정한 정책을 기꺼이 수용할 수 있을까요?

참고한 내용 및 더 읽어 볼 것들

1) 다큐멘터리 '알고리즘의 편견'(샬리니 칸타야 감독, 2020)은 MIT 공대생인 조이가 자신의 프로젝트를 진행하던 중 안면인식 소프트웨어가 흑인 여성인 자신의 얼굴을 잘 인식하지 못한다는 점을 발견합니다. 감독은 조이의 경험을 바탕으로 고도로 발전하고 있는 알고리즘 기술들에 숨겨진 인종, 성별 차별에 대한 문제점들을 파헤치고 있는 여러 여성 과학자와 활동가에 대해 이야기하면서 그 기술들이 얼마나 은밀하게 차별을 공고히 해 나가고 있는지 밝혀냅니다. 관련 내용은 다음 자료를 참고하였습니다. 오마이스타. '편견' 학습한 AI가 초래할 무시무시한 상황. 2021.4.18. https://star.ohmynews.com/NWS_Web/OhmyStar/at_pg.aspx?CNTN_CD=A0002736256 2024.11.24. 검색.

2) 벤 괴르첼 박사의 경우, 미래에는 로봇 대통령도 나올 수도 있다고 주장합니다. 수많은 사람을 위한 전략적인 결정을 하기 위해선, 빅데이터 시대에 쏟아져나오는 많은 양의 정보를 전부 이해할 수 있는 인공지능의 도움이 필요하다는 것이죠. 관련 내용은 다음 자료를 참고하였습니다. YTN 사이언스. 미래에 로봇 대통령도 나올 수 있다. https://www.youtube.com/watch?v=cDaHEjarNsI; 시사저널. 사리사욕 없는 AI가 공정한 정치하는 시대 온다. 2017.8.8. https://www.sisajournal.com/news/articleView.html?idxno=170793 2024.11.24. 검색.

3) 2018년 4월 15일 일본의 도쿄도(東京都) 타마시(多摩市) 시장선거에는 인공지능 후보가 출마해 큰 화제가 됐습니다. 후보자의 이름은 마츠다 미치히토(44)로, 무소속 후보였습니다. 일본 선거법상 피선거권은 사람만 가능하므로 사람인 마츠다 씨가 나서게 되었다고 하죠. 마츠다 씨는 시장에 당선되면 인공지능에 주요 정책을 위임하겠다고 밝혔습니다. 일종의 '대리 출마'인 셈입니다. 실제로 선거 포스터에는 입후보한 마츠다 씨의 얼굴이 아니라 로봇의 얼굴이 인쇄되어 배포되기도 하였습니다. 관련 내용은

다음 자료를 참고하였습니다. 중앙일보. 욕심없는 'AI 정치인'이 낫다?… 日 지방선거, 인공지능 출마 2019.12.7. https://www.joongang.co.kr/article/23651227 2024.11.24. 검색.

4) 관련 내용은 다음 자료를 참고하면 좋을 듯합니다. 브릿지경제. 기호15 인공지능 "부패 없는 참일꾼, 현실정치 제가 바꾸겠습니다" 2022.2.28. https://www.viva100.com/20220210010002520?site_preference=normal; 프레시안. AI로 정치인 대체하자? 'IT 강령술사'가 등장한다. 2024.1.8. https://www.pressian.com/pages/articles/2024010317011669947 2024.11.24. 검색.

5) 관련 내용은 다음 자료를 참고하면 좋을 듯합니다. Center for the Governance of Change, IE University. European Tech Insight. https://www.ie.edu/cgc/research/european-tech-insights/; AI타임스. 국회의원 일부를 AI로 대체하자...유럽인 절반 이상 찬성하는 것으로 나와. 2021.5.28. https://www.aitimes.com/news/articleView.html?idxno=138755 2024.11.24. 검색.

6) 인공지능이 공공행정에서 선도적으로 적용되는 분야는 특히 이와 같은 안전 분야인 것 같습니다. 범죄 발생 가능지역을 예측하고 집중 관리하는 데 인공지능 기술이 적용되었다는 것은 잘 알려진 사실이죠. 우리나라 정부도 교통 CCTV 정보를 활용해 치매노인, 실종유아 찾기 등이 진행하고 있으며 복지사각지대에 놓인 사람을 찾는 데 인공지능 기술이 활용되고 있습니다. 또한 세종시의 경우, 2022년부터 챗봇을 운영 중이며 민원 접수 및 안내, 체육·운동 시설 및 공용 자원예약, 야간 당직 약국 병원 등 생활정보, 재난정보 등을 제공하고 있습니다. 경상남도는 2019년부터 노인·장애인 등 일상돌봄이 필요한 대상자에게 AI 스피커를 설치하여 비대면 돌봄(노래, 인공지능 감성대화 등 33종 서비스 지원), 케어매니저 배치로 대면 돌봄 지원 및 응급 시 응급구조 체계를 구축하였습니다. 관련 내용은 다음 자료를 참고하였습니다. 연합뉴스TV. 길잃은 아이도 치매 노인도 '집으로'…똑똑해진 CCTV. 2017.4.9. https://www.youtube.com/watch?v=D0OMuXUKDHs; SBS 뉴스. 18년 전 '마이너리티 리

포트' 현실화…AI로 범죄 예측. 2020.1.3. https://www.youtube.com/watch?v=IvLdHhyHnUY; 세종시 인공지능 챗봇 서비스 https://www.sejong.go.kr/citizen/sub03_0108.do; 창원특례신문. 경상남도, 취약계층에 인공지능(AI) 스피커 '목소리'로 재난위험 알린다! 2023.8.8.일자. https://www.cwtr.co.kr/news/articleView.html?idxno=3541; 정책브리핑. 4차산업혁명 핵심기술, 국민 삶에 더 가까이 https://www.korea.kr/news/interviewView.do?newsId=148849247 2024.11.25. 검색.

7) 우리나라 '이루다 서비스'의 경우, 2020년 12월 '친구 같은 AI'라는 콘셉트로 출시된 직후부터 윤리적 취약점을 드러내며 논란이 되었습니다. 소수자를 대상으로 한 혐오 및 차별 발언, 별도 서비스를 통해 수집한 대화 데이터 무단 활용, 성적 대화 차단 방안 부재 등 이용자가 채팅으로 유도하면 동성애·인종·성별·특정 지역을 두고 차별적인 표현을 사용했고, 계좌번호 등 개인정보를 물으면 AI 학습 과정에서 인식된 데이터를 필터링하지 않은 채 실제 계좌번호를 노출하기도 했죠. 관련 내용은 다음 자료를 참고하였습니다. 이신행. (2021). 편향적 인공지능: 네이버의 악플 탐지용 인공지능 '클린봇'이 판별한 혐오표현의 유형 분석. 사이버커뮤니케이션학보 38(4): 33-75; 비즈한국. 돌아온 AI '이루다2.0', 혐오·개인정보 논란 벗어날까 2022.4.6. https://www.bizhankook.com/bk/article/23538; 인공지능신문. 인공지능 챗봇 '이루다', 대화의 힘으로 100만 명 사로잡았다. 2022.12.6. https://www.aitimes.kr/news/articleView.html?idxno=26718; 사이언스타임즈. 인간의 편견이 불공정한 AI 만든다. 2019.6.25. https://www.sciencetimes.co.kr/nscvrg/view/menu/248?searchCategory=220&nscvrgSn=192756; 조선일보. 인간에 오염된 데이터로 학습… "편향 없는 AI는 불가능". 2024.1.18. https://www.chosun.com/economy/tech_it/2023/11/04/F6MXUXT5PVC65PFGVM4XW7OENI/ 2024.11.25. 검색.

8) 중국의 경우 2020년까지 전국에 완전한 영상 감시 네트워크를 구축하겠다고 발표한 후 중국 구석구석에 수억 대의 감시카메라를 설치해 촬영한 사람들의 얼굴 정보를 실시간 분석하며 공안이 표적으로 삼은 대상을 식별하고

있습니다. 또한, 시장, 학교, 모스크 등 소수민족 위구르인 100만 명의 일상생활의 전 영역에 감시카메라와 데이터처리 장비, 클라우드 저장 장치, 드론 감시 시스템을 설치해 주민들의 일거수일투족을 감시하고 있죠. 영국의 경우, 지난 2020년 1월 런던 전역에 강력범죄 대응을 위한 실시간 안면 인식 카메라(LFR)를 설치했는데, 범죄자 검거 가능성이 있는 특정 장소에서 첨단 AI 카메라로 행인들의 얼굴을 스캔해 실시간으로 용의자 정보와 대조하는 방식입니다. 이같은 얼굴인식 기술로 런던에서 지난 5년 간 약 77만 966명의 얼굴을 스캔한 것으로 드러났으며, 안면인식 기술은 총 716시간 25분 동안 사용됐고 평균 지속 시간은 5시간을 조금 넘었다고 합니다. 관련 내용은 다음 자료를 참고하였습니다. 한겨레. 디지털 법가, 감시 자본주의 신세계를 열다. 2020.11.24. https://www.hani.co.kr/arti/opinion/column/971286.html; 조선일보. 런던 경찰, 5년간 77만명 얼굴 스캔했다는데... 안면인식 괜찮을까. 2024.10.4. https://www.chosun.com/economy/tech_it/2024/10/04/3YM2LO2IKJCCVODCWKWSR3QIEQ/ 2024.11.25. 검색.

9) 관련 내용은 다음 자료를 참고하면 좋을 듯합니다. Richardson, R., Schultz, J. and Crawford, K. (2019). Dirty Data, Bad Predictions: How Civil Rights Violations Impact Police Data, Predictive Policing Systems, and Justice. *New York University Law Review Online*. Retrieved from: https://www.nyulawreview.org/online-features/dirty-data-bad-predictions-how-civil-rights-violations-impact-police-data-predictive-policing-systems-and-justice/; 한겨레. 인종차별 데이터는 인종차별보다 더 무섭다. 2019.2.15. https://www.hani.co.kr/arti/science/scienceskill/882330.html; Carecorners. 알고리즘이 지배하는 세상. 2020.10.5. https://www.youtube.com/watch?v=bfDorSomV6g 2024.11.25. 검색.

10) 관련 내용은 다음 자료를 참고하면 좋을 듯합니다. 캐시 오닐. (2017). 대량살상 수학무기Weapons of Math Destruction. 김정혜 옮김. 흐름; 한겨레. 빅데이터? 흙수저에겐 대량살상무기!. 2017.9.21. https://www.

hani.co.kr/arti/culture/book/812041.html; SBS D FORUM. 시민사회의 변화: 빅데이터 시대를 되묻다-캐시 오닐. 2019.1.2. https://www.youtube.com/watch?v=TT-9e0ydJFo 2024.11.25. 검색.

11) 관련 내용은 다음 자료를 참고하면 좋을 듯합니다. 김병조 · 은종환. (2020). 행정-정책 의사결정에서 머신러닝 방법론 도입의 정책적 함의: 기계의 한계와 증거기반 의사결정. 한국행정학보 54(1): 261-285; 윤상오 · 진수영. (2024). 증거기반정책에서 생성형 인공지능(AI)의 활용 가능성과 한계: 천안시 도시재생사업 사례를 중심으로. 한국공공관리학보 38(2): 157-180; 권오성. (2024). 인공지능을 사용한 채용 결정의 문제점과 법적 규율방안-미국의 입법례를 중심으로. 노동법논총 60: 113-153.

12) 관련 내용은 다음 자료를 참고하면 좋을 듯합니다. 이효영 · 송태은. (2024). 인공지능 기술의 위험 관련 주요 쟁점과 규범 현황: 우리의 정책방향에 대한 함의. 국립외교원 외교안보연구소; 국가인권위원회. (2021). 인공지능 개발과 활용에서의 인권 가이드라인 연구; 경향신문. "사람이 다 합니다"…AI는 객관적일 것이란 '환상'. 2023.3.1. https://www.khan.co.kr/article/202303010901041 2024.11.25. 검색.

13) 2020년 12월 23일 대통령 직속 4차산업혁명위원회는 과학기술정보통신부와 정보통신정책연구원이 마련한 '사람이 중심이 되는 「인공지능(AI) 윤리기준」'을 심의 · 의결한 바 있습니다. 사람이 중심이 되는 인공지능 구현을 위해 모든 사회 구성원이 인공지능 개발-활용 전 단계에서 함께 지켜야 할 기본적이고 포괄적인 기준을 제시하고 있죠. 인간성을 최고가치로 두고, 기본원칙을 이행 할 수 있도록 인공지능 전체 생명 주기에 걸쳐 충족되어야 하는 10가지 핵심 세부요건을 제시하고 있는데, 10대 핵심요건은 인권보장, 프라이버시 보호, 다양성 존중, 침해금지, 공공성, 연대성, 데이터 관리, 책임성, 안전성, 투명성 등입니다. 관련 내용은 다음 자료를 참고하면 좋을 듯합니다. 정보통신정책연구원. (2023). 「2023 인공지능 윤리기준 실천을 위한 자율점검표(안)」 공개. 2023.4.12. https://www.kisdi.re.kr/bbs/view.do?bbsSn=114068&key=m2101113055944; ZDNET Korea. '이루다' 사례 피하려면…AI 윤리 자율점검표 등장. 2021.11.23. https://

zdnet.co.kr/view/?no=20211123163013; ZDNET Korea. 유네스코, 193개 회원국 만장일치로 AI윤리 권고 채택. 2021.11.24. https://zdnet.co.kr/view/?no=20211124105459 2024.11.25. 검색.

14) 관련 내용은 다음 자료를 참고하면 좋을 듯합니다. 최재식 외. (2024). 설명가능 인공지능 기술 동향 및 핵심 과제. 주간기술동향 2134호. https://www.itfind.or.kr/streamdocs/view/sd;streamdocsId=nDYesI8UfdGZlVkmzlZfFHcCXaAOiQ5Tb4NdRZFwOq8; 김문현 외. (2024). 설명가능한 인공지능(XAI)의 공공분야 활용을 위한 정책 방향. 한국행정연구원 이슈페이퍼_142호 https://www.kipa.re.kr/site/kipa/research/selectPublishView.do?gubun=IS&pblcteId=PUBL_000000000000961; 비트나인. 설명 가능한 인공지능. 2020.8.26. https://bitnine.tistory.com/408; NVIDIA. DEVELOPER. 설명 가능한 인공지능(Explainable AI)이란? 2022.11.25. https://developer.nvidia.com/ko-kr/blog/%EC%84%A4%EB%AA%85-%EA%B0%80%EB%8A%A5%ED%95%9C-%EC%9D%B8%EA%B3%B5%EC%A7%80%EB%8A%A5explainable-ai%EC%9D%B4%EB%9E%80/ 2024.11.25. 검색.

15) 이와 관련하여 생각해 볼 점은 '감시 자본주의'입니다. '감시 자본주의'는 존 벨라미 포스터J. B. Foster와 로버트 맥체스니R. McChesney가 쓴 용어로, "감시를 통해 획득한 '데이터'를 수익으로 창출하는 자본주의"를 의미합니다. 미국의 사회학자이자 하버드 경영대학의 명예교수인 쇼사나 주보프는 『감시자본주의의 시대The Age of Surveillance Capitalism』라는 책에서 인간의 경험을 원자재 삼아 상품과 서비스를 만들어내는 경제에 '감시자본주의'라는 이름을 붙였습니다. 기존의 상품과 서비스를 개선하기 위해 필요한 것 이상으로 '잉여적인' 행동 데이터를 수집하고, 이를 이용해 소비자가 지금, 곧 미래에 무엇을 할지 예측하는 상품을 만들어 수익을 얻는 자본주의라고 할 수 있죠. 특히 데이터 수집을 위한 핵심적인 활동은 감시입니다. 그녀는 감시 자본주의에 대응하기 위해서는 지식축적과정의 사유화와 정보 수집·사용 등에 대해 민주

적 절차를 마련해야 한다고 제안합니다. 관련 내용은 다음 자료를 참고하면 좋을 듯합니다. 박상돈. (2017). 헌법상 자동의사결정 알고리즘 설명요구권에 관한 개괄적 고찰. 헌법학연구 23(3): 185-218; 쇼사나 주보프. (2021). 감시자본주의의 시대The Age of Surveillance Capitalism. 김보영 번역. 문학사상; 동아일보. 베일에 싸였던 구글의 '검색 알고리즘'… 유출 문건으로 실체 드러나. 2024.5.31. https://www.donga.com/news/It/article/all/20240531/125218605/1; 경향신문. '감시자본주의'에 빼긴 인간의 자유 의지. 2020.7.4. https://www.khan.co.kr/article/202007041951001; Samsung SDS. 알고리즘 공개에 대한 논쟁, 설명을 요구할 권리!. 2018.3.21. https://www.samsungsds.com/kr/insights/1233586_4627.html?referrer=https://www.samsungsds.com/global/ko/news/story/1203090_2919.html; Monthly Review. Surveillance Capitalism: Monopoly-Finance Capital, the Military-Industrial Complex, and the Digital Age. 2014.7.1. https://monthlyreview.org/2014/07/01/surveillance-capitalism/ 2024.11.25. 검색.

15

리키는 우리가 살아갈 미래의 모습 중 하나일까?

▼ 이번 장과 관련한 영상은
다음에서 확인할 수 있습니다.

▼사회과학 콘텐츠 랩 연곳 YEONGOT

연곳硏庈
YEONGOT LAB
Social Science Contents Project

15

리키는 우리가 살아갈 미래의 모습 중 하나일까?

노동의 자동화와 플랫폼 경제시대: 영화 <모던타임즈> + <미안해요, 리키>

"살려고 노력해봤자 무슨 소용이죠?
"힘내요! 죽는단 말은 하지 말아요. 우린 버틸 거예요."
(영화 '모던타임즈'에서 자막으로 표현된 개민과 떠돌이의 대화)

이번 장에서는 영화 '모던타임즈Modern Times'[1)]와 '미안해요, 리키Sorry, We Missed You'[2)]를 통해 디지털 전환시대에 점차 증대되고 있는 노동의 자동화와 플랫폼 노동을 살펴보고 그 과정에서 나타날 수 있는 긍정적 · 부정적 효과, 그리고 정부의 역할에 대해 생각해 보려 합니다.

디지털 전환 시대, 인간의 노동은 어떻게 될 것인가?

"맥도날드를 상상해 보라. 척척 돌아가는 기기, 분 단위로 딱 맞춰 나오는 햄버거, 싼 가격에 풍성하게 나온 음식을 먹고 나가는 활기찬 도시인이 떠오르지 않는가.

이렇게 정확하고 편리하게 돌아가는 맥도날드가 알고 보면 인간을 더 황폐하게 만든다."

(사회학자 조지 리처와의 인터뷰)

먼저, 영화 '모던타임즈'는 1930년대 미국의 산업화 시대에 모든 것이 기계화되고 인간이 하나의 부품처럼 취급되는 사회의 분위기를 배경으로 하고 있습니다. 나사못을 조이는 일을 반복하다 세상 모든 것을 조이는 강박관념을 갖게 된 주인공의 모습을 통해 자동화 시대의 부작용과 점점 피폐 해져가는 인간상을 보여 주고 있죠.

20세기에 접어들면서 미국의 포드(Ford) 자동차 회사는 근로자들이 여기저기 이동하면서 자동차 부품을 조립하는 것을 대신하여 이동해 오는 부품들을 제자리에 서서 조립하는 컨베이어 시스템(conveyor system)을 도입합니다.[3] 컨베이어 시스템은 자동차의 대량생산을 가능하게 했는데요. 이러한 대량생산은 많은 사람들이 자동차를 소비할 수 있게 해 주었고, 자동차의 보급으로 도로 건설도 활발해졌습니다. 자동차를 통해 도심 외곽지역으로 이동하는 것이 편리해짐에 따라 도심 외곽에 거주하기 위한 부동산 개발도 호황을 맞이하죠.[4] 이러한 과정을 통해 20세기 초반의 미국 경제는 눈부신 성장을 하게 되는데요. 하지만 기계화와 표준화를 통한 대량생산 과정과 획일화를 싫어하는 '인간'으로서의 노동자 간에는 불가피하게 충돌하는 상황이 많이 발생합니다.

영화 속에서도 '하루 종일 나사못을 조이는 일을 하다가 나사처럼 동그란 모든 것들을 조여버리는 강박 관념에 빠져버린 주인공의 모습'이라거나, '자동으로 밥을 먹을 수 있는 급식 기계를 주인공에게 테스트하는 모습', 그리고 '공장 내 컨베이어 벨트 기계 속으로 주인공이 빨려 들어가는 모습'을 통해 기계화 시대의 부속품이 되어 반복적인 삶을 살아가는 인간상이 상징적으로 나타납니다. 동시에 기계가 오히려 인간을 지배할지도 모른다는 역설적인 상황을 보여 주죠.[5]

이러한 '모던타임즈' 속 상황은 현대에 들어 미국의 사회학자 조지 리처George Ritzer가 제시한 '맥도날드화'McDonaldization라는 내용과 유사합니다.[6] 맥도날드화란 맥도날드로 대표되는 패스트푸드의 효율성(합리성)이 현대사회 전반을 지배하고 있는 현상이라는 것인데요. 맥도날드 회사에서는 주문, 조리, 서비스, 직원 관리 등 모든 과정이 매뉴얼에 따라 통제되고 자동화 시스템을 통해 속도와 효율성이 높아지도록 노력한다는 것이죠. 하지만 이러한 지나친 효율성의 추구는 오히려 인간의 이성을 부정하고, 삶의 질을 침해하는 등 부정적 현상(불합리성)이 나타날 수 있다는 것입니다.

한편, 이러한 자동화를 통한 효율성 추구는 주로 민간영역 기업에서 논의되던 것이었는데요. 최근에는 공공부문에서도 논의가 활발합니다. 그 이슈의 주된 내용 중 하나는 인력대체의 가능성에 관한 것입니다. 미래의 새로운 기술이 확산할수록 노동의 종말이 현실화될지도 모른다는 주장에 공공부문도 예외는 아니기 때문이죠.[7] 사실, 미래에는 기술적 진보가 빠르게 진행됨으로 인해 단순 노동의 자동화 역시 더욱 증가할 가능성이 높습니다. 더욱이 교육이나 의학 같은 분야에도 적용될 수 있을 것으로 예상되고 있는 상황이구요. 이러한 기술발전으로 로봇과 컴퓨터가 인간의 노동력을 상당 부분 대체할지도 모르겠습니다. 다만, 이러한 디지털 전환과정에서 발생하는 인간의 다양한 분노와 좌절, 여유시간의 증가와 무력감 등을 어떻게 치유하고 인간의 삶을 향상시킬 수 있을 것인지에 대해 생각해 봐야 할 것 같습니다.

플랫폼 노동 시대, 인간과 기술과의 관계는?

"사는 게 이렇게 힘들 줄 몰랐어. 모든 게 엉망진창이야"
(영화 '미안해요, 리키'에서 리키의 대사)

영화 '모던타임즈'에서 생각해 볼 또 하나의 질문은 노동 형태의 변화에 관한 것입니다. '모던타임즈' 속 공장에서 일하는 노동 형태가 최근 쿠팡플렉스, 배달의 민족, 마켓컬리 등 새로운 배달대행 서비스와 연관된 노동 형태로 변화하고 있기 때문이죠. 국제노동기구(ILO) 글로벌 미래위원회는 노동환경의 근본적이고 파괴적 변화가 사회 전반에 영향을 미치고 있다고 지적합니다.[8)]

또한 현재 크라우드워크(crowd work) 등 디지털 플랫폼(platform) 노동의 출현[9)]으로 단일 고용주를 위해 일하는 정규직 중심의 노동 규제와 사회 보호 시스템만으로는 대응하기 어려워 새로운 노동시장 규제와 사회 보호 시스템이 필요하다고 제안합니다.[10)] 여기 플랫폼 노동과 그 상황을 잘 보여 주는 영화 한편이 있습니다. 영화 '미안해요, 리키'에서 주인공은 2008년 세계 금융위기 여파로 실업자가 되어 일용직을 전전하던 중 택배 기사로 새 삶을 시작하려 합니다. 택배회사 측은 채용의 형태가 아닌 프렌차이즈의 형태로 자영업자나 마찬가지라고 말하면서 희망을 주지만 얼마 가지 않아 실상은 최소한의 노동권과 생명보호도 회사가 책임지지 않는다는 것을 깨닫게 되죠. 결국 주인공은 플랫폼 노동자가 되어 화장실 갈 시간도 용납하지 않는 '배송 위치 추적 기술'에 힘들어합니다. 또한 개인 사업자로 분류되어 배송에 문제가 생길 시 기사가 책임을 져야 하는 구조로, 과도한 시간 동안 강도 높은 노동[11)]을 하면서도 최저 임금도 받지 못하는 상황에 빠지게 되죠.

이러한 사례를 지속적으로 연구하고 있는 서울과기대 IT정책대학원 이광석 교수는 그의 책 『디지털의 배신』에서 “기술이 생활을 편리하고 효율적으로 바꿔 줄 것이라고 믿으면서 도입에만 신경을 썼으며, 기술 진보로 사람들이 일자리를 잃는 상황은 불가피한 일로 방치했기 때문에 기술은 저만큼 앞서가는 데 비해 불안정노동의 문제는 여전히 제자리를 맴돌고 있다”라고 지적합니다. 또한 “기술혁신을 사회혁신과 동일시한 결과이며, 자동화로 인한 해고를 사회혁신을 위한 성장통쯤으로 치부하고 있다”라고 언급하기도 하죠.[12] 사회가 통제할 수 있는 능력 이상으로 기술을 도입하게 될 경우 사회 여러 주체들이 자동화 수준을 합의하는 과정이 필요할 수 있음을 생각하게 해 주는 대목입니다.

디지털 전환과 플랫폼 노동 시대에 정부의 역할은 무엇인가?

“우리가 당신을 놓쳤네요. (Sorry, We Missed You.)”
(영화 ‘미안해요, 리키’에서 ‘택배가 제때 도착하지 못했다’는 메시지)

민간부문의 경우 생산직과 서비스직, 단순 노무직이 인공지능에 대체될 고위험군으로 꼽히는 가운데,[13] 정부는 최근 업무 프로세스의 효율화와 인적 자원의 생산성 제고를 위해 공공분야에 ‘로봇 업무자동화’(Robotic Process Automation, RPA)를 시범적으로 도입한다고 밝혔습니다.[14] “단순 · 반복 업무에 RPA 도입이 확대되면 고부가가치 업무에 인력을 투입할 수 있어 행정의 효율성과 생산성이 향상될 것으로 기대된다”라며, “RPA가 다른 중앙부처와 지자체에도 도입 · 확산되도록 적극 지원하겠다”라고 말하고 있죠. 또한, 최근 발표된 정부자료[15]에 의하면 플랫폼을 매개로 노무를 제공하는 플랫폼 종사자는 2023년 현재 88.3만 명으로 2022년 79.5만 명 대비 11.1%(8.8만 명) 증가한 것으로 나타났습니다. 특히, 일자리의 애로사항으로는 계약에 없는 업무 요구(12.2%), 건강·안전의 위험 및 불안감(11.9%), 일방적 계약 변경(10.5%), 다른 일자리 이동 시 경력 인정 곤란(9.7%), 보수지급 지연(9.5%) 등이 있었습니다.

우리의 경우 민간부문과 공공부문에서 진행되는 디지털 전환 등 자동화와 노동문제에 대응하기 위하여 필요한 경제사회 시스템은 무엇일지, 경제사회 주체들은 각각 어떤 책임과 역할이 필요한지, 이들이 공동으로 합의할 수 있는 방안은 무엇인지 등에 대하여 아직은 명쾌한 해답을 찾지 못하고 있습니다. 더욱이 급변하고 있는 사회의 여러 변화과정에서 자동화와 노동문제를 얼마나 심각하게 받아들여야 할지, 일자리가 소멸할 미래에 무엇을 해야할지 등에 대해서도 아직 실감하지 못하고 있는 실정이죠. 디지털 기술로 인한 발전도 중요하지만 이로 인해 발생하는 부정적 영향력을 보완할 장치에 대해 깊은 고민이 필요할 것으로 생각됩니다.[16)]

살펴본 두 편의 영화에서 펼쳐지는 영화 속 상황들이 정도의 차이만 있을 뿐 현실에서 나타나고 있는 것을 확인하고 있는 우리로서는 앞에서 제기한 이슈들을 깊이 있게 생각해 볼 필요가 있을 것입니다. 여러분은 어떠실까요? 자동화가 진행되더라도 본인만이 가지고 있는 자동화되지 않을 능력은 무엇일까요? 영화 '모던타임즈' 속 주인공처럼 본인이 생활하면서 경험한 부품화 사례가 있을까요? 인간의 노동 측면에서 영화 속 모던타임즈 공장과 21세기 현재를 비교했을 때 어떤 것이 변했을까요? 또한 어떤 것이 변하지 않았을까요? 정부에 로봇 공무원이 생기면 효율성이 올라가고 더 나은 가치를 창출할까요? 아니면 유연성이 떨어지고 기계적 집행으로 오히려 비효율성이 발생할까요?

참고한 내용 및 더 읽어 볼 것들

1) 20세기에 접어들면서 세계 경제는 커다란 변화를 겪습니다. 1913년 포드 자동차가 세계 최초로 도입한 컨베이어 시스템(conveyor system)의 경우 근로자들이 더 이상 이리저리 '이동하면서' 자동차 부품을 조립하지 않고 대신 제자리에 서서 '이동해 오는' 부품들을 조립하여 자동차를 만들게 되죠. 이러한 과정을 통해 자동차의 대량생산이 가능해졌고, 자동차를 중산층도 소비할 수 있게 되었습니다. 자동차가 보급되자 도로 건설도 활발해졌고, 도심을 벗어나 외곽 지역의 개발이 본격적으로 가능해졌습니다. 20세기 초반의 미국 경제는 호황에 호황을 거듭합니다. 그러나 대량생산을 가능하게 한 생산과정에서의 기계화와 표준화는 획일화를 싫어하는 '인간'으로서의 근로자와 불가피하게 충돌하기에 이르렀습니다. 영화 '모던타임즈'(찰리 채플린 감독, 1936)는 이러한 배경에서 나온 것이라고 할 수 있습니다. 관련 내용은 다음을 참고하였습니다. KDI경제정보센터. <모던타임즈> 경쟁 시대의 불편한 진실. 2012.6.29. https://eiec.kdi.re.kr/material/clickView.do?click_yymm=201512&cidx=1762 2024.11.27. 검색.

2) '미안해요, 리키'(켄 로치 감독, 2019)는 디지털 플랫폼을 통해 전달되는 배달, 택배서비스 등의 업무에 종사하는 노동자들에 대한 내용으로 디지털 경제의 가혹함을 비판하고 있습니다. 우리나라의 경우 코로나19 대유행 기간 택배 노동자 산업재해 사망 건수가 4배 이상 늘어난 것으로 나타났는데, 사망자 열에 일곱은 과로사로 추정되는 뇌·심혈관 질환으로 숨졌다고 합니다. 많은 사람들은 디지털 플랫폼을 기반으로 하는 배송 서비스의 노동착취 구조가 과로사를 유발할 수 있다고 지적합니다. 관련 내용은 다음을 참고하였습니다. 하성태의 시네마틱. 켄 로치의 절망적인, 가장 비극적인 <미안해요 리키>. 2019.12.21. https://brunch.co.kr/@hasungtae/443; 쿨투라. 현대적 리얼리즘의 방법과 스타일로 비정규직 노동, 디지털 경제의 가혹한 시스템을 고발하다. 2020.4.15. http://www.cultura.co.kr/news/articleView.html?idxno=2351; 한겨레. 택배 노동자 산재 사

망, 열에 일곱은 '사고보다 과로' 추정. 2024.9.29. https://www.hani.co.kr/arti/society/labor/1160229.html; 노동과 세계. 로켓배송이 부른 타살. 2024.6.28. https://worknworld.kctu.org/news/articleView.html?idxno=504927 2024.11.27. 검색.

3) 포드의 자동화 생산시스템은 생산 공정을 여러 부문으로 구분해 작업 내용을 통일하며(표준화), 각 부문에 해당 업무를 전담할 인력을 배치하고(분업화), 노동자는 반복된 업무를 통해 기술적으로 숙련되어(전문화) 점차 생산성 증대효과를 가져온다는 것이 중요한 내용입니다. 포드가 창안한 이 방식으로 자동차 1대를 조립하는 데 필요한 시간을 평균 750분에서 93분으로 단축하게 되는데, 바로 대량생산 방식으로 불리게 되는 포드주의(Fordism)의 시작이죠. 관련 전문가들은 현대를 만든 중요한 기원 중 하나로 포드주의를 꼽기도 합니다. 이러한 포드주의는 올더스 헉슬리의 멋진 신세계에도 'A.F. 632년'이라는 방식으로 나오기도 하는데요. A.F.란 '포드 이후'(After Ford), 구체적으로 미국의 자동차왕 헨리 포드가 '모델 T'를 처음 만든 1908년을 원년으로 삼는 기년법입니다. 알파부터 엡실론까지 다섯 등급으로 사람을 '찍어 내고', 개인을 오로지 소비하는 존재로만 취급하는 소설 속 세계관은 포드가 처음 도입한 컨베이어 벨트와 그것이 만들어 낸 대량생산체제에 뿌리를 두고 있다고 지적됩니다. 관련 내용은 다음 자료를 참고하면 좋을 듯합니다. 스테판 링크Stefan J. Link. (2023). 글로벌 포드주의 총력전: 나치 독일, 소비에트 러시아 그리고 산업화를 향한 경쟁Forging Global Fordism: Nazi Germany, Soviet Russia, and the Contest over the Industrial Order. 오선실 옮김. 너머북스; 우동현. (2024). 서평: 글로벌 포드주의 총력전. 한국과학사학회지 46(1): 251; 테크월드. 단순하고 값싸게, 더 많이. '헨리 포드'. 2020.4.17. https://www.epnc.co.kr/news/articleView.html?idxno=95548; 유찬근. 포드에서 트럼프, 컨베이어벨트가 돌았다. 2024.2.9. https://h21.hani.co.kr/arti/culture/culture_general/55073.html 2024.11.29. 검색.

4) 미국의 1920년대는 대량생산과 대량소비의 시대라고 지적됩니다. 냉장고, 진공청소기, 전기 난로, 세탁기, 식기세척기, 토스터 등이 본격적으로 대중

화되었으며, 자동차의 대중화로 인해 차의 재료를 위한 철강업, 가솔린 수요를 위한 석유산업, 도로 건설을 위한 토목업, 교외에서 출퇴근하는 사람들을 위한 주택건설업 등이 발전하였습니다. 이러한 소비주의는 전통적인 청교도 정신과 부딪히기 시작합니다. 스콧 피츠제랄드Fitzgerald, F. Scott의 『위대한 개츠비The Great Gatsby』(1925)는 흥청망청대는 이 시대 미국의 사회상이 잘 보여 주고 있죠. 관련 내용은 다음 자료를 참고하면 좋을 듯합니다. 토마스 휴즈Hughes, P. Thomas. (2017). 현대 미국의 기원: 발명과 기술적 열정의 한 세기, 1870~1970American genesis: a century of invention and technological enthusiasm, 1870-1970. 김명진 옮김. 나남; 김형곤. (1999). 1920년대 미국 소비사회의 형성배경과 영향. 미국사연구 9: 91-120; 디자인프레스. 수많은 게츠비와 호화 자동차가 탄생했던 1920년대 미국. 2018.7.14. https://blog.naver.com/designpress2016/221318728010 2024.11.29. 검색.

5) 당시 미국에서는 공장에서의 작업 과정을 '과학적으로' 관찰하여 가장 효율적인 방법을 고안하는 과학적 관리 기법이 시도되고 있었습니다. '시간과 동작에 대한 연구'(time and motion study)로 불리는 테일러주의는 물건을 집고 들고 걷고 구부리고 맞추는 작업 동작을 '초시계'로 측정해 반복작업을 표준화하고 이를 바탕으로 작업능력을 향상시키기 위해 노력했죠. 또한, 조직관리는 기획(planning), 조직(organization), 인사(staff), 지휘(direct), 조정(co-ordination), 보고(report), 예산(budget) 등 공사 영역을 막론하고 본질적인 요소가 존재하는 과학적 관리의 원리가 있다고 제시하는 사람도 나타났습니다. 이러한 테일러식 노동분업과 과학적 관리의 원리는 포드의 컨베이어 벨트라는 기계적 생산시스템과 결합하면서 빛을 발하게 됩니다. 극단적 분업과 기계 속도에 의해 통제되는 단순반복적 노동으로 표준제품을 만들고, 이에 따라 싼 가격으로 자동차를 대량 생산할 수 있게 되었다고 할 수 있습니다. 관련 내용은 다음을 참고하였습니다. Frederick W. Taylor. (1911). *The principles of scientific management*. Norton; Gulick, L. (1937). Notes on the theory of organization. In *Papers on the Science of Administration*, L. Urwick and L. Gulick (Eds). Columbia University Press; 한겨레21. 20세기

를 나른 컨베이어 벨트. 2003.6.26. https://h21.hani.co.kr/arti/world/world/8321.html 2024.11.29. 검색.

6) 조지 리처는 소비자가 꽤 싼 가격을 지불하며 고픈 배를 '빨리 효율적'으로 채우거나 노동자가 '빨리 값싸게 효율적'으로 움직이며 일하는 것 등과 관련되는 효율성, 주문한 음식이 몇 분 만에 나올지, 양이 얼마나 될지, 돈이 얼마 들지 정확히 짐작할 수 있는 계산가능성, 세계 어디서나 같은 맛의 햄버거를 먹을 수 있으리라는 예측가능성, 소비자나 노동자 모두 계산된 동선 아래 고도의 통제를 받으면서 속도감 있게 움직이는 것 등이 맥도날드화의 특징이라는 것이죠. 이러한 맥도날드화가 특정 지역에 한정된 게 아닌, 전 세계에서 동시다발적으로 진행되며 지구촌의 동질화를 가져와 개성을 몰살시킨다고 지적합니다. 관련 내용은 다음 자료를 참고하였습니다. 조지 리처. (2017). 맥도날드 그리고 맥도날드화The Mcdonaldization of Society. 김종덕·김보영·허남혁 옮김. 풀빛; 중앙일보. 햄버거에 대한 통찰 … 소비사회는 얼마나 황폐한가. 2010.8.27. https://www.joongang.co.kr/article/4413150#home; 한겨레. 요람에서 무덤까지 '맥도날드화'. 2019.10.19. https://www.hani.co.kr/arti/culture/book/794402.html 2024.11.29. 검색.

7) 이와 관련하여 연구를 추진해 온 연세대학교 미래정부연구센터는 '미래 신기술 도입에 따른 정부인력 운용방안' 연구보고서를 통해 인공지능·빅데이터 등 미래기술의 도입을 통해 중앙부처 공무원의 1/4 정도인 25%를 줄일 수 있다고 지적하고 있습니다. 대체 가능 시기를 보면 집행·운용 기능 인력은 75%가 5년 안에 자동화로 인한 신기술로 대체가 가능한 것으로 나타났으며, 기획 관리 기능은 62.5%가 21~30년 뒤에 대체될 수 있는 것으로 조사되었죠. 관련 내용은 다음 자료를 참고하였습니다. 연세대학교 산학협력단. (2020). 미래 신기술 도입에 따른 정부인력 운용방안 연구. 행정안전부 연구보고서; 한겨레. AI·빅데이터 등 미래기술로 공무원 25% 대체 가능하다. 2020.10.7. https://www.hani.co.kr/arti/society/society_general/964704.html; 공생공사닷컴. AI 등 신기술 도입되면 9급 공무원 10명 중 7명 대체된다. 2020.10.7. https://www.public25.com/news/articleView.html?idxno=3600 2024.11.29. 검색.

8) ILO 창립 100주년을 맞아 발표된 '일의 미래 보고서'(the future of work)는 평생에 걸친 직업능력개발과 노동권의 준수 등을 위해 국제노동기구 핵심협약의 비준을 강조하고 있습니다. 구체적으로 국가가 개인의 능력개발 지원, 노동권 보장 강화, 양질의 지속가능한 일자리 증진을 골자로 한 '인간 중심 전략'을 추구해야 한다는 내용을 담고 있습니다. 관련 내용은 다음 자료를 참고하였습니다. https://www.ilo.org/publications/work-brighter-future International Labour Organization(ILO) Global Commission on the Future of Work. 2019.1.22. Work for a brighter future; 시사위크. 노동의 미래는 '인간 중심'으로... '100주년 ILO 보고서' 포럼 개최 2019.3.18. http://www.sisaweek.com/news/articleView.html?idxno=119240 2025.1.6. 검색.

9) 플랫폼이라는 말은 기차역의 승강장이나 로켓 발사대 또는 연설을 위해 설치된 연단 등을 가리키는 말이라고 할 수 있습니다. 컴퓨터가 등장하고 인터넷 시대가 되면서 플랫폼이라는 말은 디지털 연관 활동들이 전개되는 온라인상의 기반을 가리키게 되었죠. 스마트폰이 보급된 이후 플랫폼은 마치 하나의 시장처럼 상품의 수요와 공급을 매개하는 의미로 확장되었습니다. 이러한 맥락에서 플랫폼 노동이란 시장의 기능을 하는 플랫폼에서 상품처럼 거래되는 노동을 의미한다고 할 수 있습니다. 쿠팡, 배달의 민족 등이 대표적이죠. 또한, 크라우드 워크란 디지털 플랫폼에 기반해서 이루어지는 군중노동만을 일컫는데, 이것은 고객이 요청하는 서비스를 전 세계에 흩어져 있는 수많은 노동자들이 조각조각으로 제공하면, 이 서비스의 조각들을 하나로 통합하여 완성된 모습으로 제공하는 방식입니다. 예를 들어 누군가가 어떤 글을 번역하는 서비스를 플랫폼에 요청하면 전 세계의 노동자들이 한 문장만 번역하든지, 한쪽만 번역하든지, 원고 전체를 번역하든지 각자 능력껏 번역한 조각을 플랫폼에 올리고, 플랫폼은 그중에서 품질이 좋은 번역 조각들만을 모아서 전체 번역문을 완성시켜 고객에게 제공하는 식입니다. 관련 내용은 다음 자료를 참고하였습니다. 한국노동연구원. (2016). 플랫폼 노동 혹은 크라우드 워크. 국제노동브리프 14(8): 3-6; 한국노동연구원. (2016). 크라우드 워크: 새로운 노동형태-사용자는 사라지는가? 국제노동

브리프 14(8): 27-52. 2025.1.6. 검색.

10) 일반적인 노동관계는 정해진 노동시간과 임금지급, 해고보호, 유급휴가청구권 및 사회보장보험제도를 통한 보호 등의 일상적인 기준들과 결부되어 있는데, 새로운 고용형태가 등장함으로써 이러한 일반적인 노동관계가 해체되고 있다는 것이죠. 이러다 보니 플랫폼 노동자들은 엄연히 일을 하고 돈을 버는 사람들이지만 제도권 밖에 있다는 이유로 기본적인 사회안전망에 포함되지 않고 있는 경우가 많습니다. 특히 전체 플랫폼 노동자 중 64.5%를 차지하는 배달 노동자들의 안전 문제가 심각합니다. 도로교통공단에서 2022년 이륜차 교통사고 데이터를 분석해 봤는데, 교통사고 건수는 전년 대비 11.2% 줄었지만, 사망자 수가 5.4% 늘어났습니다. 특히 이륜차 교통사고가 집중되는 시기는 배달앱 이용이 많은 평일 저녁 시간대였죠. 관련 내용은 다음 자료를 참고하였습니다. SBS 뉴스. 산업재해 승인 1위는 '배민'…보호받지 못하는 플랫폼 노동자들. 2024.5.9. https://news.sbs.co.kr/news/endPage.do?news_id=N1007639649&plink=COPYPASTE&cooper=SBSNEWSEND; 국가인권위원회. 플랫폼노동, 기술혁신과 위험성 사이에서 해법 찾기. 2019.11. https://www.humanrights.go.kr/webzine/webzineListAndDetail?issueNo=7604868&boardNo=7604850; 슬로우 뉴스. 플랫폼 노동: 문제는 기술이 아니라 독점이다. 2024.7.17. https://slownews.kr/111480 2025.1.6. 검색.

11) 우리나라의 경우 쿠팡 물류센터에서 벌어지는 노동자들의 과로와 이로 인한 사망 사건을 들 수 있습니다. 관련 내용은 다음 자료를 참고하면 좋을 듯 합니다. 뉴스타파. 쿠팡은 바뀌지 않는다 ② 당신이 잠든 사이...노동자는 병든다. 2023.8.17. https://newstapa.org/article/F_rGs; 뉴스타파. [쿠팡은 바뀌지 않는다 2] ② 과로와 공짜노동... 로켓배송은 죽음을 향한다. 2024.9.30. https://newstapa.org/article/gw_2T; 노동과 세계. 주평균 노동시간 64.6시간... 쿠팡이 숨기던 쿠팡 택배노동자 실태. 2024.9.30. https://worknworld.kctu.org/news/articleView.html?idxno=505577; 오마이뉴스. 더 취약한 노동자들이 선택하는 쿠팡의 야간노동. 2024.10.21. https://www.ohmynews.com/NWS_Web/View/at_pg.aspx?CNTN_

CD=A0003072267; KBS 뉴스. “내 아들은 로켓배송 연료가 됐다”…연이은 ‘쿠팡 노동자’ 사망. 2024.9.9. https://news.kbs.co.kr/news/pc/view/view.do?ncd=8055153 2025.1.6. 검색.

12) 관련 내용은 다음 자료를 참고하면 좋을 듯합니다. 이광석. (2020). 디지털의 배신: 플랫폼 자본주의와 테크놀로지의 유혹. 인물과 사상사; 캐시 오닐 O'Neil, Cathy. (2017). 대량살상수학무기Weapons of Math Destruction-어떻게 빅데이터는 불평등을 확산하고 민주주의를 위협하는가. 김정혜 옮김. 흐름출판; 경향신문. 성장의 욕망에 사로잡힌 자여, 이젠 공생의 기술을 좇아야 할 때다. 2021.12.16. https://www.khan.co.kr/article/202112162128002; 경향신문. 몰랐었다, ‘플랫폼 독점’에 길들여진 우리. 2022.10.22. https://www.khan.co.kr/article/202210220857001; 시사저널. 혁신인가 노동착취인가.2020.7.9. https://www.sisajournal.com/news/articleView.html?idxno=202053; KBS 시사기획 창. 디지털 자본주의 양극화 속 기본소득 논쟁, 그리고 인간이 나아갈 길은? 2020.6.13. https://www.youtube.com/watch?v=QX819XJ_VmQ 2025.1.6. 검색.

13) 한국개발연구원(KDI)의 연구결과에 의하면 AI와 로봇을 활용한 기술은 2023년 기준으로 전체 일자리의 38.8%에서 70% 이상의 업무를 대체할 수 있는 것으로 분석되었으며, 2030년에는 AI를 활용한 업무 자동화 고위험군 일자리 비중이 지금보다 훨씬 더 높아질 것으로 예상했습니다. 6년 뒤에는 AI가 70% 이상의 업무를 대체할 수 있는 일자리의 비율이 98.9%에 이른다고 말하기도 했죠. 관련 내용은 다음 자료를 참고하였습니다. 유혜 · 이소연 · 김진화. (2024). 인공지능이 미래 고용에 미칠 영향 분석. 산업융합연구 22(13): 9-20; 한요셉. (2023). 인공지능으로 인한 노동시장의 변화와 정책방향. KDI 연구보고서 2023-03. https://www.kdi.re.kr/research/reportView?pub_no=18370; 송성수. (2022). 인공지능은 인간의 일자리를 얼마나 대체할 것인가. 코키토 96: 7-37; World Economic Forum(WEF). Future of Jobs Report 2023. https://www.weforum.org/publications/series/future-of-jobs/; 한국방송통신전파진흥원. AI의 발전과 인간의 일자리. 2023.11. https://www.weforum.

org/publications/series/future-of-jobs/; 인공지능신문. 인공지능과 기술혁신으로 향후 5년간 6900만개 새로운 일자리가 창출되고, 8300만 개의 일자리가 사라진다. 2023.5.1. https://www.aitimes.kr/news/articleView.html?idxno=27918; 경향신문. 주방 · 청소 등 단순 종사자, AI로 대체…일자리 700만개 사라진다. 2021.10.19. https://www.khan.co.kr/article/202110191020001 2025.1.6. 검색.

14) 로봇 업무자동화는 인간을 대신하여 수행할 수 있는 단순하고 반복적인 업무를 알고리즘화하고 자동화하는 기술이라고 할 수 있습니다. 국내 기업들은 RPA를 통한 업무 효율화 만족도가 높다고 평가하고 있습니다. 많은 기업이 경영지원 부서의 생산, 영업, 구매 업무에 적용해 업무시간을 줄이고 있다는 것이죠. 공공부문의 경우 온나라 문서 자동 기안(과학기술정보통신부), 고객 안내장 발송(과학기술정보통신부), 국세행정시스템(NTIS) 서비스 자동 점검(국세청), 관세행정 통계 보고자료 작성(관세청), 시설공사 원가계산 검토(조달청), 통계 조사원 모집관리(통계청), 정부 역량위원 배정(인사혁신처) 등의 분야에서 시범적으로 도입하고 있습니다. 관련 내용은 다음 자료를 참고하였습니다. 행정안전부. 중앙부처, 행정 업무 자동화로 디지털 기반 일하는 방식 혁신. 2023.6.8. https://www.mois.go.kr/cmm/fms/FileDown.do?atchFileId=FILE_00109348GHBSZjE&fileSn=1; 조세현 외. (2023). 디지털플랫폼정부 구현을 통한 정부혁신 이행방안 연구. 한국행정연구원 https://www.kipa.re.kr/site/kipa/research/selectBaseView.do?gubun=BA&se=BA&seqNo=BASE_000000000000755; 품질경영. 스마트한 공공기관, RPA가 효율적 혁신 이끈다. 2019.6. https://www.ksam.co.kr/p_base.php?action=story_base_view&s_category=_2_&no=1639 2025.1.6. 검색.

15) 관련 내용은 다음 자료를 참고하면 좋을 듯합니다. 고용노동부. 플랫폼종사자 88.3만명으로 전년 대비 11.1% 증가. 2024.8.5. https://moel.go.kr/news/enews/report/enewsView.do?news_seq=16906; 매일노동뉴스. 플랫폼 노동자 88만3천명, '3년 새 30%' 넘게 증가. 2024.8.5. https://www.labortoday.co.kr/news/articleView.html?idxno=222988

2025.1.6. 검색.

16) 관련 내용은 다음 자료를 참고하면 좋을 듯합니다. 김수영 · 강명주. (2022). 플랫폼 노동자가 경험하는 시공간 구조와 대응전략. 한국사회정책 29(1): 3-47; 윤상우. (2021). 플랫폼 노동의 법제도적 쟁점과 대응방안에 대한 비판적 검토. 한국사회 22(1): 97-140; 장진희 · 손정순. (2019). 지역수준 취약계층 보호방안 연구: 서울시 음식배달노동자를 중심으로. 한국노총 중앙연구원 연구총서 2019-09; 경향신문. 플랫폼 종사자 등 노동자성 인정 않고 '지원'…노동계 "노동자 개념 넓혀 노동3권 보장을." 2024.5.14. https://www.khan.co.kr/article/202405142104015; 한국플랫폼 프리랜서 노동공제회. 플랫폼 노동자의 노동권리 및 공정계약. 2023.6.11. https://nodonggongje.org/workinfo/?bmode=view&idx=15402386; 나라살림연구소. 플랫폼 노동자 보호 추진 동향. 2024.5.22. https://www.narasallim.net/project/1442?spage=3 2025.1.6. 검색.

16

왜 에린 브로코비치는 부동산 무료상담 건에 관심을 가질까?

▼ 이번 장과 관련한 영상은

다음에서 확인할 수 있습니다.

▼사회과학 콘텐츠 랩 연곳 YEONGOT

연곳研庈

YEONGOT LAB

Social Science Contents Project

16

왜 에린 브로코비치는 부동산 무료상담 건에 관심을 가질까?

화학제품, 불확실성: 영화 <에린 브로코비치>

"당신을 위해 특별히 준비된 물이에요.
힝클리에서 가져온 물이거든요."
(영화 '에린 브로코비치'에서 에린의 대사)

"미래"와 가장 어울리는 표현 중 하나는 아마도 "알 수 없다"일 것 같습니다. 알 수 없는 미래는 우리에게 희망을 품게도 하지만 동시에 위험이라는 경고도 날리는 이중성을 가지고 있죠. 특히 과학기술 등이 발전하면서 우리는 이전에는 경험해 보지 못한 새로운 제품을 통해 풍요로운 삶을 누리게 되었지만 동시에 인체의 건강을 해칠 수 있는 물질이 발생하는 등 새로운 불확실성에 직면하고 있습니다. 이 장에서는 영화 '에린 브로코비치Erin Brockovich'[1)]를 통해서 화학제품의 위험성과 불확실성과 정부는 이를 어떻게 대응해야 할지에 대해 생각해 보려 합니다.

미국 캘리포니아 작은 도시에서 무슨 일이 일어났던 것일까?

"말도 안 되는 금액을 합의금이라고 들고 오기 전에
당신 척추라면 얼마나 청구할지, 아니면 당신 자궁에는 얼마큼 값어치를 매길지 생각해 봐요. 그리고 계산기를 꺼내서 그 숫자에 곱하기 100을 해 봐요.
그 금액보다 적다면 지금 시간 낭비하고 있는 거예요."
(영화 '에린 브로코비치'에서 에린의 대사)

영화 '에린 브로코비치'는 1992년에서 1996년까지 4년에 걸쳐 거대 에너지 회사인 PG&E[2)]와 미국 캘리포니아의 작은 도시 힝클리 지역주민 간 집단 소송의 실화를 바탕으로 하는 이야기입니다. 여기서 지역주민의 집단 소송을 이끌어내는 에린 브로코비치는 법률 전문가도 아니고 환경 전문가도 아닙니다. 3명의 아이를 키우는 싱글맘이죠. 직장에서 해고당하고 파산선고까지 받은 그녀는 차 사고로 알게 된 법률사무소를 무작정 찾아가 패소의 책임을 물으며 억지로 취업을 시켜달라고 합니다. 잡무를 처리하던 어느 날 에린 브로코비치는 부동산 무료상담 건을 살펴보게 되면서 부동산 상담서류에 왜 의료기록과 혈액 샘플이 포함되어 있는지 등에 대해 의문을 가지게 됩니다.

특히 PG&E가 매매의사 없는 사람의 집을 먼저 구매하겠다고 하는 것이 이상했던 것이죠. 그녀는 서류만 보고 있지 않고 직접 사람들의 집으로 찾아가서 왜 PG&E와 의료상담을 하는지, 왜 PG&E가 의료비를 내는지 등에 대해서 물어봅니다. 또한 PG&E가 말하는 것을 그대로 믿지 않고 전문가를 찾아가서 그 내용을 확인하고 수도국에서 자료를 확인하는 과정에서 PG&E가 사용하는 크롬이 발암물질이고 크롬이 포함된 냉각수를 연못 등에 방출하여 지하수를 오염시켜 결국 힝클리 주민을 아프게 했다는 연결고리를 밝히게 됩니다.

소위 힝클리 사건이라고 불리는 이 소송은 힝클리 지역에 있는 PG&E가 천연가스를 압축하는 과정에서 발생하는 열을 식하기 위해 설치한 냉각탑의 부식방지용으로 크롬이라는 발암물질을 사용했는데, 이후 어떠한 안전조치도 없이 냉각수를 대량으로 방출함으로써 지하수를 오염시킨 사건입니다.[3)]

지역주민은 그 사실을 모른 채 지하수를 마시고, 씻고, 가축을 기르는 평범한 일상을 보냈고, 시간이 지나면서 가축이 폐사하고, 주민의 대다수인 성인과 어린이까지 각종 암과 질병에 걸리게 되죠. 힝클리 주민들은 본인과 가족들, 그리고 동네 사람들이 왜 아프게 되었는지 이유도 모른 채 투병을 하고 있었지만 에린 브로코비치가 PG&E에서 사용한 크롬이라는 유해물질로 인해 지하수가 오염되었다는 것을 밝히게 됩니다.

이 소송은 당시 기준으로 미국 법정 사상 최고의 징벌적 손해배상액인 3억 3300만 달러라는 거액의 보상을 받아내죠. 징벌적 손해배상(punitive damages)은 1760년대 영국에서 시작되었습니다. 악의적, 반사회적, 비도덕적인 가해자의 불법 행위를 응징하기 위해 도입했죠.[4)] 실제로 손해배상 외에 추가적으로 형벌적 성격의 엄청난 손해배상액을 물리는 제도라고 할 수 있습니다. 미국에서는 1791년 뉴저지주 법원에서 첫 판례로 확립, 지금까지 이어져 내려오고 있습니다.

화학물질 사고에 대해 정부는 왜 쉽게 처벌하지 못할까?

'백혈구 수치 이상, 염증이나 백혈병일 때 나타나는 현상임'
(영화 '에린 브로코비치'에서 병원 기록 중 의사 소견)

변호사도, 환경운동가도 아닌 변호사 사무실의 직원인 에린 브로코비치가 힝클리 주민의 신뢰를 얻고 PG&E의 비밀을 밝혀내 재판에서 이기는 이야기는 우리에게 많은 감동을 전해 줍니다. 하지만 우리는 화학제품인 "크롬"에 대해서 조금 더 관심을 가져 보려고 합니다. 에린이 크롬에 대해 알아보기 위해서 찾아갔던 교수는 일반 크롬은 이롭고, 3가 크롬도 이로운 편이지만 6가 크롬은 그 양에 따라서 해가 되고 질병을 일으킨다고 언급합니다.[5] 만성두통과 심장마비, 불임, 각종 암을 유발할 뿐만 아니라 집안 대대로 유전까지 되는 매우 위험한 독성물질이라고 이야기합니다. 결국 크롬의 종류와 양에 따라서 사람에게 이롭기도 하지만 아주 위험하기도 하다는 것이죠. 이 사실을 기업인 PG&E는 몰랐을까요?[6] 또한 이 사실을 정부조직은 몰랐을까요?[7]

독일의 사회학자 울리히 벡Ulrich Beck은 1986년에 발간한 '위험사회Risk society'에서 현대사회는 과학과 기술발전, 환경훼손, 사회발전에 따라 의도하지 않은 부작용과 그 관리과정에서 잘못되어 발생하는 위험이 존재하는 사회이며, 사회가 발전할수록 이러한 위험사회가 될 가능성이 높다고 지적합니다.[8] 울리히 벡은 체르노빌 원전사고[9]가 발생하자 출판계획을 앞당겼다고 합니다. 체르노빌 원전사고를 겪으면서 그가 느낀 경각심을 간접적으로 알 수 있는 것 같습니다. 우리 사회에서도 석면,[10] 라돈,[11] 그리고 가습기 살균제[12] 등의 여러 위험을 경험했었고 이 중에서 석면은 석면관리법으로 최소한의 위험이 관리되고 있습니다. 그 외에도 소위 인재라고 지칭되는 재난이 지속적으로 발생하고 있습니다.

도대체 이 위험의 책임은 누구에게 있는 것일까요? 영화를 예를 들어 보자면 1차적으로는 PG&E에 있습니다. PG&E는 당시 본인들이 하는 행동이 얼마나 위험한지 알고 있었고, 그것을 숨기기 위해서 조직적으로 은폐했습니다. PG&E에게 징벌적 손해배상은 당연한 결과일 것입니다.[13] 위법행위에 대한 처벌에 중점을 두는 징벌적 손해배상은 미국, 영국 등에서는 이미 도입되어 있지만 우리나라의 경우에 하도급거래 공정화에 관한 법률, 기간제 및 단기보호자 관련 법률 등에서만 한정적으로 적용되고 있습니다.[14] 피해자에 대해 실효성 있는 손해배상과 가해자 행위의 악성에 대한 제재를 통해 일반적 예방에 기여할 수 있다는 찬성론도 있지만 전체적 사회편익 향상에 기여한다고 인정할 수 없다는 반대론도 존재하는 것이 현실입니다.[15] 하지만 기업의 비윤리적 행위로 인한 사회적 피해가 커질수록 징벌적 손해배상 도입에 대한 목소리는 커지고 있습니다.

정부는 어떻게 대응해야 할까?: 예견가능성과 회복가능성

"그냥 때려치워, 남들처럼."
"어떻게 그런 부탁을 해? 이 일은 내 평생 처음으로 사람들로부터 존경을 얻었어.
힝클리에선 내가 방에 들어가면 모두 숨죽이고 날 지켜 봐.
그런 경험은 단 한 번도 없었다고. 제발 포기하라고 하지마."
(영화 '에린 브로코비치'에서 에린과 조지의 대화)

만약 에린이 변호사 사무실의 직원이 아니라 힝클리 카운티의 공무원이었다면 어땠을까요? 우리나라 정부체계로 볼 때 에린이 지방자치단체 또는 환경부 공무원이면 어땠을까 하는 생각을 해 봅니다. 에린은 적절한 가격을 받고 싶어서 신청한 무료 부동산 상담 서류에서 이상한 점을 발견했고 적극적으로 그 문제를 조사하고 해결하였습니다. 문제를 해결하는 과정에서도 주민들로부터 변호사 등의 전문가보다 더 전폭적인 신뢰를 받았습니다. 이처럼 정부는 미래사회의 불확실한 위험을 해결하기 위해서는 시민의 어려움에 공감하고, 신뢰를 쌓아 적극적으로 대응해야 할 것입니다.

더욱이 왜 정부는 PG&E가 6가 크롬을 사용할 수 없도록 규제하거나, 오염된 냉각수를 방출하고 있는지 감독할 수는 없었을까 하는 의문이 들 수도 있을 것입니다. 만약 이것이 가능했다면 힝클리 주민이 피해를 겪지 않았을 것이기 때문이죠. 실제로 우리나라의 경우 1991년부터 2008년까지 낙동강 상수원 지역에서 발생한 세 차례의 페놀유출사고[16]는 동일한 재난이 발생되지 않도록 실시하는 사전예방절차와 사후조치 측면에서 정부의 적극성이 떨어진다는 것을 보여 줍니다.[17]

여러분은 어떠셨나요? 정부조직과 구성원은 미래사회의 위험을 대응하기 위해서 에린 브로코비치가 될 수 있을까요? 또한 정부가 관련 위험을 사전에 예방하고 사후에 조치할 수 있는 구체적인 방안은 무엇일까요?[18]

참고한 내용 및 더 읽어 볼 것들

1) '에린 브로코비치'(스티븐 소더버그 감독, 2000)는 미국 캘리포니아주 힝클리(Hinkley)라는 마을에서 벌어진 대기업의 환경오염 범죄에 대해 평범한 여성이 대기업을 상대로 소송을 벌여 미국 집단소송 사상 최고액인 3억 3,300만 달러를 '고소인들에게 지불하라'는 판결을 받아내어 승소하는 등 실화를 바탕으로 하는 법정 영화입니다. 관련 내용은 다음 자료를 참고하였습니다. 법률신문. 소송을 돌파하는 그녀의 자세, '에린 브로코비치' 2023.8.5. https://www.lawtimes.co.kr/opinion/190001; 아틀라스. 환경보호와 집단소송의 실화 '에린브로코비치' 2021.2.17. http://www.atlasnews.co.kr/news/articleView.html?idxno=3304 2025.1.19. 검색.

2) 1905년 캘리포니아에서 설립된 미국 PG&E(Pacific Gas and Electric Company)는 미국 캘리포니아 북부 및 중부 지역의 주거용, 상업용, 산업용, 농업용 고객에게 전기와 천연가스를 판매 및 공급하는 사업을 하고 있습니다. 이 회사는 힝클리 사건 이후에도 2018·2019년 당시 PG&E 전력선에서 불이 발화하여 큰 산불로 이어졌다는 조사 결과가 나오면서 막대한 배상금 부담과 소비자 불만에 시달리고 있죠. 관련 내용은 다음 자료를 참고하였습니다. PG&E 홈페이지 https://www.pge.com/ko/about/company-information/company-profile.html; 임팩트 온. 美 에너지부, 전력회사 PG&E에 역대 최대 대출…전력망 개선에 투입. 2024.12.19. https://www.impacton.net/news/articleView.html?idxno=13441 2025.2.2. 검색.

3) 힝클리 크롬 사건의 시작은 수십 년 전으로 거슬러 올라갑니다. 힝클리는 캘리포니아주 로스앤젤레스와 네바다주 라스베이거스 중간의 모하비 사막에 위치한 작은 마을인데, PG&E는 1952년 이곳에 가스 압축공장을 세우게 됩니다. 이곳에 세워진 가스 압축공장은 캘리포니아 남부 지역에서 생

산된 천연가스에 압력을 가하여 캘리포니아주 중북부 지역으로 보내기 위한 것이었죠. 가스를 압축하는 과정에서 발생하는 열을 식히기 위해 PG&E는 냉각탑을 설치했고, 냉각 시스템의 부식을 방지하기 위해 냉각수에 6가크롬(Hexavalent Chromium)이라는 중금속을 넣었습니다. 그리고 압축공장에서 나오는 냉각수와 각종 폐수는 인근 연못에 내다버렸죠. 관련 내용은 다음 자료를 참고하였습니다. 영남경제. [환경재난과 인류] 힝클리 크롬 사건. 2023.1.25. https://www.ynenews.kr/news/articleView.html?idxno=37319 2025.2.2. 검색.

4) 징벌적 손해배상이라는 이름엔 두 가지 개념이 섞여 있다고 합니다. 하나는 특정한 법률에 국한하지 않고 고의적·악의적 불법 행위에 무거운 배상액을 정할 수 있는 것이죠. 영화의 소재가 된 PG&E 소송이 대표적입니다. 다른 하나는 법정 배액배상제(statutory multiple damages)라는 것인데, 독점금지법·공정거래법과 같은 개별 법률에 규정되고, 위반 행위에 2배나 3배 등 특정 배수로 배상액을 정하는 것입니다. 우리나라 하도급법 등 공정거래 관련 법에 도입되어 있고, 가습기살균제 사태로 추가 도입이 논의되기도 했습니다. 다만, 미국에서도 거액을 물리는 징벌적 손해배상이 흔하지 않지만 그래도 가능한 이유는 '증거개시'라는 제도 덕분이라고 하는데요. 이 제도는 기업이 증거를 은폐하지는 못하게 만드는 것으로서 민사소송에서 원고가 피고에게 자료 제출을 요구하고 피고에게 증언을 받아내는 것입니다. 피고가 정해진 기간에 '답변을 하지도', '이의를 제기하지도' 않으면 판사가 이행강제금을 물리는데 이후 자료를 내지 않을 경우, 피고가 쟁점에 관계된 사실을 감춘다고 여겨지고, 패소할 가능성이 커지는 것이죠. 이런 제도 없이는 징벌적 손해배상 한도를 10배 아니라 20배로 올려도 달라질 것이 없다고 지적됩니다. 관련 내용은 다음 자료를 참고하면 좋을 듯합니다. 김정환. (2019). 징벌적 손해배상의 적정한 운영방안에 관한 연구. 사법정책연구원 https://jpri.scourt.go.kr/post/postView.do?boardSeq=7&menuSeq=11&seq=1051; 정우영 외. (2020). 우리나라 징벌적 손해배상제 판례 분석 및 활용상 한계와 개선방안. 한국법학원. https://lawsociety.or.kr/board/superiorReport/article/4049; 머니투데이.

한국판 에린 브로코비치 등장? 징벌적 손해배상 해외는. 2016.6.9. https://news.mt.co.kr/mtview.php?no=2016060815097676960; 경향신문. '징벌적 손해배상' 미국에선 되고 한국에선 힘든 이유. 2018.9.28. https://m.khan.co.kr/national/court-law/article/201809281613005#c2b 2025.2.2. 검색.

5) 앞에서 언급한 대로 PG&E는 천연가스를 압축시킬 때 발생하는 열과 이를 냉각시키는 물로 인한 부식작용을 막기 위해 첨가하는 부식방지제로서 규정상 덜 유해한 3가 크롬을 써야 함에도 불구하고 비용 절감을 위해 6가 크롬을 썼습니다. 크롬은 광산, 크롬도금, 시멘트 제조, 피혁제품 제조, 금속부식 방지제 등으로 사용되며, 크롬산이 피부 또는 점막에 작용해서 알레르기 증상을 일으키며 때로는 발암작용을 한다고 하죠. 그래서 국제암연구소(IARC)도 가장 발암성이 높은 집단으로 분류하고 있다고 합니다. 관련 내용은 다음 자료를 참고하였습니다. 국가암정보센터. 보이지 않는 위험, 6가 크롬의 노출. 2021.11.25. https://m.post.naver.com/viewer/postView.naver?volumeNo=32809028&memberNo=375893 2025.2.2. 검색.

6) 원고의 소송기록에 의하면 1966년 한 해에만 약 65만 톤의 크롬을 무단 방류했으며, 이렇게 버려진 6가 크롬은 식수 허용 기준치의 1,000~5,000배를 초과하였다고 합니다. 더욱이 PG&E사는 오래전부터 6가 크롬의 유해성을 알고 있었다는 겁니다. PG&E는 6가 크롬이 안전하다고 전단을 뿌렸으며, 아픈 주민들에게 PG&E가 주선한 병원에서 치료를 받게 해주고 의료혜택을 베푸는 등 선심을 베풀었습니다. 이 모든 것이 PG&E가 6가 크롬의 발암가능성을 숨기기 위한 술책이었는데 말이죠. 관련 내용은 다음 자료를 참고하였습니다. 산업보건환경연구원. 산업보건 in Culture - 영화 '에린 브로코비치: 6가 크롬 바로 알기'. 산업보건 318: 32-35 https://koreascience.kr/article/JAKO201467352677456.pdf 2025.2.2. 검색.

7) 우리나라에서 발생한 사회적 재난인 가습기살균제 참사의 원인을 부도덕한 기업이나 무능한 정부 조직에서 찾기도 하지만, 부도덕함이나 무능 같은 개인의 문제보다 관련 기업의 부서들, 그리고 정부의 부처 같은 조직들 내부의 소통의 문제가 더 중요한 변수라고 주장하는 지적도 있습니

다. 참사의 원인이 이를 제조한 기업과 이를 심사한 정부라는 관료적 조직의 구조적 비밀주의, 위험에 대한 "평가절하 어림짐작"(disqualification heuristic), 칸막이 문화, 피드백과 소통의 단절 같은 문제가 더 중요한 원인이라는 것이죠. 관련 내용은 다음 자료를 참고하면 좋을 듯합니다. 홍성욱. (2018). 가습기살균제 참사와 관료적 조직 문화. 과학기술학연구 18(1): 63-127 https://www.kci.go.kr/kciportal/ci/sereArticleSearch/ciSereArtiView.kci?sereArticleSearchBean.artiId=ART002330739 2025.2.2. 검색.

8) 독일의 사회학자 울리히 벡은 산업화가 진행될수록 위험과 그로 인한 불안이 증대된다고 지적하고 '위험'을 현대사회를 이해하는 키워드로 제시하였습니다. 기술 문명이 발전할수록 물질적인 풍요는 늘어났지만 정작 삶은 불안하고 위태로워지는 상황이 전개되는데, 위험사회에서 살아남기 위해서는 제도가 위험을 생산한다는 것을 인지하고 제도에 대한 비판적 공론의 장을 형성해야 한다고 주장하였죠. 관련 내용은 다음을 참조하면 좋을 듯합니다. 울리히 벡. (2006). 위험사회-새로운 근대(성)을 향하여. 홍성태 옮김. 새물결; 한기봉. 위험사회와 소통- 울리히 벡을 생각하며. 2020.2.28. https://www.korea.kr/news/cultureColumnView.do?newsId=148869666; 서울대학교 대학신문. 위험사회에 남긴 울리히 벡의 유언. 2015.4.12. https://www.snunews.com/news/articleView.html?idxno=14886 2025.2.2. 검색.

9) 체르노빌 원전사고는 비상 발전 전원이 들어오기 전까지 터빈의 관성력으로 얼마만큼 발전이 가능한지에 관한 실험을 진행하던 중 일어났습니다. 검사를 하기 위해 안전 시스템을 해제한 상태였으며, 흑연 감속 원자로 자체의 설계 결함과 조작자의 제어봉 조작 실수로 인하여 통제할 수 없는 연쇄 반응이 일어나게 되었다고 하죠. 이 사건으로 인해 고르바초프가 개혁을 추진하는 계기가 되었으며, 소련 붕괴에 결정적인 원인을 주었다고 평가되기도 합니다. 관련 내용은 다음 자료를 참고하면 좋을 듯합니다. 애덤 히긴보덤Higginbotham, Adam. (2021). 그날 밤 체르노빌: 세계 최대 핵 재앙의 전말Midnight in Chernobyl: the untold story of the world's

greatest nuclear disaster. 김승진 옮김. 이후; 세르히 플로히Serhii M. Plokhy. (2021). 체르노빌 히스토리-재난에 대처하는 국가의 대응 방식Chernobyl: The History of a Nuclear Catastrophe. 허승철 옮김. 책과함께; 알렉세이 유르착Alexei Yurchak. (2019). 모든 것은 영원했다, 사라지기 전까지는-소비에트의 마지막 세대Everything was Forever, Until it was No More: The Last Soviet Generation. 김수환 옮김. 문학과 지성사; 김동혁. (2016). 체르노빌 원자력 발전소 폭발 사고에 대한 재고. 서양사론 130: 9-42; 이재기. (1996). 체르노빌 원전사고 10년의 회고. 방사선방어학회지. 21(3): 183-200.

10) 석면은 한때 '기적의 광물'로 인식됐다가 1급 발암물질로 지정됐습니다. 우리나라에서 석면 사용은 2009년부터 금지됐지만, 석면 관련 업무 종사자들이 10~40년의 잠복기를 지나면서 각종 질환을 앓고 있어 피해는 여전하다고 하죠. 석면 노출로 인한 피해가 공론화한 덕에 2010년 2월 '석면피해구제법'이 만들어졌습니다. 환경오염으로 인한 건강피해를 보상하는 우리나라 최초의 공해병 대책법이라고 합니다. 관련 내용은 다음 자료를 참고하면 좋을 듯합니다. 강연실 · 김지원 · 박진영. (2021). 환경보건재난의 사회적 구성: 석면과 가습기살균제 피해를 중심으로. 환경사회학연구 ECO 25(2): 125-172; 연합뉴스. <석면법 5년> ① '죽음의 먼지' 질환 1천705명…최악 환경피해. 2015.8.17. https://www.yna.co.kr/view/AKR20150812049800004 2025.2.2. 검색.

11) 라돈은 우리가 사는 집 주변에서 노출될 수 있는 방사선을 내는 물질이며 폐암을 유발하는 것으로 알려져 있습니다. 우리나라의 경우 2018년 세계보건기구가 지정한 1급 발암물질인 방사성 기체 '라돈'이 침대에서 검출되며 '라돈침대' 논란이 발생하였습니다. 당시 검찰은 라돈 생활용품을 만들던 제조업체와 실태조차 파악하지 못하며 소홀히 관리했던 정부에 대하여 면죄부를 주어 많은 비난을 받기도 했습니다. 폐암 발암원에 노출된 후 폐암이 진단될 때까지는 상당히 오랫동안 걸린다는 것을 생각해 본다면 검찰이 방사성 물질의 영향이 장기적으로 미치는 문제를 간과하고 단기간만 고려해 내린 근시한적 판단을 내렸다는 것이죠. 관련 내

용은 다음 자료를 참조하면 좋을 듯합니다. 강청완. (2018). '라돈 침대'가 세상에 알려지기까지. 방송기자 43; 질병관리청 국가건강정보포털. https://health.kdca.go.kr/healthinfo/biz/health/gnrlzHealthInfo/gnrlzHealthInfo/gnrlzHealthInfoView.do?cntnts_sn=3490; 동아사이언스. [라돈사태 2년] 가해자는 없고 피해자만 남았다. 2020.1.12. https://m.dongascience.com/news.php?idx=33481; SBS. 라돈 침대, 그 후 3년…잊혀가는 피해자. 2021.5.20. https://news.sbs.co.kr/news/endPage.do?news_id=N1006324451 2025.2.2. 검색.

12) 가습기살균제 사건은 2011년 서울의 한 대학병원에서 원인불명 폐질환으로 입원한 산모 4명이 사망하면서 불거졌습니다. 가습기살균제의 독성으로 2만여 명이 목숨을 잃고 약 95만 명이 피해를 입었습니다. 2011년 보건당국의 역학조사와 독성실험 결과로 위해성이 확인됐지만, 제품의 위험성을 알고도 판매한 기업과 이를 허가해 준 정부 관계자는 가벼운 처벌을 받는 데 그쳤죠. 참사 후 11년 만인 2022년에서야 피해 구제 최종 조정안이 나왔지만, 많은 분담금을 내야 하는 기업들이 수용을 거부하며 사건은 여전히 진행 중입니다. 관련 내용은 다음 자료를 참고하면 좋을 듯합니다. 안종주. (2016). 빼앗긴 숨-최악의 환경 비극, 가습기살균제 재앙의 진실. 한울; 이규연. (2016). 가습기살균제 리포트. 중앙북스; 소재원. (2016). 균-가습기 살균제와 말해지지 않는 것. 새잎; 영화 '공기살인'(조용선 감독, 2022); 홍성욱 외. (2024). 대한민국 재난의 탄생: 과학기술학의 관점으로 진단한 기술 재난과 한국 사회의 현주소. 동아시아; 한겨레. 10년 넘게 진행 중인 가습기살균제 사건…영화 속 결말은? 2022.4.21. https://www.hani.co.kr/arti/culture/movie/1039814.html; 환경아카이브 풀숲 https://ecoarchive.org/items/show/1160#lg=1&slide=0; 가습기살균제 피해지원 종합포털 자료실 https://www.healthrelief.or.kr/home/content/stats01/view.do 2025.2.2. 검색.

13) 당시 사건에 대하여 관련 내용은 다음 자료를 참고하면 좋을 듯합니다 abcNEWS. Erin Brockovich: the real story of the town three decades later. 2021.6.11. https://abcnews.go.com/US/erin-brockovich-real-

story-town-decades/story?id=78180219 2025.2.2. 검색.

14) 관련 내용은 다음 자료를 참고하면 좋을 듯합니다. 정완. (2022). 징벌적 손해배상제도의 실효성 제고방안에 관한 고찰. 인하대학교 법학연구 25(1): 209-240 https://ils.inha.ac.kr/bbs/ils/3464/91120/download.do; 황성광 · 이훈종. (2023). 징벌적 손해배상제도의 개선방안에 관한 연구. 법학논총 40(2): 161-195. https://www.kci.go.kr/kciportal/ci/sereArticleSearch/ciSereArtiView.kci?sereArticleSearchBean.artiId=ART002977075 2025.2.2. 검색.

15) 관련 내용은 다음 자료를 참고하면 좋을 듯합니다. 세계일보. 징벌적 손해배상 확대 흐름 주목. 2024.12.2. https://www.segye.com/newsView/20241202507592 2025.2.2. 검색.

16) 검찰의 조사 결과, 두산전자가 1990년 6월부터 반 년간 약 325톤의 페놀을 무단 방류했다는 사실이 밝혀졌습니다. 일회성 유출 사고가 아니라 지속적으로 무단 방류를 해 온 것이 드러난 것이죠. 이 사건은 대기업들이 이윤만을 생각해 환경과 주민들의 건강은 전혀 고려하지 않고 불법 행위를 얼마나 자연스럽게 저질러 왔는가를, 그리고 정부는 무사안일주의와 기업과의 유착으로 이를 눈감아 왔다는 점을 가장 잘 보여 준 사건이라고 평가됩니다. 관련 내용은 다음 자료를 참고하면 좋을 듯합니다. 영화 '다크워터스'(토드 헤인즈 감독, 2019); 영화 '삼진그룹 영어토익반'(이종필 감독, 2020); 프레시안. '자본 탐욕'과 '무사안일'이 빚은 낙동강 '페놀 사태' 교훈. 2021.4.14 https://www.pressian.com/pages/articles/2021041316405681696#0DKU MBC 뉴스투데이. (오늘 다시보기) 낙동강 페놀오염(1991). 2019.3.14. https://www.youtube.com/watch?v=hZkYhPmv5aQ 2025.2.2. 검색.

17) 정부 관료제가 문제 예방에 무능력한 체계라는 사회적 비판에 직면하여, 예방의 실패는 관료적 예측이 무능하고 역량이 부족하기보다는 예견되는 바를 선제적으로 조치하기 어렵게 만드는 조직적 행태와 제약이 존재할 수 있

다는 연구도 있습니다. 즉, 예견되는 실패를 최소화해야 할 정부의 예기적 책무성(anticipatory accountability)을 탐색할 필요가 있다는 것이죠. 특히 예견 가능한 문제의 실패 원인으로 개인의 문제의식과 이견을 표출하기 어려운 조직 분위기가 가장 중요하며, 지시에 복종하는 계층적 책임을 다하면 자신의 의무를 다한 것이라는 책임회피적인 인식이 문제의 사전 해결을 제한할 수 있음을 생각해야 된다는 것입니다. 관련 내용은 다음 자료를 참고하면 좋을 듯합니다. 한승주 · 이철주 · 최홍석. (2020). 정부 관료제의 예견에 대한 책무성 고찰. 행정논총 58(2): 35-72.

18) 예를 들어 포도밭의 장미에 대한 이야기를 생각해 볼 수 있습니다. 포도밭과 장미는 언뜻 연관성이 없는 듯 보이지만, 포도밭의 장미는 양질의 포도를 재배하기 위한 경보장치역할을 한다고 합니다. 포도나무와 장미는 비슷한 습성이 있어서 포도나무에 문제가 발생하기 전에 유사한 문제를 장미에서 발견할 수 있기 때문에 예방조치를 할 수 있다는 것이죠. 관련 내용은 다음 자료를 참고하면 좋을 듯합니다. 문명재. 코로나19, 정부혁신과 미래정부: 민첩성과 회복탄력성. 제3차 KIPA 글로벌 행정포럼. 2020.11.3. 발표자료; 문명재. (2021). 포스트(위드) 코로나 시대의 난제해결형 정부를 위한 정부혁신에 대한 소고. 한국행정연구 30(3): 1-27.

17

다니엘 블레이크는 왜 벽에다 본인의 이름을 적었을까?

▼ 이번 장과 관련한 영상은
다음에서 확인할 수 있습니다.

▼사회과학 콘텐츠 랩 연곳 YEONGOT

17

다니엘 블레이크는 왜 벽에다 본인의 이름을 적었을까?

디지털 전환시대와 정보격차: 영화 <나, 다니엘 블레이크> + <아메리카 셰프>

"나는 연필 시대 사람이오. 컴퓨터 근처에도 안 가봤어요."
"난독증 대상 특별 상담번호는 있어요."
"그게 몇 번이오?"
"인터넷에 나와요."
(영화 '나, 다이엘 블레이크'에서 블레이크와 복지센터 상담사와의 대화)

이번 장에서는 정부가 직면할 문제 중 디지털 전환, 취약계층과 정보격차 그리고 정보불평등에 대해 생각해 보려 합니다. 코로나 시기를 지나니 어떤 분들에게는 배송 어플을 사용하여 음식과 상품을 주문하고, 모바일 뱅킹을 사용하여 긴급재난지원금을 신청하며, 잔여백신 신청과 병원을 찾는 것 등이 자연스러우실 겁니다. 하지만 어떤 분들의 경우, 터치스크린 방식의 무인정보단말기[예: 키오스크(Kiosk)][1]를 활용하여 매장에서 무언가를 구매하는 것이 어렵거나 스마트폰의 어플 사용이 쉽지 않아 명절 때마다 기차와 버스표를 사기 위하여 긴 줄을 서야만 합니다. 이런 현상은 공공 및 민간 영역의 서비스들이 빠르게 디지털로 전환되는 과정에서 일어납니다.[2] 개인들 간의 디지털 격차(Digital Divide)로 인해 해당 서비스를 차별적으로 활용하게 되고, 이러한 과정이 축적되면 장기적으로는 정보, 경제, 사회적인 불평등(Inequality)을 낳게 될 수 있다[3]고 전문가들은 지적하고 있습니다.

디지털 전환시대에 기술 취약층은 공공 및 민간영역 서비스에서 불평등을 받고 있을까?

"나는 보험 번호 숫자도 화면 속 점도 아닙니다."
(영화 '나, 다니엘 블레이크'에서 블레이크의 대사)

앞에서 말씀드렸던 모습을 보여 주고 있는 영화 중 '나, 다니엘 블레이크I, Daniel Blake'[4]는 이에 대해 직설적이고 강력하게 이야기하는 영화입니다. 평생을 목수로 성실하게 살아온 다니엘 블레이크는 지병인 심장병이 악화되어 일을 못하게 됩니다. 아내는 병으로 죽었고 의지할 자식은 없는 사회적 취약계층이라고 할 수 있죠. 이러한 이유로 그는 질병 수당을 받기 위해 국가에 신청을 하지만 이를 담당하는 민간 외주업체는 심장과 관련 없는 신체에 대한 몇 가지 질문을 던진 뒤 그를 지급 대상에서 제외합니다. 팔다리가 멀쩡하니 질병 수당을 줄 수 없다는 것이죠.

질병 수당 심사에서 탈락한 다니엘은 구직 수당을 신청해야 한다는 말을 듣습니다. 구직 수당신청은 컴퓨터로 하게 되어 있었는데, 컴맹인 다니엘은 당황하면서 직원의 도움을 요청합니다. 한 직원이 도와주지만 해당 상사는 잘못된 선례가 남을 수 있다며 도와주는 행위를 그만두게 합니다. 효율적이고 효과적으로 복지신청을 할 수 있도록 구축한 정보시스템인데, 정작 존재 이유인 시민에게는 관심 밖이죠.[5]

현실에서는 어떨까요? 우리나라의 경우 학교 자판기, 지하철의 무인 교통 카드 판매/충전기와 관공서의 무인 민원 발급기, 은행의 ATM 등 주로 공공기관들에서 도입한 무인 판매, 서비스 기기들뿐만 아니라 최근에는 식당은 물론 노래방·세탁소·편의점 등 업종을 가리지 않고 터치스크린 방식의 무인정보단말기가 도입되면서 '사람 없는 매장'이 가속화되고 있습니다. 이렇게 공공과 민간 영역에서 키오스크 도입이 확산되고 있지만 정작 정부 차원에서 키오스크 사용 현황이나 장애인, 노령층 등과 같은 기술빈곤층의 사용 편의성에 대한 관심은 많지 않은 것으로 보입니다.[6] 키오스크의 사용이 우리 사회에 보편화되고 난 후, 뒤늦게 기술 취약층의 접근성에 관한 논의를 시작한다면 이로 인한 사회적 혼란과 비용의 낭비는 충분히 예상 가능한 문제이기 때문에 정부의 선제적 대응이 시급하다고 할 수 있습니다.

다시 영화로 돌아와서, 다니엘은 구직 수당 대상자가 됩니다. 하지만 수당을 계속 받으려면 일정 시간 이상 구직 활동을 해야 하는데, 컴퓨터를 못 하는 다니엘은 아픈 몸을 이끌고 공사장을 찾아다니며 펜으로 쓴 이력서를 돌립니다. 이에 대해 센터 직원은 '컴퓨터로 작성한 이력서도, 구직 사이트에 접속한 기록도 없는데 구직 활동을 어떻게 증명하는지'를 묻습니다. 결국 몇 번 받지 못한 구직 수당마저 끊기게 되고 다니엘은 국가의 지원을 받기 위해 본인의 아픔과 가난을 애써 아날로그적으로 증명하지만 디지털적인 본인의 흔적이 남지 않았으며, 디지털 시스템 내에 들어오지 않는다는 이유로 구직 수당 요청을 정부와 정부 위탁기관으로부터 거절당하게 됩니다.[7]

이러한 사례를 지속적으로 탐사 취재하고 있는 뉴욕주립대 정치학과 버지니아 유뱅크스Virginia Eubanks 교수는 그녀의 책 『자동화된 불평등Automating Inequality-Automating Inequality: How High-Tech Tools Profile,

Police, and Punish the Poor』에서 미국 복지 현장의 첨단 기술이 어떻게 가난한 사람들을 분석하고, 감시하고, 처벌하는지를 이야기하고 있습니다.[8] 특히, 가난한 사람들의 개인정보 등 빅데이터를 바탕으로 정교하게 짜여진 알고리즘이 이들에게 복지 혜택을 줄지 말지 결정하며, 사회복지 정책을 지탱하는 '보이지 않는 손'이 오히려 복지혜택을 받아야 하는 가난한 사람을 배제시킬 수 있다는 점을 지적하고 있죠.[9] 정보시스템이 조력자가 아니라 기술 취약층의 문지기가 될 수 있으며, 공공 및 민간영역 서비스에서 불평등을 받을 가능성에 대해 생각해 보게 되는 대목입니다.

디지털 전환시대에 기술 취약층에게 정부는 무엇을 그리고 어떻게 해야 하는가?

"아빠, 밤사이에 팔로워가 1,653명 생겼어."
"팔로워가 뭐냐"
"1,653명에게 아빠 글이 보인다는 거야."
(영화 '아메리카 셰프'에서 칼과 아들의 대사)

영화 '나, 다니엘 블레이크'에서 생각해 볼 또 하나의 질문은 '디지털 전환시대에 기술빈곤층에게 정부의 역할은 무엇인가?'와 관련된 질문입니다. '나, 다니엘 블레이크'에서 59세인 다니엘은 여러 수당을 신청하는 과정에서 인터넷으로만 신청할 수 있다는 것을 알고 좌절합니다. 공공도서관에 가서도 여러 사람의 도움을 받아보지만 쉽지 않습니다. 디지털이 보편화되면서 개인별로 디지털 정보화 수준에 따라 격차가 커지는 현실을 보여 주는 것이죠.[10]

디지털을 제대로 활용할 수 있는 사람들은 디지털의 편리함을 누리는 반면, 디지털을 제대로 이용할 수 없는 기술빈곤층은 불편함을 느끼게 됩니다. 이러한 정보격차는 여기서 그치지 않고 정치, 사회, 경제적 측면의 격차로 확대될 가능성이 높기 때문에 주거, 임금 격차만큼이나 중요한 사회 현안이라고 할 수 있습니다.[11] 우리나라 노년층의 경우 과학기술정보통신부가 발표한 '2023 디지털 정보 격차 실태조사'에 따르면 고령층의 디지털 소화 능력은 여전히 낮습니다.[12] 더욱이 코로나 바이러스 정보나 백신 접종이 온라인 중심으로 진행되다 보니 인터넷이 노인들의 생과 사를 가르는 상황도 배제할 수는 없을 것 같습니다.[13] 만약 장·노년층에게 '디지털 조력자'[14]가 함께한다면 어떨까요? 노인들이 새로운 디지털 기술을 습득해야 할 필요가 있을 때마다 알려 주고 도와주는 동거 자녀 같은 존재 말입니다.

이를 잘 보여 주는 영화 한편이 있습니다. 영화 '아메리칸 셰프'는 거물 블로거가 본인의 음식 리뷰로 상처 주자, 해당 요리를 만든 요리사 칼은 아들의 도움으로 SNS를 만들어 공개 저격을 하면서 싸움을 시작합니다. 둘 간의 싸움 구경에 SNS의 팔로워는 쑥쑥 늘어납니다. SNS 초짜였던 칼은 순식간에 '인플루언서'로 거듭나죠. 2만 팔로워를 등에 업고 푸드트럭에 도전하게 되는데, 아들의 도움으로 위치태그·재료사진을 실시간 공유하면서 급기야 인증샷 성지의 '핫플레이스'로 떠오르게 됩니다.[15]

이 영화에서 주목할 점은 칼이 SNS를 운영하는 데 조력자가 되어 준 가족이 있었다는 점입니다.[16] 그래서 전문가들은 공공에서 제공하는 '디지털 조력자'를 만드는 것을 제안하고 있습니다. 디지털 소외계층에게는 디지털 기술에 대해 반복적으로 물어보거나 대신 기술을 알려줄 조력자가 필요하다는 것이죠. 디지털 기술에 대해 조언을 받을 곳이 없는 상황에서 디지털 조력자를 통해 힘들게 줄을 서지 않고도 KTX 표를 예매할 수도 있고, 적은 돈을 이체하려 일일이 은행을 찾지 않을 수도 있을 것입니다.

컴맹은 복지 혜택을 받을 자격이 없을까?

"사람이 자존심을 잃으면 다 잃은 거요."
(영화 '나, 다니엘 블레이크'에서 블레이크의 대사)

오늘 살펴본 영화는 디지털 전환, 정보격차, 정보불평등에 대해 현실적이고, 즉각적이며 정부-기업-사회 등이 다차원적으로 연계된 정책을 정부가 시행해야 한다는 측면에서 고민해 볼 필요가 있을 것입니다.

여러분들은 어떠신가요? 디지털 정보격차를 줄이기 위해 정부가 해야 할 일은 무엇일까요? 또 영화 속에서 다니엘 블레이크에게 가장 공감되는 것은 무엇이며, 주민센터 공무원들에게 가장 공감되는 것은 무엇일까요? 정보시스템으로 움직이는 복지제도 및 법의 지배와 이와 다른 지점에 있는 복지공무원의 재량 중 각각의 장점과 단점은 무엇일까요?

참고한 내용 및 더 읽어 볼 것들

1) 우리나라의 경우 코로나19를 거치며 국내 무인정보단말기가 폭발적으로 증가해 2021년 21만 33대에서 2023년 53만 6602대로, 155% 증가한 것으로 나타났습니다. 반면 키오스크 접근성 취약항목을 살펴보면 휠체어 이용자의 접근성을 측정하는 '작동부 높이' 항목의 준수율이 4%로 가장 낮았으며, 음성 등 '대체 콘텐츠 제공' 항목의 준수율은 10.5%, 시각장애인을 위해 터치스크린 이용에 대한 비시각적 안내 제공 여부를 확인하는 '터치스크린 컨트롤의 인식' 항목은 12.2%에 불과했다고 조사되었습니다. 또한, 키오스크에 입력하는 민감한 개인정보와 관련하여 적절한 보안 조치가 제대로 되고 있지 않은 것으로 평가되고 있습니다. 관련 내용은 다음 자료를 참고하면 좋을 듯합니다. 정민경 · 유은. (2022). 고령자의 심리적 요인을 고려한 키오스크 사용경험 개선 제안. Archives of Design Research 35(3): 113-127; 이투데이. "이러니 더 헤매지"…대중교통 · 영화관 등 접근성 낙제점 키오스크 수두룩. 2024.12.17. https://www.etoday.co.kr/news/view/2430093; 정보통신신문. 국내 키오스크 보급 155% 급증...예산은 삭감. 2024.10.7. https://www.koit.co.kr/news/articleView.html?idxno=125702; IT Daily. 우후죽순 늘어난 키오스크…보안 사각지대 "비상". 2023.12.15. http://www.itdaily.kr/news/articleView.html?idxno=218910; 한국소비자원. (2022). 키오스크(무인정보단말기) 이용 실태조사. https://www.kca.go.kr/smartconsumer/sub.do?menukey=7301&mode=view&no=1003409523 2025.2.3. 검색.

2) 디지털 전환은 아래 표에서도 볼 수 있듯이 '아날로그 데이터를 디지털 형식으로 변환하거나, 디지털 기술로 업무 프로세스를 자동화하는 수준의 일을 뛰어넘어, 비즈니스 모형과 일하는 방식에 대한 보다 근본적인 변화를 수반하는 등 기존 가치관과 구조를 밑바닥부터 뒤집으려는 혁신'을 시도한다고 할 수 있습니다. 관련 내용은 다음 자료를 참고하면 좋을 듯합니다. Bloomberg, J. (2018). Digitization, Digitalization, And Digital

Transformation: Confuse Them At Your Peril. *Forbes* on 4. 29; Savić, D. 2019. From digitization, through digitalization, to digital transformation. *Online Searcher* 43(1): 36-39; 한국행정연구원. (2020). 공공부문 디지털 트렌스포메이션 전략에 관한 연구; 양오석 · 한재훈. (2020). 디지털 전환의도의 선행요인, 매개요인, 조절 요인: 강원지역 소기업 · 소상공인 사례. 전문경영인연구 23(4): 141-171.

디지털화와 디지털 트랜스포메이션에 대한 정의와 내용

	디짓화 (digitization)	디지털화 (digitalization)	디지털 트랜스포메이션 (digital transformation)
초점	데이터 변환	정보 처리	지식 활용
목표	아날로그 형식을 디지털 형식으로 변경	기본 업무 운영 및 프로세스 자동화	조직의 문화, 일하는 방식 및 사고방식의 변화
활동	종이 문서, 사진, 마이크로필름, LP, 필름 및 VHS 테이프를 디지털 형식으로 변환	완전한 디지털 작업 프로세스 생성	새로운 디지털 회사 설립이나 디지털 회사로의 전환
도구	컴퓨터와 변환/인코딩 장치	IT 시스템 및 컴퓨터 응용 프로그램	새로운 디지털 기술 매트릭스
한계	부피 (물질)	가격 (재정)	변화에 대한 저항 (인적자원)
사례	종이 기반의 등록 양식 스캐닝	완전한 전자 등록 프로세스	등록에서 콘텐츠 전달에 이르기까지 전 과정의 전자화

3) '디지털 격차'라는 용어는 '정보를 가진 사람과 가지지 못한 사람의 차이'를 가리키는 용어로 사용되었지만 지금은 누구는 알고 모르는 불편함의 문제를 넘어서 불이익의 문제와 연관되는 문제로 확대되어 논의되고 있습니다. 더욱이 정보를 가진 자와 가지지 않는 자 간의 권력 불평등 구조가 생기는 현상과 관련하여 빅데이터 시대는 어떤 데이터가 들어가느냐가 중요한데, 정보 취약계층의 데이터가 들어가지 못하면, 이들을 위한 정책은 마련되지 않을 것이라고 지적되기도 합니다. 관련 내용은 다

음 자료를 참고하면 좋을 듯합니다. 서형준. (2024). 데이터 기반 사회에서 데이터 불평등 개념의 탐색적 논의: 공공과 민간의 데이터 불평등 사례를 중심으로. 정보화정책 31(4): 63-86; 김학실·심준섭. (2020). 노인의 디지털 리터러시와 사회활동. 정책분석평가학회보 30(2): 153-180; 경향신문. "정보격차, 불편함의 문제 아닌 불이익의 문제". 2020.3.22. https://www.khan.co.kr/article/202003220919001; 소프트웨어정책연구소. 디지털 격차와 갈등, 새로운 사회제도의 필요성. 2021.10.12. https://spri.kr/posts/view/23315?code=data_all&study_type=industry_trend 2025.2.3. 검색.

4) '나, 다니엘 블레이크'(켄 로치 감독, 2016)는 영국 뉴캐슬어폰타인을 배경으로 현대의 복지 제도에 대한 비판을 담은 작품입니다. 켄 로치 감독은 우리나라 독자들을 위해 다음과 같은 인터뷰를 했다고 합니다. "친구들에게. 한 편의 영화로 우리가 서로 이어질 수 있음을 발견하게 되는 건 언제나 놀랍습니다. 영국 정부는 가난하고 힘없는 사람들을 희생시키며, 힘있고, 부유한 사람들의 이익을 대변하고 있지요. 우리는 많은 나라에서 같은 현실을 맞닥뜨리고 있는 사람들을 알고 있습니다. 조금씩은 다를지라도 근본적으로 같은 이야기들이지요. 아마 당신도 같은 생각을 하고 있지 않나요? 우리들의 영화를 봐 주어서 감사합니다. 당신들에게 희망과 연대의 마음을 보냅니다." 관련 내용은 다음 자료를 참고하였습니다. 오마이뉴스. 세계적 감독이 한국에 보내온 편지, 거장의 위엄. 2017.8.13. https://star.ohmynews.com/NWS_Web/OhmyStar/at_pg.aspx?CNTN_CD=A0002347766&CMPT_CD=P0001 2025.2.3. 검색.

5) 정부조직의 경우 새로운 정보시스템을 도입하는 것에는 관심이 많지만, 정작 정보시스템을 사용하는 사람들에게는 관심이 덜하거나, 시스템을 구축·관리하는 것에는 부실한 경우가 많은데, 2018년 KT아현지사 화재, 2022년 복지부 사회보장정보시스템 오류, 2023년 지방행정전산서비스 장애 등을 들 수 있습니다. 최근 인천공항에서 벌어진 혼란 역시 보안검색규정 변경과 신규 기기 도입 등으로 보안검색 여건이 달라졌는데도 제대로 대비를 하지 않았다는 지적이 많죠. 이러한 과정은 정책고객에게 부담을 주는 일종의 불편(burden)이라고 할 수 있을 겁니다. 관련 내용은 다음 자료를 참고하

면 좋을 듯합니다. 박승일. (2021). 기계, 권력, 사회: 인터넷은 어떻게 권력이 되었는가. 사월의 책; 시사인. KT 아현지사 화재는 무엇을 말하나. 2018.12.8. https://www.sisain.co.kr/news/articleView.html?idxno=33360; 뉴스워커. 복지부 '차세대 사회보장정보시스템' 오류 장기화..."사회복지 업무 마비돼" 2022.9.26. https://www.newsworker.co.kr/news/articleView.html?idxno=174688#google_vignette; 서울신문. 새 사회보장정보시스템 개통하자마자 먹통. 2022.9.14. https://www.seoul.co.kr/news/newsView.php?id=20220915006013; 한겨레. 먹통 행정망에 정부"시스템 노후화로 신기술 적용 불가능". 2023.11.30. https://www.hani.co.kr/arti/area/area_general/1118437.html; 중앙일보. 출국장 밖 200m 줄…"파업하는 줄" 인천공항 이례적 혼란, 뭔일. 2024.12.19. https://www.joongang.co.kr/article/25301323 2025.2.4. 검색.

6) 코로나19 상황도 영향을 미친 것으로 보이지만 무엇보다 최저임금 인상에 따른 비용 절감 차원에서 도입이 급속하게 늘고 있다고 판단됩니다. 특히, 결제 방식의 경우, 직원이 맡던 결제 업무를 소비자에게 인건비 없이 일을 시키는 '그림자 노동'이라고 할 수 있는 데, 장·노년층의 경우 식당에서 키오스크 기계를 접하는 순간 이내 포기하고 직원에게 대면 주문을 하거나 아예 주문을 포기하고 그냥 가게 문을 나갔다는 신문기사를 접하곤 합니다. 관련 내용은 다음 자료를 참고하면 좋을 듯합니다. 이반 일리치Ivan Illich. (2015). 그림자노동Shadow Work. 노승영 옮김. 사월의 책; 크레이그 램버트Craig Lambert. (2015). 그림자 노동의 역습Shadow Work: The Unpaid, Unseen Jobs that Fill Your Day. 이현주 옮김. 민음사; 국가인권위원회. 디지털 세상이 무서운 사람들 - 숫자로 보는 디지털 불평등. 인권 2023.3. https://humanrights.go.kr/webzine/webzineListAndDetail?issueNo=7609030&boardNo=7609014 2025.2.4. 검색.

7) 관련 내용은 다음 자료를 참고하면 좋을 듯합니다. 동아사이언스. 컴맹은 복지혜택을 받을 자격도 없는가? 2017.1.15. https://www.dongascience.com/news.php?idx=15866; 오마이뉴스. 실직한 '컴맹' 할아버지, 항고는 인터넷으로만 하라고? 2016.11.25. https://star.ohmynews.com/NWS_Web/

OhmyStar/at_pg.aspx?CNTN_CD=A0002264347 2025.2.4. 검색.

8) 관련 내용은 다음 자료를 참고하면 좋을 듯합니다. 버지니아 유뱅크스. (2018). 자동화된 불평등-첨단 기술은 어떻게 가난한 사람들을 분석하고, 감시하고, 처벌하는가. 김영선 옮김. 홍기빈 해제. 북트리거; Virginia Eubanks: Automating inequality. 2019.2.9. https://www.youtube.com/watch?v=Wzssyn0L5I8 Ford School of Public Policy 2025.2.4. 검색.

9) 예를 들어, 사회복지일선관료는 현장에서 지역주민과 직접 소통하며 복지서비스를 전달하는 공공영역의 사회복지전문가라고 할 수 있는데, 지금까지 정보화는 사회복지적 차원보다는 행정적 효율 차원에서 논의되는 것이 많았다고 평가됩니다. 정보화로 인하여 사회복지일선관료의 자율성과 재량권을 축소시키는 경우가 많고, 정책고객과의 관계에서 사무적 측면을 심화시켜 수치적 정보에 기댄 상황파악과 결정을 하도록 만드는 경향이 있다고 지적되기도 합니다. 관련 내용은 다음 자료를 참고하면 좋을 듯합니다. 이철주 · 한승주. (2014). 관료제 구조와 사회복지업무 속성의 충돌, 그리고 재량행위의 왜곡. 정부학연구 20(1): 75-118; 김수영 · 김이배. (2014). 공공사회복지행정의 정보화가 사회복지일선관료의 실천에 미친 영향: 사회복지통합관리망에 대한 비판적 고찰. 한국사회복지행정학 16(4): 91-126.

10) 예를 들어 서울디지털재단이 발표한 '2023 서울시민 디지털 역량 실태조사' 결과에 따르면, 노년층의 '민간인증서'와 '유료 OTT 서비스' 이용 경험률은 각각 28.4%와 24.2%에 그쳐 전체 시민 평균의 절반에도 미치지 못했습니다. '스마트 예약'과 '중고거래' 분야에서도 노년층의 이용 경험률은 각각 8.2%와 10.6%로 나타나 디지털 격차가 뚜렷했다고 조사되고 있죠. 관련 내용은 다음 자료를 참고하면 좋을 듯합니다. 최홍석 · 한승주 · 이철주. (2021). 국민의 디지털 전환 대응 유형 분석. 정부학연구 27(3): 231-263; 정인관. (2021). 한국의 디지털 불평등: "디지털 정보격차 실태조사" 2014-2019 분석. 인문사회 21 12(2): 1875-1886; 임정훈 · 이혁준 · 이지훈. (2020). 장 · 노년층의 디지털 정보격차 영향요인: 베이붐 세대와 노인세대의 비교를 중심으로. 한국콘텐츠학회논문지 20(9): 475-485; 조미라 · 김

양지. (2020). 포스트휴먼과 그 이웃(1)-기술시대의 노인. 다문화콘텐츠연구 34: 63-86; 서울디지털재단. (2024). 2023년 서울시민 디지털역량 실태조사 주요결과. https://smart.seoul.go.kr/board/41/22823/board_view.do 2025.2.4. 검색.

11) 코로나19 이후에 비대면 소비가 주된 트렌드가 되면서 노년층의 디지털 소외 현상은 앞으로 더 심해질 가능성이 큽니다. 예를 들어 노인세를 들 수 있습니다. 경제적으로 취약한 계층인데도, 단지 디지털을 모른다는 이유로 상품을 살 때뿐 아니라 은행 송금, 증명서 발급 등 일상생활 곳곳에서 2~6배가량의 웃돈을 내는 경우가 많은 거죠. 디지털에서 배제되는 것이 단순한 불편함이 아니라 사회에서 배제될 수도 있다고 지적됩니다. 관련 내용은 다음 자료를 참고하면 좋을 듯합니다. 윤정섭 · 손은정. (2021). 포스트 코로나 시대의 디지털 양극화. Future Horizon+ 50; 조선일보. "인터넷 못해서…" 어르신은 오늘도 '노인稅' 냈다. 2021.6.16. https://www.chosun.com/national/national_general/2021/06/16/W3SWGTO4BRAY7CVC45XDELS55A/; 중기 이코노미. 고령층 '디지털 소외'…'노인세' 들어보셨나요. 2023.8.7. https://www.junggi.co.kr/article/articleView.html?no=30844 2025.2.4. 검색.

12) 과학기술정보통신부가 발표한 '2023 디지털 디바이드의 실태'에 따르면 일반 국민 대비 고령층의 디지털정보화 종합 수준은 73.3%로 노인세대가 디지털 서비스 이용에 어려움을 겪고 있다고 판단해 볼 수 있습니다. 종합 수준의 수치가 높아 보여 고령층의 취약 수준이 심각해 보이지 않을 수 있지만 이는 우리나라의 경우 다른 세대의 디지털 접근성 수준이 상당히 높다는 것을 비교하여 생각하면 다른 일반 국민에 비해 낮은 수치라고 할 수 있죠. 또한 고령층 디지털정보화 역량 수준을 보면 일반 국민 대비 격차는 더 두드러진다고 할 수 있는데, 고령층의 디지털정보화 접근 수준은 95.7%이지만 고령층의 디지털정보화 역량 수준은 56.5%로 절반 정도밖에 되지 않으며 활용 수준은 74.6% 정도입니다. 관련 내용은 다음 자료를 참고하면 좋을 듯합니다. 과학기술정보통신부. 2023 디지털 정보격차 실태조사 결과. 2024.3.29. https://www.msit.go.kr/bbs/view.do?sCode=user&mId

=99&mPid=74&bbsSeqNo=79&nttSeqNo=3173616 2025.2.4. 검색.

13) 관련 내용은 다음 자료를 참고하면 좋을 듯합니다. 중앙SUNDAY. 심층기획 코로나19 SPECIAL “백신 앱 · 인증 그게 뭐냐” 어르신들, 온라인 예약 못해 좌절. 2021.7.17. https://www.joongang.co.kr/article/24107437 2025.2.4. 검색.

14) 부산시의 경우 비문해 저학력 성인을 대상으로 읽기, 쓰기 등 기초 문해 교육뿐 아니라 맞춤형 디지털 교육까지 함께 지원할 수 있도록 문해강사를 디지털 조력자로 양성할 계획을 가지고 있다고 합니다. 관련 내용은 다음 자료를 참고하면 좋을 듯합니다. 이정선 · 박효영. (2023). 고령층의 디지털 조력자 경험이 삶의 만족도에 미치는 영향. 한국디지털콘텐츠학회 논문지 24(9): 2047-2057; 고정현 · 박선주. (2021). 고령층의 정보이용 촉진을 위한 디지털 조력자 활용 유형화와 특성 비교. 한국지역정보화학회지 24(2): 1-30; 부산여성가족과 평생교육진흥원. 2024년 디지털 조력자 양성교육(조력자 활동 우수사례). 2024.9.30. https://www.bgli.re.kr/kor/CMS/Board/Board.do?mCode=MN072&mode=view&mgr_seq=61&board_seq=23654; 파이낸셜 뉴스. 부산시, 문해강사 300명 디지털 조력자로 양성. 2024.3.20. https://www.fnnews.com/news/202403200904191856 2025.2.4. 검색.

15) 소위 ‘인플루언서 마케팅’(Influencer marketing)이라 불리는 영업방법으로서 영향력 있는 개인을 통해 상품을 판매하는 것이라고 할 수 있습니다. 2023 트렌드 리서치에 따르면 제품 구매 시 인플루언서의 영향을 받는 한국 소비자는 71.4%로, 2023년 기준 약 3천 3백만 명에 달한다고 조사되었죠. 관련 내용은 다음 자료를 참고하면 좋을 듯합니다. 한국경제. 영화 ‘아메리칸 셰프’로 본 SNS 경제학. 2020.8.29. https://www.hankyung.com/economy/article/2020082886591; 서울과기대신문. 믿고 사는 인플루언서 추천, 바로 결제. 2024.9.11. https://times.seoultech.ac.kr/reports/?idx=21785&category=82 2025.2.4. 검색.

16) 현실에서도 전통시장의 반찬가게를 엄마와 딸이 운영하면서 엄마는 반찬을 만들고 배달앱 운영은 딸이 관리해 비대면 시대에 오히려 매출이 증가하였다는 신문기사를 접하게 됩니다. 그러나 보건복지부의 2023년 '노인실태조사'를 보면 노인 부부나 혼자 사는 노인 단독가구는 전체 노인 인구의 88%에 달합니다. 대다수의 노인들이 자녀의 도움을 곧바로 받기 어려운 상황에서 빠르게 발전하는 디지털 기술은 생소하고 낯선 것일 수밖에 없을 것입니다. 관련 내용은 다음 자료를 참고하면 좋을 듯합니다. 보건복지부. 2023년 노인실태조사 결과발표. 2024.10.16. https://www.mohw.go.kr/board.es?mid=a10503010100&bid=0027&act=view&list_no=1483352&tag=&nPage=1; 한국보건사회연구원. (2024). 2023년 노인실태조사와 노년기 삶의 특성. 보건복지포럼 11월. https://repository.kihasa.re.kr/bitstream/201002/46105/1/2024.11.No.337.06.pdf 2025.2.4. 검색.

18

치버 박사는 미어스 박사를 왜 감염현장에 급파했을까?

▼ 이번 장과 관련한 영상은
다음에서 확인할 수 있습니다.

▼사회과학 콘텐츠 랩 연곳 YEONGOT

연곳研㖿
YEONGOT LAB
Social Science Contents Project

18

치버 박사는 미어스 박사를 왜 감염현장에 급파했을까?

감염병: 영화 <컨테이젼> + <감기>

"우선은 밖에 나가지 말고 손을
잘 씻어야 하는 게 지금 큰 해결방법입니다."
(영화 '컨테이젼'에서 치버 박사의 대사)

이번 장에서는 코로나19(Covid-19) 시대의 끝을 알 수 없었던 당시 상황과 앞으로 더 다양한 감염병이 발생할 수 있는 미래 상황에서 영화 '컨테이젼Contagion'[1]과 '감기The Flu'[2]를 통해 정부의 역할과 그 결과에 대해 생각해 보려 합니다. 사실 이 두 영화는 코로나19 이전에 전 세계에서 발생했던 사스(SARS), 신종플루(H1N1), 메르스(MERS) 등의 감염병을 배경으로 하고 있는데,[3] 코로나19 발생 초기에 시대를 마치 예견이라도 한 듯 현실 같은 영화 속 장면들로 주목을 받았습니다.

감염병 확산 상황에서 정부는 무엇을 그리고 어떻게 해야 하는가?

"첫날에 2명, 다음날엔 4명,
세 번째 날엔 16명.. 한달 뒤엔 10억 명입니다."
(영화 '컨테이젼'에서 엠호프의 대사)

먼저, 2011년 개봉된 영화 '컨테이젼'은 세계가 끊임없이 감염의 공포에 직면하고 있다는 것을 배경으로 단 한번의 접촉으로 전 세계가 위험에 빠지는 상황을 그린 영화입니다. 감염병으로 인해 개개인의 삶과 인간관계가 사라지거나 바뀌는 과정, 일상생활에서의 접촉이 감염으로 이어지면서 익숙했던 것들이 낯설고 두려워지도록 만드는 상황, 감염병에 휩싸인 상황에서 공포와 인간의 생존 본능, 그리고 무법천지가 되는 장면을 보여 주고 있습니다. 마치 코로나19가 발생할 현실을 예상이나 했다는 듯이 말이죠.[4)]

영화 '컨테이젼'은 홍콩 출장에서 돌아온 '베스'가 기침, 고열 등 감기를 앓은 것 같은 증상을 보이다가 갑자기 발작을 일으키며 사망하면서 시작합니다. 남편 '미치'는 아내가 대체 무엇 때문에 죽었는지 원인을 알기도 전에 아들마저 갑작스럽게 죽어버리는 상황을 경험하게 되죠. 그런데, 얼마 지나지 않아 세계의 많은 사람이 비슷한 증상을 보이며 죽어갑니다. 시카고, 런던, 파리, 홍콩 등 국경을 넘어 순식간에 수천 명에 이르게 되지요.[5)]

원인불명의 감염병에 걸린 사람들이 만졌던 물건을 접촉하는 것, 같은 공간에서 호흡하는 것 등만으로도 감염되는 전파력이 강력한 바이러스로 인해 감염자 수는 기하급수적으로 늘어나게 됩니다. 이에 세계보건기구(World Health Organization, WHO)가 팬데믹(Pandemic)[6]을 선언하자, 사람들은 마스크를 쓰고 누구와도 접촉하지 않으며, 불안감에 떨면서 사재기를 하는 등 극도의 혼란에 빠지게 됩니다.

그렇다면 이런 상황에서 '정부는 무엇을 그리고 어떻게 해야 할까요?' 당연한 이야기이지만 정부의 신속성과 민첩성이 중요할 것입니다. 실제 우리나라 정부와 보건당국(질병관리본부)은 코로나19가 본격적으로 유행하기 시작하는 과정 속에서 1) 진단키트 대량생산에 대한 협력과 생산을 위한 신속한 의사결정을 내리거나, 2) 드라이브 스루를 활용한 선별진료소와 생활치료센터 등을 운영하거나, 3) 마스크 쓰기와 사회적 거리두기 등을 적극적으로 시행함으로써 초기 코로나19 상황에서 신속하고 순발력 있는 대응을 했다고 평가됩니다.[7]

그런데 이러한 감염병 상황에 대한 정부의 순발력 있는 대응과 문제해결 역량을 확보하기 위해서는 조직이 관련 내용을 기억하고 있어야 하며 그 조직기억으로부터 획득한 조직역량이 필요하다고 합니다. 티스(Teece) 교수의 팀은 관련 논문에서 조직기억이 하나의 자극제로서 작용하여 조직 내 주체들 간 다양한 차원의 반응을 이끌어내고 이러한 반응의 경험들이 축적되어 조직의 역량 강화를 이끌어낼 수 있다는 것이죠.[8] 우리의 경우 아마도 사스와 메르스 등 일련의 감염병 상황을 겪으면서 얻어진 지식과 경험이 정부 내 조직기억으로 축적되어 있어 코로나19 초기 상황의 경우, 성찰적 되새김질을 통해 순발력 있는 대응을 할 수 있지 않았나 생각해 봅니다.[9]

감염병 확산상황에서 정부가 적용한 정책수단과 그 효과는?

"신종플루 때도 그 난리를 치더니 말이야,
막상 사망자 수는 계절 감기랑 비슷했다며?"
(영화 '감기'에서 국회의원의 대사)

"시민들에게 감염 위험을 더 빠르게 고지하는 것이 중요합니다"
(영화 '감기'에서 의사의 대사)

영화 '컨테이젼'에서 생각해 볼 또 하나의 질문은 감염병 확산 시 정부가 적용하는 정책수단과 그 효과에 대한 논쟁입니다. 먼저 '정부가 감염병이 걸린 것으로 의심되는 사람들을 적극적으로 검사하고, 도시를 봉쇄하며, 국가 간 여행을 금지하는 등 강력한 방역방식을 채택하는 것과 사회구성원의 집단면역을 시도하고, 일상을 해치지 않는 선에서 느슨한 방역방식을 채택하는 것 중 어느 것이 나은가?'와 관련된 문제이지요.[10)]

이러한 문제는 코로나19 사태 초기부터 백신 접종률이 높아졌을 때까지 우리나라를 비롯한 세계 여러 국가에서 벌어졌던 논쟁거리입니다.[11)] 도시봉쇄 등 강력한 방역 조치와 그 상황을 잘 보여 주는 한국 영화 한편이 있습니다. 영화 '감기'는 밀입국 노동자들을 특정 지역으로 이동시킨 남자가 원인불명의 바이러스에 감염되어 사망하게 되는데, 환자가 사망한 지 채 24시간이 되지 않아 특정 지역의 모든 병원에서 동일한 증상의 환자들이 속출하고 사망자들이 급속도로 늘어납니다. 익숙한 장소가 죽음의 공간으로 변해 가는 상황에서 정부는 2차 확산을 방지하기 위해 사망이 발생한 특정 지역을 폐쇄하기에 이릅니다. 대피할 새도 없이 격리된 사람들은 닫힌 공간, 극한 상황에서 대혼란에 휩싸이고 정부는 문제해결을 시도하지만 허둥지둥할 뿐 갈등만 부추깁니다.

특히, 영화 '컨테이젼'과 '감기'에서 정부는 급속히 전개되는 위기 속에서도 내부의 정보를 절대로 밖으로 드러내지 않습니다. 정부의 신뢰있는 정보가 없는 탓에 많은 사람들은 해당 감염병에 대해 과학적 근거없이 주장하는 사람들의 말을 그대로 따르게 되죠. 예를 들어 '사망자의 숫자가 보고된 것보다 많다', '정부가 국민에게 진실을 은폐하고 있다', '치료하는 방법이 있는데도 이를 숨기고 있다' 등과 같은 내용입니다.

감염병 확산과 같은 위기상황이 일어날 경우 강력한 도시봉쇄와 같은 방역방식보다는 유연하고 부드러운 의사결정방식이 중요하며, 과학과 정책이 조화를 이루어 정책수단이 결정되는 방역방식이 바람직하다고 지적되기도 합니다.[12] 동시에 무엇보다 국민과 효과적으로 소통할 수 있는 체계와 구조를 구축함으로써 정부의 투명한 의사소통과 정책을 제공하는 것이 중요하다고 지적되죠.[13] 감염병과 관련된 정보를 투명하게 공개함으로써 국민들로 하여금 정부를 신뢰할 수 있게 만들고, 이러한 정부 신뢰를 기반으로 관련 정책들을 수용하게 만들어야 감염병 확산과 같은 위기상황을 정부가 해결해 나갈 수 있다는 것이지요.[14]

감염병 발생의 일상화와 대응관리의 문제

"늑장 대응으로 사람들이 죽는 것보다는
과잉 대응으로 비난받는 게 낫다고 생각합니다."
(영화 '컨테이젼'에서 치버 박사의 대사)

2023년 5월에는 코로나19에 대해 세계보건기구가 비상사태 3년 4개월 만에 '국제적인 공중보건 비상사태'가 아니라고 선언했으며, 2024년을 기준으로 전 세계에서 대략 700만 명의 사망자가 발생한 것으로 집계

되었습니다. 우리나라의 경우 2023년 6월부터 코로나19 위기경보 단계를 '심각'에서 '경계'로 하향하였지만 그동안 사회적 거리두기를 진행하면서 일상이 정지되었던 경험을 가지고 있죠. 특히 이 과정에서 정부는 코로나19 사태 초기에 문제해결을 시도한 방식에서 점점 새로운 그리고 다양한 문제해결 방식을 요구받았다고 할 수 있습니다.[15] 하지만 무엇보다 우리들의 안전을 확보할 수 있도록 해 주는 것은 시민성이라고 할 수 있겠지요. 남과 나, 공과 사의 이분법의 경계를 넘어서는 시민성을 발휘하여 나를 위한 마스크는 곧 남을 위한 것이라고 하는 생각하는, 사회구성원 모두가 참여하고 있는 사회적 거리두기의 희생이 아니고서는 공동체의 안전을 보장하지 못할 것이라는 점은 분명합니다.

살펴본 영화들은 다소 극단적인 상황을 제시하고 있습니다만, 두 편의 영화에서 펼쳐지는 영화 속 상황들이 정도의 차이만 있을 뿐 현실에서 나타나고 있는 것을 경험한 우리로서는 앞에서 제기한 이슈들을 깊이 있게 생각해 볼 필요가 있을 것입니다.[16] 여러분은 어떠실까요? 방역을 둘러싼 다양한 갈등 상황에서 국가가 방역을 더 강력하게 하여야 할까요? 아니면 개인의 정치적, 경제적 자유를 보장하기 위해 방역을 더 유연하게 해도 괜찮을까요? 중증환자가 늘어나 산소호흡기가 부족한 의료체계 붕괴가 일어날 경우 기성세대 및 고령자가 먼저일까요? 아니면 젊은 사람이 먼저일까요? 백신 접종의 경우 국가가 백신의무화 같은 강제적 개입을 해야 할까요? 아니면 개인에게 자율적 선택권을 맡겨도 괜찮을까요?

참고한 내용 및 더 읽어 볼 것들

1) 영화 '컨테이전'(스티븐 소더버그 감독, 2011)은 신종 감염병 유행에 따른 인간의 공포와 사회적 혼란을 그린 작품입니다. 개봉 당시에는 그렇게 주목받지 못하다가 2020년 '코로나19'라 불리는 신종 바이러스가 발생하면서 영화 속 내용이 마치 현실을 예측(예: 박쥐로부터 왔을 것으로 추정되는 바이러스와 바이러스로 인한 세계적 유행의 시작, 호흡기로의 감염 등)한 것으로 화제를 모았습니다.

2) 영화 '감기'(김성수 감독, 2013)는 신종 바이러스의 확산을 소재로 하여 국가 재난사태와 도시 폐쇄의 과정을 그린 작품입니다. 이 영화 역시 개봉 당시에는 많은 주목을 받지 못하다가 2015년 중동호흡기증후군(메르스) 여파를 맞아 다시 주목받았는데, 영화 속 전염병 대처에 무능한 정부 모습이 청와대·정부와 지자체 사이의 갈등, 정부의 부실했던 감염 의심자 행적 및 인원 파악 등 메르스 사태에서 보이는 현실과 겹쳐 화제를 낳았습니다.

3) 사스의 정식명칭은 '중증 급성 호흡기 증후군'(Severe Acute Respiratory Syndrome)으로서 우리나라의 경우, 이 질환을 계기로 질병관리본부가 2003년에 신설되었으며, 코로나19 당시 질병관리청으로 발전하게 됩니다. 신종플루의 정식명칭은 '신종 인플루엔자 바이러스'(pandemic influenza A/H1N1 2009)로서 우리나라의 경우 2009년~2010년 8월 말 기준으로 759,678명이 감염되어서 270명이 사망했습니다. 메르스의 정식명칭은 '중동 호흡기 증후군'(Middle East Respiratory Syndrome)으로, 정부의 초기대응도 늦었고 이후 정부의 대응 역시 문제(예: 환자의 격리를 비롯한 정부가 취한 모든 조치는 법적인 근거가 없었다거나, 확진자와 격리대상자 등에 대한 정보를 제대로 공개하지 않는다거나, 컨트롤타워의 부재 등)가 되었습니다. 관련 내용은 다음 자료를 참고하면 좋을 듯합니다. 천병철. (2003). SARS의 유행과 국가방역체계. 복지동향 56호. 48-52; 이현숙·박진서. (2019). 2015년 한국 메르스 사태의 회고-제3대 국립의료원 원장 안

명옥 인터뷰. 생태환경과역사 5: 137-209; 현정희 · 이정현 · 박영준 · 정은경. (2020). 한국 초기 코로나바이러스감염증-19 환자 28명의 역학적 특성. 주간 건강과 질병 13(9): 464-474.

4) 코로나19는 짧은 기간 동안 우리나라는 물론 전 세계적으로 많은 인명 피해와 경제적 손해를 일으키면서 상당수의 국가가 사회적·경제적·정치적 혼란을 겪었습니다. 우리나라의 경우 문제발생 초기에 순발력 있는 대응으로 코로나19에 관해 높은 문제해결 능력을 보였다고 지적되기도 하죠. 물론 특정 지역 경유자의 입국 제한을 하지 않은 미흡한 초기대응, 백신 확보 과정에서의 아쉬움 등은 한계로 남을 것으로 보입니다. 관련 내용은 다음 자료를 참고하면 좋을 듯합니다. 의협신문. [닥터서베이]의사 10명 중 7명 "코로나19, 정부 대응 잘못". 2020.3.30. https://www.doctorsnews.co.kr/news/articleView.html?idxno=134021; KBS. 시사기획 창: 포스트 코로나19, 방역은 안보다. 2020. 5. 9. https://news.kbs.co.kr/news/view.do?ncd=4439938 2025.2.5 검색.

5) 전 세계적으로 같은 증상으로 사망하는 사람들이 늘어나자 미국 질병통제센터(Centers for Disease Control and Prevention, CDC)의 에린 미어스 박사(케이트 윈슬렛)는 이를 파악하고 긴급구조원들을 지휘하는 임무로 현장에 파견되고, 세계보건기구의 오란테스 박사(마리아 꼬띠아르)는 최초 발병 경로를 조사하러 가게 됩니다. 영화 속 장면들이지만, 정도의 차이만 있을 뿐 우리가 경험한 현실과 너무나 비슷해서 영화가 현실인지, 현실이 영화인지 착각이 들 정도입니다.

6) 팬데믹은 사람들이 면역력을 갖고 있지 않은 질병이 전 세계로 전염 · 확산되는 현상을 말합니다. 유사한 용어로 말라리아, 뎅기열과 같이 특정 지역에서 주기적으로 감염 환자가 발생하는 엔데믹(Endemic), 아프리카 서부에서 발생한 에볼라 바이러스, 그리고 중국에서 발생한 사스와 같이 특정 지역의 많은 사람에게 단기간 내에 빠른 속도로 전파되는 에피데믹(Epidemic) 등이 있습니다. 세계보건기구에서 발령하는 전염병의 경보는 총 6단계로, 이는 '동물에 한정된 감염(1단계)', '동물 간 감염을 넘어 소수 사람에 대한 감염(2단계)', '사람들 사이에서 감염이 증가된 상태(3단계)',

'사람 간 감염이 급속히 확산하며 유행이 시작되는 초기 상태(4단계)', '감염이 널리 확산되어 최소 2개의 국가에서 유행하는 상태(5단계)', '타 대륙으로까지 추가 감염이 발생한 상태(6단계)'로 구분된다고 합니다. 팬데믹은 최고 위험등급인 6단계에 해당하며, 강력한 전염성을 갖는지, 특정 지역을 넘어 타 대륙으로까지 광범위하게 전염되었는지, 많은 인명이 사망하였는지 등을 고려하여 결정됩니다. 코로나19 사태는 2020년 3월 11일에 세계보건기구에 의해 팬데믹으로 지정되었습니다. 전염 억제 차원에서 많은 국가가 여행 제한과 봉쇄 조처를 하였고, 국제무역이 급격히 감소함에 따라 시장에 공포감이 확산되기 시작했죠. 관련 내용은 다음 자료를 참고하였습니다. 기획재정부 홈페이지. 시사경제용어사전 https://www.moef.go.kr/sisa/dictionary/detail?idx=2735# 2025.2.5. 검색.

7) 실제 우리나라 정부와 보건당국(당시 질병관리본부)은 코로나19의 세계적 대유행이 일어나리라 예견하지는 못했지만, 대유행 직전인 2019년 12월 17일에 가상의 감염병 상황을 만들어놓은 도상훈련(정책리허설)을 실시하고 자체 진단키트를 개발하였다고 합니다. 하지만 코로나19라는 실제 감염병 유행사태가 발생하면서 2020년 1월 4일, 정책리허설을 통해 자체 개발된바 있는 진단 키트를 사용하여 코로나19 환자를 진단하는 데 성공하게 되죠. 1월 20일과 24일 계속해서 환자가 나타나는 등 코로나19가 본격적으로 유행하기 시작하는 과정에서 1월 27일에 정부와 민간 의료기관, 의약회사 등이 모여 서울역 회의를 실시하게 되는데, 감염병의 대유행을 우려한 정부 측이 민간 의료기관과 회사에 진단키트 대량생산에 대한 협력과 생산을 위한 신속한 의사결정을 내림으로써 코로나19 사태에 대해 신속하고 순발력 있는 대응을 했다고 평가된다. 관련 내용은 다음 자료를 참고하면 좋을 듯합니다. Odkhuu Khaltar · 김태형 · 문명재. (2019). 위험사회와 미래정부의 역량: 정부의 민첩성, 관리역량, 그리고 정부신뢰가 위험 인식에 미치는 영향을 중심으로. 정부학연구 25(1): 209-244; KBS. 코로나 200일의 기록, 바이러스와 국가(1부 병든 신세계, 2부 바이러스가 묻다). 2020.8.1~2. http://onair.kbs.co.kr/index.html?source=episode&sname=vod&stype=vod&program_code=T2020-0323&program_id=PS-2020062419-01-000&section_code=05&broadcast_complete_

yn=N&local_station_code=00 2025.2.5. 검색.

8) 행동 주체는 문제해결과정에서의 구체적인 경험을 통해서 관련 내용을 기억하고 이러한 기억을 통해서 문제해결 지식을 축적한다고 합니다. 이렇게 축적된 지식은 행동 주체가 다음 상황에 대응할 때 전략적 대응 및 학습 과정의 조건을 규정하는데, 이렇게 형성된 전략적 학습의 결과로 문제해결 기제를 제도화·관행화시켜 조직의 역량을 구축하고 문제를 해결하고자 하는 것이죠. 여기서 문제를 해결하기 위하여 시행한 여러 기제는 조직역량을 구축하는 방식과 내용에 오랫동안 영향을 미칠 수 있다고 지적됩니다. 관련 내용은 다음 자료를 참고하면 좋을 듯합니다. 황혜란. (1998). 기업의 조직능력 축적과 조직경화 과정에 관한 이론적 고찰. 과학기술정책 114: 65-74; 지주형. (2007). 위기관리와 변동의 정치사회학. 한국사회학 41(5): 1-34; Debray, R. (1973). Time and Politics. In Sheed, R.(trans.). *Prison Writings.* Allen Lane. pp. 87-160; Walsh, J. P. & G. R. Ungson. (1991). Organizational Memory. *Academy of Management Review* 16(1): 57-91; Teece, D. J., G. Pisano & A. Shuen. (1997). Dynamic Capabilities and *Strategic Management. Strategic Management Journal* 18(7): 509-533.

9) 우리나라 감염병 관련자들의 회고에 따르면 우리나라 정부와 보건당국은 "운 좋게도 지나가는"(사스, 2003년), "빠른 조치, 그러나 예상된 인재"(신종 인플루엔자, 2009년), "속수무책으로 당하는"(메르스, 2012년) 등 새로운 감염병에 준비가 되어 있지 않았던 것으로 지적됩니다. 관련 내용은 다음 자료를 참고하였습니다. 최영화. (2020). 신종감염병에 대한 안전관리, 어떻게 달라졌을까?: 세 번의 신종 감염병에 대한 회고. Future Horizon Plus 44: 20-25.

10) 영화 '컨테이젼'에서 감염병 통제기구는 해당 발병 지역에 파견되어 감염자를 확인하고 봉쇄조치를 취했으며, 영화 '감기'에서도 도시 폐쇄라는 극단적인 통제와 관리에 돌입하는 것으로 설정되어 있습니다. 현실에서는 중국(우한, 상하이 등), 이탈리아(북부지역) 등에서 코로나19의 확산을 막고

자 지역 일부를 봉쇄하기도 했죠. 우리나라의 경우 코로나19 초기에 대구지역 시민들이 자가 격리 상태에 돌입하면서 거리와 상가에서 사람들을 찾아보기 힘들었으며, 사실상의 봉쇄조치 상황에 놓이기도 했습니다. 관련 내용은 다음 자료를 참고하면 좋을 듯합니다. BBC NEWS 코리아. 코로나19: 중국 '경제수도' 상하이 전면 봉쇄...세계 경제도 타격? 2022.3.28. https://www.bbc.com/korean/international-60896934 2025.2.5. 검색.

11) 국가의 강력한 개입 방식을 통해 감염경로를 차단해야 한다는 주장과 어느 정도 개입은 용인될 수 있지만 개인의 자유와 자율적 처방이 더 나은 문제 해결방식이라는 주장이 엇갈렸습니다. 특히, 상대적으로 개인의 자유를 강조하는 서구 여러 국가에서 국가가 강력하게 개입하여 강제로 마스크를 쓰게 한다든지, 백신을 의무화한다든지 등의 조치에 대해 점차 국민의 거부감이 높아지는 상황이었죠. 관련 내용은 다음 자료를 참고하면 좋을 듯합니다. 정종구·손정구. (2020). 코로나19 동선공개에 대한 법적 고찰. 법학논고 70: 103-131; 이종구. (2020). COVID-19의 관리의 전환점: 강력한 공중보건체계의 필요성. 대한공공의학회지 4(1): 1-7; 히트 뉴스. 의협이 말하는 '봉쇄' 전략…역학전문가들은 'NO' http://www.hitnews.co.kr/news/articleView.html?idxno=15425 2025.2.5. 검색.

12) 관련 내용은 다음 자료를 참고하면 좋을 듯합니다. 박병원. (2020). 와일드카드의 일상화: 미래 재난 대비와 대응-무엇이 필요한가? Future Horizon Plus 45: 4-9; 서용석. (2020). 상시적 미래 충격에 대응한 기민(agile)하고 유연한(flexible) 정부 모색. Future Horizon Plus 45: 22-27; Moon. M. J. (2020). Fighting Against COVID-19 with Agile, Adaptive, and Transparent Government: Wicked Policy Problems and New Governance Challenges. *Public Administration Review* 80(4): 651-656 https://pmc.ncbi.nlm.nih.gov/articles/PMC7267241/ 2025.2.5 검색.

13) 영화에서는 감염병과 같은 위기 상황 속에서 잘못된 정보가 얼마나 부정적인 결과를 가져올 수 있는지 알려줍니다. 이러한 내용에 대하여 캐스퍼슨

Kasperson 교수의 팀은 위험의 사회적 확산모델(Social Amplification of Risk)을 통해 개인 차원의 위험정보와 인식이 어떻게 공동체, 사회 법제도 등의 주변 여건과 상호작용하고 미디어를 통해 증폭되는지를 잘 보여 주고 있습니다. 특히, 소셜 미디어 등을 통한 미디어 환경 변화는 전 지구적인 가짜뉴스의 일상적 확산을 증폭시키고 있는데, 공중보건 및 재난안전 분야에서의 가짜뉴스는 정치, 사회 영역에서의 가짜뉴스보다 훨씬 더 큰 피해를 발생시킨다고 지적됩니다. 자신이 믿고 싶은 정보만을 수용하는 인지편향적 특성과 자신의 생각과 동일한 콘텐츠만을 공유하고 확산하면서 유사한 정보가 메아리처럼 반복해서 들리게 하는 반향실 효과(Eco Chamber Effect)를 강화한다고 합니다. 관련 내용은 다음 자료를 참고하였습니다. 류현숙. (2020). 미래위험을 둘러싼 위험인식과 대국민 소통: 코로나19 사례를 중심으로. Future Horizon Plus 45: 28-35. 류현숙 · 김경우 · 김대훈. (2020). 재난안전분야의 허위정보 실태와 대응 방안. 한국행정연구원; Kasperson, R. E., et al. (1988). The social amplification of risk: A conceptual framework. *Risk analysis* 8(2): 177-187.

14) 최근 질병관리청은 내부적으로 소통의 구조 · 거버넌스 · 협력 개선을, 외부적으로 메시지 통합 관리 강화, 과학신뢰 및 문해력 강화, 사회적 합의 소통 강화 등을 개선할 것임을 발표했습니다. 관련 내용은 다음 자료를 참고하면 좋을 듯합니다. 질병관리청 보도자료. "국민소통이 최선의 방역", 다음 감염병 재난 시 피해 최소화를 위해 위기소통조직 구조 개선 필요. 2024.4.23. https://www.kdca.go.kr/filepath/boardDownload.es?bid=0015&list_no=725043&seq=2; 유명순. (2024). 정부의 감염병 위기소통 기능 강화를 위한 조직 변화 전략. Korean Journal of Public Health 61(1): 1-13. http://kj-ph.snu.ac.kr/_common/do.php?a=full&b=12&bidx=3717&aidx=41125 2025.2.5. 검색.

15) 집단면역이 불가능하기 때문에 백신 접종계획을 수정해야 한다는 주장, 질서 있는 출구전략이 필요하며 코로나와 함께 살아가기 위한 새로운 방역체계로 전환되어야 한다는 주장, 아니면 도시 봉쇄급 확실한 거리두기를 짧고 굵게 시행해야 한다는 주장 등입니다. 관련 내용은 다음 자료를 참고하

면 좋을 듯합니다. 이문수. (2020). COVID-19와 면역에 대한 행정 철학적 고찰. 행정논총 58(3): 125-151; 중앙SUNDAY. 영화 '기생충' 같은 파국 막는 길 '위드 바이러스'에 있다. 2021.10.2. https://www.joongang.co.kr/article/25011716; 한겨레. 팬데믹은 국가를 가리지 않는다, 외계인 침공처럼. 2024.1.18. https://www.hani.co.kr/arti/science/science_general/1124912.html 2025.2.5. 검색.

16) 예를 들어 미셸 푸코Michel Foucault의 권력론과 생명정치론을 분석 틀로 바라본다면 코로나19 사태 속에서 작동하고 있는 권력의 실체는 '생명관리권력'이라 할 수 있을 겁니다. 푸코는 생명관리권력을 '사람을 살게 만들고 죽게 내버려두는 권력'이라고 말하는데, 여기서의 생명은 '단지 살아있다'는 사실적 층위에서의 삶, '생물로서의 삶'을 말합니다. 이러한 생명권력 하에서는 생존조건이 국유화되고, 인간의 삶은 오직 생존을 위한 삶으로 전락하게 된다는 것이죠. '생물로서 인간'의 삶은 유전자 층위까지 분해되고 개인의 고유성은 상실되며, 종으로서 인간, 즉 개인이 아닌 인구로서 생명은 몰개성화 되는 동시에 자본화된다는 것입니다. 그런데 이러한 생명관리권력의 특성들이 코로나19 사태 속에서도 확인된다고 지적됩니다. 생명관리권력은 수치화와 통계화를 통해 질병을 객관화함으로써 인구 중 병에 걸린 자와 이로 인해 죽은 자의 수를 발병률과 사망률로 표시 · 집계하고, 이를 연령별, 지역별, 직업별 등으로 분석한 결과는 다시 그래프로 제시합니다. 또한 생명관리권력은 예방의학기술을 활용하여 평균으로서의 정상성을 추구하는데, 여기서 안전은 그래프상의 평균값이 되고, 그 수치가 정상성의 규범적 기준이 되어 생명관리권력하에서는 규범이 정상화를 규정하는 것이 아니라 정상화가 규범을 창출할 수 있다는 것이죠. 이 과정에서 사법권력과 그 권력장치로서의 법은 주변부로 밀려나고, 그 역할과 기능은 규율권력이 부과한 명령이나 의무를 위반한 자를 처벌하는 부수적 · 보조적 기능을 수행하는 데 머물 수 있다고 경고하고 있습니다. 생명권력이 일방적으로 부여하는 법의 역할과 기능에 대해 다시 한번 생각해 봐야 할 것 같습니다. 관련 내용은 다음 자료를 참고하였습니다. 미셸 푸코. (2012). 생명관리정치의 탄생-콜레주드프랑스 강의 1978~79년Naissance de la biopolitique:

Cours au Collège de France 1978~1979. 심세광, 전혜리, 조성은 옮김. 난장; 김봉수. (2021). 안전, 생명정치 그리고 법-코로나 사태를 통해서 본 생명정치와 법. 법학연구 62(1): 161-189; 김영근. (2022). 포스트 코로나 시대의 생명정치와 인간의 안전보장. 국가와 정치 28(1): 139-172; 김현철. (2016). 생명정치, 생명권력, 생명법. 법과 사회 51: 1-22.

19

무슨 부탁이길래,
소영은 망설였을까?

▼ 이번 장과 관련한 영상은
다음에서 확인할 수 있습니다.

▼사회과학 콘텐츠 랩 연곳 YEONGOT

연곳硏串
YEONGOT LAB
Social Science Contents Project

19

무슨 부탁이길래, 소영은 망설였을까?

초고령화시대:
영화 <플랜 75> + <죽여주는 여자>

"정부는 '플랜 75'가 호조를 보임에 따라
'플랜 65'도 검토하고 있다."
(영화 '플랜 75'의 자막)

이번 장에서는 정부가 직면할 심각한 문제 중 고령화와 노인문제에 대해 생각해 보려 합니다. 고령화는 사실 미래가 아닌 현재의 문제라고 할 만큼 코앞에 다가와 있지요. 여러 영화에서 이 문제를 다루고 있지만 여기서는 영화 '플랜 75Plan 75'[1]와 '죽여주는 여자The Bacchus Lady'[2]를 통해 고령화와 노인문제에 대해 살펴보고, 그 과정에서 정부는 무엇을 할 수 있을지 생각해 보려 합니다.

미래 초고령사회의 대책으로 정부는 안락사를 권할 수 있는가?

"원하는 때에 죽을 수 있어 너무 만족스럽다."
(영화 '플랜 75'에서 TV 광고 대사)

먼저, 가까운 미래 일본 사회를 상상한 다섯 편의 짧은 에피소드들로 구성된 영화 '10년'의 첫 번째 에피소드에서 출발하여 장편영화로 제작된 '플랜 75'는 고령화 이슈를 서늘하게 다루고 있습니다. 세계에서 가장 늙은 나라로 알려진 일본은 우리보다 먼저 고령사회에 진입하였고 초고령 사회를 지탱할 제도를 만들기 위해 갖은 애를 쓰고 있습니다.[3] 이러한 현실로부터 이 영화는 기발하면서도 매우 현실적인 정책을 상상해냅니다. 영화 속 일본 정부는 바로 '플랜 75'라 불리는 안락사(安樂死, euthanasia) 사업을 공공정책으로 추진하는 것이죠.

저출생 초고령화 사회의 가장 심각한 공공문제 중 하나는 노인 부양을 위한 사회경제적 비용입니다. 모든 국민이 기초적인 물질적 복지를 누릴 기회를 제공해야 한다는 국민적 기대가 점점 더 커지는 현실 속에서, 노인건강과 빈곤문제는 정부의 핵심적 복지정책이 될 것입니다. 한국은 이미 2017년 인구의 14%가 노인[4]인 고령사회에 진입하였고 2025년에는 인구 5명 중 1명은 65세 이상으로 고령화 비중이 20% 이상일 것으로 전망되는 등 초고속으로 고령화 사회에 진입하고 있습니다.[5] 겨우 20년 뒤, 국가는 은퇴한 노인들의 연금, 의료, 간호 비용 등으로 상당한 공공자금을 지출해야 하는 큰 재정적 부담에 직면할 것이고 이것은 나아가 국가적 위기가 될지도 모릅니다.[6]

'플랜 75'는 영화 속 일본 중앙정부 후생성의 인구관리국에서 추진하는 사업입니다. 정부는 초고령 사회에서 노인인구 감소를 통해 사회적 비용을 완화하기 위해 노인에게 고통 없는 죽음을 선택할 수 있도록 합니다. 75세가 된 노인들에게 안락사를 선택할 자유가 부여되는 겁니다. 안락사를 선택한 노인들은 자신이 원하는 날에 고통 없는 죽음을 맞이합니다. 안락사를 선택하면 국가는 우리 돈 천만 원 정도의 돈을 주는데 그 돈을 원하는 대로 쓰고 죽을 수 있다는 재미도 있는데, 영화 속 노인들은 이 사업을 환영하는 것으로 보입니다. 늙는다는 것은 가족과 나라에 폐를 끼치는 수치스러운 일이 된 마당에, 스스로 고통 없이 죽는다는 것은 큰 다행이라는 것이죠. 고통 없이 죽을 수 있는 자유를 국가가 부여해 준 것이라고 지지합니다.

주인공은 인구관리국의 공무원으로 75세가 된 노인들을 대상으로 안락사 선택을 권장하는 홍보 업무를 맡고 있습니다. 하지만 정작 이 사업을 담당하는 주인공은 윤리적으로 갈등합니다. 사업추진을 독려하는 상사는 국가가 먹여 살리지 않으면 안 되는 노인들을, 그러니까 저소득층이나 질병, 장애를 가진 노인들을 등록시키도록 독촉합니다. 중산층 이상의 경제력이 있는 노인들은 소비를 하므로 국가에 쓸모가 있으니 놔두고, 국가 재정에 부담이 되는 빈곤층 노인들이 안락사를 선택하도록 하자는 것이죠. 플랜 75는 죽음을 선택할 자유를 주었다지만, 경제적 조건에 따라 다르게 권장되었고, 결국 죽음은 누구에게나 공평하지 않았습니다. 죽음마저도 경제력에 따라 불평등해진 것입니다. 게다가 주인공의 장모는 치매를 앓고 있어 아내와 가족을 매우 힘들게 하지만 주인공은 차마 장모의 안락사를 권하지 못하고 고민합니다. 정작 내 가족에게는 안락사를 권할 수 없었죠.

국가는 국민의 생명과 안전을 보호해야 할 의무가 있다고 우리는 굳게 믿고 있습니다. 그래서 안락사를 적극적으로 권장하는 국가정책은 우리를 매우 불편하게 만듭니다. 그 사업의 목적이 초고령 사회에서 국가 사회적 부담을 줄이기 위한다는 공익임에도 말이죠. 심각한 공공문제 해결을 위해, 그러니까 공익을 목적으로 한다면, 국가가 안락사를 권해도 되는 걸까요? 찬성하는 사람들은 전쟁, 재난, 위기 시 정부는 생명의 희생을 감수할 수밖에 없고, 안락사를 사회가 수용하고 있다면 충분히 가능하다고 주장할 것입니다. 개개인이 선택할 자유도 보장되어 있으니 원하지 않으면 선택하지 않아도 되니까요. 하지만 반대하는 사람들은 어떤 경우라도 국민의 생명을 보호해야 하는 정부의 역할은 절대적 의무라고 강조합니다. 개인이 죽음을 선택하는 것이 자유로워 보일지라도, 살겠다는 선택이 젊은 세대에게 눈치가 보여 어쩔 수 없이 하게 될 선택일 수 있다는 것입니다.

죽음을 선택할 자유?
정부는 죽고자 하는 의지도 존중해야 하는가?

"사는 게 창피해. 제발 날 좀 죽여달라."
(영화 '죽여주는 여자'에서 송노인의 대사)

'플랜 75'에서 생각해 볼 또 하나의 질문은 '안락사'와 그 허용에 대한 것입니다. '정부가 안락사를 허용해야 하는가?'라는 문제이지요. 현재 안락사 허용 논쟁은 죽음을 선택할 개인의 자유와 이를 국가가 규제할 정당성에 관한 것입니다. 스위스 등 몇몇 국가들이 인정하는 조력자살은 개인이 스스로 죽음을 선택할 자유를 국가가 인정해야 한다며 지지되고 있습니다.[7] 신체적 고통과 경제적 부담을 완화할 수 있고 행복추구권, 자기결정권이라며 지지되고 있습니다. 반대로 안락사를 인정하는 것은 생명경시 풍조를 조장하고 촉탁 승낙에 의한 살인죄에 해당하며 오남용으로 인한 범죄를 우려합니다.[8]

이를 잘 보여 주는 한국 영화 한편이 있습니다. 영화 '죽여주는 여자'는 종로 일대에서 노인들에게 몸을 파는 65세 할머니 소영이 주인공입니다. 소영은 단골 고객이 뇌졸중으로 쓰러진 후 자신을 죽여 달라는 간절한 부탁을 받게 되고 깊은 고민 끝에 그의 원대로 해 줍니다. 그 후 힘들어 죽고 싶은 고객들의 연이은 부탁을 받게 되지요. 그녀의 행동은 법적으로 '촉탁승낙살인'이며 1년 이상 10년 이하의 징역에 해당하는 범죄임에도 말입니다.[9] 하지만 영화 속에서 죽음을 부탁하는 노인들에게 그녀의 행동은 고마운 도움으로 여겨집니다. 스스로 죽음을 선택하겠다는 노인들의 선택도 존중받아야 할 것은 아닌지 깊은 고민을 남기고 있습니다.

'플랜 75'와 '죽여주는 여자'는 노인의 자살, 죽고자 하는 의지를 다룬다는 점에서 비슷합니다. 하지만 국민이 스스로 안락사를 선택할 자유를 정부가 인정하는 것과 정부가 노인의 안락사를 사업으로 권장하는 것은 본질적으로 어떤 차이가 있는 것 같습니다. '죽여주는 여자'가 제기하는 안락사 문제는 개인의 삶에 커다란 영향을 미치는 문제로서 정부 간섭으로부터 자유로울 권리가 있다는 자유주의적 관점에 근거해 안락사 선택에 대한 정부 규제를 반대하는 것이라면, '플랜 75'가 제기하는 안락사는 공익을 이유로 사회가 수용한다면 죽음마저도 국가가 권장하는 사업이 될 수 있다고 인정하는 것입니다.[10]

정부가 안락사를 허용해야 한다는 것이 곧, 안락사를 정부가 사업으로 권할 수 있는 정당성이 되는 것은 아닐 겁니다. 이 차이를 곰곰이 생각해봐야 할 것 같습니다. 사실 오늘날 국가가 절대 개입해서 안 되는 절대적인 자유 영역을 찾기란 쉽지 않습니다. 국가가 절대 해서는 안 되는 일, 비윤리적 사업이라는 것도 명료하지 않습니다. 하지만 윤리가 국가통치의 제1의 원리가 될 수는 없더라도 윤리적 가치의 추구 없이 정부가 존재의 정당성을 인정받기는 어려울 것입니다. 공익을 목적으로 정부가 개인에게 죽음을 권하는 것이 정당하려면 적어도 사회적 숙고 끝에 그것이 최후의 수단임이 동의되어야 하지 않을까요?

정부는 어떤 정책대안이 필요할 것인가?

"당신은, 살겠습니까?"
(영화 '플랜 75'의 자막)

"날 위해 좋은 일을 해 준 것 잊지 않으리다"
(영화 '죽여주는 여자'에서 재우의 대사)

오늘 살펴본 영화는 다소 극단적인 상황을 제시하고 있습니다만, 두 편의 영화가 던지는 국가정책의 윤리적 측면의 질문을 깊이 있게 생각해 볼 필요는 있을 것입니다. 초고령 사회의 사회적 부담을 줄이기 위해서 정부가 안락사를 허용해야 한다고 생각하십니까? 더 나아가 정부가 권장하는 안락사 사업에 동의하시나요? 그리고 75세가 되었을 때, 늙고 병든 나는 기꺼이 안락사를 선택할까요? [11)]

참고한 내용 및 더 읽어 볼 것들

1) 영화 '플랜 75'(하야카와 치에 감독, 2022)는 가까운 미래 일본을 배경으로, 국가가 75세 이상의 노인에게 안락사 지원 정책을 적극적으로 시행하는 등 국가가 죽음을 홍보하는 가상 현실을 보여 주는 작품입니다. 단편으로 우선 만들어져 고레에다 히로카즈 감독이 총괄 제작을 맡은 옴니버스 영화 '10년'(2019)에 포함되었다가 이후 장편으로 제작되었죠. 감독은 우리나라 관객들과의 대화에서 "인간의 존엄성보다 경제와 생산성을 앞세우는 참혹함을 담았습니다. 이제는 장수를 부정적으로 보는 시각이 늘어났죠. 생산성을 근거로 사람을 제거의 대상으로 본다면, 그 누가 예외가 될 수 있겠어요." 라고 말했습니다. 관련 내용은 다음 자료를 참고하였습니다. 국가인권위원회. 영화 '플랜75' 하야카와 치에 감독 인터뷰. 인권 2024.03~04. https://www.humanrights.go.kr/webzine/webzineListAndDetail?issueNo=7609986&boardNo=7610001; 조선일보. 75세 되셨다고요, 국가가 죽여드립니다, 영화 '플랜75'. https://www.chosun.com/culture-life/culture_general/2024/02/02/22UQ3EKF7ZAE5G2X6PJYIPQKJQ/ 2025.2.6. 검색.

2) 영화 '죽여주는 여자'(이재용 감독, 2016)는 가난한 노인들을 상대로 성매매를 하며 살아가는 여자 '소영'이 사는 게 힘들어 죽고 싶은 고객들을 진짜 죽여주게 되면서 벌어지는 이야기를 담은 작품입니다. 감독은 인터뷰에서 "언젠가 시한폭탄처럼 터질지 모르는 노인 문제를 공론화 하고 싶었다. '잘 죽는 것'은 무엇인가에 대한 고민도 했다. 인간의 존엄을 지키고 죽는 것도 살면서 중요한 문제라고 생각한다." 관련 내용은 다음 자료를 참고하였습니다. 한국일보. '죽여주는 여자' 감독 "나도 도망가고싶었다." 2016.10.20. https://www.hankookilbo.com/News/Read/201610201547957404; 스타 투데이. '죽여주는 여자' 윤여정 "우린 어딘가에선 소수자" 2016.9.30. https://www.mk.co.kr/news/hot-issues/7519807 2025.2.6. 검색.

3) 2023년 현재 일본의 고령화율(65세 이상 인구가 전체에서 차지하는 비율)은 29.1%이며, 2030년대 후반에는 85세 이상 노인이 1,000만 명을 넘어설 전망입니다. 이에 일본 정부는 최근 급속한 초고령화로 예상되는 경제·사회적 변화를 맞아 대대적인 정책 손질에 나서고 있습니다. 단순히 늘어나는 노년층을 지원하는 노력에서 더 나아가 고령자 비율이 지금보다 더 커질 사회를 전제로 모든 세대의 사람들이 지속 가능한 사회를 만들기 위한 노력이라고 밝히고 있죠. 관련 내용은 다음 자료를 참고하면 좋을 듯합니다. 최희정. (2024). 다사(多死) 사회에 대한 일본의 정책적 대응. 국제사회보장리뷰 여름호, 통권 29호: 109-120 https://www.kihasa.re.kr/gssr/v.29/%EC%97%AC%EB%A6%84/109/%EB%8B%A4%EC%82%AC+%E5%A4%9A%E6%AD%BB+%EC%82%AC%ED%9A%8C%EC%97%90+%EB%8C%80%ED%95%9C+%EC%9D%BC%EB%B3%B8%EC%9D%98+%EC%A0%95%EC%B1%85%EC%A0%81+%EB%8C%80%EC%9D%91; 디멘시아 뉴스. 日, 6년 만에 손보는 '고령사회 대책'...독거·치매노인 급증 대비. 2024.8.6. https://www.dementianews.co.kr/news/articleView.html?idxno=7401; 디멘시아 뉴스. 일본의 치매 정책 "치매여도 존엄성 유지하며 살아가는 상생 사회 실현" 2025.1.27. https://www.dementianews.co.kr/news/articleView.html?idxno=10079 2025.2.6. 검색.

4) 우리나라의 경우 급격한 고령화 진행과 평균수명 증가로 현재 노인 연령 65세를 상향 조정하자는 논의가 이어지고 있습니다. 대한노인회 회장이 "노인 연령을 75세로 연간 1년씩 단계적으로 상향 조정해 노인 총수를 2050년에도 1,200만 명 정도로 유지하자"라는 의견을 밝히기도 했습니다. 보건복지부의 <2023년 노인실태조사>에 따르면 '노인이라고 생각하는 연령' 기준은 평균 71.6세로 나타나 2020년 70.5세 대비 1.1세 상승하기도 했죠. 관련 내용은 다음 자료를 참고하였습니다. 보건복지부. 2023년 노인실태조사 결과 발표. 2024.10.16. https://www.mohw.go.kr/board.es?mid=a10503010100&bid=0027&act=view&list_no=1483352&tag=&nPage=1; 디멘시아뉴스. 초고령사회 대비 노인 연령 기준 상향 이슈와 논점. 2024.10.25. https://www.dementianews.co.kr/news/articleView.

html?idxno=7548 2025.2.6. 검색.

5) 특히 우리나라의 경우 고령화되는 속도가 다른 OECD 국가들에 비해 상대적으로 빠른데도 불구하고, 실제 많은 국민이 고령화 문제를 체감하는 정도는 아직 상대적으로 낮다고 지적되기도 합니다. 아직은 다른 OECD 국가들에 비해 인구가 젊고, 많은 인구가 몰린 도시에 젊은 인구 비율이 높아 사람들이 고령화 문제의 심각성을 체감하기 어렵다는 것이죠. 관련 내용은 다음 자료를 참고하면 좋을 듯합니다. 뉴스핌. 내년부터 초고령사회…고령자 10가구 중 4가구는 '나홀로'. 통계청, '2024 고령자통계' 발표. 2024.9.26. https://www.newspim.com/news/view/20240926000579; 서울신문. 50년 뒤 한국은 '가장 늙은 나라'...통계청 '2022년 기준 장래인구추계를 반영한 세계와 한국의 인구 현황 및 전망'. 2024.9.23. https://www.seoul.co.kr/news/economy/2024/09/24/20240924001005; BBC NEWS 코리아. 한국 '초고속 고령화' 진행중.. 사람들 문제 체감 못하는 이유는? 2022.9.30. https://www.bbc.com/korean/articles/cqlynv7ql8lo 2025.2.6. 검색.

6) 예를 들어 노인 인구 증가는 의료비에도 영향을 미칠 수 있습니다. 다른 연령대보다 의료이용 빈도가 높고 내원 시 진료양도 많아 의료비 지출 증가가 발생할 수 있기 때문이죠. 2022년 현재 전체 진료비(건강보험 부담금+본인부담금)는 102조 4천277억 원을 기록하며 사상 처음으로 100조 원을 넘어섰습니다. 특히 국회예산정책처의 '2021~2030년 중기재정 전망' 보고서에 따르면 건강보험 수지 적자 규모는 2024년 4조 8천억 원, 2025년 7조 2천억 원, 2028년 8조 4천억 원, 2030년 13조 5천억 원 등으로 갈수록 커질 것으로 예상되고 있죠. 또한 총인구가 감소하고, 가족 형태가 변화하면서 가정에서 노인을 돌볼 수 있는 여건은 악화하고 있어 세심한 정책적 접근의 필요성이 커지고 있습니다. 이에 정부는 고령화·저출생 등 인구구조 변화 대응을 강화하고 인구정책과 관련한 예산 배분·조정 권한의 '컨트롤타워' 역할을 하기 위해 '저출산·고령사회위원회'(https://www.betterfuture.go.kr/index.do)라는 위원회 조직에서 '인구전략기획부'라는 인구정책 전반을 포괄하는 부총리급 부처 신설을 밝히기도 하였습니다. 관련 내용

은 다음 자료를 참고하면 좋을 듯합니다. 임슬기. (2023). 2023~2032년 건강보험 재정전망. 국회예산정책처; 디멘시아뉴스. "향후 10년이 마지막 골든타임". 정부가 내놓은 '초고령사회' 대응방향. 2025.1.23. https://www.dementianews.co.kr/news/articleView.html?idxno=10070; 의학신문. 초고령화사회 건강보험 재정 건전화 방안. 2024.5.27. http://www.bosa.co.kr/news/articleView.html?idxno=2223446; 연합뉴스. 고령화에 진료비 10년새 갑절로…먹구름 드리운 건보 재정. 2023.10.4. https://www.yna.co.kr/view/AKR20231004128800530 2025.2.6. 검색.

7) 예를 들어 유럽의 경우 가톨릭 보수주의의 영향으로 반대가 거세지만 네덜란드, 벨기에, 스페인은 안락사를 허용하고 있습니다. 불치병의 고통을 덜어줘야 한다는 것이죠. 이에 '존엄하게 죽을 권리' 역시 관심이 높아지고 있습니다. 하지만 유럽의 이탈리아와 포르투갈은 여전히 금지하고 있습니다. '존엄하게 죽을 권리'보다 '생명 존엄성'이 더 중요하다고 판단하고 있죠. 최근 영국에서는 시한부 환자에게 스스로 삶을 마칠 권리를 부여하는 '조력 사망 법안'이 처음으로 하원 문턱을 넘기도 했으며, 스위스에서 버튼 한 번이면 5분 만에 사망하는 '안락사 캡슐'로 조력사망에 대한 논쟁을 이어지고 있습니다. 관련 내용은 다음 자료를 참고하면 좋을 듯합니다. 동아일보. "존엄한 죽음은 기본권"… 유럽국가들 잇따라 안락사 합법화. 2023.4.29. https://www.donga.com/news/Inter/article/all/20230428/119065253/1; 경향신문. 영국 '조력 사망' 법안 하원 통과 "덜 고통스러운 죽음 맞을 것". 2024.12.1. https://www.khan.co.kr/article/202412011557001; 한겨레. 스위스 '안락사 캡슐' 2만8천원… 다시 불붙는 조력사망 논쟁. 2024.7.19. https://www.hani.co.kr/arti/international/international_general/1149830.html 2025.2.6. 검색.

8) 관련 내용은 다음 자료를 참고하면 좋을 듯합니다. 허밍턴포스트. 안락사를 둘러싼 9가지 쟁점. 2017.1.16. https://www.huffingtonpost.kr/news/articleView.html?idxno=44152 2025.2.6. 검색.

9) 일본의 경우 난치병을 앓는 환자의 부탁으로 약물을 주입해 숨지게 한 혐의(촉탁살인)로 기소된 의사에게 법원이 징역 18년형을 선고했습니다. 일본

에서는 의사가 회복 가능성이 없는 환자의 사망 시기를 극약 등을 써서 앞당기는 이른바 '적극적 안락사'가 사실상 허용되지 않았기 때문이죠. 우리나라의 경우 2018년부터 '연명의료결정법'이 시행되면서 회복 가능성이 없는 환자가 자신의 결정이나 가족의 동의로 연명 치료를 받지 않을 수 있도록 하는 권리를 보장하고 있습니다만 일본처럼 조력 사망, 이른바 '적극적 안락사'는 형법 제252조의 촉탁·승낙에 의한 살인죄에 해당하므로 불법입니다. 다만 '존엄하게 죽을 권리'를 보장해 달라는 시민들의 목소리는 점점 커지고 있는 것도 사실이죠. 관련 내용은 다음 자료를 참고하였습니다. 법률신문. 난치병 환자 촉탁살인 日의사, 징역 18년 선고…안락사 논쟁 불붙어. 2024.3.9. https://www.lawtimes.co.kr/news/196561 2025.2.6. 검색.

10) 관련 내용은 다음 자료를 참고하면 좋을 듯합니다. 김율리. (2022). 의사조력자살을 둘러싼 윤리적 쟁점: '조력존엄사' 개정안을 중심으로. 한국의료윤리학회지 25(4): 367-385 https://www.e-kjme.org/archive/view_article?pid=kjme-25-4-367; 이석배. (2022). 존엄하게 죽을 권리와 의사조력자살. 한국의료윤리학회지 25(4): 341-346 https://www.e-kjme.org/archive/view_article?pid=kjme-25-4-341; 최경석. (2022). 자기결정권 존중을 위해 선행해야 하는 것들. 한국의료윤리학회지 25(4): 387-403 https://www.e-kjme.org/archive/view_article?pid=kjme-25-4-387; 고윤석. (2022). 우리 사회의 의사조력자살 법제화. 한국의료윤리학회지 25(4): 313-323 https://www.e-kjme.org/archive/view_article?pid=kjme-25-4-313 2025.2.6. 검색.

11) 최근 조사된 결과는 우리나라 국민의 상당수(70% 이상)가 안락사 혹은 의사 조력 자살에 긍정적인 모습을 보이고 있다는 점입니다. 특히 우리보다 초고령사회에 일찍 진입한 일본과 비교해도 더 긍정적(한국 76% 찬성 vs. 일본 35% 찬성)이라는 점은 우리나라의 경우 안락사 등에 대한 사회적 논의를 더 적극적으로 해야 한다는 점을 알려 주고 있는 듯합니다. 관련 내용은 다음 자료를 참고하였습니다. 서울대학교병원. 국민의 76%, 안락사 혹은 의사 조력 자살 입법화에 찬성. 2022.5.24. http://www.snuh.

org/board/B003/view.do?viewType=true&bbs_no=5880; 서울신문. 국민 81% · 의사 50% · 국회의원 85% "의사조력사망 도입 찬성" 2023.7.12. https://www.seoul.co.kr/news/plan/euthanasia-story/2023/07/12/20230712001005; 메디칼트리뷴. "안락사 · 의사조력사 찬성" 韓 76%, 日 35%. 2025.2.6. https://www.medical-tribune.co.kr/news/articleView.html?idxno=208123 2025.2.6. 검색.

20

우주 비행사 쿠퍼가 블랙홀에 떨어진 이유는 무엇일까?

▼ 이번 장과 관련한 영상은
다음에서 확인할 수 있습니다.

▼사회과학 콘텐츠 랩 연곳 YEONGOT

20

우주 비행사 쿠퍼가 블랙홀에 떨어진 이유는 무엇일까?

기후변화와 자원순환: 영화 <인터스텔라> + 애니메이션 <월-E>

"한때 우리는 하늘을 올려다 보며 우리가 있는 땅에서 별들을 궁금해 했지. 이제는 그저 내려다 보며 먼지에 쌓인 우리의 땅을 걱정하고 있어."
(영화 '인터스텔라'에서 쿠퍼의 대사)

변이바이러스가 발생하는 등 우리 삶을 괴롭혔던 코로나19의 발생 원인으로 강력하게 거론되는 가설 중 하나는 기후변화(Climate Change)[1]입니다. 기후변화로 인해 이상 기후 현상이 발생하면서 야생동물의 서식지가 파괴되고 환경이 변하게 되어 바이러스 매개체 발생이 증가한다는 것이죠. 또한 서식지를 잃은 야생동물 바이러스가 사람에게 감염되는 가능성이 증가하고 있다는 여러 가지 논의들이 제기되고 있는 상황입니다.[2] 이번 장에서는 영화 '인터스텔라Interstellar'[3]와 '월-EWALL-E'[4]를 통해 기후변화, 자원순환, 탄소중립 등에 대해 살펴보고 그 과정에서 필요한 정부, 기업, 개인의 역할에 대해 생각해 보려 합니다.

기후변화 시대에 정부는 무엇을 준비해야 하는가?

"인류는 지구에서 태어났어.
하지만 결코 여기서 죽기 위한 존재라는 뜻은 아니야."
(영화 '인터스텔라'에서 쿠퍼의 대사)

먼저, 영화 '인터스텔라'는 가까운 미래, 식량난과 환경 변화에 의해서 세계 각국의 정부와 경제가 완전히 붕괴된 상황을 배경으로 하고 있습니다. 인류의 멸망이 진행되던 어느날, 우주 어느 시간과 공간에서 불가사의한 틈이 발견되고 이곳에서 보내오는 신호를 찾아 탐험해 인류가 정착할 수 있는 새로운 행성을 발견하기 위한 여행을 시작한다는 상황을 그리고 있습니다. 여기서 지구의 모습은 야구 경기 중 황사같은 먼지가 폭풍처럼 밀려오고, 밀농사가 불가능해져서 옥수수만 심게 되는 등 심각한 기후변화를 겪고 있는 모습으로 묘사됩니다.

최근에는 '메가가뭄'(대가뭄, Mega Drought)이라는 이야기가 나오고 있는데요. 전문가들은 미국의 남서부 지방이 겪고 있는 가뭄의 경우, 일시적인 것이 아니라 수십년 간 지속될 수도 있음을 경고하고 나섰습니다.[5] 더욱이 기후변화로 인한 이러한 메가가뭄은 특정 지역에 한정된 것이 아니라 세계 전 지역에서 발생할 가능성이 매우 높다고 합니다. 가뭄으로 인한 식량난과 이로 인한 분쟁가능성, 그리고 동식물의 멸종 가능성 등은 영화 속에서만 존재하는 것이 아니라 실제 그리고 현재진행형이라고 할 수 있겠죠.[6] 그렇다면 이런 기후변화 문제를 해결하기 위해 '정부는 무엇을 그리고 어떻게 해야 할까요?' 온실가스 감축, 신재생에너지의 확대, 기후위기 관련 산업 육성, 이산화탄소 흡수원(조림) 조성, 주변국과 외교적 해결, 전기차 구매 보조금 확대 및 관련 인프라 구축 등이 필요하다고 지적됩니다.[7]

최근 영국 글래스고에서 환경 분야의 유엔 총회라고 할 수 있는 유엔 기후변화협약 당사국총회가 열렸습니다.[8] 최대 목표는 지구 온도 상승 폭을 1.5도로 제한하기 위한 기후 행동 의지를 모으는 것이었지요.[9] 전 세계 환경·구호 단체들은 회의에 맞춰 '바꿔야 하는 것은 기후가 아니라 정치'(Change The Politics Not The Climate)라는 구호 등을 외치며, 곳곳에서 시위를 벌여 각국에 구체적인 기후변화 대응을 촉구했습니다. 하지만 자국의 경제사정과 여러 이해관계(예: 화석연료사업들과 이들을 옹호하는 정치권력 등)로 인하여 의미 있는 대책보다는 정치적 선전과 구호에 그치고 있는 것이 안타깝기만 합니다.[10] '기후변화로 인한 인류의 파국을 막기에 시간이 얼마남지 않았으며, 지구 종말 시계는 자정 1분 전'이라는 영국 총리의 말이 강렬한 여운을 남기는 가운데 영화 인터스텔라 속 기후위기 상황이 상상이 아니라 현재 일어나고 있는 진행형이라는 것을 진지하게 생각해 봐야 할 것 같습니다.

기후변화 시대에 자원순환은 얼마나 가능할까?

"난 생존이 아니라 생활을 하고 싶다고!"
(영화 '월-E'에서 선장의 대사)

영화 '인터스텔라'에서 생각해 볼 또 하나의 질문은 기후변화의 원인에 관한 것입니다. 기후변화에 관한 정부 간 협의체(Intergovernmental Panel on Climate Change), IPCC는 6차 평가보고서에서 '인간의 영향으로 대기와 해양, 육지가 온난화한 것은 분명하다(unequivocal)'고 밝혀 인간이 배출한 온실가스에 의한 지구온난화가 과학적 사실이라는 점을 더욱 강하게 규정하였습니다. 인간이 지구의 모습을 바꾸는 중요한 행위자로 등장했다는 '인류세Anthropocene'[11] 역시 비슷한 맥락이라고 할 수 있죠. 여기서 인간이 배출한 온실가스와 관련하여 주목해야 하는 물건은 우리가 가장 많이 사용하는 것 중 하나인 플라스틱입니다.[12] 플라스틱에서 나오는 온실가스가 10년 안에 석탄화력 발전소 배출량을 능가해 기후변화 대응에 찬물을 끼얹을 수 있다는 경고가 나왔기 때문인데요.[13]

가볍고, 단단하고, 예쁘고, 비교적 저렴한 덕분에 우리에게 편리함만 줄 것 같던 플라스틱이지만 이제는 그러한 편리함이 우리를 공격하고 있다고 할 수 있습니다. 생산된 플라스틱이 제대로 관리되지 않고 방치되어 전 세계 해안가에 버려진 쓰레기의 상당수는 플라스틱이라고 하죠.[14] 환경사진가 크리스 조던Chris Jordan은 우리가 버린 플라스틱을 먹이로 착각한 어미 알바트로스가 새끼에게 플라스틱을 먹이는 사진을 통해 플라스틱 해양 쓰레기에 대한 경각심을 알려 준 바 있습니다.[15]

여기 해양·플라스틱 쓰레기와 지구의 관계를 잘 보여 주는 영화 한 편이 있습니다. 영화 '월-E'는 마구잡이로 사용되는 자원고갈과 버려지는 쓰레기들로 인해 지구는 점점 병들어가고 이러한 지구에서 살아갈 수 없는 인간들이 우주로 떠나자 모두가 떠나버린 지구에 남겨진 폐기물 수거처리용 로봇(Waste Allocation Load Lifter Earth-Class, Wall-E)이 지구를 되살리기 위해 고군분투를 펼치는 상황을 배경으로 하고 있습니다. 여기서 우리가 주목해야 할 부문은 '월-E'의 경우 지구에 버려진 폐기물들을 가져다 몸통에 넣고 압축해 뱉어 버리는 능력을 가진 로봇으로서 폐기물을 본인의 연료로 사용하는 등 자원을 순환하고 있다는 점입니다.

그럼 실제 현실의 경우는 어떨까요? 전 세계 플라스틱 생산량의 단 9퍼센트만이 재활용되는 데 그쳤다는 점에서 플라스틱 쓰레기의 재활용은 매우 어려운 문제입니다.[16] 이에 대해 해양·플라스틱 쓰레기(예: 폐그물 등)를 활용하여 다양한 상품(예: 의류, 가방 등)을 제작하고 있는 이본 쉬나드Yvon Chouinard는 매출의 1%를 자연환경의 보존과 복구에 사용하는 지구세(earth tax)를 도입하고, 고객들이 쓰레기를 늘리지 않도록 평생 수선을 책임지는 프로그램을 만들기도 하면서 죽은 행성에서는 어떤 사업도 할 수 없다고 지적합니다.[17] 현실판 '월-E'라고 할 수 있을 듯합니다.

기후위기의 현실과 자원순환의 미래

"우리는 지구에 돌아가야만 해."
(영화 '월-E'에서 선장의 대사)

최근 서울을 비롯한 우리나라의 주요 대도시는 같은 기간 동안 2.2℃ 상승해서 전 세계 평균보다 2배나 심한 온난화 현상을 보여 주고 있습니다. 지난 100년간 우리나라 여름은 29일 증가했으며, 겨울에 한강이 동결되는 기간도 짧게 느껴집니다. 기후위기는 북극의 얼음만 녹이는 것이 아닌 듯합니다. 또한 홍수 등 자연재해도 지속적으로 증가하여 우리나라 역시 기후위기의 직접적인 피해를 입고 있습니다.[18]

이러한 기후위기에 대한 백신으로서 세계적으로 탄소중립이 언급됩니다. 우리나라는 2030년 온실가스 감축목표로 '2018년 배출량 대비 40%를 감축'하고 2050년 탄소중립 시나리오를 확정한 바 있습니다.[19] 물론 '기업현실과 맞지 않는다'는 지적도 있지만 온실가스를 다량으로 배출하는 화석연료를 중지하려는 정부-기업-개인의 지혜를 계속해서 모아야 하지 않을까 생각해 봅니다. 지금 우리 모두가 행동하지 않는다면 영화 '인터스텔라'와 '월-E'에서 묘사된 지구의 모습이 상상 속에서만 존재하는 것이 아니라 실제 우리에게 닥칠 현실이 될 가능성도 있기 때문이죠.

두 편의 영화에서 펼쳐지는 기후변화와 관련된 상황들이 일어나지 않았으면 하지만 이러한 상황들이 낯설게 느껴지지 않는 이유는 정도의 차이만 있을 뿐 지구촌 곳곳에서 발생하고 있는 기후변화의 모습이 생각나기 때문일 것입니다.[20] 그런 점에서 앞에서 제기한 이슈들을 깊이 있게 생각해 볼 필요가 있겠죠.

여러분은 어떠실까요? 일상생활 속에서 간편하다는 이유로 코로나19 이후 급격하게 증가하고 있는 플라스틱 포장용기는 어쩔 수 없는 것일까요? 이동하면서 음료를 먹기 위해 포장(take out)하는 용기 등을 줄이기 위한 본인만의 방법은 무엇일까요? 정부가 자연환경의 보존과 복구에 필요한 지구세를 도입한다면 기꺼이 자발적으로 지불할 의사가 있으신가요? 탄소중립은 아직 시기상조일까요? 아니면 최대한 빨리 서둘러야 할 문제일까요?

참고한 내용 및 더 읽어 볼 것들

1) 기후변화, 지구온난화, 기후위기 등 다양한 용어가 함께 쓰여 혼란스러울 때가 있습니다. 먼저 기후변화는 지구온난화보다 더 상위개념이라고 할 수 있습니다. 온난화는 기후변화의 한 유형이라고 할 수 있죠. 기후변화는 화산폭발, 태양활동 변화, 지구궤도 변화 등의 자연적 요인 혹은 화석연료 연소, 토지이용, 산업 활동 등 인간 활동에 의한 요인에 의해 전체 기후시스템이 장기적으로 변동하거나 변화하는 것을 의미하며, 기온의 상승뿐만 아니라 강유 유형의 변화 같은 것을 포함한다고 합니다. 장마가 오랫동안 이어진다든가, 극한 호우가 쏟아진다든가 같은 것이죠. 기후위기는 '변화'라는 용어가 심각성을 전달하지 못한다는 문제의식에서 비롯되었다고 지적됩니다. 다만, 기후변화를 지칭하는 용어 가운데 기후변화나 지구온난화 같은 비교적 전통적인 용어가 뒤이어 떠오른 기후위기 등 다른 용어보다 사람들에게 더 큰 경각심을 일으킨다는 연구 결과도 있다고 하네요. 관련 내용은 다음을 참고하였습니다. 탄소중립 정책포털. 기후변화란. https://www.gihoo.or.kr/menu.es?mid=a30109000000; 한겨레. 기후변화 · 지구온난화 · 기후위기…무엇이 맞을까. 2021.1.8. https://www.hani.co.kr/arti/opinion/column/977990.html; 한겨레. '기후위기'란 말 시큰둥한가요? 당신만 그런 건 아닙니다. 2024.9.4. https://www.hani.co.kr/arti/society/environment/1153689.html 2025.2.7. 검색.

2) 관련 내용은 다음을 참고하면 좋을 듯합니다. BBC NEWS 코리아. 코로나19: 유엔 '환경 보존 안하면 동물 매개 감염병 증가할 것. 2020.7.7. 'https://www.bbc.com/korean/international-53296325; 한겨레. 백신 피해 야생동물로 간 코로나 바이러스…인간에게 다시 돌아올까. 2024.8.2. https://www.hani.co.kr/arti/science/science_general/1151898.html 2025.2.7. 검색.

3) 영화 '인터스텔라'(크리스토퍼 놀란, 2014)는 병충해와 기후변화로 인류가

멸망할 위기에 처한 상황에서 인류의 새 행성을 찾아 우주로 떠난 우주비행사들의 이야기를 그린 작품입니다. 감독은 인터뷰를 통해 "우주를 통해 우리를 인간으로 만드는 것이 무엇인지, 인간 관계가 무엇인지에 대한 이야기를 하고 싶었다."라고 이야기하고 있습니다. 관련 내용은 다음을 참고하면 좋을 듯합니다. 경향신문. 영화 '인터스텔라' 크리스토퍼 놀란 감독 인터뷰. 2014.11.10. https://www.khan.co.kr/article/201411102132435 2025.2.7. 검색.

4) 영화 '월-E'(앤드루 스탠턴 감독, 2008)는 쓰레기 더미에 파묻힌 지구에 홀로 남겨진 청소 로봇 월-E와 식물을 탐색하기 위해 지구에 온 탐사 로봇 이브의 모험과 사랑 이야기를 보여 주는 영화입니다. 영화 속에서 로봇이 인간에게 환경의 소중함과 사랑의 메시지를 알려주는 장면들이 화제가 되었습니다. 관련 내용은 다음을 참고하면 좋을 듯합니다. 씨네21. 픽사의 걸작 애니메이션 <월 · E>는 어떻게 창조되었나. 2008.8.12. http://cine21.com/news/view/?mag_id=52509; 한국증권신문. 4차산업시대 로봇 '월E'...인간에게 사랑을 가르치다. 2018.11.20. https://www.ksdaily.co.kr/news/articleView.html?idxno=70403 2024.2.7. 검색.

5) 관련 내용은 다음을 참고하면 좋을 듯합니다. JTBC 아침&. 불타는 미 서부… 폭염 · 가뭄 기승, 산불 확산도 우려. 2021.6.18. https://www.youtube.com/watch?v=VmfhlN0PPPg; BBC NEWS 코리아. 기후 변화: 22년 넘게 이어진 미국 남서부 가뭄… 1200년만의 대가뭄. 2022.2.18. https://www.bbc.com/korean/international-60399042; BBC NEWS 코리아. LA 산불이 이토록 강력하고 빠르게 확산한 이유. 2025.1.13. https://www.bbc.com/korean/articles/cy8x90lplk9o; 한겨레. 한 번도 경험해보지 못한 메가 가뭄을 맞이할 결심. 2025.1.26. https://www.hani.co.kr/arti/opinion/column/1179812.html 2025.2.7. 검색.

6) 관련 내용은 다음을 참고하면 좋을 듯합니다. 국경없는 의사회. [아프리카 북동부] 가뭄, 식량난, 물가 상승… 영양실조 악순환에 갇혀버린 아프리카의 뿔. https://msf.or.kr/webzines/6312; 국제구조위원회. 소말리아 위

기: 가뭄과 분쟁 속 심각한 기아 위기. 2023.1.9. https://www.rescue.org/kr/article/crisis-somalia-catastrophic-hunger-amid-drought-and-conflict; TBS 시민의 방송. 가뭄에 전쟁까지, 무너진 세계 4대 곡창지대! 식량 전쟁 시작됐다? 2022.4.28. https://www.youtube.com/watch?v=OoMp4BAObJw 2025.2.7. 검색.

7) 최근에는 정부에 이러한 요청을 하는 사람들에 대해 '기후유권자'라는 이름으로 논의되고 있는데, 기후유권자는 '기후위기와 관련된 정보를 인지하고 있고 기후위기에 대해 민감하게 반응하며 기후위기 의제를 중심에 두고 투표할 수 있는 성향을 지닌 유권자'를 의미합니다. 전국 17개 시·도 1만 7,000명을 대상으로한 2024년 조사(주관: 기후정치바람)에서 전체 유권자 중 33.5%가 기후위기 이슈에 관심도가 높고, 기후위기 의제에 반응하는 '기후유권자'로 나타났습니다. 특히, 홍수, 산불 등 재난 경험이 많은 지역의 유권자들은 기후 공약에 민감한 반응을 보이기도 했죠. 관련 내용은 다음을 참고하면 좋을 듯합니다. 진상현. (2024). 기후변화 관련 유권자의 인식유형 분석. 주관성 연구 68: 49-68; 연세대학교 미래정부연구센터. 기후변화에 대한 인식, 그리고 우리의 노력. 2020.9.10. http://www.futuregov.re.kr/home/info/2477; 경향신문. "전체 유권자의 33.5%가 기후유권자…총선 당락 가를 수 있다" 2024.2.19. https://www.khan.co.kr/article/202402190700001; 시사인. '기후 유권자', 한국 정치를 흔들 수 있을까. 2024.2.7. https://www.sisain.co.kr/news/articleView.html?idxno=52158; 한겨레. 후보들만 모른다, 총선 격전지 당락 뒤집는 기후유권자의 힘. 2024.3.20. https://www.hani.co.kr/arti/society/environment/1133016.html; 노컷뉴스. 홍수, 산불 등 재난 경험 많은 충남유권자 "기후공약 1순위로 보겠다" 2024.2.29. https://www.nocutnews.co.kr/news/6103707?cm=news_headline; 시사인. 4월 총선, 한국의 '기후 선거구'는 어디인가. 2024.2.20. https://www.sisain.co.kr/news/articleView.html?idxno=52227 2025.2.7. 검색.

8) 관련 내용은 다음을 참고하면 좋을 듯합니다. 동아사이언스. 글래스고 기후변화 총회가 남긴 숙제. 2021.12.13. https://m.dongascience.com/

news.php?idx=50954; 연합뉴스. 영국 총리 "지구종말 시계 1분 남았다"…'뜨거운 공기' 곳곳 시위. 2021.11.2. https://www.yna.co.kr/view/MYH20211102021600038; 연합뉴스TV. '기후협약' 글래스고 10만 시위…"말보다 행동으로". 2021.11.8. https://www.youtube.com/watch?v=ektGkDhfdYY 2025.2.7. 검색.

9) 세계기상기구(World Meteorological Organization, WMO)에 따르면 2023년 전 지구 평균 지표기온은 산업화 이전(1850~1900년) 대비 1.45도 높았을 뿐만 아니라 2023년 6월부터 2024년 5월까지 12개월간 온도 상승은 1.63도에 달했다고 합니다. 과거의 지구 기온 상승을 보면 1도의 온도가 상승하는 데 약 1천 년의 시간이 걸렸다고 하는데, 문제는 산업화 이후 200년이 채 안 되는 시간 동안 1도 상승을 훌쩍 넘었다는 것이라고 합니다. 1850년부터 현재까지 진행된 지구 평균온도 1.2도 상승은 인간 활동에 의한 배출 때문이라는 것이 많은 전문가의 의견입니다. 지난 2015년 12월 프랑스 파리에서 열린 '제21차 유엔기후 변화협약 당사국총회'(Conference of the Parties, COP21)에서 채택된 국제 협약인 파리기후변화협정은 전 세계 190개 이상의 국가들이 지구 평균 기온 상승을 산업화 이전 대비 2도 이하로 유지하고, 가능하면 1.5도 이하로 제한하는 것을 목표로 하고 있습니다. 온실가스 감축을 위해 각국이 자발적으로 감축 목표인 국가온실가스감축목표(Nationally Determined Contribution, NDC)를 설정하고 이행해야 합니다. 하지만 현실은 쉽지 않아 보입니다. 기후변화에 관한 정부 간 협의체(IPCC) 6차 평가보고서는 현재 우리의 기후변화 대응과 정책으로는 앞으로 직면하게 될 엄청난 위기에 대처할 수 없다고 지적하면서, 기후위기 대응 대책을 크게 늘리지 않는다면 우리가 감당해야 하는 손실과 피해 비용은 더욱 커질 것이라고 경고하고 있습니다. 온도 상승의 피해 관련 내용은 다음을 참고하면 좋을 듯합니다. 조천호. (2019). 파란하늘 빨간지구-기후변화와 인류세, 지구시스템에 관한 통합적 논의. 동아시아; KDI. (2024). 기후위기, 2030년까지의 대응에 달렸다. 나라경제 9월호. https://eiec.kdi.re.kr/publish/naraView.do?fcode=00002000040000100001&cidx=14861; 외교부. 기후변화에 관한 정부 간 협의체, 제6차 평가보고서 종합보고서 승인. 2023.3.20. https://www.mofa.go.kr/www/brd/m_4080/view.do?seq=373483 2025.2.7. 검색.

10) 예를 들어 미국은 2016년 오바마 행정부가 온실가스감축을 목표로 하는 파리기후변화협정을 적극 지지하고 가입했지만, 트럼프 대통령은 1기 행정부 시절이던 2020년에 탈퇴했으며, 이후 조 바이든 대통령이 취임하고 2021년에 재가입했지만 트럼프 대통령은 자신의 두 번째 임기가 시작되는 2025년 1월에 다시 이 협정을 탈퇴하였습니다. 미국의 석유 및 가스 시추업체의 생산량을 늘리기 위해 규제를 완화해야 하기 때문이라고 지적됩니다. 관련 내용은 다음을 참고하면 좋을 듯합니다. 한겨레. 트럼프, 취임한 날 '파리기후변화협정 탈퇴' 서명. 2025.1.21. https://www.hani.co.kr/arti/international/international_general/1178944.html; BBC NEWS 코리아. 트럼프 재집권이 기후변화 대응에 미치는 영향은? 2024.11.8. https://www.bbc.com/korean/articles/c1e7j0vvq1yo; 조선미디어 더 나은미래. 돌아온 트럼프, 기후 대응에 미칠 영향은? 기후 전문가들의 '말말말'. 2024.11.7. https://futurechosun.com/archives/106195 2025.2.7. 검색.

11) 인류세란 인류를 뜻하는 'anthropos'와 시대를 뜻하는 'cene'의 합성어로서 20만 년 전에 등장한 인류가 46억 년을 버텨온 지구를 파괴했다는 것으로 너무나 강력해진 나머지 자기 자신을 포함한 지구 전체의 운명을 좌지우지하는 힘을 갖게 된 한 생물종이 지배하는 시대를 지칭하는 것이라고 합니다. 관련 내용은 다음을 참고하면 좋을 듯합니다. 연합뉴스. 닭뼈 폭발적 증가·지구 뒤덮는 플라스틱…'인류세' 돌입 증표. 2016.8.30. https://www.yna.co.kr/view/AKR20160830095200009; 디자인하우스. 우리는 어떻게 살아야 할까? 인류세. https://www.designhouse.co.kr/indexmain/view?idx=165; EBS다큐. 인류세. https://www.youtube.com/watch?v=B-0upDsM2ak&list=PLf1aOgymfq66Z3frbRS0-NZL6SKoOhfgl; 고등과학원 Horizon. 포스트휴머니즘과 인류세. 2020.3.16. https://horizon.kias.re.kr/13436/; 그리니엄. 지구적 행동 촉구위한 인류세 공식 도입 불발. 2024.3.8. https://greenium.kr/news/31174/; 동아사이언스. '인류세' 지정 논의가 여전히 중요한 이유. 2024.8.27. https://m.dongascience.com/news.php?idx=67171 2025.2.7. 검색.

12) 플라스틱은 1860년 최초로 발명된 이후 필름, 파이프, 바구니, 컵, 병으로 사용하기 시작했습니다. 플라스틱은 다양한 크기와 모양으로 제작하기 쉽고, 가볍고, 제작 비용이 적어서 기적의 물질이라는 말까지 들었다고 하네요. 물론 지금은 기후변화 최대의 적 중에 하나라고 할 수 있습니다. 관련 내용은 다음을 참고하면 좋을 듯합니다. GS칼텍스. 인류 역사상 가장 위대한, 그리고 위험한 발명품 플라스틱. 2022.6.24. https://gscaltexmediahub.com/esg/gsc-esg/plastic_history/; 서울시립대신문. '신의 선물'에서 '재앙'으로 극과 극 플라스틱의 역사와 미래. 2021.9.14. https://press.uos.ac.kr/news/articleView.html?idxno=12765; 연합뉴스. 탄생 110주년 맞은 플라스틱의 역습. 2019.12.5. https://www.yna.co.kr/view/AKR20191204158700371 2025.2.7. 검색.

13) 관련 내용은 다음을 참고하면 좋을 듯합니다. 경향신문. "플라스틱, 10년 안에 석탄보다 온실가스 더 뿜는다…기후위기 해소 노력에 찬물". 2021.10.22. https://www.khan.co.kr/world/world-general/article/202110221649001; 한겨레. 온난화 주범 플라스틱, 온실가스 연 19억톤 뿜는다. 2024.9.24. https://www.hani.co.kr/arti/society/environment/1159394.html; 한겨레. 파리협정 이후 가장 중요한 '플라스틱 협약'…부산서 이정표 세울까? 2024.11.14. https://www.hani.co.kr/arti/society/environment/1167327.html 2025.2.7. 검색.

14) 우리나라의 경우 엄청나게 사용되고 있는 플라스틱(1인당 연간 쓰레기 소비량 132kg)과 방치된 17만 3천여 톤의 폐기물 더미 '쓰레기 산'의 심각성이 해외 뉴스에 나오기도 하였습니다. 특히, 최근에는 치약이나 세안용 화장품 속에 사용되는 작은 플라스틱의 문제로 인해 먹거리의 안전문제가 불거지기도 했죠. 또한 미세 플라스틱을 먹은 물고기를 우리가 섭취하게 되는 등 사람의 건강에도 부정적 영향을 줄 것으로 경고되고 있습니다. 특히, 이러한 플라스틱 쓰레기들의 많은 양이 바다로 흘러가고 있는데, 북태평양 하와이와 미국 캘리포니아 주 사이에 있는 '거대 쓰레기 섬'이 기하급수적으로 커지고 있다고 합니다. 관련 내용은 다음을 참고하면 좋을 듯 합니다. 소년중앙. 무심코 사용했던 빨대 · 비닐봉지, 오늘부터 하나씩 몰아

내자. 2018.6.11. https://sojoong.joins.com/archives/18072; MBC 뉴스. 어쩌다 CNN에까지…"한국은 플라스틱 중독" 2019.3.5. https://imnews.imbc.com/replay/2019/nwtoday/article/5190588_28983.html; 한겨레. 바다에 물고기보다 플라스틱이 더 많아진다면. 2019.10.19. https://www.hani.co.kr/arti/society/environment/861275.html; 그린피스. 플라스틱 쓰레기 늪, 대한민국 플라스틱 소비량 알아보기. 2023.3.22. https://www.greenpeace.org/korea/update/25806/report-disposable-korea-ver2-results/; 비즈워치. 화장품 속 '미세플라스틱' 안녕…대신 이것 넣었다. 2024.2.18. https://v.daum.net/v/20240218125903868; 프레시안. 플라스틱, 91%는 폐기물…기후 위기와 '플라스틱'은 한몸통. 2024.4.29. https://www.pressian.com/pages/articles/2024042911431899631; 2025.2.7. 검색

15) 관련 내용은 다음을 참고하면 좋을 듯합니다. 경향신문. 숫자 뒤에 숨은 쓰레기를 사진으로 꺼내온 작가. 2019.2.26. https://www.khan.co.kr/article/201902261118011; 빛으로 여는 세상. 아름다움 너머 인류의 현실과 시대가 품은 문제를 직시하는 예술의 열린 눈. 2022. 3-4. https://home.kepco.co.kr/kepco/front/html/WZ/2022_03_04/sub07.html; Chris Jordan, https://www.albatrossthefilm.com/ 2025.2.7. 검색.

16) 대외경제정책연구원. (2022). 국제사회의 플라스틱 규제 현황과 시사점. https://www.kiep.go.kr/gallery.es?mid=a10102030000&bid=0004&act=view&list_no=10063&cg_code=; BDL타임즈. "전세계 플라스틱 재활용률은 9%에 불과" 2023.3.25. https://dxtimes.co.kr/news/view/1065540837684406 2025.2.7. 검색.

17) 관련 내용은 다음을 참고하면 좋을 듯합니다. 이본 쉬나드. (2020). 파타고니아: 파도가 칠 때는 서핑을Let My People Go Surfing. 이영래 옮김. 라이팅하우스.

18) 관련 내용은 다음을 참고하면 좋을 듯합니다. 전치형 외. (2021). 연합뉴스. 우리나라 기후변화 추세분석. 2021.4.28. https://en.yna.co.kr/view/

GYH20210428001300044; 한겨레21. '반지하 침수' 20년 전과 지금이 너무 똑같다, 그게 더 무섭다 2022.8.15. https://www.hani.co.kr/arti/society/society_general/1054755.html; 그린피스. 늘어난 폭염일수, 기후위기의 경고. 2024.8.22. https://www.greenpeace.org/korea/update/31346/blog-ce-heatwave-research-result/; 연합뉴스. "기후변화 대응 안 하면…한국 성장률, 2100년까지 연 0.3%p↓" 2024.11.4. https://www.yna.co.kr/view/AKR20241104067700002 2025.2.7. 검색.

19) 관련 내용은 다음을 참고하면 좋을 듯합니다. 탄소중립 정책포털. https://www.gihoo.or.kr/gallery.es?mid=a30202000000&bid=0010&act=view&list_no=551 2025.2.7. 검색.

20) 관련 내용은 다음을 참고하면 좋을 듯합니다. 한겨레. 기후변화 20년, 자연재해 1.7배 늘었다. 2020.10.13. https://www.hani.co.kr/arti/science/science_general/965542.html; SKecoplant. 기후위기의 현주소. 2023.10.13.https://news.skecoplant.com/plant-tomorrow/13463/ 2025.2.7. 검색.

21

조너스와 코난이 선택한 미래사회는 어떤 모습일까?

▼ 이번 장과 관련한 영상은
다음에서 확인할 수 있습니다.

▼사회과학 콘텐츠 랩 연곳 YEONGOT

연곳硏庋
YEONGOT LAB
Social Science Contents Project

21

조너스와 코난이 선택한 미래사회는 어떤 모습일까?

과학기술의 빛과 그림자: 영화 <더 기버: 기억전달자> + 애니메이션 <미래소년 코난>

"원로들은 변화를 원하지 않아. 여기 생활은 늘 질서 정연하고
예측이 가능해. 그래서 별로 힘이 들지 않지.
이 삶은 바로 원로들이 선택한 결과야."
(영화 '더 기버'에서 기억전달자의 대사)

우리는 기술이 발전하면 할수록 사회 모습이 어떻게 될지에 대해서 예상해 보곤 합니다. 그 예상에는 밝고 긍정적인 모습도 있지만 어둡고 부정적인 모습도 있을 겁니다. 이번 장에서는 영화 '더 기버: 기억전달자 The Giver'[1]와 애니메이션 '미래소년 코난Conan, The boy in Future'[2]을 통해 기술과 관련된 다양한 미래사회의 시나리오[3] 중 디지털 전체주의와 사회적 연대에 대해 살펴보고, 그 과정에서 정부는 무엇을 할 수 있을지 생각해 보려 합니다.

미래사회는 디지털 전체주의가 될 것인가?

"느낌은 일시적인 거지. 겉핥기 식이고, 감정은 아주 깊고 원초적이며 오래 가지. 헌데 조너스 여기가 어디고, 무슨 일인지 이해 못해도 보이는 거네. 얽매이진 마라. 귀 기울여! 내 안에서 외치는 소릴 듣거라"
(영화 '더 기버'에서 기억전달자의 대사)

먼저, 영화 '더 기버: 기억전달자'에서 미래사회는 전쟁과 고통, 차별과 불평등이 사라진 평화롭고 행복한 모습으로 그려집니다. 여기서 국가는 '커뮤니티'로 불리며, 커뮤니티 내에서는 모두가 평등한 위치입니다. 모든 시민이 동일한 규격의 집에서, 동일한 스타일로 만들어진, 동일한 색깔의 옷을 입고 생활하죠. 영화에서는 마치 흑백영화처럼 표현됩니다. 또한, 국가가 모든 자원의 생산과 분배에 개입합니다. 커뮤니티로부터 만 16세가 되어 부여받는 평생 직업에서 각자의 역할을 성실하게 수행하며, 이러한 수행을 통해 발생한 이익은 공평하게 나누어 갖습니다.[4)]

이러한 배경에서 영화 속 주인공은 시민 중 가장 뛰어난 사람만 수행할 수 있는 '기억전달자'로 선택되는데, 커뮤니티 속 대다수 사람들은 모르는 것으로서 인류의 과거를 간직하여 미래세대에 전달하는 업무입니다. 그런데 인류의 과거 속 기억에는 현재 커뮤니티에 존재하지 않는 가난, 살인, 갈등 등이 존재하기에 이러한 인류의 기억을 처음 접하는 주인공은 무척이나 괴로워합니다. 더욱이 그 기억은 커뮤니티의 일급비밀로서 혼자만 알아야 한다는 것에 힘들어하죠. 사실 커뮤니티는 개인의 일거수일투족을 지배하는 전지전능한 존재로서 그동안 인간의 폭력적인 본성을 통제하기 위해 과학기술을 사용하여 인간들의 기억을 지워버린 후, 시민들에게 약물을 투입해 왔습니다. 그 결과 인간의 폭력적인 본성은 물론 감정까지 사라지는 등 이 모든 것을 국가의 통제하에 관리하고 있었던 것이죠.

이러한 정보기술과 과학기술 측면의 전체주의에 대해 올더스 헉슬리Aldous Huxley는 『멋진 신세계Brave New World』에서 인공부화 시스템과 유전자 정보를 통제하여 인간을 계급화하는 등 인간의 통제를 벗어난 과학기술과 극단적 국가주의가 만날 경우 인류의 삶이 얼마나 기괴하고 파괴될 수 있는지를 보여 주고 있습니다.[5] 특히, '더 기버'와 '멋진 신세계'의 장면들을 눈여겨 봐야 할 이유는 점점 이러한 내용이 현실로 다가오고 있기 때문일 것입니다.

최근 중국에서는 곳곳에 설치된 그물망 같은 폐쇄회로CCTV와 안면 인식 인공지능AI의 기술을 활용해서 자택이나 직장에서 일정 거리 이상 떨어진 장소로 이동한 것이 확인되면 인공지능 시스템이 자동으로 그 사람을 조사 대상으로 삼는다고 합니다. 감시나 개인정보 수집이 자의적으로 이루어지는 상황에서 시민들의 행동은 지배당할 수 밖에 없겠죠.[6] 한나 아렌트Hannah Arendt가 이야기했던 개인이 전체의 존립과 발전을 위해서만 존재한다는 정치적 전체주의Totalitarianism[7]를 대신하여 기술전체주의가 펼쳐지고 있는 지금, 혹시 우리는 과학기술 측면에서 시민이 통제할 수 없는 강력한 국가가 탄생하더라도 '사회문제 해결을 위해서는 어쩔 수 없다'는 것을 무비판적으로 받아들이거나 심지어 자발적으로 승인하고 있는 것은 아닌지 생각해 봐야 할 것 같습니다.

미래사회는 지금보다 사회적 연대가 더 단단해질 수 있을까?

"물고기를 꼭 잡기만 하는 건 아니지. 안 잡힐 것에 대비해 이렇게 기르기도 하는 거란다.
난 빵을 만들진 않지만 빵을 먹고, 옷을 만들진 못하지만 옷을 입잖니.
마을 사람들을 위해서 고기를 잡는 대가로 말이다.

저 물고기들은 내 것이지만, 또 마을 사람들 것이기도 하지.
어때? 코난, 너도 일 한번 해보지 않겠니?"
(애니메이션 '미래소년 코난'에서 하이하버 어느 주민의 대사)

다양한 미래사회의 시나리오 중에서 생각해 볼 또 하나의 모습은 사회적 연대입니다. 애니메이션 '미래소년 코난'에서 미래사회는 <인더스트리아>와 <하이하버> 등 크게 2가지 모습으로 그려집니다. 인더스트리아는 첨단기술을 보유하고 있는 지역으로 실적에 따라 1등, 2등, 3등 시민으로 나누어 구분하고, 멸망을 초래했던 문명적 욕망을 여전히 포기하지 못한 채 태양에너지 기술을 확보하여 세계를 정복하려는 사회죠. 또 하나의 사회는 하이하버인데요. 지구 멸망의 혼돈 속에서도 살아남았으며, 과거 축적의 욕망으로 인한 전쟁까지 불사한 인류의 아픈 역사를 되풀이하지 않기 위해 모든 시설과 생산물을 공유하고 자연과 문명의 공존을 우선시하는 공동체적 삶을 영위하며 화폐를 없애기도 합니다.

사실 오늘날 우리 사회를 포함한 전 세계는 점점 고조되고 있는 전 지구적 차원의 기후 재앙과 환경 위험 그리고 팬데믹 위기로 인해 생존이 위협받고 있죠. 이는 인간의 끝없는 탐욕과 이기적 욕망이 만들어 낸 결과라고 할 수 있을 것입니다. 현대 과학기술문명은 주로 경제성장과 산업화에 초점이 맞춰져 있다 보니 경제적 가치 제일주의에 따른 사회적 부작용, 지구 온난화와 전염병 확산 같은 전 지구적 재앙에는 무관심했던 것이죠.[8] 더욱이 과학기술문명은 과거 농업사회에서 발견되던 공동생산을 개인생산으로 바꿀 수 있게 해 주었지만 이로 인해 이웃과의 교류가 줄어들고 공동체로서의 유대가 약해지는 등 사회적 연대에 부정적 영향을 줄 수 있음이 지적되고 있습니다.[9]

카이스트 과학기술정책대학원 전치형 교수와 연구자들은 『호흡공동체』라는 책에서 각자도생과 공동체의 갈림길에서 '지금 한국에 사는 우리에게 필요한 과학은 무엇일까?'라는 질문을 던지고 숨 쉬는 공기가 재난이 된 시대에 과학의 할 일을 묻기 위해 '미세먼지와 코로나19, 폭염에 응답하는 과학과 정치'에 관하여 이야기합니다. 예를 들어 콜센터 여성노동자의 집단감염을 조사하는 과정에서 합동조사팀이 파악한 것은 밀접, 밀집, 밀폐의 노동환경이었습니다. 기술적 감시와 통제, 과도한 업무량이 그들을 오랜 시간 자리에 묶어놓고 있었던 것이죠. 이러한 연구를 통하여 바이러스의 전파를 막기 위해 노동현장을 개선해야 한다는 사실을 지적합니다.[10)]

물론 우리는 과학기술의 발달과 더불어 코로나 시대를 겪으면서 사회 구성원들이 서로 연결되어 있다는 것을 새삼 느끼게 되었습니다.[11)] 하지만, 이러한 연결이 서로 간의 사회적 연대로 이어지고 지금보다 더 단단해져 사회적 갈등비용을 줄이거나 새로운 정책과 제도의 합의를 이끌어내어 긍정적 방향으로 갈 수 있을지에 대해서는 여전히 다양한 의견이 있어 보입니다. 이러한 상황을 슬기롭게 넘기려면, 과학기술이 경제적 가치의 창출을 넘어, 공동체의 이익을 증진하고 사회문제를 해결하며 인류의 공동 위기를 해결하는 등 공동선을 반영하는 역할을 수행할 필요가 있다고 보여집니다.

우리가 선택하는 미래사회는 어떤 모습일까?

"인간은 혼자서는 살 수 없단다."
(애니메이션 '미래소년 코난'에서 코난 할아버지의 대사)

코로나19로 인한 상황은 데이터와 증거를 기반으로 새롭게 발생하고 있는 사회문제 해결을 위하여 다양한 측면에서 신속한 대책을 마련하도록 요구하고 있습니다. 이를 위하여 과학기술은 매우 중요합니다. 물론 동시에 과학기술의 전체주의적 측면도 경계해야 합니다. 과학기술의 부정적 측면이 존재하기 때문이겠지요. 그러나 과학평론가 김명진의 지적처럼 "현대의 과학기술을 모두 '악'으로 간주하고 전통적인 과학기술을 '선'으로 이상화시키는 이분법적 구분은 곤란"하다는 것도 생각해 볼 필요가 있습니다.[12] 미래소년 코난에서 인류를 멸망시킨 나쁜 기술로 묘사되는 태양에너지는 사회구성원의 선택과 실천에 따라서 기후변화를 막는 좋은 대안이 될 수도 있기 때문입니다.

이러한 맥락에서 과학기술사용에 대한 시민들의 사회적 합의와 감시, 기술사용수준이 다른 시민들에 대한 포용, 기술사용을 둘러싼 지역 공동체의 형성이 필요하다고 보여집니다. 정부는 단순히 정부와 시장을 통한 사회적 문제해결을 넘어 정부와 시장의 완충지대인 사회적 부문의 역량을 강화해나가야 합니다. 이를 위해 시민이 중심이 되는 크라우드소싱(crowdsourcing) 정부, 개방형 플랫폼 정부와 공동설계(co-design), 공동생산(co-production) 서비스를 하는 정부 구성과 형태를 제안합니다.[13]

미래사회는 우리가 지금까지 당연한 것으로 여겼던 가치 기준이나 생활방식도 달라진 사회가 될 것으로 보입니다. 어떤 구체적인 모습으로 변화할지는 아무도 모르죠. 계획한대로 안 될 수도 있구요. 하지만 미래사회의 모습을 끊임없이 고민하는 것은 그 자체로 중요한 발걸음이며, 이러한 과정이 사회 구성원들의 사유가 늘어나도록 기여하여 건강한 공동체를 운영할 수 있도록 영향을 줄 것으로 생각됩니다.[14]

여러분은 어떠실까요? 방역을 위해 국가가 여러분의 동선을 파악하는 것은 당연한 것일까요? 아니면 개인정보보호를 위해 어떤 장치를 보완해야 할까요? 미래사회는 인공지능이 지배하는 기술전체주의 가능성이 높을까요? 아니면 구성원들의 다양성이 포용되고 지역 공동체가 활성화되는 사회적 연대가 더 단단해질 가능성이 높을까요?

참고한 내용 및 더 읽어 볼 것들

1) 영화 '더 기버: 기억전달자'(필립 노이스 감독, 2014)는 겉으로는 평화롭고 안정적이지만 그 이면은 통제와 획일화된 효율성 틀 안에서 개인의 자유와 선택을 철저히 억압하는 가상의 미래 사회를 배경으로 하고 있는 작품입니다. 개개인의 행동을 철저히 규제하며 나름 평화로운 사회를 구현하기 위해 개인의 자유, 선택, 기억, 감정을 배제한 효율을 극대화하는 사회 시스템에 대해 비판하고 있는 영화로 디스토피아적 세계관에 입각하여 미래사회에 대해 질문을 던지는 동명의 소설(로이스 로리Lois Lowry, 1993)을 원작으로 하고 있죠. 먼 미래, 계속 증가하는 인구로 인해 식량부족 사태가 이어지면서 전쟁이 일어났고 전쟁에 지친 사람들은 완벽한 균형을 이루고 살아가는 커뮤니티를 만들어 모든 분란이 일어날 수 있는 것들을 제거합니다. 특히, 사람들의 기억을 지우고 통제하죠. 관련 내용은 다음 자료를 참고하면 좋을 듯합니다. 로이스 로리. (2024). 기억 전달자. 장은수 옮김. 비룡소; 윤소영. (2014). 영화 <더 기버>에 투영된 포스트휴머니즘의 유토피아/디스토피아. 영어권문화연구 7(3): 127-150.

2) 애니메이션 '미래소년 코난'(미야자키 하야오 감독, 1978)은 미래 지구를 배경으로 인류는 과학과 기술의 남용으로 파멸되고, 소수만이 살아남는 과정에서 태양에너지의 비밀을 알고 있는 소녀를 구하기 위해 섬을 떠난 소년의 모험을 그리고 있습니다. 우리나라 봉준호 감독이 '옥자Okja'(2017)에서 본인 영화의 캐릭터를 '미래소년 코난'의 남자주인공 소년에서 따왔다고 해 화제가 되었습니다. 애니메이션 속 세상은 공업 중심의 '인더스트리아'와 농경 중심의 '하이하버'로 상징되는 체제를 비교함으로써 과학기술과 문명의 발전에 대하여 여러 생각을 하게 해 줍니다. 관련 내용은 다음 자료를 참고하면 좋을 듯합니다. 한국일보. [SF, 미래에서 온 이야기] 왜 늘 결말이 애매할까… "문명의 미래는 답이 없다" https://www.hankookilbo.com/News/Read/201708190490586849 2025.2.8. 검색.

3) 시나리오(scenario)는 미래에 대한 다양한 그리고 개연성 있는 상황을 탐색하는 과정이며 결과물이라고 할 수 있지만 시나리오의 목표가 발생할 수 있는 미래를 정확하게 예측하는 것은 아닙니다. 미래를 정확하게 예측하는 것은 불가능하기 때문이죠. 또한 시나리오는 개연성 있는 미래들(a range of plausible futures)을 발생시키는데, 변화를 일으키는 원인 간의 상호작용을 통해 예상치 못한 변화를 발생시킬 수도 있으며, 보통 특정 미래 시점을 기준으로 작성하게 됩니다(예: 2030년, 2040년 등). 시나리오는 미래 이야기이나 미래 역사의 형태를 가질 수도 있으며, 미래 사실에 대한 기술일 수도 있습니다. 미래는 단지 예측하는 것이 아니라 공동으로 만들어 나가는 것임을 염두에 두고 서로 다른 관점을 공유하여 협력하는 방식으로 문제를 해결하는 것을 구상해 볼 수 있을 것입니다. 대표적으로 짐데이터가 이야기하는 4개 원형이 있습니다.

짐 데이터의 4개 원형

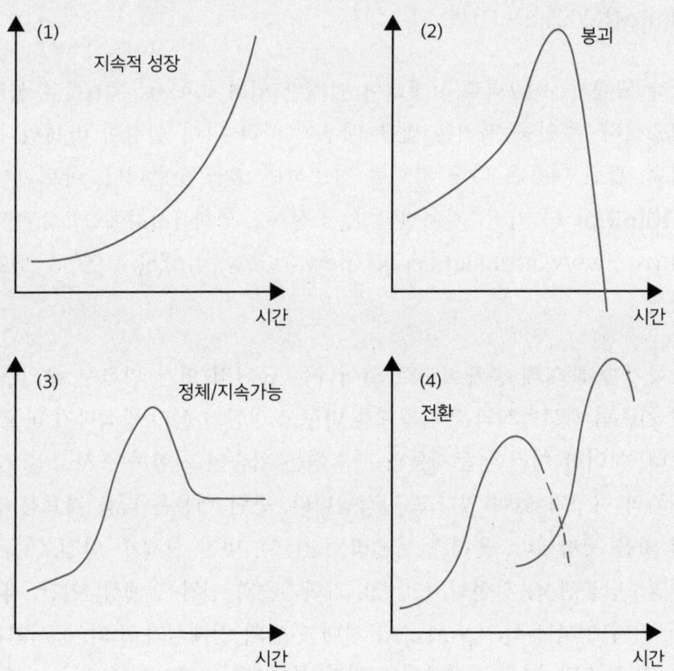

관련 내용은 다음 자료를 참고하면 좋을 듯합니다. 박병원. (2022). 정책 연구자를 위한 전략적 미래연구 워크북. 과학기술정책연구원; 박성원 외. (2014). 청소년 참여 미래연구: 사례 및 시사점. 동향과 이슈 15호. 과학기술정책연구원; 박수민 · 구유리. (2023). 수요자 중심의 근미래 정책의제 개발을 위한 시나리오 발굴 프로세스 및 공동디자인 도구 제안. *Archives of Design Research* 36(3): 167-191; Lindgren, M. & H. Bandhold. (2012). Scenario planning: The link between future and strategy(Rev. and updated ed.). 시나리오 플래닝: 미래예측과 전략수립의 기법. 이주명 옮김. 필맥; 곽창규 · 김현정 · 박병원 · 이철주. (2025 출간예정). 시나리오 빌딩 기법을 이용한 행정학 수업: 우리는 미래로 가보기로 했다. 윤성사; 딜로이트. (2018). 시나리오 플래닝. Deloitte Korea Review 11호. https://www2.deloitte.com/content/dam/Deloitte/kr/Documents/insights/deloitte-korea-review/11/kr_insights_deloitte-korea-review-11_07.pdf; Foresight University. https://foresightguide.com/dator-four-futures/ 2025.2.8. 검색.

4) 원작 책에서는 12세로 설정되어 있지만 영화 속에서는 16세로 설정되어 있습니다. 주인공 배역을 맡은 배우에 따라 나이 설정이 바뀌었다고 하네요. 관련 내용은 다음 자료를 참조하면 좋을 듯합니다. 아트인사이트. [Opinion] 더 기버: 기억전달자, 소설 vs. 영화 [시각예술]. 2015.11.9. https://www.artinsight.co.kr/news/view.php?no=19736 2025.2.8. 검색.

5) 과학기술에 의해 총체적으로 일어나는 급진적 인간 변화는 우리들이 지닌 기존의 사고방식과 개념체계를 바꾸고 인간의 삶의 방식마저 바꿀 수 있는데, 이러한 이러한 문제들의 배후에는 기술이 지향하는 사고인 기술 전체주의 사고가 놓여 있다고 지적됩니다. 관련 내용은 다음 자료를 참고하면 좋을 듯합니다. 올더스 헉슬리. (2015). 멋진 신세계. 안정효 옮김. ㈜태일소담출판사; 김선희. (2012). 과학기술과 인간 정체성: 인간, 자아, 젠더. 아카넷; 신은화. (2021). AI 시대 인간의 정체성과 소외. 동서인문 15: 5-42; 뉴스민. 기술 전체주의와 멋진 신세계? 2019.12.16. https://www.

newsmin.co.kr/news/44161; 뉴스민. 4차 산업혁명? 문제는 기술전체주의! 2017.9.6. https://www.newsmin.co.kr/news/23342/ 2025.2.8. 검색.

6) 최근 중국의 국가이익과 안녕 유지 명목하에 '반간첩법' 강화를 위한 사회통제와 획일화된 억압적 분위기의 CCTV, AI 감시 등과 같은 다양한 디지털 전체주의의 모습이 나타나고 있습니다. 또한 기업과 개인도 예외는 아닙니다. 구글의 경우 인간의 경험을 원자재 삼아 상품과 서비스를 만들어 내는 감시자본주의의 원조격으로서 '잉여적인' 행동 데이터를 수집하고, 이를 이용해 소비자가 지금, 곧 미래에 무엇을 할지 예측하는 상품을 만들어 내고 있죠. 또한 최근 중국 언론 보도에 따르면, 100위안을 들여 해킹 프로그램을 설치하면 남의 집 CCTV를 엿볼 수 있다고 합니다. 관련 내용은 다음 자료를 참고하면 좋을 듯합니다. 쇼사나 주보프. (2021). 감시 자본주의 시대. 김보영 옮김. 노동욱 감수. 문학사상사; 가지타니 가이 · 다카구치 고타. (2021). 행복한 감시국가, 중국-디지털기술과 선택 설계로 만든 '멋진 신세계'. 박성민 옮김. 눌와; 스브스뉴스 SUBUSUNEWS. 24시간 감시당하는 중국인들. 2018.4.3. https://www.youtube.com/watch?v=DrPpSOE4pVo; 동아일보. 베일에 싸였던 구글의 '검색 알고리즘' 2024.5.31. https://www.donga.com/news/It/article/all/20240531/125218605/1; 매일경제. 디지털 전체주의의 유혹. 2021.10.30. https://www.mk.co.kr/opinion/contributors/view/2021/10/1027970/; 한겨레21. 사물인터넷의 만물 위험: 개인정보 유출 막기 위한 '보안태세'. 2017.6.29. 1168호. http://h21.hani.co.kr/arti/society/society_general/43784.html; 한겨레. 디지털 법가, 감시 자본주의 신세계를 열다. 2020.11.24. https://www.hani.co.kr/arti/opinion/column/971286.html; 신문과 방송. 알고리즘을 통한 소수민족 탄압, 남의 이야기인가. 2020.2.14. https://m.blog.naver.com/kpfjra_/221809395677; 시사인. 감시 자본주의 사회에서 우리는 사라질 수 있을까? 2021.10.24. https://www.sisain.co.kr/news/articleView.html?idxno=45721 2025.2.8. 검색.

7) 독일 출신 유대인 정치철학자 한나 아렌트는 아이히만의 재판을 직접 지켜보면서 유대인들에게는 '절대악'이어야만 했던 아이히만이 결코 악마의 화신이 아니라는 사실을 발견하게 됩니다. 그 어떤 죄의식도 느끼지 않은 채 재판 내내 자신은 상부의 명령을 충실히 이행한 것뿐이었음을 이야기하는 그에 대해 '악의 평범성'(banality of evil)이라고 지적하면서 사유하지 않고, 사유가 불능한 상태에서 발생할 수 있는 전체주의의 무서움을 이야기하고 있습니다. 관련 내용은 다음 자료를 참고하면 좋을 듯합니다. 한나 아렌트. (2006). 예루살렘의 아이히만Eichmann in Jerusalem. 김선욱 옮김. 한길사; 한나 아렌트. (2019). 인간의 조건The Human Condition. 이진우 옮김. 한길사; 협동조합 소요. 기술전체주의와 인간의 조건. 2016.5.2. https://www.soyo.or.kr/digital-plato/2016/05/02/%EA%B8%B0%EC%88%A0%EC%A0%84%EC%B2%B4%EC%A3%BC%EC%9D%98%EC%99%80-%EC%9D%B8%EA%B0%84%EC%9D%98-%EC%A1%B0%EA%B1%B4-%E2%91%A0/ 2025.2.8. 검색.

8) 지난 몇 년간 우리는 코로나19로 인해 많은 인적·물적·심리적 피해가 있었습니다. 앞으로 발생할 가능성이 있다고도 하죠. 이러한 '신종 바이러스'의 출현에 대해 많은 과학자들과 전문가들은 문명의 발전으로 인한 기후변화, 그리고 기후변화로 인한 신종 바이러스의 확산이 연관되어 있다고 지적합니다. 관련 내용은 다음 자료를 참고하면 좋을 듯합니다. 그린피스. 과학자들의 경고, "기후변화가 전염병 확산을 부른다" 2020.2.25. https://www.greenpeace.org/korea/update/12074/blog-health-climate-virus/; 인문365. 기후위기의 시대, 우리는 무엇을 어떻게 해야 하나?. 2022.9.15. https://inmun360.culture.go.kr/content/537.do?mode=view&cid=2372887 2025.2.8. 검색.

9) 연결의 시대에 역설적이게도 대가족 위주의 기존 가족 관계가 붕괴되고 1인 가구 위주의 라이프스타일이 자리 잡으며 이웃과 동네는 점점 더 낯설고 불편한 존재가 되어가고 있는 것이 현실인 것 같습니다. 관련 내용은 다음 자료를 참고하면 좋을 듯합니다. 배진아·조연하. (2010). 디지털 미디어와 가족 커뮤니케이션: 모자간 소통을 중심으로. 사이버커뮤니케이

션 학보 27(1): 53-91; 이매드타임스(MADTimes). [트렌드모니터] 희미해진 '이웃사촌', 사라진 '우리동네'... 지역 공동체보다 삶의 편의성이 더 중요해. 2022.8.11. https://www.madtimes.org/news/articleView.html?idxno=14024; 세계일보. 2024.6.13. 아마존 밀림에 인터넷이 개통되었다…호모스마트쿠스 될 수 있을까? https://www.segye.com/newsView/20240613504110 2025.2.8. 검색.

10) 관련 내용은 다음 자료를 참고하면 좋을 듯합니다. 전치형 · 김성은 · 김희원 · 강미량. (2021). 호흡공동체-미세먼지, 코로나19, 폭염에 응답하는 과학과 정치. 창비; 한겨레. 과학기술에 공동체의 숨결을 불어넣다. 2021.8.6. https://www.hani.co.kr/arti/culture/book/1006661.html 2025.2.8. 검색.

11) 관련 내용은 다음 자료를 참고하면 좋을 듯합니다. 조선미디어 더 나은 미래. 포스트 코로나 시대, 우리는 어떻게 연결되는가. 2021.1.5. https://futurechosun.com/archives/53085; 외교부. 코로나 이후의 세계: 해외 석학에게 듣는다' 제2편 공동체와 시민사회 - '마이클 샌델'. 2020.6.7. https://www.youtube.com/watch?v=SZ-3qDFQJjI; 현대차 정몽구 재단 미래 지식 포럼. 포스트 코로나 시대, 우리는 어떻게 연결되는가? 2021.2.4. https://www.youtube.com/watch?v=Y6vFHOEKEAk; EBS 다큐. 과학 다큐 비욘드-Network, 연결되어 있습니까? 2017.12.14. https://www.youtube.com/watch?v=tRQdqUSu1ko 2025.2.8. 검색.

12) 관련 내용은 다음 자료를 참고하면 좋을 듯합니다. 김명진. (2013). 할리우드 사이언스: 영화로 본 현대 과학기술의 명암. 사이언스 북스; 한국일보. [읽어본다, 과학] '미래 소년 코난'이 말하지 않은 진실. 2020.2.7. https://www.hankookilbo.com/News/Read/202002061494713026 2025.2.8. 검색.

13) 크라우드소싱 정부는 '직간접적으로 플랫폼을 운영하여 시민들의 지식, 경험, 참여를 통해 정부와 시민이 협력적으로 정책을 개발하거나 행정, 사회문제 등을 해결하는 온라인 서비스'라고 할 수 있습니다. 공동설계 · 공

동생산 정부는 '공공문제 해결을 위한 정책과 사업의 기획, 설계, 전달, 평가 등 각 단계에서 정부의 제한된 문제해결 역량의 한계를 극복하기 위하여 민간의 전문가, 사회의 활동가, 정책의 이해관계자 등 참여자들과의 협업을 적극적으로 공동수행 하는 정부'라고 할 수 있습니다. 관련 내용은 다음 자료를 참고하면 좋을 듯합니다. 문명재 외. (2017). 미래 사회와 정부의 역할. 문우사; 이맹주 · 김세진. (2019). 새로운 유형의 시민참여 사례 연구: 시민소싱 기반의 공동생산을 중심으로. 현대사회와 행정 29(2): 165-193; 이재용 · 김지수. (2020). 행정서비스 공동생산 개념정립 및 유형화에 관한 탐색적 연구: 지방자치단체 사례를 중심으로. 국가정책연구 34(1): 47-74; 권향원 · 윤영근. (2020). 공공문제해결을 위한 '정책 공동생산'(co-production)의 개념적 이해 및 사례의 유형화 연구. 한국사회와 행정연구 30(4): 1-26; 이음. (2020). 국민참여 정책제안 플랫폼의 현재와 미래. 행정안전부 연구보고서; 이철주 · 문명재. (2024). 온라인 정책제안 플랫폼의 평가모형 탐색. 정부행정 20(2): 1-31; Moon, M. J. (2018). Evolution of co-production in the information age: crowdsourcing as a model of web-based co-production in Korea. *Policy and Society* 37(3): 294-309; Boyle, D., & Harris, M. (2009). The change of co-production. Retrieved from https://www.nesta.org.uk/report/the-challenge-of-co-production 2025.2.8. 검색.

14) 관련 내용은 다음 자료를 참고하면 좋을 듯합니다. 전치형 · 홍성욱. (2019). 미래는 오지 않는다: 과학기술은 어떻게 미래를 독점하는가. 문학과 지성사; 김연수. (2022). 이토록 평범한 미래. 문학동네.

사항색인

영화제목색인

각 장의 내용으로 제작된 동영상 목록

구분	영화	동영상 주소	QR
2장 로사 박사는 왜 바다 한가운데 섬을 만들었을까?	로즈 아일랜드 공화국	https://www.youtube.com/watch?v=hfFx17Y465g&t=2s	
7장 맥나마라 장관은 왜 숫자를 믿고 전쟁을 계속했을까?	다운폴 · 전쟁의 안개	https://www.youtube.com/watch?v=BJyqIKNVKCY	
8장 파인버그 위원장은 왜 생명가치에 대한 생각을 바꾸었을까?	워스	https://www.youtube.com/watch?v=pEzC0CY7glk	
10장 왜 갤러웨이 소령은 2명의 해병이 무죄라고 생각했을까?	어 퓨 굿맨	https://www.youtube.com/watch?v=YsggEFpbnUo	
11장 공무원은 플레쳐와 듀이 중 어디에 더 끌릴까?	위플래쉬 · 스쿨 오브 락	https://www.youtube.com/watch?v=vtNw2dB2qyE	
12장 마포서 팀장과 서대문서 팀장은 왜 체포왕이 되려고 했을까?	체포왕 · 4등	https://www.youtube.com/watch?v=bHa_U8yvJc8	
13장 설리 기장은 왜 허드슨강에 비상착륙을 했을까?	설리: 허드슨강의 기적	https://www.youtube.com/watch?v=CljlMfD1el0	

14장 흑인 조이는 얼굴에 왜 하얀 가면을 덮어썼을까?	알고리즘의 편견	https://www.youtube.com/watch?v=blpEyzpl7RU	
15장 리키는 우리가 살아갈 미래의 모습 중 하나일까?	모던 타임즈 · 미안해요, 리키	https://www.youtube.com/watch?v=Jtx5omIMmew	
16장 왜 에린 브로코비치는 부동산 무료상담 건에 관심을 가질까?	에린 브로코비치	https://www.youtube.com/watch?v=uKFyc26DOds	
17장 다니엘 블레이크는 왜 벽에다 본인의 이름을 적었을까?	나, 다니엘 블레이크 · 아메리카 셰프	https://www.youtube.com/watch?v=NsoSFJP8cTA	
18장 치버 박사는 미어스 박사를 왜 감염현장에 급파했을까?	컨테이젼 · 감기	https://www.youtube.com/watch?v=ui-5rV0pwmY	
19장 무슨 부탁이길래, 소영은 망설였을까?	플랜 75 · 죽여주는 여자	https://www.youtube.com/watch?v=OA6GHSLws60	
20장 우주 비행사 쿠퍼가 블랙홀에 떨어진 이유는 무엇일까?	인터스텔라 · 월-E	https://www.youtube.com/watch?v=HMI-YIOKY0E	
21장 조너스와 코난이 선택한 미래사회는 어떤 모습일까?	더 기버: 기억전달자 · 미래소년 코난	https://www.youtube.com/watch?v=amtcL2JfXfg	

저자 소개

• 엮은이

연곳(研查): 사회과학 콘텐츠 랩

• 지은이

▼ 이철주

고려대학교 행정학 박사
연곳(研查): 사회과학 콘텐츠 랩 대표
고려대학교 공공감사연구센터 전문연구위원
고려대학교 행정학과 시간강사

주요저서 및 논문

디지털 전환 관련 정부역할에 대한 시민인식(2024), 과학기술 국가연구개발의 감사결과에서 나타나는 정책오류 현상의 원인적 양태와 그 토대에 대한 연구(2024), 한국 대통령의 역할 변화에 관한 공무원의 인식분석(2023), 민주화 이후 대통령의 역할과 국정성과 간의 관계(2023), 미래통계청: 국가통계거버넌스의 독립적 위상과 '통계기반정책분석' 기관으로의 재창조(2022) 등

▼ 한승주

고려대학교 행정학 박사
명지대학교 공공인재학부 행정학전공 부교수

주요저서 및 논문

정권교체에 따른 정책변화와 행정부처의 대응(2025), 정책형성에서 행정부처의 자율성과 대통령의 정책추진력(2023), 정부 관료제의 통제와 행정책임(2023), 정책결과에 관한 공직자의 책임인식(2022), 대통령의 관료통제와 정책공간(2021) 등

▼ 김공록

연세대학교 행정학 박사
국가공무원인재개발원 교수

주요저서 및 논문

공무원 충원방식과 조직 및 공직몰입(2022), 다산의 행정사상(2010), 공중의 특성에 따른 공중의 정책 PR에 대한 반응과 효과(2008) 등

저자들은 감사드립니다(가, 나, 다 순)

강문선님, 국립중앙박물관(용산), 국립현대미술관(서울관), 고려대학교 행정학원론·조직이론·한국행정론 수강 학생들, 고려대학교 백주년기념관 국제기구자료실과 문·무인 석상, 곽창규님, 광진정보도서관, 김현준 교수님, '라'카페, 라승현님, 라연우님, 류이치 사카모토와 말러의 음악, 명지대학교 행정학개론·정책갈등과 윤리 수강 학생들, 문명재 교수님, 박영사(정연환님·장유나님·박세연님), 박종수님, 박정숙님, 반문섭님, 배봉산숲속도서관, 배정애(캘리애)님, 서울시립미술관(서소문), 성균관대학교 이론리더십 수강 학생들, 세종대학교 조직론 수강 학생들, 심광호 교수님, 심희경님, 아차산숲속도서관, 연세대학교 거버넌스와 리더십 수강학생들, 연세대학교 미래정부연구센터, 유경자님, 윤견수 교수님, 이선혜님, 이성환님, 이지윤님, 장문태님, 주기완님, 최고은님, 최민준님, 최영구님, 최우석 대표님, 최현준님, 최홍석 교수님, 하연희님, 한강공원(광나루), 허창수님, KBS클래식 FM 93.1과 스페이스 카우보이의 음악

공공을 보는 눈: 영화로 시작하는 행정학

초판발행 2025년 7월 31일

지은이 이철주·한승주·김공록
펴낸이 안종만·안상준

편 집 장유나
기획/마케팅 정연환
표지디자인 BEN STORY
제 작 고철민·김원표

펴낸곳 (주) 박영사
서울특별시 금천구 가산디지털2로 53, 210호(가산동, 한라시그마밸리)
등록 1959.3.11. 제300-1959-1호(倫)
전 화 02)733-6771
f a x 02)736-4818
e-mail pys@pybook.co.kr
homepage www.pybook.co.kr
ISBN 979-11-303-2378-7 93350

정 가 22,000원